시장·정부·대학

대학재정지원정책의 이해

MARKET
GOVERNMENT
UNIVERSITY

시장·정부·대학
대학재정지원정책의 이해

나민주 지음

국가사회적 수준에서는 대학교육재정을 공적, 사적 영역간에 어느 정도 분담해야 하는가?
정부 수준에서는 대학에 재정을 지원하는 가장 적합한 방법은 무엇인가?
대학 수준에서는 교육과 연구를 위한 가용재원을 어떻게 학과 단위로 배분할 것인가?

KSi 한국학술정보㈜

'시장'은 교육 분야에서도 널리 쓰이고 있는 용어다. 1990년대 중반까지만 하더라도 교육 분야에 시장원리를 도입하겠다고 하는 아이디어는 많은 반발을 불러일으켰다. 교육계에서는 어떻게 신성한 교육에 시장이나 경제 원리를 적용하겠다는 것인가 하는 정서적 거부감도 있었다. 그러나 이제 그렇게 생각하는 사람은 거의 없는 것 같다. 교육에 시장원리를 적용하는 것은 지극히 당연하고, 교육정책을 경제적 관점에서 검토하는 것은 상식이자 기본전제가 되었다. 교육에 관한 정부 부처의 명칭이 교육부가 아니라 교육인적자원부로 바뀌기도 했다. 때로는 교육보다는 인적자원개발이라고 해야 참신한 것 같고, 시대적 요구에 더 적합한 것이 아닌가 하는 생각마저도 든다. 교육에서 공공부문과 민간부문 간의 경계는 더욱 모호해지고 있고, 미국에서는 기존의 사립대와 별개로 영리를 목적으로 하는 사립대도 생겨났다.

그러나 '시장'이 무엇을 의미하는가에 관해서는 수많은 관점과 서로 다른 해석이 있다. 시장은 너무나 일상적으로 널리 쓰이는 용어이나, 그 개념의 내포도 애매하고 적용할 수 있는 범위가 어디까지인지 외연도 모호하다. 남대문 시장과 같이 상인과 구매자가 물건을 사고 파는 시장을 생각하는 사람도 있다. FTA를 떠올리며 대외 시장 개방을 걱정하는 사람도 있을 것이다. 교육 분야에서도 많은 사람들이 시장에 대해서 관심을 갖고 있으나, 그 내포와 외연은 서로 다르다. 이에 따라 시장에 관해서는 많은 논쟁이 있고, 때로는 격렬한 싸움이 벌어지기도 한다.

기본적으로 '시장'은 '정부'와 대립되는 개념이다. 시장은 20세기 대부분의 국가에서 나타난 정부기능 확대에 따른 부정적 현상, 즉 정부실패가 시장실패보다도 더 구조적이고 일반적이라는 점을 부각시키기 위해서 사용되곤 하는 용어다. 자기 결정과 자기 책임을 바탕으로 사회구성원의 자유로운 교환관계를 상정하는 시장은, 공동체라고 하는 집단적 결정, 혹은 관료와 같은 타인에 의한 결정과 그에 따른 규제를 의미하는 '정부'와 여러 가지 면에서 서로 대비가 된다. 이 책에서는 대학교육, 특히 대학재정지원정책에서 '시장'이 어떻게 해석·적용되고, 그 정책이 대학교육에 어떤 영향을 주었는지를 논리적으로, 그리고 실증적으로 분석하였다.

대학재정은 대학의 운영방식과 생산성에 영향을 주고, 대학교육의 질을 결정하는 가장 핵심적인 투입요인의 하나다. 특히 정부의 대학에 대한 재정지원방식은 대학교육의 효과성, 자원활용의 효율성, 대학의 운영행태 등을 연결하는 가장 중요한 고리라는 인식이 확산되면서 대학재정지원정책은 중앙정부의 핵심적인 교육정책분야로 자리잡았다. 우리나라에서도 지난 십여 년 동안 대학재정지원사업은 그 종류와 규모가 계속 확대되어 왔다. 공과대학중점지원, 이공계우수대학원중점지원, 국제전문인력양성지원, 교육개혁추진우수대학지원, 지방대학특성화지원, 대학원연구중심대학육성, 두뇌한국21사업, 지방대학핵심역량강화사업, 산학협력중심대학육성사업, 수도권대학특성화지원사업, 대학구조개혁사업 등 그동안 시행되었거나 시행 중인 사업들은 매우 다양하다. 지식기반사회, 국제경쟁 환경 속에서 대학교육의 중요성이 더욱 높아지고 있어서 앞으로도 대학에 대한 정부재정지원은 계속 확대될 것으로 예상된다.

이 책은 필자의 박사학위논문을 중심으로, 관련된 몇 편의 연구물과 자료를 보완하여 수정한 것이다. 이미 발표된 지 십 년이 다 되어 가는 낡은 자료를 다시 책으로 출판하는 것에 많은 부담을 느꼈다. 그러나 우리 교육, 특히 대학교육에서 중요한 전환점이 되었던 1990년대의 자료를 체계적으로 정리하고 해석하는 작업은 나름대로 의미가 있을 것이라는 것에 용기를 냈다. 적어도 교육정책사 측면에서 역사적인 기록을 남겨둘 필요가 있지 않을까 생각도 해보았다. 또 '시장'이 교육 분야에 보편화된 지금이야말로 대학재정지원방식에 관해서, 나아가 대학교육에서 정부의 역할과 책임, 대학에 관한 통치 형태, 그리고 교육개혁의 방향과 공교육제도의 미래에 관해서 더욱 차분하고 진지하게 고민해야 할 시점이라고 보았다. 이 책이 우리 교육의 미래를 그리는 데 조금이라도 보탬이 되길 기대해본다.

이 책은 학위논문의 개정 보완판이라 할 수 있다. 서론격인 제1장에서는 시장논리의 등장배경과 대학재정지원정책의 개념, 연구의 범위와 의의 등에 관해서 논의했다. 이번에 새로 추가된 제2장에서는 시장과 정부의 기본개념을 이해하기 쉽도록 정리하였다. 제3장에서는 대학재정지원정책을 협상, 수식, 시장으로 유형화하여 비교하고, 제4장에서는 시장모형의 구조와 쟁점을 분석하여 대학재정지원정책 분석의 이론적 준거로 활용하였다. 제5장에서는 시장논리가 대학재정지원정책에 어떻게 적용되었는지를 정부문서, 연구보고서, 통계자료를 중심으로 분석하였다. 제6장에서는 통계모형을 설정하여 대학재정지원정책의 영향을 실증적으로 분석하였다. 제7장부터 제9장까지는 새로 추가된 장들이다. 제7장에서는 '국민의 정부'에서 이전의 정책이 어떻게 계승, 변화하였는지를 분석하였다. 제8장에서는 대학발전의 근원지이자 신자유주의 교육정책의 발원지라 할 수 있는 영국의 대학재정지원정책을 분석하고 평가하였다. 이 두 장은 학회지(교육재정경제연구, 비교교육연구)에 실렸던 논문들을 부분적으로 수정·보완한 것이다. 이 책의 결론격인 제9장에서는 최근의 정책 동향을 간단히 살펴보면서 대학재정지원정책의 과제를 제시하였다.

가벼운 마음으로 시작한 작업인데 예상했던 것보다 많은 시간이 걸렸다. 지난 십여 년간 대학재정지원정책은 정부정책의 실제적 측면이나 학문연구의 이론적 측면에서 그에 대한 관심도가 점점 더 높아져왔다. 많은 연구들도 수행되었다. 그러나 이번에 그러한 연구결과들을 충분히 반영하고 정리하지는 못했다. 또한 이 책에는 교육

분야에서 '시장'과 '정부'를 어떻게 개념화하고 적용할 것인지에 관한 저자 나름의 생각과 고민이 담겨 있다. 그러나 문제만 제기하고, 분명한 결론을 내리지 못한 아쉬움이 남는다. 읽기 쉽도록 바꾸려고 하였으나 이것 역시 제대로 되지 못했다.

이 책을 출간하면서 다시 한 번 서울대학교의 은사님들께 감사드린다. 지도교수이신 윤정일 교수님, 그리고 이종재, 진동섭 교수님은 교육행정연구의 지평을 넓혀주셨고 지적 탐구의 즐거움을 깨닫게 해 주셨다. 볼품없는 연구 아이디어를 인정해주시고, 논문의 완성도를 높일 수 있도록 격려해 주셨다. 대학교육에 관한 문제의식을 자극하고 풍부한 경험과 자료를 제공해준 한국대학교육협의회에 감사드린다. 충북대학교 교육학과의 선배 동료 교수님들의 끊임없는 지원에도 감사드린다. 대학원의 김창원 조교는 원고정리를 도와주었다. 이 책이 출판될 수 있도록 기획하고 멋진 모습으로 책을 만들어 주신 한국학술정보(주)의 사장님과 직원들께도 감사드린다. 마지막으로 부모님과 아내에게 말로 다할 수 없는 감사의 마음을 표하고, 아들 규병, 딸 규영이와 함께 이 작은 기쁨을 나누고 싶다.

2008년 6월
개신연구실에서
저자

[목 차]

제1장

개혁과 갈등의 시대

1990년대 교육 분야에 본격적으로 등장한 '시장'은 우리나라 교육 질서에 커다란 변화와 갈등을 초래하였다. 이 장은, 서론으로서 이 책에서 다룰 문제들이 등장한 전반적인 배경을 살펴보고, 대학재정 지원정책의 개념을 중심으로 연구의 범위에 관하여 논의한다.

1. 새로운 교육개혁론의 등장

지난 세기 말 이후 한국교육은 커다란 변화와 변혁의 와중에 있다. 열린교육, 수요자 중심교육, 수행평가, 학교운영위원회, 특성화학교, 교원노조, 교원정년 단축, 교원평가, 대학평가, 학부제, 학점은행제, 국립대법인화 등 새로운 제도와 정책이 수없이 등장하였다. 물론 교육 분야에서도 해방 이후 개혁은 끊임없이 계속되어 왔다. 1945년 조선교육심의회에서 기본학제를 6-3-3-4제로 개편한 것을 필두로 초등학교 의무교육, 중학교 무시험진학, 고교평준화, 실험대학, 7 · 30 교육개혁 등이 시행되었다. 1980년대에는 교육개혁심의회, 중앙교육심의회, 교육개혁자문회의 등을 통하여 교육개혁은 지속적으로, 때로는 강력하게 추진되었다(임연기 외, 1999). 그러나 1990년대 중반 교육개혁위원회를 중심으로 제안된 교육개혁안은 이전과는 다른 관점에서 개혁을 시도하였고, 교육현장은 이전에 볼 수 없었던 갈등과 혼돈, 그리고 변혁의 시대를 맞이하게 되었다. 또한 초·중등교육을 중심으로 논의되던 이전의 교육개혁과 달리 대학부문이 개혁의 핵심 분야로 부각되었다.

1) 신교육개혁안과 대학교육

1995년 5월 31일 교육개혁위원회가 제안한 교육개혁(이하 신교육개혁)에서는 그 개혁방안의 ⅔ 정도가 대학교육과 직·간접으로 관련되었고, 그 후 세 차례 더 발표된 신교육개혁안에서도 대학부문이 핵심을 이루었다. 교육개혁위원회(이하 교개위)에서는 대학의 다양화와 특성화를 촉진하기 위한 중요한 방안으로 대학평가 및 재정지원의 연계강화를 제안하였다. 대학설립 준칙주의에 따른 대학설립의 자유화, 학생정원 및 학사운영의 자율화와 같은 대학자율화 정책을 추진하면서도 대학교육의 책무성을 확보하고, 교육수요자의 학습권을 보호하며, 대학의 수월성을 제고하기 위해서는 대학평가 결과에 따라 재정지원을 연계할 필요가 있다. 구체적으로는 매년 각 대학이 자체평가를 실시하도록 하고, 주기적으로 외부기관에 의한 평가를 실시하여 그 결과를 고려하여 재정을 차등 지원한다. 궁극적으로는 대학교육의 자율적 질 관리와 우수대학에 대한 집중지원을 통하여 대학의 국제 경쟁력을 확보하려는 방안이었다(교육개혁위원회, 1995).

　이후 정부의 대학재정지원의 규모가 확대되었고, 대학평가를 통한 차등 지원방식이 도입되면서 대학재정 지원방식에 관한 논쟁도 심화되었다. 정부에서는 대학평가에 의한 선별지원, 차등 지원을 통하여 대학 간 경쟁을 유도하고, 대학교육의 질적 향상을 도모하는 방향으로 정책을 추진하였다. 공과대학중점지원, 우수대학원중점지원, 국제전문인력양성지원, 교육개혁우수대학지원, 지방대학특성화지원과 같은 특수목적사업이 바로 그러한 사례이다. 이에 대해서 대학사회에서는 빈익빈 부익부 현상과 이에 따른 대학교육의 불평등 심화, 단기적이고 편협한 평가방식과 중복평가에 따른 대학사회의 혼란, 평가에서 다른 대학보다 더 높은 성적을 받기 위한 대학 간 과당 경쟁으로 인한 대학사회의 협동 와해, 정부주도 대학평가에 따른 대학의 자율성 침해 및 다양화·특성화 저해 등을 이유로 반대의사를 표명하였다(송광용 외, 1998).

　경쟁과 선별지원을 강조하는 정부의 대학재정지원정책은 시장경쟁원리를 근간으로 하는 것으로서(김신일, 1997: 295; 김재웅, 1997: 89-93) 이를 둘러싼 주장과 논쟁은 결국 시장논리에 근거한 교육정책에 관한 체계적인 분석과, 그 정책의 영향 및 효과에 관한 실증적 분석을 요청한다. 신교육개혁의 사상적 토대라 할 수 있는 신자유주의에서는 사회제도를 운영하는 가장 효율적이고, 효과적인 원리는 바로 '시장'이라고 믿고 있다. 그 주장을 간략하게 정리하면 다음과 같다. 사회구성원들의 자유로운 교환을 통한 재화(서비스 포함)의 생산·공급·소비과정에서 희소한 자원이 효율적으로 활용되고, 더 많은 이익을 남기기 위한 생산자 간 경쟁을 통해서 상품의 질이 향상되며, 소비자 주권이 실현될 수 있다. 이와 마찬가지로 대학교육의 질적 향상을 도모하고, 자원활용의 효율성을 극대화하는 방안은 대학교육부문에도 시장의 원리를 도입하는 것이다.

이렇게 교육부문에 시장원리를 도입·적용하자는 주장은 교육계에는 커다란 충격으로 받아들여졌다. 무엇보다도 교육에 관한 일반적인 가치규범과 부합하지 않았다. 군사부일체(君師父一體)라는 유교적 윤리규범이 아니더라도 교육은 영리를 추구하는 상거래나 사회적 명성과 부를 얻으려는 '세속적' 활동과는 일정한 거리를 유지해야 한다는 것이 우리 사회에서 보편적 문화규범이었다. 더 나아가 교육계에서는 교육활동을 '신성하게' 여기기까지 하였다.1) 그러나 제대로 놀랄 시간도 없이 교육 분야에도 시장원리를 적용할 수 있고, 적용해야 한다는 주장은, 최소한 정부정책부문에서는 급속하게 확산되었고, 점차 당연한 것으로 받아들여지게 되었다.

더욱 놀라운 사실은 시장주체가 아니라 '정부'에서 시장원리의 도입을 주창하고, 적극적으로 이를 추진하였다는 사실이다. 일반적으로 시장은 정부와 대비되는 의미에서 사회자원을 배분하는 대안적인 원리로 인식되어 왔다(Lindblom, 1977; Wolf, 1988). 시장을 확대하자는 주장은 바로 정부의 축소를 의미하는 경우가 대부분이다. 민영화(privatization)란 정부가 담당하는 조직의 운영을 민간부문으로 이양한다는 것이고, 이때 전제가 되는 것은 정부가 시장에 비해서 효율성이 떨어지고 질이 낮은 서비스를 가져오는 주된 요인이라는 점이다. 세계대전 이후 시장실패에 대한 대안으로 정부부문은 지속적으로 팽창하였으나, 오히려 비대한 정부가 또 다른 종류의 실패, 즉

---

1) 신교육개혁안 발표 이전에 정갑영(1994: 420)은 시장논리, 경제적 원리의 도입과 관련하여 다음과 같이 주장한 바 있다. "신성한 교육문제에 왜 경제논리가 필요하냐고 반론을 제기할 수도 있겠지만, 신성한 것은 교육이고 교육기관은 사람에 의해서 움직인다. 따라서 사람의 행태에는 경제원리가 보편적으로 적용될 수 있다."

정부실패(government failure)를 양산함으로써 사회발전을 저해하고 있으므로 정부를 축소하고 시장을 통하여 민간부문을 활성화해야 한다는 주장이 강력하게 제기된 것이다.

대학교육에서 시장의 핵심적인 구성주체는 대학과 학생, 학부모이다. 그러나 신교육개혁의 경우, 이들 시장주체가 아니라 정부 자신에 의해서 시장원리의 도입이 주도되었고, 시장주체들은 이를 부담스러워하면서도 뒤따라가고 있는 듯한 양상을 보임으로써 상당한 모순과 혼돈을 야기하였다. 더구나 정부는 무엇이나 할 수 있고, 해야 하는 존재로 인식되는, 따라서 어떤 사회적 문제가 발생하면 먼저 정부의 잘못을 지적하고, 정부에 대해 책임을 추궁하며, 그 대책을 요구하곤 하는 국가주의적 전통이 강한 우리나라에서 정부 내부에서 시장의 확대를 주장한 것은 아이러니라 할 수 있다.

2) 시장중심 교육개혁론을 둘러싼 논쟁

1980년대 이후 '시장'은 정치·사회·경제개혁은 물론 교육개혁 및 정책분야에서도 가장 빈번하게 사용되는 용어의 하나로서, 특히 1990년대에 두드러지게 나타난 세계적인 교육개혁의 흐름은 '시장원리'를 강조하는 것이었다. 미국의 경우, 공립학교에 대한 정부와 행정기관의 규제를 완화하고, 단위학교의 자율적 관리를 확대하며, 학생과 학부모에게 선택권을 부여하여 학교 간 경쟁을 촉진하고, 이를 통하여 교육의 질적 발전을 추구하는 방향으로 교육개혁을 추진하였다(Levin, 1994: 5203). 이러한 교육개혁은 미국뿐만 아니라 유럽, 아시아, 중남미 등 전세계로 확산되었다. 교육개혁과 관련된 논의에서 자주 등장하는 학교단위경영(school-based management), 학교선택론

(school choice), 탈규제(deregulation), 탈관료화(debureaucratization), 민영화(privatization)와 같은 용어들은 시장논리, 혹은 교육에 대한 경제적 접근과 관련되어 있고, 이러한 일련의 교육개혁론 혹은 교육 개혁안을 '시장중심 교육개혁론'이라고 통칭할 수 있다.

우리나라에서도 민영화, 규제완화와 같은 정부개혁 추진과정에서 교육 역시 예외가 될 수 없었고, 경제 및 경영분야의 학자와 기업인 들을 주축으로 조심스럽게 교육 분야에도 시장의 원리를 도입해야 한 다는 주장이 제기되다가 마침내 '시장원리'는 교개위가 수립한 신교육 개혁안의 핵심적인 원리로 자리잡게 되었다(교육개혁위원회, 1995; 김 신일, 1997: 265−300; 신광식·이주호, 1995). 또한, WTO(World Trade Organization) 체제의 출범은 교육 분야에서 '시장'이라는 개념이 보 편화되는 직접적인 계기가 되었다. 국제적인 무역협상에서 교육은 서비스 시장의 한 영역으로 다루어졌고, 교육의 시장규모가 크고 교 육에 대한 국민적 관심이 지대한 우리나라에서는 교육시장개방에 대 한 대책을 마련하는 일이 정부의 주된 관심사가 되었다.

많은 국가에서 시장논리에 근거를 둔 교육개혁을 추진하였으나, '시장중심 교육개혁론'은 다양한 맥락에서 사용되었고, 이에 대한 찬 반논쟁이 끊임없이 지속되고 있다. 예컨대 공립학교에 대한 민주적, 관료적 통제를 비판하고, 시장원리에 근거한 학교선택론을 제안한 Chubb과 Moe(1988: 1065−1087)의 개혁안은 미국은 물론 서구 사회 에 커다란 반향을 불러일으켰고, 그 반향은 찬성과 반대의 양면으로 분출되었다. 찬성론자들은 시장원리의 도입으로 더 낮은 비용으로 더 높은 효과(학업성취도)를 낼 수 있고, 교육의 책무성도 향상시킬 수 있다고 주장하였다(Hoxby, 1994; Toch, 1991: 18−20). 그러나 반 대론자들은 시장체제는 무질서하고, 변덕이 심하므로 '유일한 혹은 최선의' 대안이 될 수 없고, 그들의 주장은 방법론상 오류가 많은 근시안적 처방으로서 이를 도입할 경우, 교육불평등이 심화되고 민주사회의 존립 자체마저 위협할 수 있다고 비판하였다(Rosenberg, 1990: 64-65; Rosario, et al., 1992: 223-235).

시장원리의 도입에 따른 정부의 역할에 관한 비판은 상반된 방향에서 동시에 제기되기도 하였다. 한편에서는 시장논리가 정부의 정당한 역할에 대한 잘못된 비판이나 정부의 책임회피 수단으로 사용될 수 있다고 주장하였다. 시장논리에 의하면 정부는 작을수록 좋고, 더 나아가서는 불필요한 존재로 인식되고 있으나, 시장의 불완전성, 편파성, 폭력성 때문에 정부는 필요한 존재이고, 이러한 존재가치를 부정하는 시장논리는 잘못된 것이다. 따라서 시장논리에 의한 민영화나 정부의 축소에 신중을 기해야 할 것이라고 주장한다(손준종, 1996: 149-167; 김용일, 1997: 269-288). 이 관점에서는 시장논리란 경제 불황과 정부예산의 감소추세 속에서 교육관련 정부예산규모를 삭감하려는 책임회피논리로 보기도 한다(김기수·정재걸, 1994: 119). 다른 한편에서는 시장논리를 주장하는 사람들이 겉으로는 시장원리의 적용을 주장하나 그 이면에는 오히려 정부 영역을 확장하려는 의도가 내재되어 있다고 비판한다. 이들에 의하면, 시장론자들은 통제원리로서 시장의 우월성을 강조하고 있으나, 실제로 시장적 개혁을 추진하면서 교육에 대한 통제를 포기했거나 포기하려는 정부는 하나도 없고, 오히려 그 반대현상이 나타나고 있다(Meek, 1994: 1713-1720; Cowen, 1996: 175-186).

그러나 시장논리를 분석할 때 유념해야 할 것은 순수한 조정의 방식으로서 혹은 단일한 현상으로서 시장은 존재하지 않으며, 어떤 합의되고 정형화된 시장논리 역시 존재하지 않는다는 점이다(Goedege

buure et al., 1993: 5). '시장'은 단일한 현상이나 명료한 개념이라기
보다는 일정한 관점에서 그 의미를 포착하고 분석하여 구조화해야
할 사회적 실재라고 보는 것이 더 타당하다. 따라서 시장논리를 근
거로 하는 구체적인 교육정책을 중심으로 다양한 주장과 비판을 논
리적으로 분석하여 체계적으로 검토할 필요가 있다.

2. 대학재정지원정책의 개념과 범위

전통적으로 대학교육에서는 자율성이 중시되어 왔다. 대학교육은
시장논리가 가장 활발하게 적용될 수 있는 분야이다. 우리 정부에서
는 1980년대 후반 이후 대학자율화 정책을 확대 · 시행해오고 있고,
이 과정에서 각 대학이 학생정원과 등록금을 자율적으로 결정할 수
있는 폭이 확대되었다. 이는, 시장논리에 의하면, 공급자인 대학이
공급규모와 가격을 자율적으로 결정할 수 있도록 한다는 점에서 중
요한 의미를 지닌다. 또 교육과정운영, 교직원인사, 교육재정운용 등
전반적인 조직운영측면에서도 대학은 초 · 중등학교에 비해서 훨씬
많은 자율성을 지니고 있다. 또, 초 · 중등교육에서 학교선택론(school
choice)이 상당히 많은 제약조건 속에서 부분적으로 실행되고 있는
것과 달리 대학교육에서는 소비자인 학생의 학교선택권이 이미 오래
전부터 보장되어 왔고, 대학신입생 선발시기의 다양화나 복수지원기
회의 실질적 확대 등을 통하여 그 범위가 더욱 확대되었다.
대학재정지원정책은 단순히 그 지원규모를 확대할 것이냐, 확대한다
면 어떻게 확대할 것이냐의 차원을 넘어선 다양한 관점과 방법을 통하
여 접근할 수 있는 탐구과제라 할 수 있다Harrold(1992: 1464-1476).

는 자원이 배분되는 수준에 따라 대학교육재정에 관한 논쟁과 토론의 내용이 달라진다고 보았다. 재원이 배분되는 일련의 단계는 국가사회적 수준, 정부수준, 개별기관수준, 그리고 기관 내의 부서나 학과수준 등으로 구분할 수 있다.

각 수준별로 제기될 수 있는 핵심적인 질문은 다음과 같다. 국가사회적 수준에서는 대학교육재정을 공적, 사적 영역 간에 어느 정도분담해야 하는가? 정부수준에서는 대학에 재정을 지원하는 가장 적합한 방법은 무엇인가? 대학 수준에서는 교육과 연구를 위한 가용재원을 어떻게 학과 단위로 배분할 것인가?

국가사회적 수준에서 대학교육부문에 대한 재정지원의 규모, 그리고 공적 재원과 사적 재원 간의 분담 비율이 결정되면,2) 정부수준에서는 다음과 같은 두 가지 중요한 질문에 접하게 된다. 재정을 어떻게 지원할 것인가? 어디에 지원할 것인가?

첫째 질문이 더욱 중요한데 그 이유는 적합한 지원방식에 관한결정으로부터 지원대상이 되는 활동과 기관에 대한 지원규모를 결정하는 준거가 도출되기 때문이다. 더 나아가서 지원방식은 효과성 및효율성에도 영향을 줄 수 있기 때문이다. 따라서 개별기관에 대한정확한 재정지원의 양을 결정하는 것보다도 올바른 지원기제를 확립하는 일이 본질적으로 더욱 중요하며, 정치적으로도 더욱 논쟁거리가 된다. 이에 따라서 대학재정정책, 특히 재정지원방식에 관해서 연구자들의 관심이 집중되고 있다(Mace, 1992: 896-907). 앞에서 논의한 대학재정에 관한 탐구수준과 관련지어 볼 때, 대학재정지원정

---

2) 대학교육비를 누가 부담할 것인가에 관해서는 별도의 논의가 필요하다. 참고로 유현숙 외(2005: 84-85)는 대학에 대한 공적 지원이 필요한 이유로 고등교육의 외부효과, 투자재적 성격, 공공재적 성격, 대학교육기회의 균등 보장, 재정지원에 관한 법적 근거 등을 들고 있다.

책은 결국 어디에, 어떻게 재정을 지원할 것인가의 문제로서 그 핵심내용은 "어떻게 자원을 지원할 것인가" 하는 재정지원방식의 문제이다.

대학재정지원정책과 관련된 여러 개념들은 다음 <그림 1-1>과 같이 관련요인, 정책, 결과로 범주화해 볼 수 있다. 이 연구의 주된 관심대상은 정책과 그 영향(결과)이며, 재정지원정책에 영향을 주는 관련요인에 관해서는 체계적으로 분석하지 않았다. 또 정책결과와 관련해서는 국가 차원에서 평등과 대학 차원에서 재정적 측면에 한정하였다.

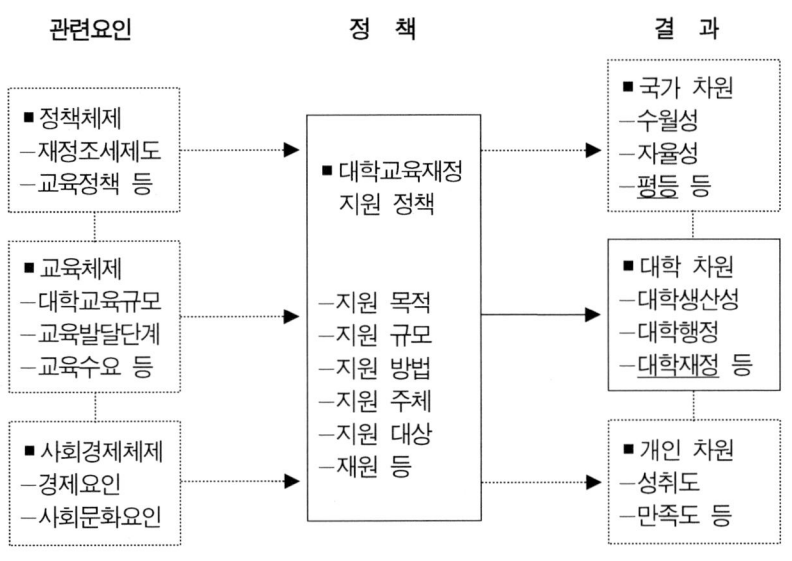

〈그림 1-1〉 대학재정지원정책관련 개념의 체계

이 책에서는 정부의 재정을 나누어준다는 뜻을 지닌 '배분'(distribution 혹은 allocation)보다는 포괄적인 '지원'(funding 혹은 financing)이라는

용어를 사용한다. 시장론자들은 '누가 재원을 부담해야 하는가'와 '어
떻게 재정을 배분할 것인가'의 문제를 동시에 제기하고 있다. 예컨대
경쟁원리를 중심으로 대학평가 결과에 따라 재정을 지원하자는 주장
은 정부차원의 재정배분의 문제라고 할 수 있다. 그러나 정부보다는
대학교육의 직접적 수혜자인 학생이나 기업이 재정을 부담해야 한다
는 주장은 정부수준의 문제라기보다는 국가사회적 수준의 문제이다.
이렇게 시장논리를 적용한 대학재정정책에서는 재원의 확보에 관한
정책과 재정의 배분에 관한 정책이 복합되어 나타난다. 따라서 대학재
정지원정책이란 "대학에 대해 어떻게 재정을 지원할 것인가"에 관한
정부의 기본방침으로 규정할 수 있다.3)

또한, 이 연구에서는 정책의 '효과'(effect) 대신에 '영향'(impact)이
라는 용어를 사용한다. 일반적으로 정책의 '효과' 분석은 당초 설정된
정책의 목표를 달성했는지 여부를 분석하는 의미로 해석될 수 있기
때문이다. 이 연구에서는 재정지원사업이 당초 목표를 달성했는지 여
부보다는 정책이 대학재정구조 전반에 끼친 영향이 무엇인지를 일반
적인 교육재정평가의 준거를 기초로 하여 포괄적으로 분석하였다. '영
향' 평가 혹은 분석의 의미는 '환경영향평가'라는 용어와 유사하다.

이 책에서 '대학교육'이란 주로 4년제 일반대학을 말하며, 교육대
학, 산업대학을 포함한다. 고등교육은 중등 이후 교육을 통칭하는 용
어로서 우리나라의 경우 전문대학은 물론 대학단계의 각종학교까지
포함하는 것으로 대학교육보다 훨씬 넓은 개념이다. 통계자료 등과
관련하여 더 세밀한 개념 구분이 필요한 경우에는 이를 밝혔다. 다

---

3) 정책이란 "바람직한 사회상태를 이룩하려는 목표와 이를 달성하기 위해
   필요한 수단에 대하여 권위있는 정부기관이 공식적으로 결정한 기본방
   침"을 말한다(정정길, 1992: 37-38).

만 외국 자료에 'higher education'으로 표현된 것은 경우에 따라 고
등교육 혹은 대학교육을 혼용하였다.

3. 이 책에서 다룰 내용

이 연구는 시장논리의 적용과 재정적 영향을 중심으로 우리나라
대학재정지원정책을 논리적, 실증적으로 분석하고, 정책적 시사점을
도출하는 데 초점을 두었다. 이를 위해서 대학재정지원방식을 중심
으로 시장논리를 적용한 대학재정지원정책을 개념화하고, 1990년대
들어서 정부에서 시행한 대학재정지원정책을 구조화하여 그 속에 시
장논리가 어떻게 적용되고 있고, 그것이 대학재정에 끼친 영향은 무
엇인지를 분석하였다. 특히 이 연구에서는 논리적, 실증적 분석을 결
합하여 종합적인 정책분석을 시도하였다. 이를 위하여 관련문헌 및
자료를 분석하여 시장논리를 적용한 대학재정지원정책의 개념을 체
계화하고, 이를 중심으로 우리나라 대학재정지원정책을 구조적으로
분석하였으며, 정책의 영향을 분석하기 위한 모형을 설정하고 시계
열 자료를 활용하여 통계분석을 실시하였다.

이 책에서 다룰 내용은 네 부분으로 구분할 수 있다. 첫째, 대학
재정지원방식을 중심으로 시장논리를 체계화하여 우리나라 대학재정
지원정책의 특징을 해석하고, 그 재정적 영향을 실증적으로 분석하
기 위한 이론적 준거를 도출한다. 이를 위해서 먼저 제2장에서는 시
장과 정부의 작동방식에 관한 기본개념을 정리한다. 제3장에서는 대
학재정지원방식을 유형화하여 협상형(negotiation), 수식형(formula)과

대비되는 의미에서 시장형의 개념과 적용형태를 분석한다. 그리고 제4장에서는 시장논리가 제기되는 다양한 맥락을 체계화하고, 재정 지원방식으로서 시장형의 정당화 논거와 적용조건, 그리고 쟁점을 분석한다.

둘째, 우리나라 대학재정지원정책의 구조와 재정배분방식을 분석 하고, 그 속에 시장논리가 어떻게 적용되고 있는지를 탐색한다. 이와 관련하여 제5장에서는 1990년대 대학재정지원정책의 내용과 지원규 모를 개관하고, 정책의 목표와 수단 간 논리적 관계를 중심으로 대 학재정지원정책을 구조화하며, 대학재정지원사업을 중심으로 재정배 분방식을 분석한다. 제7장에서는 이후 들어선 국민의 정부의 대학재 정지원정책의 주요 내용과 특징을 분석한다.

셋째, 대학정책의 재정적 영향을 검증하기 위해서는 분석모형을 설정하고, 대학재정자료를 활용하여 통계분석을 실시한다. 이를 위해 서 제6장에서는 시장형을 적용하고 있는 특수목적지원금의 재정적 영향을 대학재정의 수입 및 지출구조에 미친 영향과 국고지원금 및 학생당 지출의 재정적 불균형을 중심으로 분석한다.

마지막으로 대학재정지원정책에 관한 논리적, 실증적 분석 결과를 요약하고, 대학재정지원정책의 과제를 제시한다. 이와 관련해서 제8 장에서는 신자유주의 교육정책을 가장 먼저 시도한 국가인 영국의 사례를 분석하고 시사점을 도출한다. 제9장에서는 2000년 이후 대학 재정지원정책의 동향을 간단히 살펴보고 발전방향을 탐색한다.

4. 연구의 의의와 한계

　이 연구는 지난 10여 년간 관심과 논쟁의 대상이 되어온 대학재정지원정책에 관한 이해와 논의를 심화시키는 데 의의가 있다. 연구 방법론적 측면에서 정책분석의 두 가지 차원인 논리적 분석과 실증적 분석을 체계적으로 결합하는 종합적 연구를 시도함으로써 기존의 정책연구의 한계를 보완하고 있다. 그리고 대학재정지원정책이라는 제한된 범위에서지만, 이 연구는 교육 분야에서 시장논리의 적용의 의의와 한계를 체계적으로 분석하려는 시도라는 점에서도 그 의의를 찾을 수 있다.

　교육재정 및 경제학에서 대학재정정책은 1980년대 이후 점차 중요성이 부각되고 있는 분야이다.4) 정책 실제 측면에서도 대학재정지원정책은 정부의 핵심적인 정책영역으로 그 중요성이 점증하고 있는데 그 이유는 지방교육자치제가 본격화되면서 초·중등교육관련정책의 상당 부분이 지방교육자치단체로 넘어가고 있어서 중앙정부 내에서 대학교육관련정책의 비중이 상대적으로 더 높아지고 있고, 이데올로기 대립의 퇴조와 시장개방의 확대에 따라 국가 간 경쟁이 치열해지고 국가 경쟁력에 대한 관심이 높아지면서 대학교육 부문은 국가 경쟁력을 결정짓는 핵심요인으로 그 중요성이 재인식되고 있기

---

4) 이와 관련하여 Mace(1992: 896-907)는 대학교육에 관한 교육경제학의 주요 연구 분야를 인간자본이론(human capital theory), 거시적 교육기획 모형(macro-educational planning model), 그리고 대학교육재정(finance of higher education)으로 구분하고, 앞의 두 분야가 1980년부터는 중요한 발전이 없는 데 비하여 대학교육재정분야는 1980년대 이후 점점 더 주목을 받고 있으며, 앞으로도 더욱 중요성이 부각되고 비약적으로 발전할 것으로 예상하고 있다. 그는 대학교육 재정 분야의 쟁점을 소득재분배적 효과, 대학생의 재정부담, 대학에 대한 재정지원방식으로 구분하고 있다.

때문이다.

그러나 1990년대 중반까지만 하더라도 이에 대한 국내 연구자들의 관심은 매우 낮은 상황에 있었고, 정책의 영향 평가에 대한 관심이 상당히 미흡한 수준이었다. 대학재정정책에 관한 연구들은 주로 학생등록금, 장학금 등을 중심으로 제한적으로 이루어졌다. 대학재정정책에 관해서는 대학교육의 문제를 지적하면서 이를 해결하기 위해서는 정부의 재정지원확대가 필요하다는 당위적 주장과, 재정지원규모를 확대하기 위해서는 어떠한 방안을 시행할 필요가 있다는 처방적 제안에 초점을 맞추었고, 대학재정지원정책에 실증적인 분석을 찾아보기가 쉽지 않았다. 이 연구에서는 시장경쟁원리에 따른 재정지원으로 부익부 빈익빈 현상이 실제로 나타나고 있는지, 시장논리에 근거한 정책이 정부재정지원을 감축하려는 의도에서 나온 것인지에 관한 실증적 분석 결과를 제시하고 있다. 실제적인 측면에서 이 연구는 대학재정지원방식에 관한 체계적이고 종합적인 분석을 통해서 정책의 방향과 내용을 검토할 수 있는 지침으로 활용될 수 있다.

연구의 범위와 방법론상의 제한점을 정리하면 다음과 같다. 첫째, 1990년대 중반 우리나라 대학재정정책에서 특수목적지원사업의 규모는 대학에 대한 전체 재정지원에서 차지하는 비중이 낮았다. 따라서 연구의 분석 결과를 전체 대학재정지원정책으로 일반화하는 데는 한계가 있다. 그러나 시장형은 대학사회는 물론 정책담당자들의 초미의 관심사로서 대학재정지원정책의 핵심쟁점으로 인식되었다. 또 시장논리에 의한 재정지원정책에서는 적은 규모의 재정지원으로 최대의 효과를 도모하고, 소수 대학에 대한 집중지원을 통해서 다른 대학에 그 영향을 파급하려는 목표를 지니고 있다. 또 본 연구에서는 시장형의 적용과 영향 이외에 전체 대학재정지원정책이나 재정지원방식에 관한 이론적, 실제적 분석을 포함하고 있다.

둘째, 대학재정지원정책의 영향을 재정적 측면에 한정하여 분석하였다. 대학재정지원정책은 교육 및 연구의 질적 수준, 행정조직, 의사결정구조, 대학 내 재정배분방식 등과 같은 대학교육 전반에 걸쳐서 다양한 영향을 줄 수 있고, 학생 개인 차원에서는 교육기회, 혹은 만족도나 성취도에도 영향을 줄 수 있다. 또 세부 사업별로 당초 목표를 달성했는지 혹은 비용−효과적인지 여부를 평가할 수도 있다.

셋째, 대학재정지원정책에 관한 당위적 혹은 규범적 분석으로는 일정한 한계가 있다. 이 연구는 대학재정지원정책을 논리적, 실증적으로 분석함으로써 정책을 종합적으로 분석·기술하는 데 일차적인 목적을 두었다. 따라서 정책 자체의 목표달성도나 바람직한 정책방향 모색에 초점을 두고 있는 정책보고서와는 차이가 있다.

넷째, 대학재정지원정책을 중심으로 시장논리를 체계화하였다. 시장논리는 여러 가지 다양한 맥락에서 제기되고 있다. 따라서 교육분야에서 시장논리의 의의와 한계를 종합적으로 분석하기 위해서는 대학교육 이외에 초·중등교육 분야까지 포괄하여 교육과정, 인간관, 사회관, 조직관, 교육관 등과 다양한 차원에서 그 논리체계와 적용조건을 분석할 필요가 있다.

제2장

교육제도 운영방식으로서 시장과

정부

시장 · 정부 · 대학

전통적인 정부관에 의하면 정부는 공익의 실현을 추구하는 조직으로 인식되어 왔다. 근대적 복지국가 이념의 발전과 더불어 국가 혹은 정부의 영역은 계속 확대되었고, 시장실패의 가장 효과적인 해결책은 바로 정부라고 인식되었다. 이러한 정부관은 두 가지 가정 위에 서 있다(박세일, 1994: 635). 첫째, 정부조직 혹은 행정규제에는 거의 비용이 들지 않는다. 둘째, 시장 부문은 자연 독점(natural monopoly)이나 외부 효과(externality)로 인하여 대단히 불완전하다는 것이다.

우리 사회에서는 전통적으로 정부가 국민생활과 관련된 모든 일을 해야 하고, 무슨 일이나 잘할 수 있는 존재로 생각하는 경향이 매우 강하다. 못한다면 부패하거나 무능해서 못하는 것으로 생각한다. 그러나 공공선택론(public choice theory), 재산권론(property theory), 대리인론(agency theory) 등을 중심으로 하는 정치경제학(political economy)의 발전과정에서 정부의 관료나 의회의 정치가 역시 사적 이익을 추구하는 경제인이라는 점이 밝혀져 왔다. 이에 따라 정부 역시 본질적으로 우리가 기대하는 만큼 민주적이거나 효율적일 수 없는 존재라는 인식이 확산되었다. 다음과 같은 한 경제학자의 말에는 이러한 인식이 극명하게 표현되어 있다(김종석, 2006).

(현 정부는) 과거 어느 정부보다 정부의 직접 개입에 의한 문제 해결 의지가 두드러진다. 무슨 일만 터지면 허가제, 인가제, 등록제, 가격 규제, 세금 부과, 할당제, 의무고용제를 들고 나오는 현 정부의 간섭과 규제는 1970년대 경제개발 시대를 능가하는 수준이라고 해도 과언이 아니다. ……정부는 공익을 대표하고 공익을 보호해야 하는 의무를 지니고 있다는 교과서적인 당위론에 빠져 그렇게 되지 않았나 싶다. ……정부기능을 과신하는 사람들이 전형적으로 가지고 있는 잘못된 믿음 중 하나가, 정부가 자원을 배분하면 더 공평하고 효율적일 것이라는 믿음이다. 이것은 미신이다. 정부가 먹고사는 문제에 그렇게 유능하다면 왜 모든 것을 정부가 계획하고 관리하던 사회주의국가들이 빈곤을 면치 못했을까. 말이 좋아 정부지, 정부가 자원 배분을 담당한다는 것은 누가 어떤 물건을 만들어 누구에게 나눠줄지를 정치인과 관료들이 결정한다는 것이다. …… 정부 기능에 대한 맹신이 정부 조직과 권한의 비대화를 초래하고 있고, 이것은 결국 민간경제 활동의 위축과 국가경쟁력의 저하로 이어질 것이다.

정부와 시장은 사회를 조직하고 통제하는 두 가지 대안적인 기본 원리 또는 기본적 방법이라고 할 수 있다(최병선, 1992: 7). 정부는 권력 또는 권한을 상징하고, 시장은 자유로운 교환관계를 상징한다. 한 사회의 자원을 배분하는 시스템으로서 정부와 시장은 상당히 다른 메커니즘을 통해서 움직인다. 교육제도 운영에서도 인적, 물적 자원을 배분하는 기본원리로서 시장과 정부를 대비해 볼 수 있다.

그러나 정부와 시장 중에서 어느 것에 의존할 것인가는 매우 복잡하고 어려운 문제이다. 완전한 시장과 불완전한 정부, 혹은 불완전한 시장과 완전한 정부 사이의 선택의 문제라기보다는 불완전한 시장과 불완전한 정부 사이의 선택의 문제로 볼 수 있기 때문이다(Wolf, 1988). 따라서 시장과 정부의 작용 메커니즘과 장단점을 비교하는 일이 중요하다. 이 장에서는 시장과 정부의 작용 메커니즘을 분석하고, 정부실패와 시장실패를 중심으로 시장과 정부의 장점과 단점을 비교·분석한다.

1. 시장과 정부: 메커니즘의 비교

1) 시장의 메커니즘

시장의 작용 메커니즘의 핵심 개념은 가격기능, 경쟁, 교환, 소비자 주권, 효율성 등이다. 자유시장 경제제도의 특징은 부(wealth) 또는 자원의 소유권을 인정한다는 것이다(이학용, 1986: 47-71). 모든 자원은 개별 경제주체들에게 소유되어 있고 소유주들의 의사에 따라 자원의 활용과 처분이 가능하다. 생산요소들의 사적 소유권을 인정하면 소유자들은 그것을 보호하고 증식하게 된다. 개별 경제주체들에게 더 많은 물질적 욕망을 충족시키고자 하는 욕망이 있다면 그들은 그 수단인 부를 더욱 증식하려고 한다. 자원의 소유를 인정하고 자유로운 처분을 허용하면 경제주체들 간에 그들의 이익을 위한 자발적 교환이 발생한다. 자발적 교환이 허용되면 모든 경제주체들은 자신의 자산가치를 최대화할 수 있는 재화나 용역을 제공하기 위하여 분업과 전문화가 발생하며 자연히 경쟁이 이루어진다. 자유시장 경제에서는 자원배분에 관한 의사결정이 소비자, 기업, 정부와 같은 경제주체들에 분산되어 있다. 따라서 시장경제를 분권화된 경제제도(decentralized economic system)라고도 한다. 이때 시장이란 수요자들과 공급자들이 모여서 가격을 결정하고 매매가 이루어지는 장소 혹은 조직을 말한다. 시장에는 산출재 시장과 투자재 또는 생산요소 시장이 있다.

수요·공급의 법칙에 의하여 모든 산출재들과 생산요소가격들이 결정되면 이것을 통틀어서 가격구조라고 한다. 가격구조가 결정되면 모든 경제주체들은 이 가격구조에 따라 의사결정을 함으로써 모든 경제문제들이 해결된다. 시장에서 결정되는 가격구조는 소비자들과 생산자들에게 그들의 의사결정에 필요한 정보를 제공하여 경제문제를 해결한다고 하는 측면에서 가격구조가 매개 변수적 역할을 한다고 한다. 즉 가격구조가 달라지면 산출재 구성, 생산방식의 선택, 산출재 분배와 같은 정태적 경제문제는 물론, 소비의 기간별 분배, 저축 및 투자와 같은 동태적 경제문제도 모두 해결되게 된다. 가격구조가 경제문제들을 해결하는 것을 가격기능(price mechanism)이라고 하며 이렇게 가격구조를 이용하여 경제문제를 해결하는 제도를 가격기구(price system)라고 한다. 가격기능을 시장기능 혹은 기제(market mechanism)라고 하기도 한다. 시장기제는 시장에서 가격구조가 결정되고 그렇게 결정된 가격구조가 공통적인 경제문제들을 해결함을 의미한다. 따라서 시장기능은 가격기능보다 더 포괄적인 의미를 갖는다. 시장기구(market system) 또는 시장제도도 시장에서 가격구조가 결정되게 하고 그 가격구조에 의하여 공통적인 경제문제들을 해결하게 한다는 의미에서 가격기구보다는 더 광범위한 의미를 갖는다.

다른 한편에서 가격기능 혹은 시장기능은 경제순환모형을 이용하여 설명할 수도 있다(이학용, 1986: 47-71). 모든 경제주체들을 가계 부문과 기업 부문으로 구분하면, 가계 부문에서는 생산요소 공급과 산출재 수요에 관한 의사결정을 하고 기업 부문에서는 생산요소

수요와 산출재 공급에 관한 의사결정을 한다. 시장은 산출재 시장과 생산요소 시장으로 구분할 수 있다. 생산요소 시장과 산출재 시장에서 가격구조가 결정되면 가계부문의 소비자들과 기업부문의 생산자들은 그 가격구조를 보고 그들의 의사를 결정함으로써 공통적인 경제문제들이 해결된다. 시장경제의 가장 중요한 장점은 주어진 부를 최대한으로 활용하여 사회 전체의 소득을 최대화하고 동시에 부의 축적능력이 최대화된다는 것이다. 즉 경쟁적 시장에서는 모든 경제문제들이 주어진 부로부터 얻을 수 있는 이득이 최대화되도록 해결된다.

이상과 같은 시장의 작용방식의 전형은 완전경쟁시장에서 발견할 수 있다. 완전경쟁시장은 다음과 같은 네 가지 구조적 조건을 충족시키고 있는 시장을 말한다(최병선, 1992: 59-62). 첫째, 수요자와 공급자 모두 가격수용자(price taker)이어야 한다. 둘째, 동질적인 상품이 거래되는 시장이다. 서로 다른 공급자가 생산 혹은 판매하는 상품 사이에 완전한 대체성이 보장된다. 셋째, 자원의 완전한 이동성이 보장되어야 한다. 즉 진입과 퇴출이 자유로워야 한다. 넷째, 공급자나 수요자 모두가 자기의 의사결정에 필요한 경제적, 기술적 정보를 완전하게 갖추고 있는 시장이다.

완전경쟁시장에서의 완전경쟁은 효율적인 자원 배분이 보장된다. 그 이유는 다음과 같다(최병선, 1992: 61-65). 첫째, 완전경쟁시장은 경쟁 압력을 가함으로써 모든 공급자로 하여금 가장 효율적인 방법으로 생산활동을 영위하도록 강제한다. 둘째, 완전경쟁시장에서 개별 기업이 직면하는 수요곡선은 수평선이기 때문에 가격=한계비용이라는 조건 속에서 이윤의 극대화를 추구한다. 따라서 제품의 생산에 가장 효율적으로 자원이 사용된다. 셋째, 모든 공급자가 장기적으로 그것의 장기 평균비용곡선의 최저점에서 생산을 하지 않을 수 없다. 장기적 평균생산비용이 이보다 높은 기업은 시장경쟁에서 승리할 수 없고 결국 존립할 수도 없기 때문이다. 이 세 가지 조건에 의하여 완전경쟁시장에서는 '보이지 않는 손'에 의하여 자원배분의 효율성이 보장된다. '보이지 않는 손'이란 모든 경제주체가 시장가격을 주어진 것으로 보고 자신의 이득에 부합되는 방향으로 행동할 때, 질서가 형성되고 이 속에서 공익이 자연스럽게 달성되는 것을 말한다. 각 소비자는 자신의 효용을 극대화하기 위하여 또한 각 생산자는 자신의 이윤을 극대화하기 위하여 행동할 때, 비록 그들 각자의 행동이 명백히 사익에서 출발하고 서로 충돌을 일으킴에도 불구하고 궁극적으로는 공익이 달성되는 것이다. 이것은 그들이 주어진 시장가격을 공통적 기준으로 삼아 행동하기 때문이다.

학교선택론(school choice theory)은 이러한 시장메커니즘을 통하여 학교교육을 개선하고 발전시키려는 시도라고 할 수 있다. 학교 선택제에서는 학생 및 학부모에게 그들의 필요에 적합한 학교를 선택할 수 있는 권리를 부여한다. 공립학교체제에서는 학생이 학교를 선택하는 것이 아니라 행정기관이 학생을 학교에 배정하는데, 이러한 학생배정은 두 가지 측면에서 학교를 비효율적으로 만들 수 있다. 첫째, 학교는 학생을 독점함으로써 발전과 변화를 위해서 노력하지 않아도 된다. 둘째, 학생의 다양한 욕구와 교육기회의 충족을 어렵게 한다. 학교 선택제는 크게 공공선택형(public choice)과 시장선택형(market choice)으로 구분할 수 있다(Levin, 1994). 공공선택형은 학부모와 학생들이 공립학교 체제 내에서 학교나 학교구를 선택할 수 있는 기회를 제공하는 것이다. 이를 통하여 학생은 자신의 선호에 적합한 학교를 선택할 수 있는 기회를 보장받고, 학교 간 경쟁이 촉

진됨으로써 학교교육의 효율성이 증진될 수 있다는 것이다. 미국의
특성화 학교(magnet school)와 취학학구 자율화(open enrollment) 등
이 그 예이다. 다음으로 시장선택형은 각 학교들이 학생유치를 위하
여 경쟁하고 유치한 학생수에 따라서 보상받는 방식이다. 시장선택
형은 재정지원방식과 연결되어 있으며, 그 대표적인 예는 미국의 교
육비지불보증제(educational vouchers)와 수업료 세금감면제(tuition tax
credits)이다.

2) 정부의 작동 메커니즘

정부를 보는 다양한 관점에 따라 정부의 작동 메커니즘에 관한
분석도 달라질 것이다. 분명한 것은 종래의 정부이론이 규범적 측면
에 비중을 두었으며 기술적(記述的) 측면이 미약했다는 점이다. 경
제학, 정치학, 정책학, 행정학 연구에서 정부는 일종의 선한 암흑상
자로서 간주되어 외생변인으로 처리되거나 구체적인 분석대상으로서
회피당하거나 아예 주목조차 받지 못하기도 하였다. 정부의 작동 메
커니즘에 관한 일반적인 합의가 있는 것은 아니나, 정부의 중요한
구성요소인 정치와 관료기구의 양 측면을 중심으로 정부의 작동 메
커니즘을 분석해 볼 수 있다.

정부는 오랜 탐구의 대상이었으나, 사회를 조직하고 통제하는 기
본원리로서 정부의 작용, 기능, 한계에 관한 논의가 본격적으로 시작
된 것은 비교적 최근의 일이다(Lindblom, 1977; Wolf, 1988; Chubb
& Moe, 1988; 최병선, 1992; 신해룡, 1994). 예를 들어서 정부활동에
관한 경제학적 분석을 검토해 보면, 종래의 경제분석에서 단일의 경
제주체로서 정부는 경제의 체제 밖에 존재하는 것으로 보고 정부의

정책은 외생적 변인으로 처리되었다. 그러나 공공선택이론을 중심으로 하는 이른바 비시장적 경제이론 혹은 정치경제이론에서는 정부부문이 의회와 관료기구로 구성된다고 보고 가계, 기업 등 민간 부분의 경제주체를 포함하는 포괄적인 경제분석의 틀을 제시하고 있다(신해룡, 1994).

정치적인 측면에서 정부는 의회를 중심으로 하는 의사결정과정이라고 할 수 있다. 대의민주주의제도하에서 의회를 통한 정책결정의 과정은 여러 가지 선호를 가진 개인이 정치체제에 참가하여 투표를 통하여 선택을 하며 그것이 조정·합성되어 궁극적으로 사회적 의사결정으로 변환되어 가는 과정이다(신해룡, 1994: 8-9). 이 점에서 정치체제의 기능은 시장체제에서의 가격기구를 통한 자원배분의 결정과정과 대비된다.

개인의 선택이라는 관점에서 정치 시스템의 순수형인 직접민주주의와 시장 시스템의 순수형인 완전경쟁시장은 다음과 같이 대비해 볼 수 있다(신해룡, 1994: 9-10). 개인의 선택은 투표와 화폐에 의하여 이루어지지만, 두 시스템은 다음과 같은 면에서 차이가 있다. 첫째, 시장 시스템은 상품을 선택하여 그 구입을 결정하는 것이 모두 동일한 개인이기 때문에 그 결정에 대해서는 불확실성이 존재하지 않으나, 정치 시스템에서는 시민 전체의 투표결과에 따라 결정이 이루어지므로 불확실성이 존재한다. 둘째, 두 시스템 모두 궁극적으로 개인의 선택이 사회전체의 자원배분 혹은 사회적 의사결정에 관련되지만 개인이 사회적 의사결정에 참여하고 있다는 의식은 정치 시스템에만 있다. 셋째, 시장 시스템에서 한 개인은 화폐에 의한 대가를 지불함으로써 결정에 대한 개인적 책임을 지지만, 정치 시스템에서는 결정에 대한 책임이 개인에게 부과되는 것은 아니다. 넷째,

화폐는 가분적이기 때문에 선택대상인 상품을 몇 종류라도 동시에 구입할 수 있으며 그 종류도 풍부하다. 그러나 정치 시스템에서는 1인 1표이며 상호배제적인 선택대안 중 하나를 선택한다. 다섯째, 시장 시스템에서는 상품의 구입에 대하여 개인이 자신의 의사에 반하는 결정을 따르는 것은 아니나, 선택주체와 결정주체가 다른 정치 시스템에서는 결정에 따른 강제가 있다. 여섯째, 개인 간의 구매력에서 시장 시스템은 차이가 있으나 정치 시스템은 동일하게 1인 1표이다.

교육제도에 대한 정치적 통제의 근거는 선거 결과에 따른 합법성과 정치기관으로서의 공적 책무성이다(Weiss, 1990: 104-107). 가장 직접적인 정치적 통제는 선거에 의하여 구성된 국회, 지방의회, 지방교육위원회에 의하여 행해진다. 또 선거로 선출된 대통령, 지방자치단체의 장 등도 정치적 통제력을 행사한다. 미국의 경우 교육위원회는 교육과정 운영, 부수적인 서비스 제공, 예산, 재정자금, 출연 자본금의 증액, 교직원과의 단체협상, 교장의 임용 및 평가 등에 관하여 의사결정권한을 행사한다. 우리나라 교육위원회(앞으로 지방의회)의 경우, 조례안, 예산안 및 결산, 특별부과금·사용료·수수료·분담금 및 가입금의 부과와 징수에 관한 사항, 기본재산 또는 적립금의 설치·관리 및 처분, 중요재산의 취득·처분, 공공시설의 설치·관리 및 처분 등에 관한 심의·의결권을 행사한다(지방교육자치에 관한 법률, 제13조 참조). 이렇게 볼 때, 교육에 관한 정치적 통제의 중요한 영역으로는 예산 심의, 정책 형성, 관련법령의 입법 등이 있다고 할 수 있다. 이 중에서 예산 심의는 직접적이고 강력한 통제양식이다.

교육제도 운영방식으로서 정부의 더 직접적이고 광범위한 양태는 행정 혹은 관료체제라고 할 수 있다. 공교육제도 아래서 학교교육의 규모가 점차 대형화하였고 그 대상집단의 성격 및 요구의 이질성과 다양성은 교육가치의 구조를 매우 복잡하게 만들었다(이돈희, 1993: 232-244). 이러한 규모의 대형성과 구조의 복잡성은 이를 합리적이고 능률적으로 관리할 수 있는 체제적 원리를 필요로 하였으며 그것이 바로 관료체제이다. 관료체제는 주어진 목적의 실현과 목표의 달성을 위하여 조직을 합리적으로 관리하고 구조적으로 복잡한 과업을 능률적으로 처리하는 운영의 원리이다. 관료제의 일반적인 요소로는 분업화와 전문화, 권위의 위계, 몰인정성, 표준적인 업무처리절차 등을 지적할 수 있다. 오늘날의 교육은 하나의 커다란 학교체제 속에서 이루어지고 있다. 각급학교는 중앙정부가 정한 규칙에 따라서 설립되고, 학교에서 이루어지는 교육활동은 국가적 수준에서 결정된 학제와 교육과정에 의하여 통제를 받고 있으며, 거기에서 가르치고 있는 교원들의 자격도 국가가 정한 기준에 따라서 규정되어 있고, 소요되는 교육재정도 국가적 기준에 따라서 조달되고 있다.

관료체제는 국가 수준, 단위조직 수준, 그리고 개인 수준의 3차원으로 구분해 볼 수 있다(Weiss, 1990: 97-102). 이 중 핵심은 단위조직 수준의 행정적 통제에 있다. 이 수준의 행정적 통제는 조직구성원들 간에 과업이 분업화되는 방식과 개인적 업무가 명세화되는 과정에서 행사된다. 또한 예산, 공간, 물자, 직원 배치 등과 같은 자원의 배분은 행정가들에 의하여 통제가 가해지는 전형적인 예이다. 제반 규칙과 절차들, 그리고 정형화된 일상적 업무과정 등은 행정관리적 통제의 가장 명시적인 형태들이다. 이것이 바로 업무 수행을 조정하고, 나아가 더욱 적절하게 과업이 수행되도록 하는 책무성과 조정의 메커니즘이다.

단위조직을 넘어서는 전체 교육체제에서는 조직과 조직 환경 간의 관계가 문제가 된다. 조직은 외부로부터 자원을 공급받아야 하기 때문이다. 이러한 의존성이 중요한 자원을 통제하는 조직 혹은 집단의 필요와 요구에 반응하도록 만드는 것이며, 이 연결점이 바로 앞에서 언급한 정치라고 할 수 있다. 그러나 정부 시스템의 핵심은 역시 개인 행정가들이다. 정부를 통한 교육체제의 운영은 결국 합리주의적이고 목표지향적인 지도자 혹은 관리인을 통해서 이루어진다. 조직의 목표를 설정하고 그 목표달성을 위하여 조직구성원들에 대하여 자극을 제공하는 지도자야말로 조직의 목표달성에 지레 역할을 하는 핵심이다.

3) 상호 비교

사회조직을 운영하는 기본적인 방식으로 시장과 정부는 여러 가지 면에서 대조적이다. 시장의 작동 메커니즘의 핵심은 가격기능 혹은 시장기제, 경쟁, 교환, 소비자 주권, 효율성 등이다. 정부는 정치와 관료체제로 구성되어 있다고 할 수 있다. 정부 작동 메커니즘의 핵심은 권위(authority)이다. 정당성, 합법성, 합리성 등을 근거로 하는 권위에 의하여 자원이 배분된다.

이때 중요한 것은 시장과 정부는 일정한 조건들을 전제할 때 제대로 기능한다는 점이다. 완전경쟁시장, 직접민주주의, 그리고 이상형의 관료제 등은 여러 가지 선행조건이 충족되었을 때 최대의 효율성, 합리성을 발휘한다. 따라서 교육조직 운영의 기본방식으로 시장 혹은 정부를 고려할 때는 이러한 전제조건들을 동시에 고려해야 한다.

다음으로 시장과 정부가 어떤 환경 아래서 동시에 공존할 수 있는가의 문제이다. 최근에 발전하고 있는 정치경제학은 정부와 시장을 동일한 원리, 즉 합리적인 구성원의 이익 극대화에 의하여 움직이는 현실체로 파악하고 있다. 더 분명하게 말하자면 정부에 관한 시장일원론적 사고이다. 이것이 기술적인 측면에서 상당히 타당성을 지니고 있는 것은 분명하나, 규범적인 차원에서도 어떤 타당성을 지닐지는 의문이다.

2. 시장실패와 정부실패

시장과 정부의 장점은 앞의 작용 메커니즘의 분석에서 이미 충분하게 언급하였다. 이 절에서는 시장실패와 정부실패를 중심으로 하여 시장과 정부의 단점을 집중적으로 비교·분석한다.

1) 시장실패의 원인과 유형

소비자 주권(consumer sovereignty)에는 두 가지 의미가 있다(고려대학교 경제연구소 편, 1982). 하나는 소비자의 욕구가 시장의 가격기구를 통하여 생산자에게 전달되므로 소비자가 자원배분의 최종적인 결정권을 갖고 있다는 것이다. 둘째는 어떤 사회의 후생이 소비자의 요구가 어느 정도 충족되고 있느냐에 따라 측정된다고 하는 규범적인 의미이다. 이와 같은 소비자 주권이 성립되기 위해서는 몇 가지 전제조건이 필요하다. 첫째, 각자가 자신의 독자적인 판단으로 자신에게 가장 좋은 것이 어떤 것인가를 알 수 있어야 하며, 그것을 아는 데 드는 비용은 무시해도 좋을 것, 둘째 소비자에 의한 선택의 의사표시가 시장에서 유효할 것, 셋째, 소비자가 시장에서 행사하는 투표권의 재원이라고 할 수 있는 각자의 소득이 어느 정도 합리적으로 배분되고 있을 것 등이다. 현실적으로는 이러한 여러 가지 전제 조건은 대부분 충족되지 못하고 있다. 특히 기술진보를 도입하여 생산한 상품의 경우 소비자는 독자적으로 그 안전성이나 견고성을 식별할 능력이 없는 것이 보통이다. 뿐만 아니라 이윤을 목적으로 하는 사기업은 먼저 특정한 상품을 만들어 놓고 그것을 소비자에게 팔기 위하여 선전·광고 등의 기술을 동원하기 마련이다. 가격만 하더라도 생산자 쪽에서 일방적으로 강요하는 기제를 만들어 놓고 있다. 따라서 현실은 오히려 생산자 주권이라고 보는 것이 더 타당하다(고려대학교 경제연구소 편, 1982).

이러한 요인 이외에 시장 실패의 일반적인 유형으로는 불완전 경쟁, 정보의 불완전성, 공공재, 외부효과, 그리고 불공정성을 들 수 있다(Wolf, 1988; 최병선, 1992). 첫째, 완전경쟁 시장에서는 공급자나 수요자 모두 시장가격을 주어진 것으로 보고 그것에 반응하는 가격 수용자이어야 하지만, 현실적으로는 자신의 공급량을 변동시킴으로써 가격에 영향을 미치는 독과점 기업이 존재한다. 이러한 독과점 기업은 희소자원의 독점적 소유, 특허나 정부의 독점적 허가, 그리고 규모경제가 큰 분야 등에 존재한다. 현재의 공립학교체제는 특허나 정부의 독점적 허가에 의한 독과점 체제로 볼 수 있다. 어떤 이유에서건 독과점으로 인하여 시장이 불완전한 경우에는 자원 배분의 효율성이 확보되지 못한다. 학교체제에서 문제가 되는 것은 독과점 체제를 유지하기 위하여 진입장벽을 구성하는 데 많은 노력과 자금이 투여될 가능성이 높고, 학교들이 경영 효율성을 추구하기 위한 노력이나 유인의 감소로 인하여 나태해지고 방만해짐으로써 비효율성이 발생한다는 것이다. 또한 교수기술의 혁신을 위한 노력이 약화된다.

둘째, 완전경쟁시장에서는 시장정보가 완전하다는 가정에서 출발하고 있으나 정보만큼 불완전한 것은 없다. 제품의 질을 정확하게 판단할 수 있는 기준을 마련하기는 매우 어려운 일이다. 기업은 광고, 선전 등을 통하여 과대 과장 광고로 소비자를 속일 수 있다. 또 시장정보는 충분하게 공급되지 못한다. 정보는 그 공급자가 자신의 정보 제공으로 인하여 발생하는 이익을 전부 흡수할 수 없다. 따라서 공급자는 정보를 충분하게 공급할 유인가가 적다. 정보의 수요자 측면에서 보면 정보는 일단 공급되면 누구나 큰 불편이 없고 효용의 감소 없이 그것을 이용할 수 있는 비배타성과 비경합성을 갖고 있는 공공재로서 무임승차자 문제를 야기한다. 즉 모든 소비자는 정보를 필요로 하지만 개별 소비자는 모두 다른 누군가가 그러한 정보를 제공해 주기만 바랄 뿐 자신이 시간과 비용을 들이려 하지 않는다. 시장의 효율성은 그 선택 대안들에 관한 정보에 의해 결정된다. 이와 관련하여 볼 때 교육 분야에는 두 가지 난점이 있다(Levin, 1994). 교육은 매우 복합적인 서비스로서 간명하게 기술하거나 예측하기가 곤란하다. 질적 측면과 관련된 내용은 더욱 그러하다. 따라서 그에 관한 정확한 정보를 제공하기가 매우 어렵다. 또한 과장 선전이나 정보 왜곡이 일어나기 쉽다. 다음으로 교육 프로그램의 수가 많고 그 대상도 다양하며 교육활동이 이루어지는 상황의 변화가 극심하다. 이러한 다양한 정보를 제공하기 위한 적절한 방법을 고안하기도 어렵고 그 비용도 비싸다. 또 정보량의 과다 속에서 학부모와 학생은 혼란과 선택 곤란을 경험한다.

셋째, 공공재의 존재로 인한 과소 공급의 문제이다. 공공재는 생산과 소비가 동시에 이루어지며 축적되지 않고, 어느 누구도 그것의 소비로부터 배제될 수 없는 비배타성을 지니며 이로 인한 무임승차자 문제를 야기한다. 또 추가적인 소비로 인한 한계비용이 영이나 영에 가까운 비경합성이 있다. 따라서 공공재는 과소 공급될 가능성이 높다. 일반적으로 공교육, 특히 초등교육은 경합성이 낮은 공공재로 분류되고 있다.

넷째, 외부경제 혹은 외부불경제와 같은 외부효과의 문제이다. 외부효과란 어떤 행동이 비의도적으로 그리고 그에 대한 대가의 교환 없이 다른 사람에게 이득이나 손해를 가져다주는 것을 말한다. 예를 들어 기술혁신을 통하여 개인적으로 얻게 되는 이익은 대체로 사회적 편익에 비하여 적다. 따라서 기술혁신이 과소하게 이루어지게 된다. 외부경제 효과를 갖고 있는 사회적으로 유익한 생산활동에 대한 사회적 평가가 충분하게 이루어지지 못하면 그 활동은 사회적으로 바람직한 수준보다 과소하게 이루어진다. 반면 공해와 같이 외부불경제를 유발하는 활동은 사회적으로 바람직한 수준보다 과다하게 이루어진다. 교육의 경우 외부경제 효과가 큰 활동으로서 외부경제를 유발하는 활동의 비용을 낮추는 방식으로 정부가 개입한다. 즉 국·공립학교를 정부가 설립하여 운영하거나 사립학교의 재정을 보조하며 학생들에게 장학금을 지급하는 것이다.

다섯째, 시장의 가장 큰 결함은 소득분배의 불공정성 문제이다. 설사 완전경쟁시장이 존재한다고 하더라도 거기에서 이루어지는 소득분배의 공평성이 보장되는 것은 아니다. 사실상 소득분배의 공평성과 자원배분의 효율성 간에는 상충관계가 존재한다.

2) 정부실패의 원인과 유형

정부 실패는 정부 개입에 대한 수요와 공급의 특성에서 비롯된다 (Wolf, 1988; 최병선, 1992). 먼저 정부가 생산, 공급하는 재화나 서비스의 수요 측면에서 보면, 정부정책에 대한 수요는 시장결함에 대한 사회적 인식의 증가, 정치 사회의 민주화와 민권의 신장, 비용과 이익의 분리 현상 등 정치적 요인에 따라 제기된다. 또 이러한 정치적 요구는 왜곡된 정치적 보상체계와 단기적 안목을 갖고 있는 정치인과 관료, 그리고 편향된 정치과정 속에서 충분하고 적절하게 여과되지 못한 채 그대로 새로운 정부활동의 증가로 나타난다. 이것은 시장수요가 자체의 경제논리, 즉 가격기능에 의하여 적절한 수준에서 자동 조절되는 것과 대조를 이룬다. 시장에서의 가격기능과 같은 자동조절장치가 없는 정부부문에서는 항상 정책에 대한 초과수요가 존재한다. 이러한 초과수요는 잘 조직된 이익집단 또는 압력집단의 영향력 행사의 결과라고도 할 수 있다. 따라서 정부부문에서는 자원배분의 효율성이 저하되게 된다.

정부개입의 공급 측면에서 보면, 정부산출은 정의하고 측정하기가 곤란하다. 정부 산출물의 양과 질은 추상적인 최종목표로 파악되는 것이 아니라 중간 산출물 또는 대용물로밖에는 관찰될 수 없다. 그 양과 질이 전체 국민의 의견을 정확하게 대변하는 것인지 알 수도 없다. 따라서 정부조직이 궁극적 목표보다는 중간적 혹은 실천적 목표를 정의하여 정책을 수립하고 집행하게 되는 불완전한 최적화가 발생한다. 이것은 결과적으로 조직목표의 대치현상을 초래한다. 또 정부 산출물은 대부분 정부에 의하여 독점적으로 생산됨에 따라 정부부문의 산출의 질에 대한 경쟁이 사라진다. 다음으로 정부의 생산기술은 거의 알려져 있지 않다. 예를 들어서 교육의 성과를 높이기 위한 교육기술, 국가 안보를 증강하기 위한 기술 등은 대부분 모호하고 파악하기 어렵다. 마지막으로 활동이 부진하고 효과성이 없는 정부기관을 해체시킬 수 있는 최저선과 종결 메커니즘이 없다. 예산이 자동적으로 배정되고 직원이 떠나지 않는 한 그 기관은 존속한다.

이러한 특성을 지닌 정부정책 및 활동은 수요와 공급이 대체로 불균형 상태를 유지한다. 경제가 성장하고 소득이 향상되어 조세 수입이 증가할 때에는 증가된 자원을 활용하는 새로운 정부활동이 추가되고 기존의 정부활동이 확대된다. 반대로 경기가 후퇴하는 시기에는 소득 재분배 및 사회복지 프로그램이 확대된다. 어떤 경우에나 정부부문은 생산성과 효율성의 증진 없이 지속적으로 성장, 확대되는 경향이 있다. 구체적으로 정부실패에는 다음과 같은 유형이 있다(Wolf, 1988; 최병선, 1992).

첫째, 비용과 수입의 단절로 인한 비용의 중복과 상승이다. 시장에서는 생산비용과 수입이 가격을 연결고리로 하여 긴밀하게 연관되어 있다. 그러나 정부활동에는 그에 소요되는 비용과 그로 인한 수입이 아무런 관련을 갖지 않는다. 정부활동이 대부분 의존하는 조세는 정부의 서비스와는 관련 없이 부과된다. 따라서 정부부문의 자원배분에는 항상 비효율성이 존재한다. 정부활동에는 항상 중복적인 비용이 발생하며 X-비효율성이 대단히 높다.

둘째, 내부적인 조직목표와 사회적 목표 간의 괴리 문제이다. 시장에서는 분명한 목표가 있고 소비자 반응, 시장점유율, 손익과 같이 목표달성도를 평가할 수 있는 객관적인 지표들이 존재한다. 정부조직에서는 이런 객관적인 지표가 없고 추상적인 목표만이 존재한다. 따라서 정부조직은 조직구성원의 행동을 일정한 방향으로 유도하고 규율하며 평가하기 위한 표준적인 운영절차, 인사배치 및 평가 규칙, 예산의 배분 및 사용 규칙, 조직단위별 업적평가 규칙 등을 개발하여 사용한다. 이러한 내부조직목표는 시장의 시험을 거치지 않는다. 따라서 정부산출물의 특성상 내부조직목표와 사회적 목표 간에 괴리가 발생할 수 있다. 이렇게 사회적 목표와 유리된 내부조직목표에는 더 많은 예산의 확보, 최신기술에 대한 집착, 정보의 취득과 통제 등이 있다.

셋째, 파생적 외부효과의 문제이다. 정부활동의 결과 잠재적, 비의도적인 파급효과와 부작용이 발생한다. 정부활동은 광범위한 정책효과를 가지며 그 효과를 정확하게 파악하고 예측하기는 어렵다. 또 정치인들은 단기적 안목과 높은 시간할인율 때문에 잠재적인 부작용을 경시하는 경향이 있다.

넷째, 소득분배의 불공정성 문제이다. 시장에서의 불공평은 소득 및 부와 관련되어 제기되는 데 비하여 정부부문의 불공평은 권력과 특혜의 문제로 제기된다. 모든 형태의 정부정책 및 활동이 이루어지기 위해서는 권한을 행사하는 사람이 있기 마련이며 권한의 사용과정에서 부정과 비리가 발생하고 그 결과 불공평성이 야기된다. 정부개입으로 인한 불공평성은 그것이 정치적으로 더 강력한 영향력을 행사하는 집단의 요구에 의하여 그들에게 유리한 방향으로 정책을 전개하는 과정에서 야기된다는 점에서 더욱 문제가 된다.

3) 상호 비교

공교육제도에서 학교교육은 정부(정치와 관료제체)에 의하여 운영되는 것이 일반적인 현상이다. 교육제도의 운영방식으로서 정부체제는 다양한 실패와 부작용을 낳고 있다. 교육조직의 일반적인 특징으로 언급되어 온 많은 내용들이 사실 정부체제의 수요·공급 측면의 특성과 일치하고 있다는 것은 매우 흥미로운 사실이다. 교육과 관련된 정책의 수립, 서비스의 공급에 대한 수요는 점증하고 있다. 또 공급 측면에서 보면, 교육 산출의 정의 및 측정의 곤란, 불완전한 최적화, 조직목표의 대치, 독점 생산, 질 경쟁의 소멸, 기술의 모호성, 최저선과 종결 메커니즘의 결여 등은 교육조직의 중요한 특성으로 인식되어 왔다. 이러한 특성을 지닌 정부의 정책 및 활동은 수요와 공급이 대체로 불균형 상태를 유지하고 생산성과 효율성이 매우 낮으나, 정부부문은 지속적으로 성장·확대되어 왔다. 이러한 사실들은 교육제도의 운영방식으로서의 정부에 관한 이해와 분석은 결국 공교육제도의 팽창, 실패, 진로 혹은 작동과정, 운영원리 등에 관한 정확한 분석의 중요한 시발점이 될 수 있음을 보여 준다.

　시장 실패와 정부 실패의 유형을 요약하여 대비하면 <표 2-1>과 같다. 정부 실패의 유형 중에서 특히 교육제도와 관련하여 문제가 되는 것은 공교육제도하에서의 비용과 수입의 단절, 내부조직목표와 사회적 목표와의 괴리이다. 관료체제를 근간으로 운영되는 교육체제에서는 이상적인 인간상의 구현, 교육기회의 균등과 같은 추상적인 목표보다는 구체적인 조직운영절차, 즉 관련 법령 및 규칙의 준수가 더

〈표 2-1〉 시장 실패와 정부 실패의 유형

시장 실패	정부 실패
○독점 및 불완전 경쟁	○비용의 중복과 상승
○정보의 불완전성	○조직목표와 사회적 목표 간 괴리
○공공재 및 외부효과	○파생적 외부효과
○분배적 불공평(소득과 부)	○분배적 불공정성(권력과 특혜)

* 자료: 전상경 역(1991: 86)을 부분 수정함

큰 현실적인 목표가 되는 경우가 허다하다. 또 조세, 정부의 재정지원 등을 근간으로 하는 교육재정 운용방식은 끊임없는 교육비용의 증가를 유발한다. 그러나 그 비용증가에 상응하는 교육활동의 향상은 기대하기 어렵다. 정부의 개입은 단순히 시장 실패가 원인이라기보다는 이것을 기화로 한 특수한 이익집단의 정책 요구, 정치가 및 관료의 사익추구 성향 등으로 인하여 과장되거나 왜곡되며 정부의 활동이 독점적으로 이루어지고 명확한 목표의 정의나 측정 없이 이루어지기 때문에 대단히 비효율적이다(최병선, 1992: 186).

중요한 것은 이러한 독점적, 관료적, 중앙집권적 교육운영에 대한 대안으로 최근 자주 등장하는 시장 역시 실패하기 쉬운 대안의 하나라는 점이다. 시장 실패의 유형 가운데 교육 분야에서 특히 문제가 되는 것은 정보의 불완전성, 자연 독점과 불완전 경쟁의 가능성, 그리고 분배적 불공정성이다.

정부와 시장은 모두 불완전한 선택대안이다(Wolf, 1988; 최병선, 1992). 정부를 선호하는 공공정책가들은 흔히 시장이 실패할 때 정부를 바라보려 하지만 정부가 실패할 때 다시 시장을 바라보려고 하지 않는 성향을 갖고 있다. 정치와 행정을 좀더 잘하면 문제가 더 바람직하게 해결되지 않을까 기대하는 것이다. 이러한 기대는 허망한 기대에 불과할 수 있다. 반면 시장을 선호하는 자유시장론자들의 경우 그 역도 성립한다. 시장과 정부가 가장 기본적이고 원초적인 사회조직의 두 가지 서로 다른 이론체계로서 또는 기본원리로서 공존하고 있는 한, 이 양자의 어떤 조합이 더 바람직하게 현실의 문제를 해결하는 방법인지를 비교·평가해 보아야 한다. 즉 시장과 정부 어떤 것에 의존하여 문제를 해결하는 것이 왜, 어떤 이유에서 바람직한가의 문제이다(최병선, 1992: 187).

3. 시장과 정부, 그리고 교육제도

1) 자유시장적 교육개혁론이 제기하는 문제

지난 세기 말 이후 교육개혁과 관련하여 가장 빈번하게 사용되고 있는 단어는 바로 '시장'(market)이다. 1980년 이후, 특히 1990년대에 들어서 세계 각국의 교육개혁의 주된 흐름은 '시장경제 원리'를 강조하는 것이다. 미국의 경우, *The Nation at Risk*(1983), *Goals 2000*(1989) 등을 통하여 공립학교 부문에서 정부 및 행정기관의 규제를 완화하고 단위학교의 자율적 자기 관리를 확대하며, 학생과 학부모에게 선택권을 부여하여 학교 간 경쟁을 촉진하고, 이러한 선택과 경쟁에 의하여 교육의 질을 향상하고 수월성(excellence)을 추구하는 방향으로 하는 교육개혁을 추진하였다(Levin, 1994: 5203). 영국에서도 Education Act(1988) 등을 추진하여 지방교육청(Local Education Authority)의 권한을 축소하여 단위학교의 자율성을 향상시키고 학부모의 학교선택권을 늘리는 방향으로 학교개혁을 추진하였다. 이러한 교육개혁은 미국과 영국뿐만 아니라 유럽, 아시아, 중남미 등 전세계로 확산되어 왔다.

일반적으로 자유시장적 교육개혁안의 중요한 내용은 '선택'과 '경쟁'으로 요약할 수 있다. 정부 혹은 학교 위주로 학생을 선발하고 교육하던 방식에서 벗어나 학부모와 학생의 교육 선택권을 보장하고 단위학교에 대한 정부(혹은 행정기관)의 지시와 규제를 완화하여 자

율적인 학교운영을 통한 다양한 교육활동이 이루어지도록 하고, 궁
극적으로는 교육기회의 다양성과 실질적인 교육평등을 보장하며 교
육의 질을 향상시킨다는 것이다. 지금까지 논의되어 온 자유시장적
교육개혁론의 전형이라고 할 수 있는 학교선택론의 핵심은 학교 간
자율 경쟁을 통해서 학교교육의 질 향상을 이룩할 수 있다는 것이
다. 이것은 교육관련 주체들 간의 관계 변화를 요구한다. 즉 학교와
학부모·학생, 정부와 학교, 학교와 학교 간의 관계가 시장원리를 기
본으로 하는 자유선택, 자유경쟁적 관계로 전환됨을 의미한다.5)

  '시장'이라는 개념에 더욱 충실해질 때, 자유시장적 교육개혁론의
범위는 훨씬 확대될 것이다. 학교선택뿐만 아니라, 학교운영은 물론
교육목적, 교육내용, 교육방법 등과 같은 학교교육의 전 분야로, 그
리고 교육활동의 핵심적인 내용으로까지 그 논의의 범위는 확대될
가능성이 높다. 교육활동의 핵심으로 다가설수록 자유시장적 교육개
혁론과 관련된 논쟁은 더욱 격화될 것이다. 이것은 결국 학교의 기
능과 역할, 교육의 목적에 대한 새로운 규정으로 이어질 것이다.

  그러나 자유시장적 교육개혁론에서 사용하는 '시장'이라는 용어의
개념, 다시 말해서 교육 분야에서 시장원리를 도입·적용한다고 할

---

5) 경제원리는 시장원리보다 더 넓은 개념이나, 그 핵심은 시장원리라 할 수
   있다. Mankiw(2001)는 경제학에서 통용되는 기본원리를 10가지로 요약한
   바 있다(김경환·김종석 역, 2001: 3–17). 그에 의하면, 경제학은 희소한
   자원을 사회가 어떻게 관리하는가를 연구하는 학문이다. 다시 말해서 개
   인, 기업, 가계 등 사람들이 어떻게 결정을 내리는가를 연구하는 학문이
   다. 기본원리 가운데 개인들의 의사결정에 관련된 4가지 원리로는 '모든
   선택에는 대가가 있다.' '선택의 대가는 그것을 얻기 위해 포기한 그 무엇
   이다.' '합리적 판단은 한계적으로 이루어진다.' '사람들은 경제적 유인에
   반응한다.'가 있다. 사람들 간의 상호작용에 관련된 원리로는 '자유거래는
   모든 사람을 이롭게 한다.' '일반적으로 시장이 경제활동을 조직하는 좋은
   수단이다.' '경우에 따라 정부가 시장성과를 개선할 수 있다.'가 있다.

때 시장 혹은 시장원리의 내포와 외연이 그렇게 분명하지 않다. 또 상호 모순적인 내용이 포함되어 있을 가능성도 있다. 따라서 자유시장적 교육개혁안의 논리를 명확히 분석할 필요가 있다. 자유시장적 교육개혁안이 제기된 정치적, 경제적, 교육적 상황적 배경 혹은 요인을 분석하고, 자유시장적 교육개혁론의 문제인식, 이념, 학교교육관, 정당화 논거 등을 중심으로 자유시장적 개혁론의 핵심 요소를 밝히고 이들 간의 논리적 관계를 분석할 필요가 있다.

2) 교육제도에 관한 탐구과제

근대 이후 교육은 공교육제도를 중심으로 운영되고 있다. 교육의 기회균등, 국민 교육권의 보장 등을 위하여 세계 각국은 교육제도 법정주의를 채택하였고, 교육은 정부의 중요한 역할의 하나로 인식되고 있다. 또 교육은 일반적으로 공공재, 혼합재의 속성을 갖는 것으로 분석되고 있다. 공공재가 갖는 외부효과는 교육 서비스 제공에서 정부 개입 혹은 정부 역할을 정당화하는 중요한 근거가 된다. 자유시장적 교육개혁론은 이러한 공교육제도, 교육재 및 교육시장의 특성과 관련하여 분석·논의되어야 한다. 나아가 자유시장의 원리와 교육원리 간 갈등의 가능성도 있다. 교육자, 학습자, 교육과정이라는 교육활동의 중요한 요소 혹은 개념과 생산자, 소비자, 시장적 교환이라는 자유경제적 원리와 개념 간에는 유사성과 차이가 동시에 존재할 것이다. 이때 그 차이가 교육활동을 근본적으로 제약할 가능성도 없지 않다.

자유시장적 교육개혁론은 교육공급자, 교육수요자의 권리 보장을 넘어서는 교육통치의 문제라고 할 수 있다. 따라서 자유시장적 교육개혁론은 그 내용과 논리를 중심으로 공교육제도, 교육재 및 교육시장의 특징, 교육원리 등과의 관련성, 그리고 실제적 측면에서의 자유시장적 교육개혁론의 가능성과 한계 등을 포괄적으로 검토할 필요가 있다. 자유시장적 교육개혁론을 중심으로 교육제도의 운영 및 그 원리에 관한 탐구는 다음과 같은 여러 가지 접근방법 혹은 관점에서 분석할 필요가 있다.

첫째, 공교육 제도와 자유시장적 교육개혁론의 관계에 관한 분석이다. 공교육제도의 이념과 기본원리, 그리고 공교육제도에 대한 비판을 중심으로 공교육제도의 의미와 자유시장적 교육개혁론의 가능성과 한계를 분석할 수 있다.6)

둘째, 교육재 및 교육시장의 특징에 관한 분석이다. 공공재로서의 교육재의 기본적 특징, 교육수요·공급의 특징을 중심으로 교육재·교육시장의 특징을 분석할 필요가 있다. 공기업의 필요성과 관련해서는 거액의 자본이 요구되거나 위험 부담이 큰 사업, 규모의 경제가 존재하는 산업, 주요 전략산업, 외부효과가 존재하는 산업, 장기적 관점의 경영 등을 지적할 수 있다(윤성식, 1994). 이러한 공기업의 필요성은 공기업이 생산하는 재 혹은 서비스의 특성에 근거한다. 교육재의 일반적인 특성으로 외부효과가 높은 공공재라는 점이 지적되어 왔다. 이러한 교육재의 특성은 정부개입의 정당화 논거가 되고 있다. 자유시장적 교육개혁론과 관련해서는 현재의 학교독점, 수요측면의 특성, 공급측면의 특성, 그리고 가격기능의 부재 등을 검토할 수 있다.

셋째, 공적 조직과 사적 조직의 비교의 관점에서 자유시장적 교육

6) 황원철 등(2004)은 공교육의 이념과 원리, 제도운영, 현실과 대안을 다루고 있는 연구물들을 종합적으로 정리한 바 있다.

개혁론을 검토할 필요가 있다. 그동안 시도된 자유시장적 교육개혁안은 공립학교에 대한 사립학교의 효과성, 그리고 공적 조직에 대한 사적 조직의 효율성을 기본바탕으로 하고 있다. 일반적으로 공공조직은 여러 가지 특성으로 인하여 사적 조직에 비하여 효율성, 효과성이 미약한 것이라고 인식되고 있다. 그러나 최근의 논의에 의하면 공공조직에서도 사적 조직과 같은 경쟁과 효율성이 존재하며, 공공조직의 효율성이 사적 조직에 비하여 결코 뒤떨어지지 않는다는 새로운 주장이 제기되고 있다. 또한 교육조직론에서 제시되어 온 이완체제론(loosely coupled system), 교육활동의 제도화(institutionalization) 등과 같은 교육조직의 특성에 관한 논의를 자유시장적 교육개혁론과 연결지어 분석할 수 있다.

넷째, 교육원리와 시장원리의 비교이다. 자유시장적 교육개혁안이 제안되는 상황과 그 기본가정과 관련해서는 경제지상주의, 도구주의적 교육관, 발전교육론 등을 지적할 수 있다. 이러한 기본가정은 교육의 기본 개념과 원리와 상충가능성이 높으며, 교육 자체를 말살하려는 기도라고까지 비판받고 있다(김신일, 1986; 김안중, 1990). 교육계에서 자유시장적 교육개혁안이 근본적으로 지지를 받지 못하고 강한 반대에 직면하곤 하는 이유 중의 하나는 바로 이것이다. 자유시장적 교육개혁론과 관련해서는 교사의 역할과 교사관, 학생과 소비자, 교육의 과정과 시장적 교환과정 등을 중심으로 교육원리와 시장원리 간의 갈등, 그리고 자유시장적 교육개혁론의 적용 가능성과 한계를 분석할 수 있다.

마지막으로 자유시장적 교육개혁론의 실제적 가능성과 한계에 관한 분석이다. 여기에는 학교선택의 실제적 결과, 공립학교와 사립학교의 효과성 비교, 교육제도의 통치·행정·운영 현황, 그리고 시장

원리의 실제적 적합성에 관한 분석이 포함될 수 있다. 시장적 교육
개혁론은 학교교육의 효과성, 효율성, 그리고 공평성을 향상하려는
데 목적이 있다. 학교선택방안의 시행 결과, 공립학교와 사립학교 간
비교연구 등을 중심으로 하여 시장적 교육개혁안의 실제적 타당성을
검토할 수 있다. 시장적 교육개혁안은 논리적으로뿐만 아니라 실증
적으로도 타당성을 검토할 수 있다.

　자유시장적 교육개혁론을 중심으로 하는 교육제도의 운영에 관한
탐구는 교육제도에 관한 논의를 활성화할 것이다. 종래 교육행정학
의 연구들은 주로 단위학교 운영의 효율성, 효과성을 중심으로 이루
어졌으며, 교육제도의 운영원리와 방법에 관한 정치한 분석과 논의
는 미흡한 수준에 있다. 공교육제도, 교육재, 교육원리와 같은 개념
은 교육행정학은 물론 교육경제학, 교육재정학, 교육철학, 교육사회
학, 교육사, 더 나아가서 교육과정, 교육공학 등 교육학의 여러 영역
에서 분석할 수 있고, 광범위한 관점을 바탕으로 탐구해야 할 대상
이라 할 수 있다.

제3장

대학재정지원방식의 유형

이 장에서는 대학재정지원방식을 협상형, 수식형, 시장형으로 분류하여 그 개념과 특징을 분석한다. 대학교육에 대한 정부재정지원방식은 다양하게 분류되고 있다. 예를 들어서 Harrold(1992: 1464−1476)는 국가 수준에서 이루어지는 자원배분방식을 총액배분형, 관료형, 시장형으로 구분하고 있다. 총액배분형(block grants)은 대학의 자율적 운영을 허용하는 비간여적 방법이다. 관료적 접근(bureaucratic approach)은 재정의 사용처를 명시하고, 규제를 통하여 정부가 대학을 조정하는 간여적 방법이다. 시장적 접근(market approach)은 서비스의 직접적 수익자가 재정을 부담해야 하고, 소비자의 가치가 서비스의 생산활동을 통제해야 함을 시사하는 비간여적 접근이다. 대학에 대한 재정지원방식은 총액배분제로부터 관료적 접근, 그리고 시장적 접근으로 변화해 왔다. 이 분류는 재정배분의 주체에 초점을 둔 것으로 정부−대학 간 관계에 관한 논의에 적합하나, 실제적인 재정지원방식이 무엇인지에 대해서는 알려주는 바가 적다.

OECD(1990)에서는 정부재정지원방식을 학생지원형과 기관지원형으로 구분하였다. 학생지원형에는 보조금(grant), 대여금(loan)이 있고, 기관지원형에는 점증형(incremental funding), 수식형(formula funding), 계약형(contractual funding)이 포함된다. 또, Ziderman와 Albrecht(1995)

는 지원방식을 크게 대학에 대한 직접지원형과 학생을 통한 간접지원형으로 구분하였다. 직접지원형에는 협상형(negotiated funding), 투입기준형(input based funding), 산출기준형(output based funding)이 포함되고, 간접지원형으로는 지불보증제(voucher)가 있다. 이들의 분류는 재정지원의 대상 혹은 배분기준의 속성에 따른 구분이 혼재되어 있어서 대학재정지원에 관한 일관성 있는 유형 구분으로는 한계가 있다.

이 장에서는 대학에 대한 재정배분의 규모와 방법에 관한 의사결정이 근거하고 있는 것이 무엇이냐를 기준으로 대학교육 재정지원방식을 크게 협상형, 수식형, 시장형으로 구분한다. 이하에서는 이러한 유형 구분을 바탕으로 각 유형별로 기본개념, 하위 유형, 장점 및 단점에 관하여 분석하기로 한다. 참고로 재정배분방식과 대학교육체제 통제방식은 서로 구분되나, 밀접하게 관련되어 있다. 예컨대 정부, 대학, 학부모와 같은 의사결정주체들은 이러한 모형에 다양한 방식으로 간여하게 된다. 협상형의 주된 참여자는 정부와 대학이다. 이것은 일종의 정치모형이라고 할 수 있다. 그러나 협상에서 주된 권력은 정부, 특히 관료에게 있다는 점에서 관료모형이라고도 할 수 있다. 수식형은 기본적으로 관료모형에 가깝다. 세부적인 수식의 결정에 지대한 영향력을 행사하는 것은 관료이기 때문이다. 그러나 수식의 결정을 정부가 아닌 대학 간 협의기구나 동료평가(peer review)에 의한다면 이는 대학자율모형이라고 할 수 있다. 마지막으로 시장형은 정부의 직접적인 간여보다는 대학 혹은 학부모, 학생에게 권력의 중심이 이동해 있다. 그러나 지불보증제라고 하더라도 학생당 지원금액과 지원준거의 결정, 그리고 계약제의 경우 계약에 관한 기본적인 설계는 관료에 의존하게 된다. 지금까지 논의를 요약하면 다음 <표 3-1>과 같다.

〈표 3-1〉 대학재정지원방식의 유형 분류

연구자	Harrold (1992)	OECD (1990)	Ziderman & Albrecht(1995)	본연구	Clark* (1983)
유 형 구 분	관료형 총액배분형 시장형	기관지원형 점증형 수식형 계약형 학생지원형	직접지원형 협상형 투입형 산출형 간접지원형	협 상 형 수 식 형 시 장 형	정치모형 관료모형 시장모형 동료모형

*주: Clark(1983)의 구분은 고등교육체제 통치모형을 유형화한 것이나, 통치모형과 재정배분모형은 상호 관련되어 있고, 실제 많은 연구자들이 통치모형을 염두에 두고 재정지원방식을 구분하고 있어서 참고로 제시하였음.

1. 협상형 재정지원방식

정부의 재정지원이 객관적인 준거에 의하여 이루어지지 않는 경우를 포괄적으로 '협상형'이라 할 수 있다. 즉 등록학생수와 같은 대학의 구체적인 특징에 의해서가 아니라, 관련 당사자 간 정치적 관계에 의하여 재정지원에 관한 의사결정이 이루어지는 방식이다.[7]

협상형에는 점증주의 예산, 특별협상, 고정비율예산협정 등이 포함되는데, 점증주의 예산(incremental budgeting)은 개발도상국에서 가장 보편적인 대학재정지원방식으로 모든 대학에 대하여 비슷한 비율로 재정지원을 증액하는 방식이다. 특별협상(ad hoc negotiation)은 대학 대표와 정부부처 혹은 재정배분기구 간의 쌍무협상에 기초하여 예산을 배분하는 방식이다. 이때 재정지원을 결정짓는 주요인은 협상대

---

7) 협상형에 관한 설명은 Ziderman와 Albrecht(1995) 제6장, OECD(1990) 제4장을 주로 참조하였다.

표의 정치적 능력이다. 고정비율예산협정(fixed revenue agreement)은
정부지출총액의 일정 비율을 대학에 배정하는 것이다.8) 이러한 방식
을 협상형에 포함시키는 이유는 개별대학의 실제 운영 혹은 활동과
는 무관하다는 점 때문이다.

　정부예산편성의 방법으로 널리 사용되는 품목별 예산제도와 사
업별 예산제도 역시 협상형에 가깝다.9) 품목별 예산제도(line item
budgeting)란 대학이 정부가 제시하는 예산편성기준을 근거로 하여
지출항목별로 승인을 받도록 하는 형태이다. 대학은 다음 회계연도의
예산을 정부에 제출하고, 개별 대학별로 지출항목을 심사한다. 물론
그 비용을 심사하는 예산편성준거는 설정되어 있다. 사실 정부에서
대학에 재정을 배분할 때, 협상과정은 어떤 형태로든지 포함되기 마
련이나,10) 협상형은 특히 영연방 혹은 프랑스령 아프리카 국가들에
서 핵심적인 방식으로 자리잡고 있고, 개발도상국에서는 보편적인 현

---

8) 예컨대 온두라스의 경우, 정부는 전체예산의 6%를 온두라스 대학에 배
　정한다.
9) 이 두 가지는 수식형과 유사한 측면이 있다. Ziderman와 Albrecht(1995)
　는 이를 수식형과 더불어 투입중심형으로 구분하고 있다. 그러나 품목
　별예산과 사업별예산은 주로 정부가 주도하는 점증주의적방식 혹은 개
　별심사방식을 따를 때 사용할 가능성이 높다는 점을 고려한다면, 협상
　형으로 구분하는 것이 더 타당할 것이다. 일반적인 투입−산출모형을
　따른다면, 투입되는 자원을 기준으로 하느냐, 산출된 결과를 기준으로
　하느냐에 따라 투입형, 산출형으로 구분할 수 있다. 투입형과 산출형의
　구분은 배분방식의 차이라기보다는 배분기준의 성격에 관한 것이다. 따
　라서 이 글에서 주된 관심 대상으로 삼고 있는 배분에 관한 의사결정
　방식을 기준으로 하는 경우, 오히려 다음에 제시할 수식형이 더 투입형
　에 가깝다. 한편 시장형은 대부분 산출되는 결과, 물론 과거의 산출이
　아니라 미래의 산출에 근거하고 있다는 점에서 산출형이라 할 수 있다.
10) 시장형에서도 협상과정은 포함될 수 있다. 예를 들어서 계약 체결을 위
　해서는 구매자와 판매자 간 협상이 필수적이다. 그러나 '협상형'에서
　의미는 정치적 협상으로서 시장체제에서 구매관계를 전제로 이루어지
　는 협상과는 차이가 있다.

상이며, 그리스, 이탈리아와 같은 일부 선진국에서도 나타나고 있다.

일반적으로 협상형은 효과적인 대학재정지원방식으로 보기 어렵다. 그러나 정부는 협상과정을 통해서 대학에 대하여 강력한 영향력을 유지하고, 대학으로서는 비교적 안정적인 재원확보를 보장받을수 있다. 협상형의 가장 큰 약점은 효율성에 대한 유인가가 적다는점이다. 예컨대 재정지원의 증가가 반드시 새로운 기능의 추가를 의미하지 않는다. 먼저 예산이 배정되고 그에 따라 교육과 연구활동이이루어진다. 따라서 실제로 효율적인 대학운영에 대한 자극제가 없고, 기존의 비효율적 방식이 지속되기 마련이다. 각 대학은 미래의예산확보를 위하여 현재 상황을 그대로 유지하려는 경향을 보인다.

또 협상형은 대학이 노동시장이나 학생의 요구에 민감하게 반응할수 없게 한다. 대학이 노동시장에 반응하기 위해서는 재정을 자율적으로 사용할 수 있는 자율권이나 그것을 권장할 수 있는 유인체제가필요하나, 협상형 지원방식에는 재정지출에 대한 정부의 엄격한 통제가 수반되어 대학의 자율성을 제약하고 있다. 따라서 품목별 예산제도를 시행하는 많은 국가들은 대학의 자율성을 향상시키기 위해서총액배분제를 시행하고 있다.

2. 수식형 재정지원방식

1970년대 이후 대학재정지원정책에서 나타난 커다란 변화의 하나는 핵심적인 대학재정지원방식으로 수식(formula)의 사용이 확대되고, 수식도 점차 정교화되고 있다는 점이다(OECD, 1990; Ziderman

& Albrecht, 1995; Cermakova et al., 1994: 75 − 83, Darling et al.; 1989: 83 − 120). 많은 OECD 국가들에서 이 방식이 점증주의 예산을 대치하여 대학에 대한 재정지원의 주요 방법으로 자리잡았다.

수식형은 학생수 혹은 교직원수 등을 기초로 하는 것으로서 대학이 정부기관에 예산을 제출하여 승인을 얻는 것이 아니라, 정부나 재정지원기관이 교육과 연구 등에 필요한 활동의 비용을 기준으로 하여 재원을 배정하는 방식이다. 가장 일반적인 방법은 단위비용에 등록학생수를 곱하는 것이다. 그러나 가중치를 사용하는 경우에 수식이 매우 복잡해지고, 대학에 대해서 중요한 행동 유인가로 작용하기도 한다. 가중치는 학문분야, 교육단계, 대학유형(지역 · 규모 · 사명), 학생유형 등에 따라 달라질 수 있다.

수식형에는 다음과 같은 다양한 방식이 있다(OECD, 1990; Ziderman & Albrecht, 1995; Darling et al., 1989: 83 − 120). 첫째, 등록학생중심형(enrollment − based formula)은 교육과정 혹은 전공영역별 학생당 경비에 근거하여 재정을 지원함으로써 대학이 학생수요에 부응할 수 있도록 한다. 이 형태는 북미의 보편적인 재정지원방식으로서 등록학생수와 비용 간 직선형 관계를 가정한다. 둘째, 교직원중심형(staff − based formula)은 정규 교직원수를 기준으로 재정을 지원하는 방식이다. 셋째, 혼합형(composite formula)은 다양한 비용범주, 예를 들어 연구, 교육, 봉사를 구분하거나, 프로그램별, 지출영역별로 계수를 정하여 지원규모를 차별화하는 방법이다. 넷째, 한계비용형(marginal cost formula)은 고정비용 혹은 가변비용을 조합하여 한계비용을 계산함으로써 대학규모와 규모효과를 고려하는 방식이다. 다섯째, 수행유인형(performance incentives)은 평가인정을 받은 프로그램의 수, 졸업생의 표준화검사성적, 재학생 · 졸업생 · 고용주의 프로그램 서비스

평가, 프로그램에 대한 동료평가, 연구용역 및 계약실적 등을 고려하는 방식이다.

모두 그렇지는 않지만 대부분의 경우, 원칙상 개별대학들은 수식에 의해 배정받은 예산을 자유재량에 따라 사용할 수 있다. 즉 수식형에 의한 재정지원은 총액(block)으로 지원되는 것이 일반적이다. 이것은 대학의 자율성을 보장하고, 그 자율성에 따른 효과성과 효율성을 기대하기 때문이다.

수식의 각 요소들에 부여되는 가중치는 각 대학들이 재정을 지원받는 데 무엇이 가장 유리한지를 판단하는 강력한 신호역할을 한다. 예를 들어서 단순히 학생당 평균비용만 적용한다면, 각 대학들은 비용이 많이 드는 과정개설을 주저할 것이다. 전일제 학생과 시간제 학생을 구분하지 않는 경우, 대학은 되도록 많은 학생들을 유치하여 그 수를 유지하는 데만 관심을 보인다. 재학기간을 제한하지 않는다면, 학생들이 제시간에 졸업하는 비율이 낮아진다. 학비보조와 더불어 숙식비, 교통비 혹은 의료비와 같은 다양한 간접적 편익이 제공되는 경우, 학생과 대학 모두 등록생 신분을 무한정 유지하는 데 깊은 관심을 갖는다. 따라서 수식형을 사용하는 국가들은 대부분 이러한 난점을 해결하기 위하여 다양한 개선방안을 모색하고 있다.11)

그런데 등록학생수를 기준으로 하는 재정지원에는 양면성이 있다 (Clark, 1983: 169-170). 정부지원이 등록학생수를 기초로 하는 경

---

11) 예컨대 독일, 네덜란드, 덴마크, 노르웨이 등에서는 학생이 재정지원을 요구할 수 있는 기간을 제한한다. 즉 한 학생이 1년을 초과하여 재이수하지 못하도록 하고 있고, 핀란드, 덴마크, 네덜란드 등에서는 학생이 자신의 코스를 제 기간에 이수할 경우, 수식에 의한 배분에 재정지원을 추가함으로써 대학들이 학생의 학업기간을 최대한 단축할 수 있도록 장려하고 있다. 또 네덜란드에서는 직원의 주당노동시간, 직원급여, 학생당 시설소요 등에 관한 세부적인 지침에 근거하여 학생당 경비를 산출한다.

우, 대학의 재정수입은 그들이 유치한 소비자수에 의해서 결정되고, 학생이 보조금이나 등록금을 갖고 입학하는 경우에 비해서는 덜하지만, 대학들은 시장에서 주목받기 위해서 노력하고 잠재적인 소비자들이 원하는 것이 무엇인지에 대해서 관심을 갖게 된다.12)

그러나 이와는 상반되는 측면도 있다. 일정한 등록학생수는 대학이 정부관료의 지시로부터 자유로울 수 있게 한다. 대학이 정원을 자율적으로 책정하는 경우, 등록생수를 기준으로 하는 재정지원은 재정적 제약을 최소화하고, 대학의 자율성을 보장한다. 이때 소비자 및 노동시장에서 '명성'(brand−name position)을 유지하고 있는 대학들은 안심할 수 있다. 그러나 소규모 대학들은 최저기준 이하로 학생수가 줄어들지 않을까 고심하면서 정부관료의 눈치를 보기도 한다.

일반적으로 수식형에 의하여 재정을 지원하는 경우, 입학생수에 대한 특별한 규제가 없는 상황에서는 각 대학이 예산확대의 방법으로 등록학생수를 더 많이 늘리려는 경향이 있다. 이 경우, 정부는 무한팽창의 가능성이 있고, 정부의 재정부담이 가중된다. 이 문제를 해결하기 위해서 정부가 인정하는 일정한 인원에 대해서만 재정을 지원할 경우, 학생당 지출이 줄어들고 교육의 질이 저하되는 문제가 발생한다. 따라서 투입요소를 기준으로 하는 수식형 지원은 효율적

---

12) 이 점을 중시하는 사람들은 학생수를 기준으로 하는 수식형 배분을 시장형으로 구분하기도 한다. 각 대학들이 학생들을 유치할 수 있는 자유가 허용되고, 유치한 학생수에 따라서 재정을 배분할 경우 학생수는 가격기제 역할을 한다. 특히 학생에게 가중치를 부여하는 경우 정부의 목적에 상응하는 학생수를 증가시킬 수 있다. 예를 들어서 농어촌지역출신, 소수민족출신, 실업계출신 등에게 가중치를 높게 부여하는 경우이다. 교육비지불보증제(voucher)의 기본 개념도 이와 일맥상통한다. 그러나 수식형에서는 대학이 아니라 정부가 미리 가격을 결정하고, 정부와 대학 간의 관계가 교환관계가 아니라 양여관계에 있다는 점 때문에 수식형과 시장형은 근본적인 차이가 있다.

운영에 대한 유인가로 미흡하고, 여전히 노동시장에 대한 반응성이
미약하며, 대학 간 지나친 동질성을 조장할 가능성이 높고, 기준단가
를 계산할 때 활용해야 하는 대학교육관련 통계자료의 불확실성에
따른 문제도 발생한다.

　이러한 문제를 해결하기 위한 한 가지 방안으로 산출형 재정지원
(output funding)이 시도되었다. 산출형은 졸업생수와 같은 대학의 산
출을 기준으로 재정을 배분하는 방식으로서 생산성, 효율성을 중시
하는 형태이다. 즉 졸업생의 양과 질을 기준으로 재정을 지원하여
효과성의 향상을 도모하는 것이다. 이때는 탈락하거나 재이수하는
학생의 축소가 주된 관심사로 되며, 양적 측면을 강조하는 경우가
많으나, 질적인 측면도 동시에 고려될 수 있다.[13] 최근에 제안되고
있는 수식들은 산출 이외, 성과, 전략의 요소들을 포함하고 있다(유
현숙 외, 2005: 96-98). 성과 요소는 새로운 지식과 연구에 기여할
수 있는 대학들을 선별하여 투자하는 것을 목표로 하고, 전략 요소
는 국가의 장기적 요구에 초점을 두는 것이다(세계 각국에서 사용되
고 있는 수식형 재정지원 사례는 <표 3-2> 참조).

---

13) 예컨대 핀란드에서는 졸업생수에 따라 재정을 배분하고 있으며, 네덜란
　드에서는 졸업생과 탈락생을 비교하여 부진학생에 대한 조기탈락을 유
　도하고, 일정기간내 졸업률의 향상을 도모하고 있다. 자유등록제를 실시
　하거나, 학생들의 생활비까지 보조하던 유럽 국가의 경우, 산출형 지원
　방식의 도입에 따라 학생의 흐름이 개선되고, 능력이 부족한 학생들을
　방출하게 되었으며, 대학생의 재학기간도 짧아졌다. 그러나 효율성 유인
　가와 재정적 안정성간 균형 유지가 중요하다는 점을 고려하여 덴마크,
　이스라엘 등은 재정지원 총액의 5~10%만 산출형을 적용하고 있다.

〈표 3-2〉 세계 각국의 수식형 재정지원 사례

사례국가	펀딩방식	내　　　　　용
미 국	비수식형 (Non-Formula)	-워싱턴 주, 텍사스 주가 대표적 -주의 충당금이 7개 고등교육기관 수입의 36% 차지 -재원은 일괄지급 -재원배분은 일정 수준의 학생 수 보유를 조건으로 하며, 위반 시 재원을 회수함 -미국 텍사스 주는 재정 요소별 배분 공식 활용
프랑스	투입 중심 (Input)	-교육부가 각 기관에 얼마의 펀드를 배분할 것인지를 결정 -수식에서의 핵심자원은 재정지원액이 아닌 교직원임 -학생 수, 박사학위, 건물 등이 특별히 고려되어 수식을 구성함 -추가 재원은 이론적 직원 수와 실제 직원 수의 차이를 반영 -추가 사업에 대한 재정지원계약 체결은 교육부와 각 대학 간의 협상에 의함
네덜란드	투입+산출 중심 (input+output)	-졸업 및 입학자 수가 중요한 결정요인으로 작용함 -학문분야에 따라 가격책정을 차등화함 -교육과학문화부의 정액교부금(Block Grant)이 기관 재원의 상당부분을 차지함
호 주	정액교부금 (Block Grant)	-학생의 특정수에 따라 39개 호주대학들이 정액교부금 형식으로 재정지원을 받고 있음 -각 대학은 교육과학훈련부(교육부)와 협상 진행 -재정지원의 양은 기관의 역사적 기록을 토대로 정해짐 -결과가 아닌 순응에 의한 책무성을 강조함
영 국	완충기구 (Buffer Body)를 이용한 산출 (output) 중심	-정부주도의 재원배분 및 정책 결정 -영국고등교육재정위원회(HEFCE)가 기관에 재원배분 담당 -학문 간 학생 수와 학점당 비용이 중요한 요인이 됨 -재정 각서는 법제화되어 있음 -재정지원액은 정액교부금 형식으로 지원되며, 기관은 지출에 있어 재량권을 가짐
말레이시아	재원배분의 안내지침을 규정	-형평성: 유사한 프로그램에 대한 평등한 재정 배분 -유동성: 정책과 변화에 대한 수용성 -책무성: 투명성, 책임 정도, 회계 감사 -효율성: 최적 운용, 효율적 관리 -질보장: 목적과 목표, 개선
체 코	투입 중심	-교사활동의 주요지원(2002년 기준 78%)은 투입량(학생수×학습비용)을 기반으로 함. -이 중 약 10%는 국가정책에 따라 교육기관이 프로젝트를 제출하도록 하여 경쟁환경에서 제공 -향후 이 경쟁부분은 30%까지 달성 계획

사례국가	펀딩방식	내 용
노르웨이	단위비용 중심	－3가지의 대학지원금으로 구성 －단위비용과 관련된 기본 요소는 2002년 현재 전체 금액의 약 60%가 할당됨 －결과를 기준으로 지원되는 교육요소는 약 25%로서, 학점이수 자수, 졸업자수(2005년 시행), 국제교류 학생의 수(유입 및 유출) 등을 기준으로 함 －성과와 품질기준을 바탕으로 하는 연구요소는 대략 15% 정도로, 외부재원유치능력, 교수인력의 수와 자질, 대학원 학생의 수, 지역별 전문정책별 우선순위, 전체학생 수 등을 고려함
스위스	기본지원 ＋ 선택지원	－2000년부터 교사의 급여, 학생 수, 주의 재정능력을 바탕으로 대학지원 －기본 지원의 70%는 법정 수업기간에 등록되어 있는 학생 수를 기준으로 학과별 가중치를 적용하여 배분 －나머지 30%는 대학이 제3자(예: 스위스 국립과학재단, 기술혁신 위원회)에서 확보하는 액수만큼 배분함

* 자료: 유현숙 외(2005: 97－98)

3. 시장형 재정지원방식

1980년대 이후 대학교육재정지원과 관련된 가장 큰 변화는 시장적 재정지원방식의 도입과 확대 추세이다(Goedegebuure et al., 1993: 334). 경제 불황 속에서 대학에 대한 재정지원이 늘어나지 않거나 감소하고 있는 상황에서 정부는 대학이 다른 부문의 재원, 특히 대학 자체의 기업적 활동을 통해서 재원을 조달할 것을 강조하며, 재원의 다양화를 장려하고 있고, 대학과 정부, 학생 간 관계가 점차 서비스 판매자와 구매자 관계로 변화하고 있다. 예를 들어서 영국에서는 대학교육체제가 교육서비스의 구매와 판매를 기초로 하는 시장적 체제로 변화하고 있고, 스웨덴에서도 정부와 학생은 교육서비스의 구매자로 정의되고 있다. 특히 연구에 대한 재정지원은 국가적 우선순위에 따라 특정 분야에 집중되고, 경제계와 산업계가 연구 분

야에 재정적으로 더 많이 기여할 것으로 기대하고 있다. 또 계약제
가 도입·확대되고 있다.14) 그리고 사용자 지불구조, 즉 학생등록금
제가 확대되고 있다.

시장형에서는 교육서비스의 직접적 수익자가 재정을 부담해야 하
며, 소비자의 가치와 선택이 대학의 생산활동을 통제해야 함을 시사
한다(Harrold, 1992: 1464–1476). 또 시장형 재정지원에서는 경쟁과
기업가적 태도를 강조한다. 이에 따라 대학도 다른 기관, 특히 기업
과 마찬가지로 재정적 유인체제에 반응하는 것이 일반적인 현상으로
서 시장적 접근방식의 도입에 따라 재정사용의 자율화, 학생등록금
비중의 증가, 교육과 연구지원의 분명한 구분, 대학 간 경쟁입찰에
의한 선별지원의 증가, 회사나 기업과의 계약에 의한 수입비중의 증
가 등의 현상이 나타나고 있다(OECD, 1990). 이렇게 시장적 접근방
식이 도입되고 있는 이유는 첫째, 사적 재원을 확충하고 정부부담을
감소시키고, 둘째, 대학교육의 사적 이익에 상응하는 비용을 부담하
게 함으로써 형평성을 향상시키고, 셋째, 시장적 유인가에 의한 자원
배분을 통하여 비용효과성이 향상되며, 넷째, 대학의 내적 효율성을
증대시킬 수 있다는 점 때문이다(Goedegebuure et al., 1993: 57).

1) 시장형의 하위 유형

시장적 재정지원모형으로는 다양한 방식이 시행 혹은 제안되고 있
어서 그것을 체계적으로 이해하기가 쉽지 않다. 재정배분방식으로서
시장형의 성격을 이해하고 이를 분석을 위한 한 가지 접근방법은 재

---

14) 프랑스에서는 1984년 입법을 통하여 계약제를 도입하고, 1989년에는 계
약원칙을 대학의 모든 활동으로 확대 적용하였다.

원과 지원대상(혹은 부담주체)의 두 차원에서 시장형을 분류하는 방법이다. 대학에 지원되는 재정은 크게 공적 재원과 사적 재원으로, 그리고 그 지원대상은 대학과 학생으로 구분할 수 있다. 따라서 시장형은 다음 <표 3-3>와 같이 대학지원형, 학생지원형, 재원다양화형, 학생부담형 등 4가지 유형으로 크게 분류할 수 있다.

〈표 3-3〉 시장형 재정지원방식의 분류

재 원 \ 대 상	기 관	개 인
공적 재원	〈대학지원형〉 계 약 경 쟁 지 원 유 인 지 원 목 적 지 원	〈학생지원형〉 지불보증제 장 학 금 대 여 금 졸 업 세
사적 재원	〈재원다양화형〉 서비스 판매 기 부 금 민 영 화	〈학생부담형〉 등 록 금 대 여 금

첫째, 공적 재원을 대학단위로 지원하는 방식(직접지원형)은 전통적인 재정지원방식으로서 이 중에서 시장형으로 분류될 수 있는 것으로는 계약, 경쟁지원, 유인지원, 목적지원 등이 있다.[15] 둘째, 공적재원을 학생단위로 지원하는 방식(간접지원형)은 종래의 장학금, 초·중등교육 분야에서 많이 논의되어 온 지불보증제, 그리고 최근 주목을 받고 있는 대여금(loan), 대학졸업세(graduate tax) 등이 있다.[16]

---

15) 협상형, 수식형도 대부분 공적 재원을 대학에 직접 지원하는 대학지원형이다.
16) 대학졸업세는 대여제와 비슷한 측면이 있으나, 대졸자가 자신의 수입 중 일정 비율을 세금으로 납부하고, 실업상태에서는 세금을 내지 않는

이 두 가지는 공공재정을 재원으로 하나, 그 지원대상이 대학이냐 학생이냐는 점에서 차이가 있다. 따라서 전자는 정부가 대학을 직접 재정을 지원한다는 의미에서 '대학지원형' 혹은 '직접지원형', 후자는 학생을 통하여 대학을 지원한다는 의미에서 '학생지원형' 혹은 '간접지원형'이라 할 수 있다.

셋째, 사적 재원을 대학단위로 지원하는 방식(재원다양화형)으로는 서비스판매, 사적 기부금 및 기금 모금 등이 대학재정 재원의 다양화 차원에서 논의되고 있고, 더욱 적극적으로 대학을 민영화하는 방안이 제안되고 있다.17) 넷째, 사적 재원을 학생이 부담하는 방식(학생부담형)은 학생등록금 부과방식으로 대학교육의 사적 수익률과 공적 부담의 감소 등을 이유로 과거와는 다른 차원에서 논의가 이루어지고 있다. 전통적으로 공재정에 의존하던 국가, 예컨대 영국에서는 민영화의 일환으로 등록금 부과를 확대하고 있다. 또 대여금 중에서 정부가 아니라 민간, 즉 은행이 담당하는 경우도 여기에 속한다.18)

이 두 가지 방식은 공재정 이외에 사적 재원을 적극 활용한다는 점은 같으나, 셋째 유형은 다양한 재원 확충을 위한 대학의 적극적

다는 점이 다르다. 졸업세는 대여제와 달리 개인별 구좌를 개설할 필요가 없다. 또 대여제에서는 원리금을 모두 상환하면, 의무가 종결되나, 졸업세는 취업상태인 동안은 세금을 계속 납부해야 한다. 더 자세한 설명은 Ziderman과 Albrecht(1995: 82-86) 참조.

17) 사적 재원으로 대학교육에 재정을 지원하는 것은 공재정 지원방식이 아니어서 다루기 어려운 측면이 있으나, 많은 국가에서 재원의 다양화를 위해서 이를 정책수단으로 도입하고 있다는 점 때문에 시장형 재정지원방식으로 포함되는 것이 일반적이다.

18) 우리나라에서도 대여금의 규모와 지원대상이 대폭 확대되고 있는데, 그 명칭은 다양하다(남수경, 2004: 24). 정부에서는 시중은행을 통해 지원되는 이차보전 대여 장학금 사업을 '학자금 융자사업'으로 명명하고 있다. 학술진흥재단에서는 대여학자금이라고 부르고 있다. 그 외에 학자금 대출, 학자금 대여, 대여장학금 등으로도 불리고 있다.

인 노력을 강조하고 대학재정에 대한 사회적 책임을 강조하는 반면, 넷째 유형은 대학교육의 수익의 주체를 주로 학생에 두고 있다는 점에 차이가 있다. 이 두 방식은 각각 '재원다양화형', '학생부담형'이라 할 수 있다. 참고로 사적 재원을 통해서 대학재정을 지원하는 방식은 정부의 재정배분방식으로 보기 어렵고, 재원의 확보에 관한 정책에 해당한다. 이 점에서 공적 재원을 대학에 지원하는 방식은 재원배분에 관한 정책에 해당한다고 볼 수도 있다.

시장형의 하위 유형에 관해 좀더 자세하게 설명하면 다음과 같다. 시장형 재정지원방식으로 가장 많이 언급되고 있는 것은 지불보증제, 대여금, 졸업세와 같은 '간접지원형'으로서 학생에게 재정을 지원한다는 의미에서 학생중심 재정지원(student-based funding)이라고 할 수 있다. 이는 학생수를 기준으로 한다는 점에서는 투입형, 산출형과 유사하나, 학생의 '선택'이 그 핵심이라는 점에서 차이가 있다.19) 교육비 지불보증제는 초·중등교육 분야에서 주로 논의되어 왔으나, 대학교육에도 적용이 가능하고, 적절하게 설계된 지불보증제의 경우, 경쟁을 증대시켜 효율성과 질 향상을 도모할 수 있을 것으로 기대된다. 이때 경쟁은 재정지원을 향한 학생 간 경쟁과 학생유치를 위한 대학 간 경쟁으로 이루어진다.

'재원다양화형'에서는 대학교육을 위한 다양한 재원 확충을 강조한다. 이렇게 다양성을 추구하는 것은 사적 부문의 기여범위가 확대됨에 따라 정부의 재정부담을 경감할 수 있고, 대학교육의 많은 이익은 사적 이익이라는 점 때문이다. 대학에 대한 재정지원 혹은 재정부담의 주체는 정부, 가정, 기업으로 구분할 수 있다. 이들 주체가

---

19) Ziderman과 Albrecht(1995)는 이를 '성공적으로 개혁된 투입기준형'으로 보고 있다.

비용을 부담하려는 의지는 서로 다른 동기로부터 나온다(Williams, 1992: 13). 그 동기란 정부의 경우 정치적 우선순위, 가정은 개인적 이익, 재산 정도, 개인적 선호, 그리고 기업은 경제적 이득, 이미지, 공적 책무성 등이다. 이러한 다양한 동기로부터 다양한 재정지원이 이루어짐에 따라 대학교육의 반응성, 사회적 책무성이 향상된다.

시장형 재정지원방식 중에서 실제로 가장 활발하게 적용되고 있는 것은 '직접지원형'이다. 대학교육의 효율성과 효과성을 높이기 위한 방법의 하나로 일부 국가들은 종전의 보조금(grant) 대신에 계약제 (contract)를 도입하고 있다(Ferris, 1991: 503 - 516). 계약에 의한 재정지원은 각 대학(혹은 교수)이 특정 활동에 대한 정부의 재정지원에 입찰하는 방식이다. 초기 계약방식은 연구활동의 지원방식으로 채택되었다. 그러다가 많은 국가에서 계약 혹은 입찰이 주된 연구재원으로 자리잡게 된 것은 1970년대에 연구관련 재정배분기구들이 미리 연구주제의 우선순위를 정하고, 대학의 연구자들이 이러한 우선순위에 맞추어 입찰하도록 하기 시작할 때부터이다. 다음 단계는 1970년대 말 많은 국가에서 대학예산이 대폭 삭감되면서 각 대학들이 더욱 적극적으로 다양한 재원을 찾기 시작할 때이다. 또 사회교육과 같은 비전통적인 활동이 늘어나면서 이러한 활동에 대해서 정부 이외의 다양한 기관들로부터 재정이 지원되었다. 다수의 OECD 국가의 재정배분기구들은 연구와 교육활동에 대한 핵심적인 재정지원에도 입찰방식을 활용하는 방안을 모색하는 단계에 와 있다.[20]

미국을 중심으로 도입이 확대되고 있는 경쟁지원(competitive program),

---

[20] 프랑스에서는 각 대학들이 장기적인 정책과 계획을 수립하고, 4년 동안의 모든 대학활동에 대하여 교육부와 계약하고 있다. 프랑스 이외 많은 국가들은 1~3년간의 계약을 맺고 있다.

유인지원(incentive program), 목적지원(categorical program) 등은 대학
간 경쟁을 강조하는 대학에 대한 '직접지원방식'이다. 그 용어와 개념
은 사용하는 사람에 따라 약간씩 차이가 있다. Holland와 Berdahl(1990)
에 의하면, 경쟁지원이란 지원기준에 따라 대학 간에 재정획득을 위
한 경쟁을 유발하고, 선별적으로 재정지원을 지원하는 경우이다. 유인
지원은 대응투자(matching fund)와 같이 특별한 목적을 성취한 대가로
서 재정을 지원하는 방식이다. 목적지원은 정부에서 성취하려는 특정한
목적에 합치되는 대학에 재정을 지원하는 방식으로서 이 기준에 합치
되는 모든 대학에 재정을 지원한다는 점에서 경쟁지원과 차이가 있다.
이들은 미국 48개주 대상으로 자료를 수집하여 대학재정지원방식의 목
적과 장·단점을 분석하였는데, 이러한 시장형 재정지원방식(본 연구의
분류에 따르면, 직접지원형)을 사용하는 주는 1989년 현재 32개 주이
고, 점차 확대되는 추세에 있다. 대학 간 경쟁을 강조하는 이 재정지원
프로그램들의 목표는 경제성장과 기술 이전, 응용연구의 촉진에 있고,
그 장점은 정부정책의 목표달성이 용이하다는 점이다.

  Folger와 Jones(1993)에 의하면, 이러한 직접지원형의 경우, 일반적
으로 지원대상 선정과정에 대학평가를 포함하고, 총액배분제로 배분된
다. 따라서 정부에서는 분명한 목표를 제시해야 한다고 주장한다. 이
목표는 분명하고 성취 가능해야 한 것이어야 한다. 그러나 중요한 점
은 목표는 제시하나 달성방법은 대학 자율에 맡긴다는 점이다. 경쟁
지원은 경쟁과 동료평가과정을 통해서 특정 목표 성취에 가장 성공적
인 프로그램을 창출한 대학에 지원하는 것이다. 따라서 공정한 경쟁
과정을 거쳐야 하고, 프로그램의 시행에 필요한 충분한 지원이 이루
어져야 한다. Folger와 Jones(1993)는 이러한 재정지원을 특별목적지원
(special purpose budget)으로 분류하였다.21) 이렇게 볼 때, 대학에 대

한 공적재원방식에 대해서는 서로 다른 다양한 유형들이 사용되거나 제안되고 있음을 알 수 있다. 일반적으로 시장형에 포함되는 직접지원형은 평가, 경쟁, 차등 지원, 선별지원을 핵심적인 내용으로 하고 있다.

2) 시장형에 대한 비판

시장형 재정지원방식에 대해서는 다양한 비판이 제기되고 있으나,[22] 대체로 단기효과의 중시와 관리비용의 상승, 정부재정지원의 감소와 학생부담의 증가, 대학 내 활동의 불균형 심화와 학문발전의 저해, 그리고 교육불평등의 심화 문제 등으로 정리할 수 있다.

첫째, 시장기제의 도입에 따라 단기적 효과와 금전적 가치가 있는 활동이 중시되면서 대학에서 경영관리적 측면이 지나치게 강조되고, 관리비용의 과도한 상승을 초래한다.[23] 시장형 재정지원방식은 어떤

---

21) Folger와 Jones(1993)는 10%의 재정을 특별목적을 위해서 남겨둘 것을 제안한다. 즉 기본지원은 일상적이고 반복적인 기능의 유지를 가능케 하고, 특별목적지원은 새 정책의 시행에 사용할 수 있다는 것이다. 이와 함께 그들이 제시한 대학에 대한 정부재정지원의 방식으로는 기관 목적 달성여부에 대한 정기적 평가를 근거로 이루어지는 경상적 운영 경비에 대한 일괄적인 지원인 기본예산(base or core lump-sum budget), 그리고 건물신축 및 주요 자산획득을 위한 경비를 지원하는 자본적 예산(capital budget)이 있다.

22) 영국과 OECD 국가를 중심으로 시장형 재정지원방식의 도입에 따른 결과와 이에 관한 비판적 논의에 대해서는 Williams(1992: 138-139), OECD(1990: 57) 참조.

23) 물론 대학 활동은 평가하기 곤란하다는 한계도 있다. Ferris(1991)는 호주의 사례를 통하여 계약에 필요한 정보를 얻는 것은 쉬운 일도 비용이 적게 드는 일도 아니며, 수행중심계약(performance-based contract)의 기초자료로 활용할 수 있는, 고등교육의 수행을 양적으로 혹은 질적으로 측정할 수 있는 도구를 개발하기가 무척 어렵다는 점을 보여준다.

형태든 평가와 연계되어 있다. 각 대학이 한정된 자원을 획득하기 위해서는 대학의 활동이 분명한 가치를 지니고 있고, 재정지원에 상응하는 뚜렷한 효과를 낳을 수 있다는 점을 보여주어야 한다. 특히, 연구활동에 대한 재정지원을 받기 위해서는 직접적이고 금전적인 가치가 있다는 점을 입증해야 한다.

재원의 다양화 과정에서 정부 이외 다양한 사적 부문으로부터 재정을 지원받기 위해서는 더욱더 효과가 단기적으로 분명하게 나타날 수 있는 활동이 중시된다. 이를 위해서는 각종 계획서 준비 및 작성, 성공적인 평가준비, 합법적인 회계관리를 위해서는 더 많은 인력, 시간, 그리고 재정이 투입되어야 한다. 이에 따라 관련 행정직원수가 증가하고, 인건비가 늘어날 수 있다. 예컨대 미국의 경우, 각 대학들은 전문적 판매직원과 재정모금 전담직원을 두고 있다(OECD, 1990: 57). 이러한 관리비용의 증가에 따라 인력을 유지해야 하는 경우, 대학활동의 형식성은 향상되나 그 내용은 희생될 가능성이 높다.

둘째, 정부의 대학재정지원은 감소하는 반면, 학생부담이 증가할 수 있다. 전통적으로 엘리트중심의 국가부담 고등교육체제를 유지해 오던 유럽의 국가들은 고등교육의 수요와 공급의 확대에 직면하여 새로운 재정지원방식을 고려하고 있는데, 그 핵심은 정부부담의 감소, 학생부담의 증가이다.

Cazenave(1992: 1367-1376)는 시장형 지원방식을 도입한 국가들의 공통적인 경향으로 재정의 감축과 재원의 다양화 등을 지적하고 있다. Mortenson(1994)에 의하면, 미국에서도 연방·주·지방정부의 재정지원은 점차 감소하고 있고, 학생 및 학부모의 비용 부담은 급격히 증가하고 있다. McKinney(1994)는 캔자스주 대학의 등록금과 정부보조금 간의 관련성 분석을 통해서 주정부 일반지원의 비율이 감소하는 대신에 학생 등록금이 증가하고 있는 것으로 보고하고 있다.

이 점에서 Holland와 Berdahl(1990)는 시장방식의 도입에 따라 대학
지원예산이 감소하는 것이 일반적인 경향이고, 정부재정부담의 축소가
시장형의 도입의 숨은 진짜 의도라고 비판한다. 또 Crow(1986)는 미국,
영국, 프랑스, 독일의 고등교육정책 비교연구를 통해서 고등교육정책의
보수화 경향을 분석하였다. 이들 국가에서는 보수주의적 이데올로기와
경제 불황으로 고등교육에 대한 연방정부의 역할이 증가할 수 없게 되
었고, 실제로 재정지원이 막대하게 감축되었다. 김기수·정재걸은 외국
의 경우, 시장논리에 근거한 교육개혁이 결국 재정적자를 줄여서 대외
경쟁조건을 개선하기 위해 기업체들이 정부에 압력을 넣어 학교와 대
학에 대한 재정지원을 격감시킨 것이라고 보고 있다(김기수·정재걸,
1994: 119). 시장논리란 그것을 합리화하기 위하여 기업경영의 원리를
무리하게 학교나 대학에 적용시킨 것에 불과하다는 것이다.

셋째, 평가에 따른 차등적 지원, 금전적 가치를 중시한 재정지원에
따라 학문 간 불균형이 심화되고, 직업주의적 관심이 팽배해져서 학
문발전이 어려워지며, 결국 대학의 황폐화를 가져온다. 단기적 시장
준거에 의한 정당화가 곤란한 기초연구 및 기본교육이 위축되고, 대
학의 활동이 심오한 필요보다는 일시적 유행에 따라 흥왕쇠락하게
된다. 또 연구활동은 활발해지나 교육활동의 위축을 가져올 수 있다.

Cowen(1996: 178)에 의하면, 새로운 학교관리방식, 즉 시장논리에
근거한 기업적 운영에 따라 책무성과 서비스의 질적 준거에 관한 새
로운 기준들이 제시되고, 이 준거에 따라 업무추진방식이 달라지며,
생산성의 측정방식도 달라진다고 한다. 대학의 경우 가장 큰 변화의
하나는 연구와 교육의 구분이다. 이에 따라 교육활동보다는 연구활
동에 대한 지원이 강화되고 교육활동은 약화된다. 연구가 중시되는

이유는 연구활동이 측정하기가 용이하고, 경제성장에 직접적으로 기여할 수 있기 때문이다. 즉 시장논리에 의해서 생산성에 대한 분명한 정의와 측정이 중시되어 연구관련경비는 증가하고, 학생관련경비는 감소가 예상된다.

미국 대학의 경우, 1960년대에 출생률이 감소함에 따라 1980년대 대학학령인구도 감소하였으나, 고등교육기관 재학생수는 거의 비슷한 수준을 유지하고 있는데 이러한 성공의 이유는 적극적인 마케팅 때문이라고 한다(Williams, 1992: 138). 대학들은 더 많은 시간제 학생, 외국인 학생, 그리고 비전통적 학생24)을 유치하기 위하여 교육과정을 바꾸는 등 매우 열성적으로 노력하고 있다. 학생 한 명을 유치하기 위한 평균비용은 1988 / 89년 현재 약 800달러로서 이는 학생당 교육비의 7%에 해당한다. 그들의 재학기간을 감안한다면 새로운 학생충원 결과에 따른 수입의 약 2%를 지출하는 셈이 된다.

그러나 이에 대해서 무책임한 학생선발, 혹은 학생들에게 가치 있는 대학교육을 제공하기보다는 재정획득에 더 관심을 두는 '쓰레기 교육과정'(ghetto course)의 설치라는 비판도 많다. 교육 및 연구 서비스의 판매에 대한 지나친 강조는 그 질을 위협할 수 있다. 각 대학들이 사적 재원을 극대화하고 단기적 재정위기를 극복하려고 노력함에 따라 대학의 연구경향이 균형을 잃고 응용연구와 각종 수익성 검사에 치중하게 된다.

시장논리의 도입에 따라 대학 내에서 학문 간 균형이 파괴될 가능성도 크다. 우리나라의 경우, 최근 들어서 경영, 공학과 같은 실용적인 분야가 발달하나, 상대적으로 인문사회계열이 약화되고 있다는 우려의 목소리가 높다. 또 대학을 보는 학문주의적 관점이 급격히

---

24) 단기수강생, 어학연수생 등이 그 예이다.

퇴조하고 있고, 실용주의·직업주의적 관점이 보편화되고 있다. 이에
따라 영어, 컴퓨터와 같은 실용적 과목이 중시되고, 전공과목이 소홀
히 다루어지고 있다.25)

넷째, 시장논리에 대한 대표적인 비판은 교육불평등이 심화될 수
있다는 점이다. 경제적 측면을 우선시하는 관점에서 교육을 운영할
때, 경쟁논리에 따라 불평등은 더욱 심화되고, 사회적 불평등에 무관
심하게 되며, 더 나아가서 공동체 사회마저 파괴될 수 있다.

김용일(1997: 126)은 국가경쟁력의 강화라는 논리적 기반에서 선
진국이 앞서 시행한 교육개혁의 결과, 현존하는 교육적 불평등을 심
화시켰다는 경험적 증거가 제시되고 있으며, 그것이 단순히 정책수
행상의 오류에서 기인한 것이라기보다는 시장논리 자체의 필연적 결
과라고 주장한다. 기업의 본질 내지 일차적인 기능은 '가치의 배분
에 관계되는 일'(정치의 기능)이 아니라 '이윤 추구'에 있고, 이를 중
시하는 시장논리에 의하면, 모든 정책적 판단의 기준은 공공성이라
기보다는 이윤추구가 될 것이기 때문이다. 또 Cowen(1996: 178)은
시장적 교육개혁에 따라 교육 분야에서 '평등의 신화'가 '효율성의
신화'로 대체되고 있다고 비판하고, 이러한 '효율성' 담론에 대응하
는 '공동체' 담론이 필요하다고 주장한다.

더 나아가서 비판이론에서는 시장논리에 근거한 일련의 대학교육
정책은 하층계급을 억압하기 위한 수단이라고 주장한다(John, 1994).
Finkelstein(1984)은 1970년대 말부터 나타나 시작한 이러한 움직임에

---

25) 한국대학신문에 의하면, 실용적인 공부와는 거리가 있는 전공분야의 경우,
출석인원이 학과 정원의 절반 수준에 불과하고, 영어학원 수강·어학연수
등이 점차 증가하고 있으며, 취업준비를 위한 휴학 열풍으로 순수휴학이
작년보다 10~20% 높아졌다고 한다. 한국대학신문, 강의는 뒷전 '영어학
원으로'(1면), '취업이 뭐기에……' 대학 흔들(5면), 1997.9.29일자.

대해 시장논리에 근거한 교육개혁에 대한 요구는 공교육제도가 민주주의 달성의 도구, 사회이동의 기제, 공동체적 생활경험의 제공장소라는 전통적인 입장으로부터 후퇴하여 '단일한 미국인'(uniform American)과 '잘 훈련된 산업노동자'를 만들어 내는 장소라는 망령을 연상케 한다면서, 공교육에서 특정 문화를 강요하고 경제가 이를 좌지우지할 수 있다는 인식이 만연되고 있다고 지적한다(김용일, 1997: 279 재인용). 요컨대 '시장의 원리'에 따라 교육개혁에서 부각되고 있는 것은 경쟁에 대비할 수 있는 '유능하고 순종적인 노동력 획득'이라는 기업적 목표라고 한다.

　Wells(1997) 역시 시장논리가 다수의 불행을 기반으로 소수의 행복을 추구한다고 주장한다. 영국의 교육정책에 적용한 시장의 원리가 다수의 학생, 특히 저소득층의 학생에게는 적합하지 않으며, 따라서 정부에서는 그들에게 기회와 자원을 제공하려는 적극적인 노력을 기울여야 한다는 것이다. 또 학교선택론에 의한 연구결과에 의하면, 학교 선택제의 도입에 따른 교육체제의 효과성 향상의 증거는 나타나지 않은 반면, 교육의 불공정성은 심화되고 있다고 한다(Smith, 1994).

4. 대학재정지원방식의 유형 간 비교

　대학재정지원방식은 교육재정의 원리, 대학재정정책의 일반적인 목표 등에 비추어 이 유형들을 종합적으로 비교 평가해 볼 필요가 있다. 교육정책 일반의 측면에서 볼 때, 재정배분을 통하여 궁극적으로 달성하고자 하는 목표에 따라 배분방법이 달라질 수 있다. 일반적으

로 민주국가에서 중시되고 있는 가치로는 평등, 효율, 자유가 있으
며, 정부차원의 대학교육비 배분에서도 이러한 가치를 충족시켜야
한다(윤정일, 1992: 96-99). 또 대학교육정책에 관한 연구결과와 논
의에 의하면, 대학재정지원에서 가장 중시되고 있는 점들은 재정지
원이 사회적 평등, 혹은 교육기회균등에 어떻게 작용할 것인가, 대학
의 자율성을 저해할 가능성은 없는가, 그리고 대학 내 자원배분과
활용의 효율성을 향상시킬 수 있는가 등으로 요약할 수 있다. 이러
한 준거들을 각각 평등성, 자율성, 효율성이라고 부를 수 있다.

  이와 관련 Geiger(1986)는 사립대학에 대한 정부재정지원에 따른
영향 혹은 결과를 안정성, 효율성, 효과성, 자율성으로 구분하여 논
의하고 있다. Ziderman과 Albrecht(1995)는 대학재정의 안정성, 효율
성, 반응성(responsiveness)을 준거로 재정지원방식을 평가하고 있다.
이 준거 중에서 효과성은 지원목표의 달성 여부에 관한 것으로 다른
여러 가지 목표와 다소 중복될 가능성이 있다. 따라서 최근 들어 우
리나라 대학재정정책에서 중요한 목표로 제시되고 있는 대학교육의
질적 향상과 국제경쟁력의 강화와 관련된 수월성, 그리고 다양성으
로 이를 대치할 필요가 있다. 공적 재원의 배분·지출과정에서는 무
엇보다도 법적, 사회적 책무성이 확보되어야 한다.

  이러한 논의를 종합하면, 비교평가의 준거로 형평성, 효율성, 자율
성, 반응성, 안정성, 수월성, 다양성, 책무성을 설정할 수 있다. 지금
까지의 분석 결과를 토대로 대학재정지원방식을 예시적으로 평가하
면 다음 <표 3-4>와 같다. 이때 반응성이란 대학교육이 사회적 요
구와 필요, 예를 들어서 학생의 교육요구, 기업의 인력수요 등에 따
라 적절하게 변화하는지를 말한다.

〈표 3-4〉 대학재정지원방식의 비교 평가

모형 \ 준거	형평성	효율성	자율성	반응성	안정성	수월성	다양성	책무성
협상형	+	-	-	-	+	-	-	+
수식형	++	-(+)	++	-(+)	++	-	-(+)	+
시장형	-	++	+(-)	++	-	++	++	+

* 주: ++ 매우 강함, + 강함, - 약함, -- 매우 약함, +(-), -(+) 상황의존적

　협상형은 책무성은 확보할 수 있고, 안정성과 형평성을 도모할 수 있으나, 다른 여러 측면에서는 많은 문제점을 갖고 있는 것으로 평가되고 있다. 아직까지 대다수 국가, 특히 개발도상국에서는 협상형을 주된 재정지원방식으로 채택하고 있으나, OECD국가를 중심으로 다양한 개선방안이 시도되고 있다.

　다수의 구미 국가의 대학교육재정과 초·중등교육재정의 지원방식으로 보편화되어 있는 수식형은 형평성, 자율성, 그리고 안정성을 보장할 수 있다. 그러나 대학의 적극적인 노력이 수반되지 않을 경우 다양성, 수월성, 그리고 반응성을 도모하는 데는 한계가 있다.

　이러한 방식의 대안으로 최근 관심의 대상이 되고 있는 시장형은 효율성과 반응성을 향상시키고, 수월성, 다양성을 촉진할 수 있는 효과적인 재정지원기제라 할 수 있다. 그러나 형평성, 안정성, 그리고 자율성을 침해할 가능성이 높다. 전반적으로 볼 때, 수식형과 시장형은 상호보완적 관계에 있다. 대학재정지원방식에 관한 분석 결과를 종합하면, 다음 <표 3-5>와 같다.

〈표 3-5〉 대학재정지원방식의 종합 비교

구 분	협상형	수식형	시장형
준 거	■정치적 협상(정부승인) ■전년도 지원액	■미리 결정된 배분공식 ■특성별 가중치	■대학 간 경쟁, 평가 ■구매자·판매자 간 계약
하위 유형	■점증형예산 ■특별협상 ■고정비율예산협정 ■품목별예산	■등록학생수중심형 ■교직원중심형 ■혼합형 ■한계비용형 ■수행유인형	■대학지원형(경쟁, 계약 등) ■학생지원형(지불보증, 대여금, 졸업세 등) ■재원다양화형(판매, 기부 금, 민영화 등) ■학생부담형(등록금 등)
도입 배경	■전통적 대학지원방식 ■개발도상국 및 일부 선진국의 형태 ■대학에 대한 정부의 영향력 유지 ■안정적 대학재원 확보	■70년대 이후 OECD, 북미국가의 핵심적 재 정지원방식 ■자율적 대학운영 도모 ■예측 가능성, 장기적 재정 운영 보장 ■형평성 향상	■80년대 중반 이후 확산 추세 ■대학 간 경쟁에 따른 대학운영 효율성, 질적 향상 도모 ■재정긴축 속에서 정부의 재정부담 완화 ■외부시장 반응성 향상 ■수익에 상응하는 사적 부담의 확대
비 판	■현상 유지 조장 ■효율적 운영에 대한 유인가 미흡 ■노동시장이나 수요자 의 요구에 대한 반응 성 미약 ■엄격한 통제에 따른 대학의 자율성 제약	■학생수 팽창 가능성 에 따른 정부부담의 증가 ■총지원규모 고정 시 교육의 질 저하 우려 ■대학 간 동질성 조장 ■재정효율성, 외부시장반 응성, 재원다양화 미흡	■단기적 효과, 금전적 가 치 있는 활동 중시 ■경영관리 및 관리비용의 과도한 상승 초래 ■학생부담 증가, 정부재 정지원 감소 초래 ■교육활동 위축, 직업주 의적 관심 팽배 ■교육불평등 심화
종합 평가	■총액배분제와 연계되 고 있으나, ■대학재정지원방식으 로는 부적합	■형평성·자율성·안 정성 보장하나, ■다양성·수월성·반 응성 도모에 한계	■효율성·반응성·수월 성·다양성 촉진하나, 형 평성·안정성·자율성 침해 가능 ■수식형과 상보적 관계

제4장

시장논리의 구조와 쟁점

앞서 제2장과 제3장에서 살펴본 바와 같이 '시장'은 하나의 상징 혹은 비유로서 단순명료한 개념이라기보다는 다양한 맥락에서, 서로 다른 의미로 사용되고 있는 열린 개념으로서 이를 이해하고 분석하기 위해서는 그 논리를 재구성해야 한다. 이 장에서는 시장논리의 중층 구조를 살펴보고, 시장논리의 적용과 관련된 논쟁점을 분석하며, 재정 지원방식으로 시장형의 정당화 논거와 이를 적용하기 위한 조건을 탐 색하여 시장논리를 적용한 대학재정지원정책의 개념체계를 제시한다.

1. 시장논리의 중층구조

가장 간단하게 말하자면, 시장논리란 교육 분야에 시장의 원리를 도입함으로써 소비자 선택권을 보장하고, 자원활용의 효율성을 향상 시키며, 교육의 질적 향상을 도모하자는 주장이다. 그러나 '시장'은 개념적으로 내포와 외연이 분명한 과학적 혹은 객관적 용어라기보다 는 하나의 '은유' 혹은 '상징'으로서(손준종, 1996: 149−150) 이를 사용하는 사람마다 그 의도와 의미하는 바가 차이가 있다. 시장이라는 용어가 사용되는 방식은 매우 다양하다. 공간으로서 시장(market place)을 논외로 하더라도 시장원리(market principle), 시장기제(market mechanism), 시장신호(market signal)와 같은 명사의 형태로, 혹은 시장적(market－like), 시장중심적(market－based), 시장지향적(market－oriented)과 같은 형용사의 형태로, 때로는 기업(enterprise 혹은 business), 기업가 정신(entrepreneurship), 소비자주권(consumer sovereignity), 소비자선택(consumer choice) 등과 같은 관련 개념을 통해서 다양하게 사용되고 있다.

따라서 시장논리 혹은 시장형과 관련된 지지와 비판의 혼돈 상태를 벗어나기 위해서는 '시장'이 사용되는 다양한 맥락(context)을 개념적으로 구분할 필요가 있다. 지금까지 문헌에 나타난 시장 혹은 시장논리가 사용되는 맥락을 정리해 보면, 크게 사회운영방식, 정책수단, 재정배분방식, 조직운영원리, 교육방법 등으로 구분해 볼 수 있다.

이 중에서 대학재정지원정책과 직접적으로 관련된 것은 서로 긴밀하게 연계되어 있으나, 개념적으로 구분 가능한 세 가지 맥락이다. 첫째, 국가사회적 차원에서 교육체제를 운영하고 통제하는 기본원리로서의 시장이다. 여기에서 시장은, 제2장에서 살펴본 바와 같이, 정부와 대비되고, 민간의 자유로운 교환관계를 상징한다(Lindblom, 1977; Wolf, 1988; 최병선, 1992). 둘째, 정부정책 차원에서 시장은 합리적 기획, 정부통제, 혹은 행정규제와 대비되는 대학개혁전략의 일환으로서 시장적 조정, 자율통제, 혹은 재정적 유인책을 의미한다(Vught, 1994: 322－362; Niklasson, 1996: 7－22; Goedegebuure et al., 1993). 셋째, 재정지원방식으로서 시장은, 제3장에서 살펴본 바와 같이, 협상 혹은 수식에 의한 지원과 대비되는 의미에서 경쟁적, 선별적인 자원배분, 혹은 사회복지나 공재정부담과 대비되는 사적 부담을 의미한다(OECD, 1990; Ziderman & Albrecht, 1995; Williams, 1992).[26]

이 세 가지 차원은 피라밋식 위계구조가 아니라, 중층적 구조를 이루고 있다.[27] 정부와 대비되는, '사회운영방식으로서 시장'은 '정책수단으로서 시장'에 대한 논리적 근거 혹은 정당화 논거가 된다. 사회운영방식의 차원에서는 시장과 정부가 상반되는 개념으로서 시장의 확대는 정부의 축소로 인식되기도 한다. 그러나 정책수단 차원에서는 정부개입의 정당성을 인정한다. 사회운영방식 차원에서 주된 관심이 정부냐 시장이냐의 문제였다면, 정책수단 차원에서는 정부가 어떻게 개입할 것이냐의 문제이다. 즉 정책수단 차원에서 관심의 초점은 정부의 개입 방식으로서 시장논리에서는 합리적 기획, 세부적인 관리, 행정규제보다는 시장적 조정에 의한 자율통제, 그리고 재정적 유인책을 통한 간접적 관리방식이 더 효율적이라고 보고 있다. 이에 따라 재정적 유인방식은 시장논리에 의한 정부정책의 핵심적인 수단

---

26) 시장 혹은 시장원리가 개념적으로 독자성을 확보하게 되면, '교육조직의 운영원리', 그리고 종국적으로는 '교육방법의 원리'로까지 그 개념이 확대될 수 있다. 교육조직운영원리로서의 시장논리는 '학교를 기업처럼 운영해야 한다.' '대학 총장은 경영자여야 한다.' 그리고 교육방법으로서 시장논리는 '교사는 공급자이고, 학생은 수요자이다.' '교육과 훈련은 별개가 아니고, 대학에서는 기업에서 별도의 훈련이 없이 바로 활용할 수 있는 인재를 길러야 한다.'와 같은 주장에서 발견할 수 있다. 이 두 가지는 별도의 심층적인 분석을 요청하나, 시장논리의 기본모형이라고 할 수 있는 사회운영방식으로서의 시장에서 그 주장들을 부분적으로 분석하였다.

27) 이 '중층성'이라는 용어는 Althusser가 마르크시즘의 내재적 모순을 해결하기 위하여 사용한 개념에서 빌려온 것이다. Althusser에 의하면, 종래의 마르크시즘에서는 모든 상부구조는 하부구조(경제적 요인)에 의해 결정되는 것으로 파악하였으나, 이러한 경제환원론은 현실적이지 않을 뿐만 아니라, 혁명이론의 의미마저 부정하게 되는 결과를 낳는다. 중층성 혹은 중층적 결정이란 상부구조와 하부구조가 일방적 관계가 아니라 부분적으로는 쌍방적 관계에 있어서, 상부구조는 하부구조로부터 상대적 자율성을 갖고 있다(김안중, 1989: 15-22 참조).

으로 인식되고 있다. 지금까지의 논의 결과를 정리하면, 다음 <그림 4-1>과 같다.

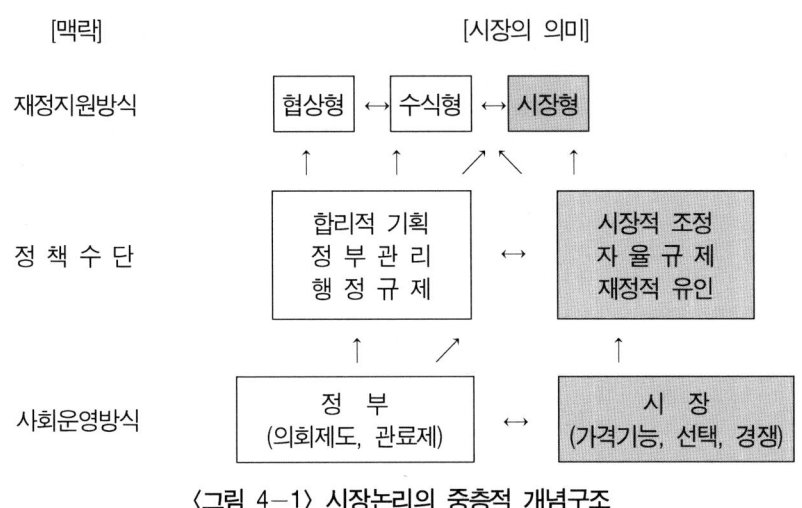

<그림 4-1> 시장논리의 중층적 개념구조

1) 사회운영방식으로서 시장의 우월성

앞의 제2장에서 자세하게 논의한 바와 같이, 일반적으로 '시장'이란 정부와 대비되는 의미에서 사회자원을 배분하고 사회를 통제하는 대안적인 원리 혹은 방식으로 인식되고 있다. 이때 정부는 권력 또는 권한을 상징하고, 시장은 자유로운 교환관계를 상징한다. 시장의 작동과 관련된 핵심적인 개념들은 가격기능, 시장기제, 경쟁, 교환, 소비자주권, 효율성 등이다. 정치제도와 관료제도를 중심으로 하는 정부의 작동과 관련된 핵심적인 개념으로는 합법성, 정당성, 합리성 등이다(Lindblom, 1977; Wolf, 1988; Weiss, 1990: 91-134; 신해룡,

1994; 최병선, 1992).28)

전통적으로 정부는 공익의 실현을 담당하는 조직으로 인식되어 왔다. 근대적 복지국가이념의 발전과 더불어 정부(혹은 국가)의 영역은 계속 확대되었고, 시장실패를 치유하기 위해서는 정부의 적극적인 개입이 필요하다는 인식이 보편화되었다. 그러나 의회의 정치가나 행정부의 관료 역시 사적 이익을 추구하는 경제인이라는 점이 밝혀지면서, 정부가 기대하는 만큼 민주적이거나 효율적일 수 없는 존재라는 새로운 인식이 확산되어 왔다(신해룡, 1994; 최병선, 1992; 박세일, 1994). 이러한 정부관의 변화는 신자유주의(neo-liberalism)에 의해서 정착되었다.29)

○신자유주의적 시장론

신자유주의는 경제학사 측면에서 보면, Adam Smith의 자유주의 경제학에 뿌리를 둔 신고전주의 경제학과 화폐론자의 영향을 받았으며, 인간자본론을 통해서 보편화되었고, 공공선택이론으로 보완되었

---

28) 사회를 조직하고 통제하는 기본방식으로 정부의 작용, 기능, 한계에 관한 논의가 본격적으로 시작된 것은 비교적 최근의 일이다. 예를 들어서 정부활동에 대한 경제적 분석을 검토해 보면, 종래의 경제분석에서 정부는 경제체제 밖에 존재하는 것으로 보고, 정부정책은 외생변인으로 처리되었다. 그러나 공공선택론을 중심으로 하는 이른바 비시장적 경제이론 혹은 정치경제이론에서는 정부는 의회와 관료기구로 구성되고, 가계, 기업 등 민간부문과 마찬가지로 이익을 추구하는 경제주체로 파악하여 포괄적인 경제분석틀을 제시하고 있다.

29) 시장논리의 배경을 이루는 다양한 이론과 관점들은 경제학, 정치학, 사회학, 철학 등 다양한 학문의 역사 속에서 등장하고 발전된 것이다. 예컨대 철학적인 측면에서 신자유주의는 능력주의와 공리주의를 토대로 하고 있다(이종재, 1997: 87-115; 이돈희, 1992). 따라서 이론적 배경을 엄밀하게 진행하기 위해서는 각 학문영역별로 이를 검토할 필요가 있으나, 이 장에서는 교육정책의 이해를 위한 최소한의 논의에 그친다.

다(Fowler, 1995: 38-60; Klees, 1994: 1811-1821; Swanson, 1989: 268-293; 김재춘, 1996: 167-188).[30] A. Smith는 부(富)의 원천은 노동을 통한 생산이며, 생산은 어느 누구의 간섭도 받지 않을 때 가장 효율적으로 이루어질 수 있다고 주장하였고, 따라서 자유방임적 정부를 주장하였으며, 이러한 주장은 대부분의 고전학파 경제학자들 사이에서 공감을 얻었다. 그러나 세계대전과 대공황을 거치면서 정부의 역할은 변화하였고, 정부는 어떤 형태로든지 경제에 대해서 적극적인 역할을 수행하게 되었다. 이 과정에서 J. M. Keynes를 중심으로 하는 경제학자들은 정부가 능동적으로 경제에 개입하여 구성원들이 더 많은 재화와 서비스를 구매하도록 유도하면 생산이 늘어나고 이에 따라 실업도 해소될 수 있다고 주장하고, 재정정책과 사회복지투자를 중심으로 하는 적극적인 정부정책을 정당화하였다.

그러나 스태그플레이션(stagflation) 현상이 대두되면서 종래의 케인즈적 정책처방으로는 당면한 경제문제를 해결하기 힘들다는 인식이 확대되었고, 1960년대 후반에는 M. Friedman을 중심으로 한 통화주의가 보편화되었다. 통화주의(monetarism)의 사상적 배경은 F. von Hayek의 신자유주의로서 그는 2차 세계대전 이후 많은 국가들

---

30) 이러한 이념적, 이론적 사조를 '신자유주의'로 통칭하는 데는 이론이 있을 수 있다. 예를 들어서 Klees(1994)는 클린턴 행정부를 장악하고 있는 신자유주의자들은 경제성장과 공동체를 강조하고, 계급 형평성을 중시하며, 따라서 효율성과 자유를 강조하는 최근의 보수주의나, 평등을 강조하던 1960, 70년대의 자유주의와는 구별되는 것으로 보고 있다. 김재춘은 시장체제의 부활을 강조하는 경제적 보수주의를 신자유주의로, 자유방임적 생활양식을 강조하는 문화적 보수주의를 신보수주의로 구분하고, 이 둘이 통합된 형태인 '새로운 극우파'에 기초한 교육개혁논의를 '신보수주의'로 통칭하고 있다. 이들 각각의 이론들은 세부적인 내용, 예를 들어서 정부의 개입에 대한 입장에서 상당한 차이를 보여주기도 한다. 그러나 역사적으로 상당히 유사한 근원을 갖고 있고, 시장을 중시한다는 점에서 '신자유주의'로 통칭하는 데 큰 무리가 없을 것으로 본다.

이 전체주의화 또는 사회주의화되는 경향을 우려하면서 개인적 자유주의를 역설하고 자유주의로의 복귀를 주장하였다.

경제에 대한 신자유주의의 기본입장은 바로 자본주의적 시장기구의 자유경쟁원리에 대한 확고한 신뢰이다. Keynes가 자유방임주의의 종언을 고하고 자본주의 경제체제의 유지를 위해서 정부지출 확대와 정부의 직접 개입을 제안한 데 반하여, Friedman은 어떤 형태의 정부개입도 궁극적으로 '종속'을 자초하게 되므로 정부의 활동은 시장기구의 경쟁 메커니즘을 유지하거나 시장기구가 제공하기 어려운 서비스를 제공하는 데에만 국한해야 하고, 그 외 부분은 시장기구의 경쟁원리에 맡겨두면 시장기구의 자동조절기능에 의하여 최선의 결과가 나오게 된다고 주장한다.[31]

1960년대부터는 인간자본론(human capital theory)이 등장하여 경제성장에 대한 교육의 기여를 측정하고 교육에 대한 투자의 중요성을 강조하였다. 인간자본론은 교육의 사회적 중요성에 대한 명확한 논리적, 이론적 준거를 제공하였으나, 그 준거란 경제적 관점에서 교육을 평가한 것으로 교육 분야에서도 시장의 원리, 경제의 논리가 설득력을 얻게 되는 중요한 계기가 되었다. 즉 인적자본론은 교육과 경제와의 관계에 대한 인식에 '이론적 확인도장'을 찍어주었던 것이다(Klees, 1994: 12-21).

공공선택론(public choice theory)에서는 사적 이해에 관심을 둔 관료와 정치가가 공공이익을 위하여 행동하도록 유인하는 체제가 충분하지 않은 상황에서 정부부문이 제대로 기능하지 못하고 있으며, 오히려 사적 부문이 더 나을 수 있다고 본다. 따라서 "정부가 더 나을 수 있다는 것을 보여주지 못한다면, 시장의 '실패'는 전혀 실패가 아

31) 신자유주의에 관한 경제학사적 고찰은 정운찬(1987: 38-42)을 주로 참조함.

니다."라고까지 주장한다(Klees, 1994: 11−21).

일반적으로 신자유주의는 다음과 같은 특징을 보여준다(하연섭, 2006: 5−6). 첫째, 신자유주의는 자원배분 메커니즘으로서 시장의 효율성에 대한 절대적 믿음이 전제되어 있다. 국가는 공정한 규칙을 만들고 이를 집행하는 심판관의 역할에 머물러야 한다. 즉 국가의 역할은 시장이 제대로 작동할 수 있는 환경을 조성하는 데 그쳐야 한다는 최소국가론을 주장한다. 둘째, 모든 경제관계에서 시장원리를 확대해야 한다. 대외관계에서 자유화, 사회관계에서 시장논리의 확대와 경쟁원리에 대한 강조를 특징으로 한다. 셋째, 국가기구 자체의 운영에서도 시장관계를 확대한다. 공공부문의 축소, 민영화를 확대하고, 공공부문 운영에서도 시장관계를 확대한다. 넷째, 경제정책에서 수요관리를 강조하는 케인즈 경제학과 달리 공급측면과 통화주의를 강조한다. 소득재분배보다는 자본축적을 강조하는 조세정책, 근로의 욕을 저해하는 복지지출의 축소, 민영화, 규제완화, 노동시장의 유연성 제고 등을 정책의 주된 방향으로 설정한다.

시장중심 교육개혁론은 학교, 학생, 학부모, 기업과 같은 시장주체의 자유선택과 경쟁을 통해서 교육제도가 가장 효율적으로 운영될 수 있다는 주장으로서 그 핵심은 학교와 학부모·학생, 정부와 학교, 학교와 학교 간 관계가 시장적 교환을 근간으로 하는 자유선택, 자유경쟁적 관계로 전환됨을 의미한다.32)

○규제완화와 민영화

1980년대 들어서 신자유주의적 관점은 정부활동을 민영화하는 촉

---

32) 시장원리에 관한 더 자세한 내용은 제2장 교육제도 운영방식으로서 시장과 정부 참조.

진제가 되었다. 시장의 효율성에 대한 신뢰에 기반을 둔 신고전파 경제학에 근거한 신자유주의자들은 정부의 경제계획에 반대한다. 그 대신 시장의 생명력을 부활시키기 위해 정부의 역할을 최소화하고, 시장의 기능을 최대한으로 늘리는 것을 주장한다. 구체적으로는 자유경쟁, 시장개방, 규제완화, 복지축소, 분권화 등을 사회개혁의 주요 내용으로 삼고 있다(김용일, 1997: 274). 1980년대 이후 신자유주의가 득세한 것은 전세계적인 경기하락 및 무역적자의 증가, 중앙집권적 계획경제의 실패에 대한 인식의 확산, 그리고 과도한 복지국가에 대한 반작용 등이 사회경제적 배경으로 자리잡고 있다.

교육체제의 통제 혹은 운영원리로서 시장의 우월성을 지지하는 사람들의 주장은 다음과 같다. 첫째, 국가 수준에서는 정부를 축소 혹은 배제하고, 시장을 확대해야 한다. 이를 위해서는 공공기관의 민영화가 추진되어야 하고, 정부의 규제는 철폐되어야 한다. 둘째, 개별 학교 수준에서는 조직운영원리상 학교와 기업은 동질적이므로 학교를 기업과 같이 운영해야 한다. 또 교육원리로서 생산, 훈련을 중시해야 한다. 학교는 생산자이며, 학부모, 학생, 그리고 기업은 교육서비스의 소비자로서 이들 간의 자유로운 교환과 경쟁관계에 의해서 교육체제를 운영하는 것이 가장 바람직하다는 것이다. 이상적인 학교의 형태는 부지원, 부간섭의 사립학교이다. 특히 대학의 경우, 중세 길드와 같이 자율성과 독립성이 보장되어야 한다.

미국의 공립학교와 사립학교의 비교연구를 통해서 시장통제의 중요성을 주장하고 있는 Chubb과 Moe는 두 학교가 서로 명확히 구분되는 환경 및 조직형태를 갖고 있다고 분석하고, 사립학교가 훨씬 효과적인 특성을 갖고 있다고 주장하였다. 두 학교의 가장 큰 차이는 학교운영 혹은 사회적 통제의 기본원리가 정치인가, 시장인가에

있다. 시장통제는 학생과 학부모의 요구 수용과 만족도 향상, 그리고
학교의 자율성 향상에 기여한다. 그들의 주장을 인용해 보면, 다음과
같다(Chubb & Moe, 1988: 1084-1085).

> 공립학교의 경우 자율성이 결여되어 있고, 교장은 지도성을 발휘하
> 기 어려우며, 학교의 목표는 이질적이고 불분명하며, (학교에 대한) 요
> 구가 강렬하지 않은 것은 결코 우연이 아니다. ……이러한 현상은 민
> 주적 통제에 근본적으로 내재되어 있는 현상이다. 사립학교 역시 사
> 회에 의해서 통제되나, 정치나 관료제에 의해서가 아니다. 사립학교에
> 서는 최대 이익을 추구하는 시장적 힘에 따라 정책, 조직, 인사에 관
> 한 결정이 이루어진다. ……교장은 강력한 지도자가 되고, 고용 및 파
> 면에 대한 강력한 통제권을 행사하며, ……학교 간에는 점차 다양성이
> 향상된다.
> 이것이 본질적으로 옳다면, 공립학교를 개혁하려는 (기존의) 규격화
> 된 제안들은 완전히 잘못된 것이다. 예를 들어서 학교는 더 많은 자
> 율성을 가져야 한다거나, 교장은 강력한 지도자가 되어야 한다고 누
> 구나가 주장하곤 한다. 그러나 이런 종류의 개혁은……성공할 수가 없
> 다. 정치가와 관료들이 굳이 더 나은 방향으로 나아가야 할 유인가가
> 없기 때문이다.

민영화에 관한 주장은 공공부문의 비효율성과 민간부문의 효율성
에 근거하고 있다. 즉 공공부문은 민간부문에 비해 효율성 측면에서
뒤지고 있으므로 좋은 교육서비스를 제공하기 위해서는 민간부문이
차지하는 비중을 높여 나가야 하고, 작은 정부를 지향해 나가야 하
며, 현재의 부족한 교육재정을 효율적으로 사용하기 위해서도 사립
학교를 확장하고, 공립학교를 민영화해 나가야 한다는 것이다.

다른 사회 각 분야와 마찬가지로 대학교육 분야에서도 여러 가지

고질적인 문제를 해결하기 위한 방안으로 민영화가 주장되고 있다. 민영화란 정부기관이나 자산, 서비스의 전부 또는 일부를 매각하는 것을 말한다(윤성식, 1994: 431－481). 대중화된 대학교육의 비용이 크게 증가하고, 이에 대한 정부부담이 과중한 상황에 처한 각국 정부는 공공부담을 경감하고 교육의 사회경제적 효율성을 증진시키기 위하여 등록금 부과, 교육상품 및 서비스의 판매, 민간 기부금 유치 확대 등을 추진하고 있다.

시장론자들은 더 나아가서 기업의 운영원리를 학교에도 도입해야 한다고 주장한다(박세일, 1995: 15－35; Gerstner et al., 1994). 교육기관도 기업과 마찬가지로 끊임없이 변화에 적응해야 하고, 이 변화에 적응하는 조직만이 생존할 수 있다. 이와 관련하여 박세일은 우리나라 학교교육과 관련된 거의 모든 것이 중앙에서 관료적·규제적·획일적으로 결정됨에 따라 학교교육에서 민간의 자발적 창의력과 '기업가적 혁신정신'이 발현되지 못하고, '경직적이고 권위적인 관료정신'만이 교육의 각 분야를 지배하고 있으며, 무경쟁 속에서 교육생산자인 학교는 안주함에 따라 우리의 교육산업이 황폐화되었다고 비판하고 있다. 따라서 과도한 규제와 생산자 주권을 앞세우는 규제가 우리나라 교육을 파탄에 빠뜨리는 주원인이므로 교육규제를 과감히 철폐해야 한다고 주장한다(박세일, 1995: 15－35).

또 Hoeksema(1989: 24)는 사업모형(business model)은 영리기관뿐만 아니라 비영리기관에도 동일하게 적용될 수 있는 모형으로서 대학도 단기적으로는 이익을 남길 수 있도록 하는 것이 효과성과 효율성의 측면에서 볼 때, 대학이나 후원자(정부) 모두에게 이익이 된다고 주장한다.[33]

---

33) 이와 관련하여 Hoeksema(1989)는 비영리기관을 NPO(non－profit organi-

2) 정책수단으로서 시장원리의 도입

이 차원에서는 시장에 대한 정부개입의 정당성을 인정하되,34) 정부의 개입방식에 초점을 두고 있다. 일반적으로 대학에 대한 정부정책수단으로 언급되고 있는 것은 법령, 지시, 조치와 같은 통제수단, 기획, 재정지원, 평가, 정보제공 등이 있다.35) 정부정책수단으로서 시장원리의 도입은 정부의 합리적인 기획이나 지시, 직접 통제, 행정규제와 같은 적극적 간여보다는 시장적 조정, 재정적 유인, 자기 규제가 더 효율적이라는 인식을 바탕으로 이를 대학교육에 적용하려는 노력이라 할 수 있다. 정부는 시장적 대학교육체제의 형성을 위하여 규제를 완화하고, 더 적극적으로 시장을 조성하기도 한다.

---

zation)와 NFPO(not-for profit organization)로 구분하고, 대학을 NFPO, 즉 영리를 남기지 않는 것이 아니라, 영리를 추구하지 않는 기관으로 운영해야 한다고 주장한다.

34) 정부개입의 정당화 논거에 관한 학자들의 주장은 다음과 같다. Mace(1992: 902)는 교육에 대한 정부간여를 정당화하는 논거로는 소비자의 무지, 규모의 경제, 외부효과 등을 들고 있다. Vught(1989: 322)는 정부규제의 근거로 시장실패를 교정하기 위한 효율성, 분배정의, 그리고 사회문화적 목표의 자극 혹은 보호 등을 들고 있다. Ziderman과 Albrecht(1995: 245)는 지식 및 학습의 조장, 교육받은 시민 양성, 국가사회적 목표 성취, 경제 성장 및 생산성 향상, 교육기회균등 등을 들고 있다. Erickson(1989: 23)은 교육에 대한 국가 간여를 정당화하는 논리로 아동의 자율성 신장(이데올로기적, 직업적, 생활양식적 편견으로부터 아동의 권리 보호), 국가적 통일성 유지와 국민적 요구의 반영, 교육에 대한 전문적 관리, 교육활동의 조장(과소 공급, 과학 및 공학분야의 인력부족현상 방지) 등을 제시하고 있다.

35) 이와 관련해서 Hood(1983)는 정부의 의지나 목표를 달성하는 데 사용할 수 있는 수단으로 정보, 재정, 법령, 지시 등을 제시하였다. Minznick(1980)는 정부의 규제수단을 지시와 유인으로 구분하였다(Vught, 1989: 40에서 재인용). 또 Goedegebuure 등(1993: 5)은 정부가 고등교육의 변화를 유발하고 조정할 수 있는 가장 중요한 수단으로 재정지원, 기획, 평가, 규제를 들었다.

○자기규제와 시장적 조정

Vught(1989: 322-362)는 대학교육에 대한 통제형태를 크게 정부규제와 시장적 조정으로 구분하고 있다. 그는 대학개혁 사례에 관한 광범위한 문헌검토와 국제비교자료를 통하여 성공적인 개혁과 실패한 개혁의 조건을 제시하면서, 합리적인 기획과 정부규제를 중심으로 하는 '정부통제모형'(state control model)보다는 시장적 조정과 자기규제를 중시하는 '정부감독모형'(state supervising model)이 더욱 효과적인 대학개혁의 전략이라고 주장하였다.

합리적 기획과 통제는 제한된 지식 및 정보로 인한 기획의 한계, 중앙집권적 의사결정의 한계에 직면하고 있기 때문이다. 특히 개발도상국의 경우, 정부의 과도한 규제와 통제는 대학의 혁신적 능력을 제한하고, 대학들의 내적 및 외적 효율성을 극대화하려는 자발적인 노력을 저해하고 있다. 따라서 가장 효율적이고 효과적인 대학개혁 전략은 대학이 자신의 목표와 프로그램을 결정하고, 이것을 달성하는 수단을 선택할 자율성을 보장하는 정부감독모형이다.

지식의 불확실성, 대학의 평형능력에 대한 신뢰를 기본으로 하는 정부감독모형에서 정부는 중요한 변수를 설정하고, 상대적 자율성을 지닌 참가자(대학)들이 규칙을 준수하는지를 감시하고, 게임이 더 이상 만족스런 결과를 낳지 못할 것으로 판단될 때에는 게임의 규칙을 변화시키는 심판관의 역할을 담당한다. 즉 이 모형에서는 학생선발, 교육과정, 교수임용에 관한 대학의 결정권을 보장하고, 대학의 자율역량을 존중하고, 세세한 규제와 엄격한 통제를 지양하며, 정부는 원거리 감시, 거시적 규제를 담당한다.

이와 비슷하게 Goedegebuure 등(1993: 5)은 정부의 개입방식을 기준으로 '촉진적 국가'(facilitatory state)와 '간섭적 국가'(interventionary state)로 구분하였다. 촉진적 국가란 정부에서 대학교육기회를 보장하기 위해서 재정을 부담하나, 내부통치, 교육프로그램 개발과 같은 대학의 핵심적 활동에 대해서는 직접적인 정책을 추진하지 않는 경우이다. 간섭적 국가란 산출(특정 분야 졸업생수), 과정(대학재정의 효율성), 대학과 환경과의 관계(산업계와 긴밀한 협조) 등과 같은 대학교육의 모든 문제들에 적극적으로 개입하려는 정부이다.

정책수단으로서 시장원리의 도입과 관련하여 Niklasson(1996: 7-22)은 일부 선별된 영역에서 제한적인 시장형 메커니즘이 채택되고, 이에 따라 정부에 의해서 규정되는 매우 특별한 의미의 '시장'이 형성되고 있다는 점을 드러내기 위해서 준시장(quasi-market)이라는 용어를 사용하고 있다. 다시 말해서 게임의 규칙을 정하고, 언제 어디에 시장을 허용할지 혹은 정부규제가 자율적인 조정으로 대치될 부분은 무엇인지를 결정하는 것은 바로 정부라는 것이다.

그는 정부정책으로서 시장기제의 도입과 관련해서 두 가지 개념적인 모형을 설정하고 있다. 첫째, '시장설계모형'(market by design)이란 정부가 시장의 운용에 대해서 직접적인 감시를 계속하고, 허용가능한 결과를 보장할 수 있는 모든 방안을 세부적으로 설계하려고 노력하는 경우이다. 둘째, '시장자율모형'(market by interaction)은 정부가 설정한 규칙의 범위에서 이루어지는 활동에 대해서 정부가 간여하는 것을 삼가고, 자발적인 상호작용에 의한 결과는 무엇이든지 수용하는 경우이다. 이 모형들을 구분짓는 가장 뚜렷한 경계선은 정부가 경기 참여자들이 범하게 되는 실수를 용인할 준비가 되어 있는지 여부이다.

두 가지 접근모형이 적용되는 중요한 영역으로는 고등교육체제, 기획, 재정지원, 평가, 규제의 5가지가 있는데, 그 조합의 형태는 국가에 따라 다르다.36) 이 가운데 체제구조 면에서 문제가 되는 것은 법률적인 대학유형구분, 사립대학의 인정여부, 그리고 중간기구의 성격 등이다. 시장자율모형의 경우, 대학유형에 대한 법적 구분을 폐지하여 모든 대학을 일원화하고 동일 조건에서 경쟁할 수 있도록 하고, 사립대학의 자유로운 설립이 허용되는 가운데 대학 간 경쟁에 의해서 고등교육체제 내 각 대학의 역할이 설정되고 자발적인 질서가 유지된다. 그러나 이 역할 구분 역시 고정불변한 것이 아니고, 시대 변화에 따라 달라진다. 시장설계형의 경우에는 각 대학이 미리 정해진 역할을 담당한다.37) 기획측면의 경우, 시장자율형에서는 정부의 세부적인 목표와 계획은, 대학의 자율성을 근거로 하는, 포괄적인 목표를 포함하는 계약으로 바뀐다. 이때 계약은 동등한 쌍방 서명에 근거한 것이 아니고, 최종적으로는 정부 혹은 재정기구가 일방적으로 결정한다는 특징이 있다. 이 점에서 준계약(quasi-contract)이라고 부를 수 있다.

○이중시장과 시장이념의 조성

대학교육체제를 시장형으로 전환하기 위해서는 정부에서 이중적 시장을 조성하고, 시장적 이념을 창출해야 한다(Cowen, 1996: 178-180). 이중적 시장이란 외부시장과 내부시장을 말한다. '외부시장'(external market)이란 대학이 교육체제의 외부에 있는 다양한 고객, 즉

---

36) Niklasson(1996)이 비교분석한 국가는 호주, 영국, 네덜란드, 스웨덴이다.
37) 우리나라의 경우, 대학 간 경쟁과 대학의 특성화·다양화를 강조하고 있으나, 대학의 유형에 대한 법적 구분, 예컨대 4년제 대학과 전문대학, 산업대, 교육대학 등을 구분하고 있다. 또 정부의 임의적 구분, 예컨대 대학원대학, 교육중심대학, 연구중심대학과 같이 정부에서 대학을 유형화하고 있거나 유형화하려 한다는 점에서 시장설계모형이라 할 수 있다.

기업, 연구기관, 시민단체, 학부모와 학생에게 더욱 의존하도록 하고, 그들의 요구에 대한 반응성을 높이도록 하며, 연구 및 개발에 대한 국가적 필요를 충족시키도록 해야 한다는 것을 의미한다. 이때 정부의 핵심적인 조치는 바로 대학의 재정적 안정성을 약화시키는 것이다. 교육기관에 대한 중앙, 지방 혹은 지역정부의 정기적이고 안정적인 재정지원을 중단하거나 감소시킴으로써 대학이 필요로 하는 많은 재원을 국가 이외의 다른 기관들로부터 유치하도록 만든다. '내부시장'(internal market)이란 대학들이 서로 경쟁하도록 하는 새로운 규칙을 개발하고, 경쟁의 결과를 공표해야 한다는 것이다. 이것은 고등교육기관의 수행 혹은 생산성에 대한 측정지표를 개발하고, 그 결과에 따른 보상 및 제재체제를 개발해야 함을 의미한다.

이러한 이중시장의 형성과정은 1980년대 후반 영국의 교육개혁과 입법에 잘 나타나 있다. 무엇보다도 먼저 대학의 재정적 기반이 불안정해졌다. 예컨대 재정지원주기가 단축되어 고등교육기관들은 더 이상 5년 이상을 주기로 하는 안정된 예산을 바탕으로 하는 장기계획을 수립할 수 없게 되었고, 대학에 대한 국가적 수행측정방법이 개발되어 연령별로 학생의 성취에 관한 국가적 시험이 도입되어 그 결과가 공개되었다. 공개된 정보에 따라 고객(일차적으로는 학부모)은 대학선택에 필요한 정보를 갖게 되고, 선택권을 행사할 수 있게 되었다. 이러한 정책의 저변에는 성공적인 기업과 마찬가지로 성공적인 학교는 번창하고, 실패한 학교는 부실기업과 같이 소멸해야 한다는 인식이 깔려 있다.

다른 한편으로 국가는 시장과 관련된 거시이념과 미시이념을 창출한다. 거시이념(macro-ideology)은 국가적 위기, 국제경쟁의 새로운 전개, 교육개혁의 필요성 등과 관련된 것이다. 이와 관련하여 많은 국가들이 국가의 경제적 및 교육적 위기에 관한 내용을 담은 보고서 혹은 교육개혁법안을 발표해오고 있다(김용일, 1997: 269-288). 거시이념은 미시이념에 비해서 상대적으로 구안하거나 전파하기가 쉽다.[38] 미시이념(micro-ideology)이란 교육제도 혹은 체제에 관한 세부적인 해석으로서 이와 관련된 단어들은 선택, 다양성, 경쟁, 학부모권리 등이다.

○대학평가와 재정적 유인책

시장논리에 근거한 대학정책은 다양한 형태로 나타나고 있으나, 대학과 정부와의 관계에서는 '평가적 국가'(evaluative state)의 등장으로, 그리고 대학과 사회와의 관계에서는 고등교육체제의 일차적인 운영의 원리 혹은 원동력으로서, 외부로부터 규정되는 특정한 형태의 '경쟁 윤리'(competitive ethic)를 도입하려는 시도로 나타나고 있다(Neave, 1988: 7-23). 평가적 국가의 등장으로 체제유지적 평가보다는 발전전략적 평가, 사전평가보다는 사후평가가 중시되고 있다.

이와 관련하여 Neave(1988: 7)는 질, 효율성, 기업적 운영과 같은 용어로 대변되는 시장논리는 1980년대 이후 대학교육정책의 중요한 요소로 자리잡고 있고, 이러한 논리는 서구사회에서 반박 불가능한 것으로 받아들여지고 있을 정도라고 논평한다. 시장적 정책은 처음에는 재정적 난관을 해결하기 위한 단기적 대응으로 시작되었으나, 점차 장기적 전략으로 자리잡고 있다.

정부정책수단으로서 시장원리의 도입은 시장에 대한 정부개입의 정당성을 인정하면서 정부정책목표의 효과적인 달성을 보장하고, 시

---

38) 국내의 경우에도 '세계화' 정책기조에 따라 '국가경쟁력의 강화'라는 거시적 이념의 창출과 확대가 매우 성공적으로 이루어져 왔다.

장주체인 대학의 자율과 경쟁에 의해서 대학개혁을 추진하며 대학교육의 질적 향상을 도모하려는 전략이라고 할 수 있다. 시장원리의 도입은 다양한 방식에 의해서 이루어지고 있으나, 일반적으로 정부에 의해서 규정되는 시장, 즉 준시장적 형태를 보여준다. 그러나 정부가 사전에 합리적인 기획이나 분명한 목표와 효과적인 수단을 결정하던 방식에서 벗어나 시장적 의사결정과 자율적 조정을 중시하고, 대학 간 경쟁을 조장하는 재정지원방식을 활용하며, 사후적 평가기능을 중시한다. 이때 재정적 유인책은 정부정책으로서 시장기제의 도입에서 핵심적인 정책수단으로 자리잡고 있다.

2. 시장논리에 관한 논쟁점

앞에서 살펴본 바대로 1990년대 들어서 시장논리에 근거한 국가사회 전반의 개혁과 변화는 전세계적으로 보편화되고 있고, 교육 분야에도 많은 변화를 자극하였다. 그러나 이에 대한 비판과 반론 역시 지속적으로 제기되고 있다. 시장논리에 대한 비판은 온건한 비판과 강경한 비판으로 구분할 수 있다. 시장논리에 대한 가장 온건한 비판은 시장논리의 한계를 알고 이를 신중히 적용해야 한다는 관점이다. 이들은 계량경제학의 성과를 근거로 하는 교육에 대한 경제적 접근의 의의와 한계, 그리고 시장모형에 내재된 근본적인 한계를 지적하고 있다. 또 공립학교와 사립학교, 혹은 공공부문과 민간부문 간의 효율성에 관한 연구방법론, 주로 계량적 방법의 오류를 밝혀내고 있다.

강경한 비판의 입장에서는 시장원리가 근본적으로 학교조직의 이념, 운영원리와 맞지 않고, 무분별한 경쟁을 조장하며, 근대적인 공교육제도의 존립 자체를 위태롭게 하고, 궁극적으로 공동체 사회를 와해시키게 될 것이라고 주장한다. 좀더 구체적으로 보면, 시장논리의 사회적, 역사적 의미, 그리고 사회관, 평등관, 인간관 등에 대해서 많은 비판이 제기되고 있다. 특히 시장의 폭력성과 교육불평등의 심화에 관해서는 격렬한 비판이 제기되고 있고, 이러한 비판은 자본주의사회에서 교육의 기능에 대한 기존의 비판적 담론과 연계될 가능성이 매우 높다.

이렇게 볼 때, 시장논리에 관한 비판과 논쟁은 그 자체가 교육제도 전반에 걸친 종합적인 분석이 요청되며, 이는 본 책에서 설정한 주된 연구문제와 연구범위를 넘어서는 또 다른 분석을 요하는 광범위한 탐구과제라고 할 수 있다.[39] 이미 제3장에서 시장형 재정지원방식이 대학교육에 미친 부정적 영향과 그에 대한 우려에 대해서는 자세하게 논의하였으므로, 이 절에서는 시장논리에 근거한 대학재정지원정책의 기본전제와 이에 따른 본질적인 제약점으로 그 범위를 한정하여 논쟁점을 정리한다.

1) 대학의 자율성: 확대냐 축소냐

시장논리에 근거한 재정지원방식이 주종을 이룰 경우, 대학의 자율성은 대학이 재정을 지원하는 주체, 즉 정부나 기업의 요구를 수

---

39) 예컨대, 제2장에서 논의한 바와 같이 공교육제도의 성격, 교육재 및 교육시장의 특성, 그리고 교육원리에 비추어 본 시장논리의 의미 등을 탐구할 수 있을 것이다.

용하지 않을 수 없다는 점에서 근본적인 위기상황에 처할 수 있다. 특히 공공재원을 평가에 의해서 선별적으로 지원하는 경우, 더 나아가서 계약에 의해서 재정을 지원하는 경우에는 대학의 자율성보다는 정부의 정책목표와 우선순위가 더 중시되게 된다. 시장기제를 도입하는 많은 국가들의 경우, 이전에 대학은 정부로부터 안정적으로 재정을 지원받고, 그 운영에 대해서도 많은 자율성을 향유하였으며, 전통적으로 자율성은 대학의 기본적 속성으로 인정되어 왔다. 그러나 시장기제의 도입으로 자원획득과 관련된 대학의 외적 의존성이 강화되고 있다.

또한 정부와 상업적 연구지원기관이 새로운 발견의 공표를 제한함에 따라 전통적인 학문자유의 개념이 위협받고, 이 과정에서 원활한 정보와 기술의 유통에 의한 과학적 발견과정이 제약받을 가능성마저 있다. 그리고 단기적이고 현상유지적인 재정지원이 확대됨에 따라 대학의 장기적인 발전과 혁신이 제약을 받는다(Williams, 1992: 138). 이와 관련하여 Caruthers 등(1994)은 비정부재원의 확대에 따라 고등교육기회에 제약을 가져오고, 기관목적 자체가 변화될 가능성이 높다고 비판한다.

Meek(1994: 1713 – 1720)는 서구의 대학교육이 학문적 자유와 정부로부터 존중받는 자치의 전통 속에서 발전하여 왔으나, 최근에는 철저한 관리방식을 통한 효율성 및 효과성의 증진, 대학 간 경쟁의 확대, 산업 및 경제계의 목표에 대한 밀착 등과 같은 동일한 방향으로 나아가고 있다고 보았다. 이러한 동질성을 가져오는 중요한 요인은 바로 시장원리의 도입이다.

이전에 대학은 정부정책에 대해서 비판적 의견을 제시하고, 초 · 중등학교에 비해서 정부주도의 개혁과 간섭을 거부할 수 있는 힘 있는 위치에 있었으나, 이에 시장논리에 근거한 개혁을 완전히 거부할 수 있는 혹은 거부하려는 움직임마저 없다. 오히려 대학행정가들은 시장적 개혁을 적극 지지하고 그 기본가정을 수용하고 있고, 국가의 강제적 권력이 아니라 이데올로기적 수용(ideological acceptance)에 의해서 대학교육체제가 재편되고 있다. 시장원리의 도입 확대에 따라 오히려 국가적 통제가 증가하고 있고, 일부 국가들의 경우, 국가적 성취도 평가제도를 도입하고, 경쟁을 통한 집권적 질 관리 방식을 도입하고 있으며, 재정배분을 담당하던 중간완충기구를 폐지하고 정부의 직접적인 권한을 강화하고 있다(Meek, 1994: 1713-1720).

그러나 Ferris(1991: 514)는 대학의 자율성 확대나 축소냐의 논쟁과 관련하여 대학들이 계약에 적응하는 능력을 개발함에 따라 더 많은 자율성을 누리게 될 것이라고 주장한다. 예를 들어서 호주의 대학들은, 그것이 정부주도의 시장이든 혹은 사적 시장이든, 시장에 반응하는 능력이 향상되었고, 더 많은 자유를 누리게 되었다고 한다. 재정지원의 다양성은 대학들에게 여러 주인이 생기게 되는 것을 의미하므로 단일한 주인(예컨대 정부)의 영향력은 감소될 것이다.

OECD에 의하면, 재정지원의 기제 및 절차에는 수렴 현상이 발견된다고 한다(Veld, 1991: 11-42). 대학의 자율성을 중시하던 국가에서는 책무성을 요구하는 재정지원방식이 증가하고 있다. 예컨대 일본 사립대학과 미국 대학에서 공적 재원의 증가와 함께 책무성을 강조하고 있다. 반면, 프랑스와 스페인, 영국의 폴리테크닉(polytechnic)과 같이 외부의 직접 규제를 받던 대학들은 재정적 자율성이 증대되고 있다.

2) 공공조직과 민간조직: 동질성, 생산성, 존재이유의 비교

다른 쟁점의 하나는 교육조직과 기업조직의 동질성에 관한 것이다. 일반기업과 학교가 다른 점 중 하나는 기민성이다(김기수·정재걸, 1994: 86 – 87). 기업은 호황일 때, 많은 직원을 채용하고, 생산량을 증가시켜 더 많은 이윤을 추구한다. 불황일 때에는 생산량을 감축하고 직원을 감축하기도 한다. 그러나 학교는 학생을 받아들일 때 3년, 4년, 혹은 10년을 기약하고 받아들이고, 교사나 교수를 채용할 때나 건물을 짓고 시설을 갖출 때도 모두 장기적인 안목에서 행한다. 따라서 장기적으로 막대한 자금과 노력을 투입해야 하는 대학으로서는 경쟁이 일어날 만한 상황이 벌어지더라도 되도록 그것을 피하고 다른 방법을 찾게 된다.

또 기업조직모형에 전제되어 있는 '이윤 극대화'라는 동기요인에 대해서도 많은 논쟁이 제기되고 있다. 비영리조직인 교육조직은 이윤을 추구하기 어렵다는 비판과, 인간 혹은 조직의 동기가 반드시 이익을 얻기 위해서만은 아니라는 동기요인의 단일성에 대한 비판이다. 조직운영원리로서 시장 혹은 기업을 강조하는 이유는 생존을 위한 경쟁과정에서 생산성이 높아지고, 자원이 효율적으로 배분·관리된다는 점이다.

교육조직의 일차적인 목표가 '시장에서 성공하기'가 되는 데는 여러 가지 제약요인이 있다. 기업은 '이윤 추구'라는 분명한 목표가 있다. 질 높은 상품과 서비스를 개발·제공하는 것은 바로 더 많은 이윤을 남기기 위해서이다. 물론 이윤은 금전적 가치로 분명하게 측정되고, 상호 비교 가능하다. 그러나 학교조직의 경우 성과를 분명하게 측정하는 데는 한계가 있다.

더 근본적인 문제는 비영리 조직인 학교는 이윤을 추구할 수 없다는 점이다. 궁극적인 목표가 불분명한 상황에서 나타나는 경쟁은 제한적일 수밖에 없다. 물론 학교가 조직으로서 소멸되지 않기 위해서는 적절한 수준의 재정이 제공되어야 한다. 그러나 더 많은 이윤을 남기기 어려운 상황에서는 최소한 생존을 위한 경쟁만이 있고, 더 나은 서비스를 제공하기 위한 부가적인 경쟁은 일어나지 않을 가능성이 높다.

한편, Barrett(1996)은 학생, 더 나아가서 정부관리나 기업과 같은 소비자의 판단은 대학교육의 질에 대한 적합한 판정 준거가 되기 어렵다고 주장한다. 학생소비자주의와 기업적 대학운영을 도입할 때에는 다음과 같이 가정하게 된다(Barrett, 1996: 70).

> 좋은 품질의 대학은 만족한 고객을 낳는다. 고객은 학문적 명성에 흥미를 갖고 있고, 그것을 판단할 수 있는 지식도 있으며, 수준 낮은 교육을 피할 것이다. ……상품이나 서비스가 결함이 있으면 명성은 떨어지고, 학생들은 자신의 발걸음을 통해서 대학서비스에 대해 투표한다.

그러나 Barrett(1996)은 학생을 고객으로 대우하는 것에 대해서 다음과 같이 반대하고 있다. 대학에서도 점차 학생, 학자, 학습자, 지성인보다는 '고객'이라는 용어는 사용되고 있으나, 교육에서 얻는 만족은 오랜 교육과정을 거친 후에 얻는 만족이고, 교육과정에 직접 참여해야만 알게 되는 만족으로서 과정에 참여하지 않은 사람을 대상으로 단기간에 이를 광고하는 것은 한계가 있다. 또 고객반응의 합리성을 생각할 필요가 있다. 학생 고객은 후회할 선택을 하는 경우가 많고, 높은 학문적 수준을 유지하는 데 불만을 가질 수도 있다. 따라서 '눈앞의 만족'과 '유예된 만족'을 구분할 필요가 있고, 교육

분야에서는 고객이라는 용어가 부적합하다.

또 한 가지 고려해야 할 점은 고객지향 마케팅에 따른 대학의 변화와 교육적 가치의 경시풍조 문제이다. 총체적 질 관리(Total Quality Management)에서는 고객이 원하는 것이면 무엇이나 허용하고, 고객만족에 최우선 순위를 부여한다. 그러나 그 결과는 교실 내 음식찌꺼기 처리, 수강등록을 위한 줄서기 해소와 같은 하찮은 혹은 주변적인, 그러나 비용은 많이 드는 일에 대한 관심을 증대시키고 있을 뿐이다. 따라서 학생의 필요(need)와 요구(want)를 구분할 필요가 있다. 즉 사람들은 자신이 원하는 것은 바로 알 수 있을지 몰라도 그들이 필요로 하는 것을 모를 수 있다는 점이다(Barrett, 1996).

물론 시장론자들은 이 점에 대해서 식품, 의약품과 같이 소비자에게 치명적인 손해를 입히는 경우에도 소비자 판단이 중시되어야 한다고 강조한다(신광식·이주호, 1995). 그러나 학생이나 기업, 더 나아가서는 정부가 대학의 교육·연구의 가치, 특히 장기적인 효과와 가치가 있는 대학 활동의 가치를 판단할 능력을 갖추고 있는지 혹은 그것을 중시할지는 여전히 논쟁거리이다. 특히 전문적 직업주의가 대학을 판단하는 지배적인 가치관이 될 때, 현실적 이해, 예를 들어서 좋은 학점, 취업, 단기적 정책목표의 달성, 금전적 부가가치, 이윤을 추구하는 소비자들의 판단은 대학의 진정한 가치와 대학교육의 의미에 대한 유일한 판단준거로 보기 어렵다.

다른 한편에서는 과연 공공조직이 민간조직에 비해서 효율성이 낮고, 생산성이 떨어지는가에 대해서도 의문이 제기되고 있다. 그 요지는 공공조직은 비영리조직으로 운영되고 있어서 이윤을 추구하지 않을 뿐이며, 사적 부문에 비해서 결코 효율성이 뒤지지 않고 오히려 더 낫다고 주장한다. Ressler(1993)는 공립대학과 사립대학의 비교연

구를 통하여 공립대학은 예산극대화, 사립대학은 이윤극대화를 목표
로 운영되며, 사립대학은 공립대학보다 효율적으로 운영되고 있다고
결론짓고 있다. 그러나 Gewirtz(1987)은 사회복지 서비스기관에 대한
조사연구를 통하여 공공조직과 사조직 간의 조직구조, 업무 태도, 고
객 성과 등에는 거의 차이가 없고, 규모를 통제한 결과 사조직 역시
공공조직에 못지않게 관료적이고, 사조직 관리자들이 더 동기수준이
높지도 않았으며, 그 성과 역시 비슷했다고 논박하고 있다. 행정가를
대상으로 한 면접 결과에 따르면, 오히려 사립기관들이 사회복지 프
로그램의 목표를 달성하도록 통제하기가 더 곤란하다고 응답하였다.
따라서 "경제 긴축과 정부에 대한 반감의 시기에는 시장과 관련된
여러 가지 수사어들과 서비스 계약이라는 전략이 정치적으로는 투표
권자들에게 설득력 있고 수용 가능한 수단일지 모르나, 이러한 접근
은 공공재정의 바른 사용에 대한 통제력을 상실할 우려가 있다."고
경고한다.

3) 비영리기관의 성격: 가격책정, 상업화

앞에서 언급한 공공조직의 여러 가지 속성은 결국 대학이 비영리
기관이라는 점에서 연유한다. 무엇보다도 비영리기관인 대학은 가격
을 제대로 책정할 수 없다. 시장지향적 대학교육체제에서는 모든 재
정지원기관들이 학문적 서비스의 생산에 필요한 모든 비용을 지불해
야 하고, 여기에는 적절한 잉여까지 포함되어야 한다. 그러나 많은
대학재정담당자들은 현재의 가격이 순수한 의미의 가격이 아니고,
대학의 서비스 가격이 낮게 책정되었다고 믿고 있다. 어떤 사람들은
이것이 바로 많은 학문적 기관들이 재정곤란을 겪고 있는 이유라고

까지 주장한다. 대부분의 대학들은 이러한 문제에 관심을 보이기 시작했고, 외부에서 재정을 지원받는 활동의 가격을 책정하기 위한 표준적인 공식을 개발하고 있다(Williams, 1992: 144).

그러나 여전히 대학은 적정한 가격을 책정하기가 곤란하다. 교육과 연구에 필요한 비용을 분명하게 산출하기 어렵고, 공공재 및 복지재적 성격에 따라 가격책정에 제약이 따르기 때문이다. 이 점에서 기업과 대학의 운영에 근본적인 차이가 있다. 따라서 이윤을 남길 수 없는 상태에서 이루어지는 가격 책정으로는 효율적이고 효과적인 방향으로 대학의 활동을 역동화하는 데는 한계가 있다.

이러한 문제점들을 해결하기 위한 방안은 세 가지를 생각해 볼 수 있다. 첫째, 학교를 영리조직으로 운영될 수 있도록 한다. 둘째, 비영리조직의 성격을 유지하되, 단기적으로는 이윤을 추구할 수 있도록 한다. 셋째, 비영리조직의 성격을 유지하되, 부분적으로 성과급과 같은 유인체제를 도입한다.

첫째 방안이 가장 효율적인 방법이다. 예를 들어서 정규학교와 학원 간의 차이가 완전히 철폐되고, 모든 교육기관이 학원 혹은 기업 연수원과 같은 형태로 운영되는 것이다. 정부의 입장에서 볼 때도 완전히 방관자가 되지 않는다면, 성과가 더 높고 비용이 적게 드는 학교나 학원을 선정하여 재정을 지원하고 공공성을 강화하는 것이 더 효율적일 것이다. 그러나 이 경우 공교육의 전통, 그리고 사회적 통념과 맞지 않아서 교육제도 전반의 성격을 근본적으로 다시 규정해야 하는 어려움이 있다. 둘째 방안 역시 교육법 체제와 조화를 이루기 어렵고, 단기적인 이윤의 추구로는 경쟁과 효율성을 유인하는 데 한계가 있다. 셋째 방안은 현재 사립학교나 사립대학의 운영방식과도 비슷하다. 더 높은 명성을 유지하는 학교에 재직하는 교사와

교수는 다른 학교에 비해서 더 높은 보수를 받고 있다. 학교 전체
자원에서 이윤의 추구는 허용되지 않으나, 교원의 보수나 복지 측면
에서 성과가 반영되도록 하는 것이다. 공립학교에서도 성과급이나
연봉제를 도입할 수 있을 것이다.

　그러나 교육기관에도 제한적인 형태에서나마 이윤 추구를 허용하
고, 기업적 운영방식이 원활하게 적용될 수 있다고 하더라도 그 결
과가 바람직한가에 대해서는 여전히 논란이 있다. 조직운영원리로서
교육기관이 생산성과 효율성을 위주로 하여 운영될 경우, 우수한 학
생만을 유치하는 방향으로 학생선발의 자율권을 행사하고, 선발된
인원에 대해서도 능력이 떨어지는 학생은 '제거'하려고 노력할 가능
성이 높기 때문이다. 이에 대하여 Murrane와 Levy(1996: 10－20)는
시장원리에 의한 개혁에 따라 각 학교들은 성취검사에서 높은 점수
를 받기 위해서 이익될 만한, 즉 성적이 높은 학생만 선발하고, 성적
이 낮은 학생들을 방치할 것이라고 비판한다. 손준종(1996, 149－167)
역시 교육에서 수월성만 강조할 경우, 흠이 있는 학생들을 방치하고,
학생선발 시 가능성 있는 학생만 선발할 것으로 보고 있다.

　Cowen(1996)에 의하면, 시장모형에 근거한 기업적 관리에 대해서
다음과 같은 상식적 신념과 기대가 통용되고 있다. "시장적 조직운
영방식40)은 어떠한 사회적 맥락에서나 그리고 적용되는 기관이 어떠
하든지 영향력을 발휘하고, 생산성을 보장하며, 기대했던 결과를 낳
을 것이다. 따라서 기업적 관리방식은 모든 국가활동, 즉 군대, 경찰,
기업, 우주계획, 보건 그리고 교육 분야까지 광범위하게 적용할 수

---

40) Cowen(1997)이 원래 사용한 단어는 '관리'(management)이나, 그의 비판
　　의 논지로 볼 때, '관리'는 시장원리 혹은 기업적 경영방식으로 이해할
　　수 있다. 따라서 이하에서는 이 세 단어를 적절하게 혼용하기로 한다.

있다. 이러한 관리방식은 대학교육체제를 포함하는 모든 기관에 분명한 발전을 가져올 것이다.”

그러나 Cowen(1996)은 이것이 가능하지도 않고, 실현되지도 않을 것이라고 보고 있다. 국가적 수준에서 볼 때 특정한 관리방식의 적합성과 그에 대한 수용의 용이성은 그 자체가 그 국가의 정치적 맥락에 한정된, 문화·정치적 현상이고, 시장적 관리방식은 병원, 학교와 같은 서비스 기관의 이념과 상충되기 때문이다.

> 수세기 동안 ‘기업적 경영’은 복지 및 교육과 관련된 국가기구의 조직문화에서는 중시되어 오지 않았다. 오히려 그 기관들은 환자, 학생, 고객에게 봉사하기 위해서 설립되었고, 봉사의 이념(ideology of service)에 따라 운영되며, (환자, 학생 혹은 고객의) 인간적 필요를 충족시키는 것이 기본적인 임무이다. 기업적 경영방식, 그리고 효율성의 측정에 관한 아이디어들은 이러한 봉사의 이념을 대체하고 있다(Cowen, 1996: 177).

대학교육의 경우에도 마찬가지다. Bok(2003)에 의하면, 시장의 압력과 이윤 동기는 자원을 배분하고 경제성장과 효율성을 촉진시키는 등 상업적인 영역에서는 매우 잘 작동하나, 고등교육의 경우 시장원리와 이윤추구는 훨씬 복잡한 결과를 초래할 수 있다. 대학은 상업적으로 유용한 연구결과를 공개하고, 수익성 있는 교육을 더 열심히 개발하도록 자극받는다(김홍덕 외 역, 2005: 10). 학문적 판단은 유보되고 시장의 결정으로 대체될 가능성이 높다.

> 상업화의 영향을 반대하는 대학의 구성원들은 여러 가지를 염려한다. 이들은 자본과 효율성이 점차 대학의 의사결정에서 너무나 지배적이 될 것이며, 무엇을 가르칠 것인가와 누구를 임명할 것인가에 대

한 학문적 판단을 시장의 결정으로 대체할 것이라고 우려한다. 이들
은 상업화와 이에 동조하는 사람들이 수업과 연구를 그 자체의 목적
보다는 실용적인 목적을 위한 수단으로 여기는 경향을 강화하지 않을
까 의심한다. 무엇보다도 책임과 통제를 강조하는 기업방식은 대학
사회에서 소중하게 여기는 개인의 고유한 자유를 침범하지 않을까 걱
정한다(김홍덕 외 역, 2005: 34).

교육적으로 가치 있는 것이 모두 시장의 원리에 부합되는 것은
아니다. 대학의 상업적 노력이 기대와 달리 바라던 수익은 올리지
못하면서 학문적 기준과 대학의 순수성에는 커다란 타격을 가져올
가능성이 있다(김홍덕 외 역, 2005: 218). 대학이 스스로의 규범을
훼손시켜 훗날 돌이킬 수 없는 상황으로 치닫지 않기 위해서는 이러
한 위험성을 인식하고 대비할 필요가 있다. 따라서 Bok(2003)은 단
기적으로는 이윤을 추구하는 대학이 성공적으로 보일지 모르나, 수
익 추구 기회를 다소 포기하더라도 자신의 고유한 가치를 굳건히 고
수하는 대학들이 결국은 공공과 교수 및 학생들로부터 신뢰를 얻을
수 있다고 주장한다.

4) 경쟁의 속성과 한계

경쟁에는 양면성이 있다. Stiglitz(1994)에 의하면, (개인 간) 경쟁
은 경제적 효율성을 촉진시키고, 삶에 활력을 불어넣는다. 그러나 경
쟁적 시장환경은 개인의 성격 가운데 경쟁하려는 속성을 지나치게
부각시킬 가능성이 있다. 예를 들어 매정하고 경쟁적인 사람이 성공
을 거두게 되면, 다른 사람들은 그와 같은 행동을 따르게 된다.

또 협동적인 사람은 이용만 당하고, 나약한 인간으로 간주될 것이다 (강신욱 역, 2003: 390). 따라서 개인 간 집단 간 협동이 제대로 이루어지기 어렵다. 자원획득을 위한 대학 간, 개인 간 경쟁이 심화되면 학생교육을 위한 상호협력이나 학문연구와 기관발전을 위한 정보의 공개와 공유가 줄어들 가능성이 있다.

McKee(1985)는 시장론자들이 공공조직 간 경쟁의 부재와 관련하여 공기업은 자신의 독점적 지위를 이용하여 최소비용 이상으로, 적정수준 이상의 질 낮은 제품을 생산하게 된다고 보고 있으나, 사실 공공부문 역시 본질상 경쟁적이라고 주장한다. 경쟁의 형태는 기관에 대한 후원자의 특성에 따라 달라진다. 예컨대 캐나다의 경우, 주에 따라 공립학교에 대한 재정지원방식이 달라서 독점적 지위에 있는 경우도 있고 시장적 지위에 있는 경우도 있으나, 어떤 경우에도 독특한 방식의 내부경쟁이 있다. 교육당국에서 재정을 지원하는 방식에 따라 공식적 혹은 비공식적 위계구조에서 유리한 위치를 차지하기 위한 내적 경쟁이 치열하다.

그러나 더 중요한 문제는 경쟁의 속성과 관련된 것으로 질 향상을 위한 경쟁과 공정한 경쟁에는 한계가 있다는 점이다. 시장적 재정지원정책이 의도하는 바는 자원획득을 위한 경쟁과정에서 대학교육의 질이 향상될 것이라는 것이다. 그러나 경쟁을 통한 질 향상보다는 유리한 위치를 손쉽게 획득하고, 기득권을 유지하려는 불공정한 경쟁이 되기 쉽다.

김기수·정재걸(1994: 146-148)은 손쉬운 담합이나 독과점의 길을 두고, 질을 향상시키기 위한 무한한 경쟁이란 있을 수 없다고 주장한다. 이는 경쟁의 초점이 "목적물을 얻느냐"가 아니라 "경쟁 상대방을 제거하느냐 못하느냐"에 있고, 따라서 경쟁하는 사람들의 초미의 관심사는 전보다 더 잘하려는 노력이 아니고, 남보다 더 잘하려는 노력 또는 더 정확하게 말해서 남보다 더 잘하는 것처럼 보이려고 하는 노력이라는 것이다. 궁극적으로 경쟁하는 사람들은 경쟁으로 인한 비용과 위험의 부담이 없이 목적물을 취득하려는 독점지향적인 태도를 보이기에 이르게 된다. 마찬가지로 경쟁하는 대학의 관심사는 일차적으로 학생 또는 학부모라는 소비자의 기호를 충족시키는 것이지 교육의 질을 개선하는 것 자체가 아니다.

공정한 경쟁과 관련해서는 소비자 혹은 대학시장의 분할 혹은 층화(segmentation)에 따라 기득권 대학이 경쟁에서 유리한 위치를 선점하는 문제도 발생한다. 예를 들어서 복선학제에 따라 몇 가지로 유형화된 중등학교가 존재하고, 이들 중 일부만이 대학에 진학하고, 나머지는 다른 진로를 택할 때, 소비자시장과 대학시장은 분할되게 된다. 대학을 유형화하여 종합대학, 4년제 대학, 2년제 대학 등으로 학생정원을 할당하는 계획을 마련할 때 소비자시장은 결정적으로 분할된다. 역으로 정부계획은 기존의 분할구도에 존재하는 지위와 권력의 영향을 받기 마련이다. 기득권 대학은 자신의 기득권을 보호할 수 있는 충분한 영향력을 행사한다. 공정경쟁이 아니고 이러한 높은 수준의 통제된 경쟁(controlled competition)이 이루어지는 경우, 이미 '권좌에 있는 대학'은 공식적인 협상에서 더 유리한 위치에 서고, 정부관료들보다 더 많은 영향을 행사하기도 한다. 그들의 지위와 자율성을 법률에 명시하는 것은 이를 보장받는 가장 기본적인 방법이다(Clark, 1983: 169-170).

일반적으로 평가에 의해서 자원을 선별적으로 배분하는 경우, 그 대상을 선정하기 위한 평가는 특정한 내용을 대상으로 하고, 경쟁을 위한 지원과정에서부터 시기, 방법, 내용에 관한 정보가 편재되기 마

런이어서 경쟁이라는 수단을 통해서 자원을 배분할 때에는 항상 불
공정한 배분이 일어날 가능성이 높다(김기수 · 정재걸, 1994: 150).
따라서 교육평등의 문제는 자유경쟁을 통해서 달성하기 어려운 과제
이고, 오히려 정부가 적극적으로 담당해야 할 과제라 할 수 있다.
정부는 한편으로는 자유경쟁을 보장하고, 다른 한편으로는 그 경쟁
에 개입해서 교육평등을 저해하는 요인을 제거해야 한다(김기수 · 정
재걸, 1994: 152). 따라서 공정한 경쟁과 분배적 정의를 보장하기 위
한 정부개입의 필요성과 정당성이 인정된다(김기수 · 정재걸, 1994: 152;
이덕복, 1993).

　그러나 정부가 개입하는 경우에는 공정한 경쟁을 보장하기 위한 견
제와 균형 관계 정립이 어렵고, 정부독주가 지속되기 쉽다(김기수 · 정
재걸, 1994: 51−52). 시장모형에서 정부는 공정경쟁의 규칙 제정(입
법가)과 경기 진행의 공정성을 보장하는 심판의 역할을 담당한다.
이렇게 정부가 직접 배분과정도 참여하고 평가, 감사까지 담당하게
되면, 정부의 일방적 독주의 문제가 심각한 문제를 야기할 수 있다.
공공선택론과 정부실패론에 의하면, 도덕적 위험이 더욱 커지고 있
고, 규칙 제정의 공평성, 배분과정의 객관성, 결과 평가의 정확성을
보장할 수 있는 혹은 견제할 수 있는 장치가 전혀 없어지게 된다.
따라서 정부와 대학 간 균형관계를 유지할 필요가 있으나, 이를 정
립하기란 거의 불가능하다.

　다른 한편에서 경쟁은 고등교육에서 가치롭게 여기는 많은 부분을
와해시킬 수도 있다. OECD의 한 보고서는 생존을 위한 단기적 재
원확보를 위해 경쟁하는 것은 대학교육의 발전을 위해서 결코 바람
직하지 않다는 점을 다음과 같이 강조하고 있다.

대부분의 최고수준의 기초연구, 그리고 가치로운 교육의 상당 부분
은 자신들의 활동을 위해서는 충분한 자원이 필요하나, 방대한 홍보
책자, 홍보 프레젠테이션, 그리고 엄밀한 예산집행에 대한 집착 등에
는 관심이 적은, 다시 말해서 비세속적 학자들에 의해서 수행되어 왔
다. 지금까지는 협동이 학문세계의 시금석이었다. 물론 명성, 과학적
인정을 위한 경쟁, 때로는 자원을 위한 경쟁이 있었다. 그러나 경제적
생존 자체를 위한 경쟁은 거의 없었다(OECD, 1990: 57).

5) 재정적 유인책의 효과성

많은 정부들이 시장조직의 요소와 유인책의 도입에 점점 더 관심
을 보이고 있으나, 사실 행정규제보다 재정적 유인책이 더 효과적이
라는 실증적 자료는 거의 없다. 1980년대 이후 OECD 국가의 대학들
은 다른 경제기관들과 마찬가지로 재정적 유인체제에 반응하고 있는
것이 일반적인 현상이다. 우리나라의 경우에도 제한된 자원을 효율적
으로 사용하는 정책의 마련에 부심하고 있으며, 민간부문의 교육투자
확대, 실적과 자구적인 노력에 대한 평가에 따른 정부재정의 집중투
자 등이 중요한 정책방안으로 제시되고 있다. 이렇게 많은 정부들은
재정적 유인책이 행정적 간섭에 비해서 고등교육기관의 활동 행태에
더욱 효과적으로 영향을 줄 수 있는 방법이라고 보고 있다. 그러나
행정적 규제와 재정적 유인책 중 어느 것이 대학의 효율적 재정관리
를 향상시키는지 명확하게 분석되지는 않았다(OECD, 1990: 65).

Stiglitz(1994)는 경제적 유인책의 한계에 관해서 신고전학파의 경
제학에서 가정하는 인간관의 편협함을 지적하고 있다(강신욱 역, 2003:
394). 이기심, 합리적 행동은 인간의 특성 가운데 일부에 지나지 않
는다. 이 행동모형은 경제적 행위에 대한 이해를 도와준다. 그러나

경제적 유인만으로는 많은 사람들이 왜 그렇게 열심히, 능률적으로 일하는지 충분히 설명하기 어렵다. 협동과 정직, 신뢰 등이 중요하다. 이러한 덕목들은 경제적 관계를 유연하게 작동시키고, 이기심을 초월하는 행동을 자주 유발한다.

대학에 대한 정부보조금의 삭감은 대학이 더욱더 기업가적으로 행동하도록 유인하는 계기가 되었다. 미국의 대학은 최고의 학생과 교수진을 확보하기 위해서 끊임없이 경쟁하고 있다. 그러나 미국 대학이 단지 보조금 삭감과 그것을 얻기 위한 경쟁 때문에 변화되고 있는 것은 아니다(Bok, 2003). 참신한 개념과 이론을 만들고, 논문이나 책을 정교하게 다듬는 데서 얻어지는 순수한 만족감은 교수들의 지적 관심과 헌신을 유지하는 가장 강한 동기라 할 수 있다. 고등교육의 상품화에 비판적인 사람들은 대학이 지적 가치가 아닌 벌어들이는 돈의 액수로 평가되지 않을까 걱정한다(김홍덕 역, 2005: 31, 37).

고등교육의 효율성과 효과성을 높이기 위한 방법의 하나로 제시되고 있는 계약제 역시 근본적인 한계가 있다. 대리인이론(agency theory)에 의하면, 주인과 대리인 사이에 목표가 다를 수 있고, 주인은 대리인의 행위를 판단할 충분한 정보가 부족하다. 이에 따라 불리한 선택(adverse selection)과 대리인이 계약이행을 게을리 하는 도덕적 위해(moral hazard)의 문제가 발생한다(Ferris, 1991: 503 ─ 516).

더 나아가서 계약, 경쟁지원과 같은 기관지원형은 학생 소비자에 대한 학생지원에 비해서 효과성에 제약이 있다. 예컨대 기관지원은 관료의존성을 강화하고 소비자 의존성을 약화시킬 수 있다(金子元久, 1995: 202-213). 일본에서는 개혁의 초점을 대학에 대한 공적 보조를 개인지원으로 할 것이냐, 기관지원으로 할 것이냐에 관한 논쟁이 지속되고 있다. 공적 보조는 국립대학특별회계 전출금과 사립대학

경상비보조를 중심으로 이루어지고 있으며, 대학에 대하여 재정을 보조하는 기관보조형을 띠고 있다. 이와 달리 장학금, 과학연구비는 직접 학생과 연구활동에 대하여 보조하는 비기관보조형이라 할 수 있다.

　기관보조형은 교육기관에 장기적으로 안정적 재원을 확보할 수 있도록 한다는 점에서 중요하며, 그것이 없어지면 심각한 문제를 야기할 수 있다. 그러나 기관보조는 고소득자를 포함하여 모든 학생에게 동일한 공적 보조를 배분하는 것으로서 교육기회균등의 실현에는 비효율적인 측면이 많다. 반면, 개인에게 지원되는 장학금은 저소득층 가정 출신자에 집중적으로 배분됨으로 더욱 효율적일 수 있다. 학술연구에 관해서도 특정한 연구목적에 관련된 활동에 대하여 연구비를 지원하는 형태가 더욱 효율적일 수 있다.

　Clark 역시 정부보조가 학생을 기준으로 이루어질 경우, 선택권을 확대하나, 기관을 기준으로 할 경우, 대학의 소비자 의존성이 약화된다고 주장한다. 왜냐하면, 소비자시장, 노동시장, 그리고 기관시장에서 이루어지는 교환의 성격이 달라지기 때문이다. 개별학생에 대한 보조금은 소비자의 영향력을 강화한다. 학생들의 시장진입과 대학선택을 쉽게 만들기 때문이다. 반면 총괄교부금 혹은 제한된 형태로 직접 기관에 전달되는 기관보조는 소비자 시장에서 대학의 지위를 강화하고, 소비자에 대한 의존성을 약화시키며, 공무원에 대한 의존성은 오히려 더 높아질 수 있다. 즉 대학들은 자원획득을 최대화하고, 통제권 상실을 최소화하기 위해서 정부관료들에게 로비하려는 속성을 갖게 된다(Clark, 1983: 169-170).

3. 시장형 재정지원방식의 적용조건

재정지원방식으로 시장형은 일정한 조건을 전제로 할 때 제대로 기능할 수 있다. 시장형을 적용하기 위한 전제조건은 대학교육체제가 어떠한가, 그리고 정책의 내용은 무엇인가에 따라 달라진다. 극단적으로 방임주의적 정부에서 모든 것을 시장원리에 맡기는 경우에는 완전경쟁시장의 조건을 충족해야 한다(최병선, 1992: 56-62). 그러나 현실적으로 시장형을 적용하기 위한 최소수준, 즉 기본적인 전제조건을 추출할 수는 있다. 이 장에서 분석한 시장형의 도입배경, 주요 내용, 비판, 그리고 시장논리의 중층성을 종합적으로 검토할 때, 시장형을 적용하기 위한 기본조건은 대학운영의 자율성과 대학 간 공정경쟁의 보장으로 요약된다.

1) 대학운영의 자율성

시장적 접근의 진정한 의의는 사회적 자원활용의 효율성을 극대화하고, 대학교육의 질적 수준을 높이는 가장 효과적이고 효율적인 방법은 바로 정부의 개입을 최소화하고, 개별 시장주체들의 자유를 최대한 보장하는 데 있다. 따라서 시장형을 적용하기 위해서는 개별 대학의 자율적인 의사결정에 근거한 대학운영이 필수적이다. 대학운영의 자율성에서 특히 중요한 것은 학생선발, 등록금 책정, 교직원인사, 재정운용의 자율적 결정의 문제이다(Ziderman & Albrecht, 1995: 110). 이때, 시장논리를 근간으로 하는 시장형에서 정부는 대학의 자율적 결정과 시장적 조정을 중시하고, 규칙 준수 여부를 판단하는 역할을 담당해야 한다.

대학에 대한 재정지원방식은 전통적으로 총액배분제를 유지하고 있는데 이는 대학의 자율성을 보장하기 위해서이다. 시장형을 적용하는데도 대학의 시장적 자율성을 보장하기 위해서 총액배분제가 유지되고 있다. 또한 Niklasson(1996)에 의하면, 시장자율모형을 적용하는 경우, 정부의 세부적인 목표와 계획은 대학의 자율성을 근거로 하는, 포괄적인 목표를 포함하는 계약으로 변화된다(Ziderman & Albrecht, 1995: 7).

이렇게 볼 때, 최근의 교육 분야에서 시장논리의 적용에 관한 논쟁은 단순히 정부정책상의 변화과정이라기보다는 정부의 역할과 기능을 재규정하는 새로운 교육통치구조의 등장과 관련되어 있다(나민주, 1995: 219). 즉 정부가 할 수 있는 일은 무엇인가, 또 할 수 없는 일은 무엇인가? 혹은 정부가 해야 할 일은 무엇인가, 또 해서는 안 되는 일은 무엇인가에 관한 본질적인 질문이라 할 수 있다.

2) 대학 간 공정 경쟁

시장적 재정지원정책이 의도하는 바는 자원획득을 위한 경쟁과정에서 대학교육의 질이 향상될 것이라는 것이다. 그러나 일반적으로 시장에서의 경쟁은 경쟁을 통한 질 향상보다는 유리한 위치를 손쉽게 획득하고, 기득권을 유지하려는 불공정한 경쟁이 되기 쉽다. 이는 경쟁의 초점이 '목적물을 얻느냐'가 아니라 '경쟁 상대방을 제거하느냐 못하느냐'에 있고, 따라서 경쟁하는 사람들의 초미의 관심사는 전보다 더 잘하려는 노력이 아니고, 남보다 더 잘하려는 노력 또는 더 정확하게 말해서 남보다 더 잘하는 것처럼 보이려고 하는 노력이

기 때문이다. 궁극적으로 경쟁관계에 있는 사람들은 경쟁으로 인한 비용과 위험의 부담이 없이 목적물을 취득하려는 독점지향적인 태도를 보이기까지 한다(김기수·정재걸, 1994: 146-148). 따라서 공정한 경쟁을 보장하기 위한 정부개입의 필요성과 정당성이 인정된다(김기수·정재걸, 1994: 152; 이덕복, 1993).

공정한 경쟁의 보장과 관련해서 중요한 점은 개별대학의 역할과 기능에 대한 법적 구분의 철폐, 대학의 층화 혹은 시장분할의 문제이다. 시장체제란 대학이 외부환경의 영향을 받고, 환경에 적응하는 개방체제로서 개별대학의 역할이 미리 결정되어 있거나 불변하는 것이 아니라 대학 간 경쟁에 의해서 끊임없이 변화하고, 새로운 경쟁자에 의해서 도전받는 체제이다(Clark, 1983: 7-12). 시장자율모형의 경우, 대학유형에 대한 법적 구분을 폐지하고, 대학체제가 일원화되어 동일조건에서 경쟁할 수 있도록 한다. 또한 사립대학의 자유로운 설립이 허용되는 가운데 대학 간 경쟁에 의해서 고등교육체제 내의 각 대학의 역할이 설정되고 자발적인 질서가 유지되며, 이 역할 역시 고정되어 있지 않다. 예컨대 영국의 경우, 종전의 대학부문(university)과 비대학부문(polytechnic and college)을 구분하여 재정을 지원하던 방식을 폐지하고, 이원적 재정배분기구를 통합한 바 있다.

공정경쟁을 저해하는 가장 큰 요인의 하나는 소비자 혹은 대학시장이 분할 혹은 층화되어 있어 기득권대학이 경쟁에서 이미 유리한 위치를 선점하게 되는 경우이다. Clark(1983: 169-170)은 대학교육의 시장을 소비자시장(consumer market), 노동시장(labor market), 기관시장(institutional market)으로 구분하면서 기관시장이란 소비자나 피고용자(교수)가 아니라 기업(대학)이 서로 상호작용하는 시장으로 규정하고 있다. 대학 간 관계는 주로 학생 및 교수시장의 특성과 그에 따른 대학의 위상에 따라 결정된다. 이때 명성(reputation)이 교환의 중요한 상품이고, 대학의 상대적 지위에 따라 학생과 교수가 움직이게 된다. 즉 명성이 더 높은 대학은 더 우수한 학생을 유치하고, 더 나은 직무조건을 갖추게 되며, 더 우수한 교수를 갖게 되고, 더 많은 재정을 확보할 수 있다.

　그러나 교육체제 내에 몇 가지로 유형화된 중등학교가 존재하고, 이들 중 일부만이 대학에 진학하고 나머지는 다른 진로를 택할 때, 이는 소비자 시장과 대학시장을 분할시킨다. 또 정부가 학생들은 종합대학, 4년제 대학, 2년제 대학 등으로 학생(수)을 할당하는 계획을 마련할 때도 소비자 시장을 결정적으로 분할하게 되고, 대학 및 노동 시장 형성에 심대한 영향을 끼친다. 역으로 그러한 정부의 계획은 기존의 분할구도 속의 대학의 지위와 권력의 영향을 받기 마련이다. 기득권 대학은 자신의 기득권을 보호할 수 있는 충분한 영향력을 행사한다. 따라서 통제된 상황에서 경쟁이 이루어지고, 이에 따라 기관시장에는 독점기업 혹은 과점기업이 존재하게 된다(Clark, 1983: 7-12). 따라서 대학 간 경쟁이 활성화되고 공정한 경쟁이 이루어지게 하기 위한 일차적인 방법은 법적 측면에서 대학시장의 분할구도를 폐지하고, 일원적인 대학체제를 형성하는 것이다.

　이렇게 시장적 대학체제에서 정부는 공정경쟁의 규칙 제정(입법가)과 경기 진행의 공정성을 보장하는 심판의 역할을 담당한다. 그러나 이렇게 정부가 직접 배분과정도 참여하고 평가, 감사까지 담당하게 되면, 정부의 일방적 독주의 문제가 심각한 문제를 야기할 수 있다. 공공선택론과 정부실패론에 의하면, 도덕적 위험이 더욱 커지고 있고, 규칙 제정의 공평성, 배분과정의 객관성, 결과 평가의 정확성을 보장할 수 있는 혹은 견제할 수 있는 장치가 전혀 없어지게

된다. 이렇게 되면, 정부와 대학 간 균형관계를 유지할 필요가 있으
나, 이를 정립하기란 거의 불가능하다. 따라서 공정경쟁을 보장하고,
대학과 정부 간 균형관계를 유지하기 위해서는 재정지원방식에 관한
입법, 그리고 법률에 근거한 규제가 요청된다(Niklasson, 1996: 7-22).

4 시장논리를 적용한 대학재정지원정책의 개념체계

지금까지 대학재정지원방식으로서 시장형의 개념과 적용조건을 탐
색하였다. 이제 범위를 넓혀서 대학재정지원정책에 시장논리가 어떻
게 적용될 수 있는가에 관한 포괄적인 개념체제를 구성할 필요가 있
다. 대학재정지원방식으로서 시장형을 중심으로 할 때, 사회운영방식
과 정책수단으로서 시장논리의 내용은 그 기능에 따라 다시 분류하
면, "왜 시장형 재정지원방식을 도입해야 하는가"를 정당화하는 논
리와 "시장형 재정지원방식을 실시하기 위해서는 어떠한 조치들이
취해져야 하는가"에 관한 시행 논리로 구분할 수 있다. 이를 도식화
하면 다음 <그림 4-2>와 같다. 이때 적용의 전제조건은 시장형 재
정지원방식을 적용하기 위한, 다시 말해서 시장형 재정지원방식이
제대로 작동하기 위한 기본조건을 의미한다.

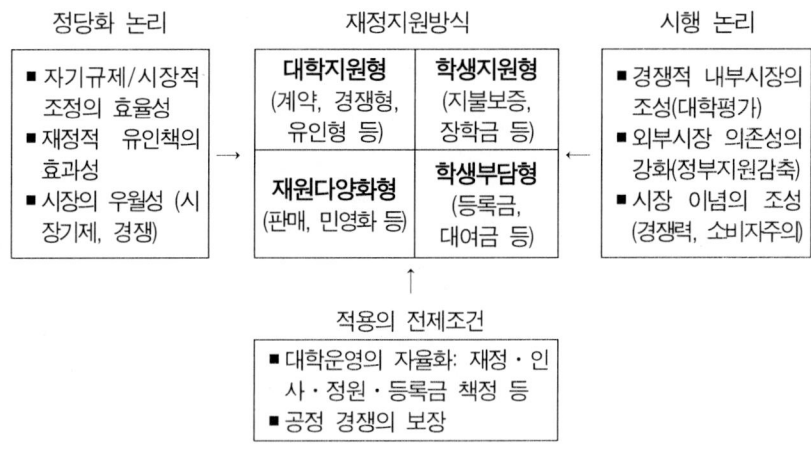

〈그림 4-2〉 시장논리를 적용한 대학재정지원정책의 개념체계

1980년대 후반 이후 전세계적으로 확산되고 있는 시장형 재정지 원방식은 관련 당사 간의 정치적 협상이나, 객관적인 수식이 아니라, 다양한 시장기제를 활용하여 대학에 재정을 지원하는 방식으로서 경 쟁지원, 계약, 지불보증제, 졸업세, 기부금, 민영화와 같은 다양한 유 형이 제안되고 있다. 시장형은 재원과 지원대상 혹은 부담주체를 기 준으로 대학지원형, 학생지원형, 재원다양화형, 학생부담형으로 구분 할 수 있다.

대학재정지원방식으로서 시장형은 사회운영방식 및 정책수단으로 서 시장논리를 정당화 논거로 한다. 시장형에는 합리적인 기획, 직접 규제를 위주로 하는 정부관리방식보다는 대학의 자율적 결정과 시장 적 조정, 대학 간 경쟁을 조장하는 재정적 유인책, 그리고 사후평가 를 위주로 하는 '정부감독모형' 혹은 '시장자율모형'이 더 효율적이 고 효과적인 대학교육체제 운영방식이라는 인식이 내포되어 있다. 이러한 인식은 시장의 우월성에 관한 신자유주의에 근거하고 있다.

신자유주의를 이념으로 하는 시장론자들은 사회제도를 운영하는 가장 효율적이고, 효과적인 원리는 바로 '시장'이라고 믿고 있다. 사회구성원들의 자유로운 교환을 통한 재화 및 서비스의 생산·공급·소비과정에서 희소한 자원이 효율적으로 활용되고, 더 많은 이익을 남기기 위한 생산자 간 경쟁을 통해서 상품의 질이 향상되며, 소비자주권도 실현될 수 있다. 마찬가지로 대학교육의 질적 향상을 도모하고, 자원활용의 효율성을 극대화하기 위해서는 대학교육부문에도 시장의 원리를 도입해야 한다는 것이다.

요컨대 대학재정지원방식으로서 시장형이란 사회운영방식으로서 시장의 우월성, 정책수단으로서 시장적 조정방식과 재정적 유인책의 효과성을 정당화 근거로 하는 경쟁과 선별, 재원다양화, 그리고 사적 부담을 강조하는 재정지원방식으로 정의할 수 있다. 구체적인 양상은 국가에 따라 다르나, 일반적으로 시장형 대학재정지원방식은 시장주체인 대학의 자율적인 운영과 대학 간 경쟁에 의해서 대학재정운영의 효율성과 대학교육의 질적 향상을 도모하고, 정부정책목표의 효과적인 달성과 대학개혁을 추진하기 위한 전략적 수단이라고 할 수 있다.

정책수단으로서 시장논리에 관한 분석에서는 시장형을 원활하게 시행하기 위한 논리도 추출할 수 있다. 실제 정책에서 시장형을 적용하기 위해서는 첫째, 경쟁적 내부시장을 조성하고, 이를 위해서 대학평가를 실시해야 한다. 경쟁적 내부시장이란 개별 대학들이 더 나은 교육 서비스와 연구결과를 산출하기 위해서 서로 경쟁하는 상태를 말한다. 이를 위해서는 대학평가를 실시하고, 경쟁의 결과를 공표해야 한다. 대학평가를 하기 위해서는 수행(performance)이나 생산성에 관한 측정지표를 개발해야 하고, 평가 결과에 따라 차등적 혹은 선별적으로 재정 지원이 이루어진다.

둘째, 대학교육의 외부시장에 대한 의존성을 높여야 한다. 외부시장 의존성이란 대학교육체제의 외부에 있는 기업, 시민단체, 학부모, 학생 등으로부터 더 많은 재정을 지원받고, 그들의 요구에 민감하게 반응해야 한다는 것을 의미한다. 이를 위해서 핵심적인 조치는 정부의 대학재정지원을 감축시킴으로써 대학재정의 안정성을 약화시키는 것이다. 높은 공재정지원과 낮은 학생등록금 수준을 유지해오던 유럽 국가들의 경우 전체 대학의 수입 중에서 정부재정지원이 차지하는 비중을 점차 낮추어가고 있다. 우리나라의 경우에도 국립대학에 대한 정부의 재정지원을 감축해야 한다는 주장이 제기되고 있다.

셋째, 시장형을 원활하게 적용하기 위해서는, 국제 경쟁의 심화와 같은 위기상황에 대처하기 위해서 경쟁력을 강화해야 하고, 이를 위해서 교육개혁이 필요하다는 거시적 이념을 조성할 필요가 있다. 이와 관련해서 교육위기에 관한 내용을 담은 보고서를 지속적으로 발간하거나 교육개혁안을 발표한다. 또한 소비자주권의 실현 등 교육과 관련된 구체적이고 설득력 있는 미시적 이념을 창출해야 한다.

대학재정지원방식으로서 시장형이 제대로 작동할 수 있도록 하기 위한 최소요건, 즉 시장형을 적용하기 위한 전제조건은 대학교육체제가 어떠한가, 그리고 정책의 내용은 무엇인가에 따라 달라지나, 다음과 같은 두 가지로 요약할 수 있다. 첫째, 대학 차원에서 운영의 자율성이 보장되어야 한다. 특히 중요한 것은 학생선발, 교직원인사, 재정운용의 자율적 결정의 문제이다. 둘째, 대학과 대학 간 관계에서 공정한 경쟁이 보장되어야 한다.

5. 요약 및 논의

  이 장에서는 시장논리를 적용한 대학재정지원정책의 논리와 적용에 관한 개념적인 분석틀을 구성하였다. 대학재정지원방식을 중심으로 할 때, 시장논리를 적용한 대학재정지원정책은 시장형 재정지원방식과 그 적용조건, 그리고 시장형을 정당화하는 논리와 시행을 위한 논리로 구성된다.

  대학재정지원방식으로서 시장형은 관련 당사 간의 정치적 협상이나 객관적인 수식(formula)이 아니라, 다양한 시장요소들을 활용하여 대학에 재정을 지원하는 방식으로서 재원과 지원대상 혹은 부담주체를 기준으로 대학지원형, 학생지원형, 재원다양화형, 학생부담형으로 구분할 수 있다. 그 구체적인 양상은 국가에 따라 다르나, 일반적으로 시장형 재정지원방식은 시장주체인 대학의 자율적인 운영과 대학 간 경쟁에 의해서 대학재정운영의 효율성과 대학교육의 질적 향상을 도모하고, 정부정책목표를 효과적으로 달성하며, 대학개혁을 추진하기 위한 전략적 수단이라고 할 수 있다.

  시장형 재정지원방식이 제대로 작동할 수 있도록 하기 위한 최소요건, 즉 시장형을 적용하기 위한 전제조건은 대학교육체제가 어떠한가, 그리고 정책의 내용은 무엇인가에 따라 달라지나, 최소한 대학운영의 자율성과 대학 간 공정 경쟁이 보장되어야 한다. 시장형 지원방식은 자기규제 및 시장적 조정의 효율성, 재정적 유인책의 효과성, 그리고 시장기제와 자유경쟁을 근간으로 하는 시장의 우월성을 정당화 논거로 한다. 시장형의 시행논리로는 경쟁적 내부시장 조성과 이를 위한 대학평가의 실시, 대학교육의 외부시장에 대한 의존성

강화, 그리고 거시적 및 미시적 시장 이념 창출 등이 제시되고 있다.

시장논리가 갖는 의의는 매우 다양하나 대학교육과 관련해서는 다음과 같이 정리할 수 있다. 첫째, 합리적 관료제와 민주적 의회제를 중심으로 하는 정부의 기능과 역할에 관한 비판적 분석의 관점을 제공해 주었다. 교육제도 혹은 조직의 일반적인 특징들은 사실 정부체제의 수요·공급 측면의 특성들과 일치하고 있다. 예컨대 산출의 정의 및 측정의 곤란, 생산기술의 모호성, 종결 메커니즘의 결여, 독점생산, 경쟁의 소멸, 조직목표의 대치 등과 같은 정부체제의 특징은 교육조직의 중요한 특성으로 인식되어 왔다. 이러한 특성을 지닌 정부의 정책 및 활동은 수요와 공급이 불균형 상태를 유지하고, 생산성과 효율성이 낮으나, 정부부문은 지속적으로 성장·확대되어 왔다. 이러한 사실은 교육제도 운영방식으로서 정부에 관한 이해와 분석은 결국 교육제도의 운영원리, 팽창, 실패, 진로 등에 관한 체계적인 분석의 시발점이 될 수 있음을 보여준다.

둘째, 대학의 자율성에 관한 분명한 정당화 논거를 제공하였다. 기존의 논의를 보면, 학문의 속성과 자유의 개념을 근간으로 대학의 자율성을 주장하거나, 대학의 발생과 발달과정에서 나타난 교수 및 학생 조합의 성격, 그리고 교회, 정부와 대학 간 관계를 중심으로 대학의 자율성 보장을 강조하였다(이 둘은 각각 대학본질론과 대학역사론이라고 할 수 있다). 시장론에서는 시장주체로서 대학의 자율성이 보장될 때만 자원활용의 효율성은 물론 교육서비스의 질적 향상도 가능하다고 주장함으로써 대학에 대한 정부통제의 배제에 관한 분명한 논거를 제공하고 있다.

셋째, 재정지원방식에 관한 관심을 유도하여 재정지원의 비용-효과성에 관한 관심을 제기하고, 기존의 기계적 재정지원방식의 문제점과 대안을 모색하는 논의를 활성화하였다.

신자유주의를 근간으로 하는 시장론자들은 사회제도를 운영하는 가장 효율적이고 효과적인 원리는 바로 '시장'이라고 믿고 있다. 사회구성원들의 자유로운 교환을 통한 재화(서비스)의 생산공급소비과정에서 희소한 자원이 가장 효율적으로 활용되고, 더 많은 이익을 남기기 위한 생산자 간 경쟁을 통해서 상품의 질이 향상되며, 소비자주권이 실현될 수 있다. 이와 마찬가지로 대학교육의 질적 향상을 도모하고, 재정활용의 효율성을 극대화하기 위해서는 대학교육부문에도 시장의 원리, 즉 경쟁과 선택의 원리를 도입해야 한다는 것이다.

시장 혹은 시장논리는 단순명료한 개념이라기보다는 다양한 맥락에서, 서로 다른 의미로 사용되고 있는 열린 개념이다. 대학재정지원정책을 중심으로 볼 때, 시장논리가 제기되는 맥락은 사회운영방식, 정부정책수단, 재정지원방식의 세 가지 차원으로 구분할 수 있다. 사회운영방식은 혹은 통제원리로서 시장에 관한 분석은 개념적 혹은 이념적 분석방법으로서 매우 유용하다. 정부와 대비되는 의미에서 시장의 적용에 관한 주장은 정부의 독점적 지위에 따라 발생하는 많은 문제점들을 해결할 수 있는 중요한 논의의 시발점을 제공한다.

이러한 이원적 분류방식은 여러 가지 요인들이 복잡하게 혼재되어 있는 현실의 분석방법으로서는 한계가 있다. 시장과 정부를 일직선상에 배치함에 따라 '시장의 확대가 곧 정부의 축소'로 여겨지거나 '정부의 축소가 곧 시장의 확대'로 인식되기 쉽다는 점이다. 현실에서는 반드시 이와 같은 현상이 일어나지 않는다. 오히려 그와 반대현상이 나타나고 있다. 즉 시장의 확대를 가장 크게 부르짖는 것이 바로 정부이거나, 정부가 앞장서서 시장논리를 도입하고 있다는 것이다. 비판적인 입장에서는 이 점을 시장논리의 내적 모순으로 파악하고 있다.

그러나 시장과 정부가 하나의 개념적 구안물이라고 한다면 굳이 이 둘을 일직선상에서 서로 반대되는 위치에 배치해야만 할 이유는 없다. 이 둘을 양립 불가능한 것으로 보고 양자택일의 상황을 가정할 때 이론적 도그마에 빠질 가능성도 있다.[41) '시장경제＝민영화＝분권화＝경쟁＝효율성'을 한 축으로 삼고, 그 반대 축에 '계획경제＝국유화＝중앙집권화＝독점＝비효율'을 대립시키는 도식적 구도는 이론적 도그마로서 현실의 설명이나 처방에 많은 한계가 있다(강신욱 역, 2003: 6).

오히려 이 둘을 각각 축으로 하여 사회현상을 분석하는 것이 더 유용할 수 있다. 즉 시장과 정부는 일차원적 X선상에서 분포한다기보다는 X, Y 두 축을 구성한다고 할 수 있다. 이 경우 시장의 확대가 반드시 정부의 축소를 가져오는 것이 아니라, 오히려 정부의 확대를 의미할 수 있다. 다음 <그림 4-3>에서 정부축소와 시장확대를 의미하는 A → B방향으로 이동은 '민영화'라고 할 수 있다.

---

41) Stiglitz(1994)는 사회주의권의 붕괴 속에서 시장경제로의 이행은 필연적이나, 시장경제로 향해 가기 시작한 국가들은 신고전학파 경제이론에 등장하는 시장을 최종목적지로 삼아서는 안 된다고 주장한다. 신고전학파 경제이론은 완전경쟁시장에서 모든 기업은 가격수용자로 행동하고, 시장에 참여하는 경제주체들에게 정보는 완전히 공유되고 있다고 전제함으로써 현실의 시장을 잘못 설명하고 있다.

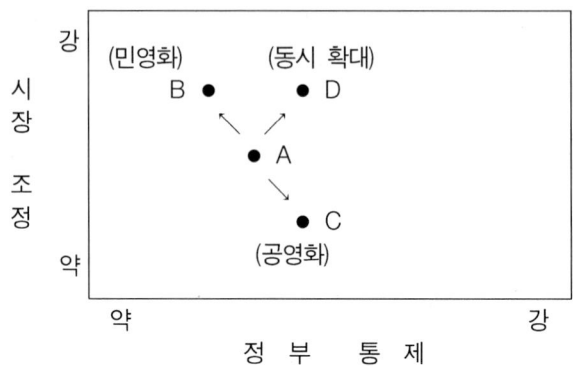

〈그림 4-3〉 시장과 정부를 두 축으로 하는 논의의 적용

일반적인 시장논리는 이러한 방향으로 이동을 주장한다. 반대로 시
장축소와 정부확대를 의미하는 A → C방향으로 이동은 '공영화'라고
할 수 있다. 그런데 이와 달리 시장과 정부를 동시에 확대하는 A → D
방향으로의 이동도 가능하다. 이는 기존의 정부역할을 그대로 유지하
면서, 시장원리를 도입하여 오히려 정부영역을 확장시키는 경우이다.
이는 전통적으로 대학자율모형이 강조되던 유럽대륙에서 정부가 경
쟁력, 경쟁을 강조하면서 평가와 차등적 지원을 확대하는 경우에 해
당된다. 이때 시장기제는 정부팽창의 수단으로 사용될 수 있다.

따라서 시장과 정부는 상호대립적 개념인 동시에 서로 다른 두
차원에서 조합적으로 사용될 수 있는 정책수단이라 할 수 있다. 정
책수단 차원에서 시장논리의 분석과 시장논리의 중층적 분석은 이분
법적 사고, 즉 시장이냐 정부냐의 양자선택적 상황이 실제적으로 가
능하지 않을 뿐만 아니라, 이론적으로도 정당화되기 어렵다는 점을
보여준다. 정책수단으로서 시장은 정부의 확장수단으로 활용될 수
있는 것이다. 즉 시장의 확대가 정부의 확대를 의미하기도 한다. 이

점에서 시장논리의 내적 모순, 즉 시장의 확대가 오히려 정부의 강화를 낳는다는 비판에 대한 이론적 답변이 가능해진다. 이와는 정반대로 시장의 확대에 따라 무책임하고 방임적인 정부가 될 것이라는 비판 역시 설득력이 약해진다.

시장과 정부를 상호보완적 관계에서 파악할 수도 있다. 사회운영 원리로서 시장에 관한 주된 문제의식이 시장이냐 정부냐 하는 양립 불가결한 양자선택에 있다면, 정부정책수단으로서 시장원리에 관한 문제의식은 시장 속에서 정부의 역할은 무엇이냐, 시장과 정부의 조화로운 결합상태는 무엇이냐이다. 사실 정부와 시장은 모두 불완전한 선택대안이라고 할 수 있다(최병선, 1992: 164-185; Wolf, 1988: 153-172). 시장과 정부가 서로 다른 이론체계로서 또는 기본원리로서 공존할 수 있다면, 이 양자의 어떤 조합이 더 바람직하게 현실의 문제를 해결하는 방법인지를 비교·평가해 보아야 한다. 시장과 정부 어떤 것에 의존하여 문제를 해결하는 것이 왜, 어떤 이유에서 바람직한가의 문제이다(최병선, 1992: 187). 그러므로 시장논리를 적용한 정책의 구체적인 요소와 그 실제적 영향에 초점을 둔 분석과 논의가 더욱 중요하다.

제5장

1990년대의 대학재정지원정책

1990년대는 우리나라에서 대학재정지원정책이 본격화된 시기로서 이전과는 다른 정책방안과 논리가 새롭게 등장하였다. 이 장에서는 앞장의 대학재정지원정책에 관한 개념적, 논리적 분석에 기초하여 1990년대 우리나라 대학재정지원정책의 구조와 재정배분방식을 분석한다. 특히 우리나라 대학재정지원정책에 시장논리가 적용되고 있는가, 만약 그렇다면 어떻게 적용되고 있는가를 밝히는 데 초점을 두었다. 이와 관련하여 첫째, 대학재정지원정책의 역사와 교육부의 대학재정지원현황을 간략하게 고찰하였다. 둘째, 정책의 목표와 수단을 중심으로 대학재정지원정책의 논리구조를 분석하였다. 셋째, 일반지원사업과 특수목적지원사업을 중심으로 재정배분방식의 측면에서 대학재정지원정책의 특징을 분석하였다. 넷째, 시장형의 적용조건과 관련하여 재정 및 회계제도를 중심으로 국립대학과 사립대학의 재정운용방식을 고찰하고, 수입과 지출의 두 측면에서 대학재정구조를 간략하게 분석하였다.

1. 대학재정지원정책의 개요

1) 대학재정지원정책의 역사

광복 이후 지금까지 지속되고 있는 우리나라 대학재정지원정책의 가장 큰 특징의 하나는 설립자 부담원칙과 수익자 부담원칙이 적용되고 있다는 점이다(윤정일 외, 1994: 406 – 407). 설립자 부담원칙이란 국립대학은 국가, 공립대학은 지방자치단체, 사립대학은 학교법인이 각각 설립자로서 대학재정에 대해 책임을 져야 한다는 것이다. 이에 따라 국·공립대학에 대해서는 정부가 대학운영에 필요한 경상적 경비를 부담하고, 대학의 세입 및 세출을 엄격하게 통제하는 체제를 유지하였다. 반면, 사립대학에 대해서는 기본적으로 학생을 수익자로 규정하여 그 경비를 부담하도록 하고, 설립자 부담원칙을 내세워 정부는 재정을 지원하지 않고, 학교법인이 재정적 책임을 담당하도록 하였다(곽영우, 1996: 14).

정부에서 대학재정지원정책에 본격적으로 관심을 두게 된 것은 1990년대에 들어서였다. 그 이전의 대학재정정책은 주로 등록금과 장학금의 두 영역을 중심으로 이루어졌으나, 이는 대학에 대한 재정지원정책으로 보기 어려운 측면이 있다. 따라서 초·중등교육에 대한 재정지원정책과 달리 대학교육에 대한 재정지원정책에 관해서는 역사적으로 뚜렷한 사례나 변천과정을 기술하기가 매우 어려우나, 대체로 다음과 같이 요약할 수 있다.

국립대학에 대한 경상비 지원을 제외하고, 대학에 대한 국고지원사업이 시작된 것은 대체로 1960년대부터였다. 1963년에는 대학교수

및 대학부설연구기관을 대상으로 지급하는 학술연구조성비가 제도화
되고, 빈약한 국가재정을 감안하여 세계은행의 교육차관 도입, 사립
이공계대학 시설 확충을 위한 교육차관의 주선 등과 같은 사학조성
정책을 추진하였다.[42]

1970년대에 들어서는 국가발전을 위한 개발의 논리가 최고조에 달
했던 시기로서 대학교육 분야에서는 대학 특성화 정책이 추진되었다.
대학 특성화는 교육재정의 효과적 활용, 대학 간 역할 분담, 지방대
학의 육성, 산학협동의 촉진 등을 목표로 1974년부터 시행되었다. 처
음에는 18개 대학에서 이공계 51개 학과(공업계 25, 농학계 19, 수산
계 3, 해양계 2, 항공계 2학과)를 선정하고(김종철, 1989: 196), 이들
특성화 학과에 대해서는 정원, 연구비, 장학금 등에 관하여 특별한
행·재정지원을 실시하였다. 1974년도의 경우, 학과당 약 300만 원
정도가 지급되었고, 각 대학에서도 자체적으로 특성화 계획을 수립·추
진하였다. 이후 특성화 학과는 점차 공학계에 치중하게 되었다. 1980
년대에는 부산대(기계공학), 경북대(전자공학), 전남대(화공학), 전북대
(금속·정밀기계공학), 충남대(공업교육), 충북대(건설공학) 등 6개 공
대에서 특성화가 추진되었고, 해당대학에 대해서는 교수·시설·재정
등 여러 측면에서 특별지원이 이루어졌는데, 1976~1979년 사이에
약 139억 원이 투입되었다.[43] 한편, 1979년에는 학술진흥재단이 설립
되어 학술활동에 대한 재정지원이 본격화되었다.

1980년대에 들어서는 과학기술교육진흥을 위하여 1980년부터 1986

---

42) 이하 대학재정지원정책의 역사는 한국교육30년 편찬위원회 편(1980: 133-153),
   김종철(1989: 192-205)을 주로 참조함.
43) 이러한 특성화 정책은 국립대학을 위주로 이루어졌으나, 경쟁과 선별에
   의한 시장형 재정지원정책이 시도된 역사적 사례라고 할 수 있다. 1973
   년부터 시행된 실험대학 정책에서도 대학 간 선의의 경쟁이 강조되었다.

년까지 약 3,600명의 대학원생들에게 모두 19억 원의 장학금을 지급
하였다. 또 대학에 기초과학연구소를 설치·운영하도록 지원하였는
데, 9개 국립대학과 12개 사립대학 등 21개 대학의 기초과학연구소
를 지원하였다. 그 지원금액은 1979년 600만 원을 포함하여 1979년
부터 1986년까지 총 50억 원에 달하였다. 또한, 특성화 공과대학의
지원을 위하여 2억 2천만 달러(1,900억 원) 규모의 차관을 도입하여
실험·실습 기자재를 확충하였다. 그 밖에 서울대에 20억 원의 예산
으로 반도체 공동연구소를 설치하여 5억 3천만 원의 연구비를 지급
하였고, 전국 6개 유전공학연구소에 9억 7천만 원의 연구비를 지원
하였다.

대학에 대한 정부의 재정지원은 1990년대 들어서부터 본격화되었
다. 정부에서는 대학교육에 대한 재정지원을 확대하면서 재정배분과
관련된 새로운 정책을 시행하였다.

첫째, 사립대학에 대한 재정지원제도를 도입하여 그 규모를 점차
확대하였다. 1990년에 처음으로 사립대학의 시설·설비확충을 위한
직접 지원금으로 200억 원과 간접 지원금으로 사학진흥기금에 300
억 원을 지원하기 시작한 뒤, 사립대학에 대한 국고보조금을 매년
큰 폭으로 확대하여 1996년에는 시설·설비 확충지원으로 전년대비
50%가 증가된 1,050억 원(1997년 1,250억 원)을 지원하고, 국·공·사
립대학 공통지원으로 자구노력지원비 600억 원(1997년 1,300억 원)
을 배정하였다. 특수목적지원사업에서 국·공립대학과 사립대학을
구분하지 않고 재정을 지원하였다. 이러한 변화는 대학을 설립별, 유
형별로 차등을 두고 재정을 지원하는 방식에서 탈피하여 일원적인
재정지원체제로 전환하는 중요한 시발점이 되었다.

둘째, 교육부는 대학재정의 지원과정에서 지금까지의 평등원리에

의한 대학지원정책을 대학 간, 교육프로그램 간 자유경쟁을 통한 수
월성을 도모하는 지원정책으로 전환하였다(김두식, 1996: 23-29).
이와 관련된 사업은 공과대학중점지원, 대학원중점지원, 교육개혁추
진 우수대학지원, 국제전문인력 양성지원, 지방대학 특성화지원 등이
며, 이 사업의 재정지원은 각 대학이 제출한 신청서와 서면평가 및
방문평가 등을 통한 대학평가결과에 따라 선별된 대학에 대해서만
재정을 차등적으로 지원하였다.

2) 대학관련 교육예산의 규모

1997년도 현재 교육부소관 세출예산 가운데 고등교육부문(전문대
학 포함)에 투입된 금액은 약 2조 1천억 원으로서 교육부예산 총액
의 11.5%, 일반회계예산 총액의 17.2%이다. 이 중에서 대학기관(교
육부본부 및 전문대학 제외)에 지원되는 금액은 약 1조 2천억 원으
로서 교육부예산 총액의 6.7%, 일반회계예산의 10.0%이다.

1960년대 이후 고등교육관련예산이 교육부예산 총액에서 차지하
는 비율의 추이를 보면, 1965년 12.5%로 가장 높았다가 1975년에는
9.4%로 급격하게 낮아지고, 1980년에 11.7%로 회복되었으나, 1990
년 9.6%로 다시 낮아졌다. 이후 1995년 10.1%, 그리고 1997년에는
다시 11.5%로 1990년대에 들어서는 증가하는 추세를 보였다.

다음 <그림 5-1>에서 보면, 전반적으로 GNP 대비 교육예산, 정
부예산 대비 교육예산의 비중과 교육예산 대비 고등교육예산의 비중
은 거의 같은 변화추세를 보여주고 있으나, 1980년대 이후 교육예산
의 비중은 지속적으로 증가한 반면, 고등교육예산의 비중은 감소하
다가 다시 증가하는 경향을 보였다.

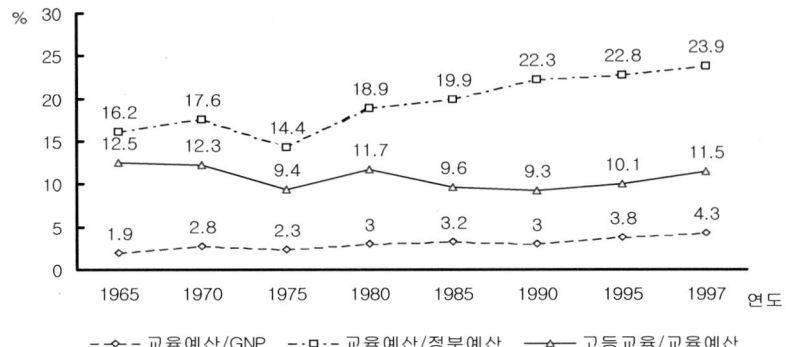

* 주: 1970년 수치는 서울대학교 시설·확충 특별회계를 제외한 비율이고(포함 시
    14.8%), 전체적으로 국립대학 부속병원 특별회계는 제외한 수치임.
자료: 교육부, <u>교육통계연보</u>, 각연도; 교육부(1997)

〈그림 5-1〉 고등교육관련 교육예산의 비중(1965~1997)

정부예산 편성과정을 통해 국립대학운영을 위해서 지원되는 경상
비를 제외한 대학재정지원 사업예산은 크게 일반지원사업과 특수목
적사업으로 구분할 수 있다(김두식, 1996: 24-28).44) 일반지원사업
은 대학자구노력지원, 사립대학 시설·설비 확충지원, 교육차관사업
등으로 대학의 학생수와 자구노력정도, 사업목적에 따라 비교적 균
등하게 배분되는 예산이다. 특수목적지원사업은 특정분야에 대한 중
점육성을 목적으로 대학평가를 통하여 지원대상을 선별하고, 평가성
적에 따라 차등 지원하는 방식으로서 공과대학 중점지원, 우수대학
원 중점지원, 국제전문인력 양성지원, 교육개혁추진 우수대학지원,
이공계대학 연구소기자재 첨단화지원 등이 있다.

---

44) 1997년도 대학관련 교육예산의 경우, 국립대학 경상적 운영비가 30%,
    일반지원사업비가 60%, 그리고 특수목적지원사업비가 10% 내외에 이
    를 것으로 추산된다.

1992년 이후 1997년까지 대학재정지원사업의 종류와 규모는 다음 <표 5-1>과 같다. 일반지원사업은 1992년도에 2,748억 원(15종), 1993년도에 3,297억 원(16종), 1994년도에 4,489억 원(19종), 1995년도에 6,274억 원(22종), 1996년도에 8,886억 원(26종), 1997년도에 11,160억 원(26종)으로 해마다 규모가 크게 증가되고 종류도 확대되어 왔다. 특수목적지원사업은 1994년에 400억 원(1종)으로 시작되어 1995년 600억 원(2종), 1996년 1,250억 원(5종), 1997년 1,300억 원으로 대폭 확대되었다.

〈표 5-1〉 대학지원사업 예산개요(1992~1997)

(단위: 억 원)

구 분	1992	1993	1994	1995	1996	1997
총 계	2,748	(20.0)	(48.3)	6,874	10,136	12,460
	(一)	3,297	4,889	(40.6)	(47.5)	(22.9)
일반지원사업	2,748	3,297	4,489	6,274	8,886	11,160
	(一)	(20.0)	(36.2)	(39.8)	(41.6)	(25.6)
목적지원사업	—	—	400	600	1,250	1,300
			(一)	(50.0)	(108.0)	(4.0)

* 주: ( ) 안은 전년 대비 증가율(%)
자료: 김두식(1996: 25)을 재구성

한편, 국제비교자료에 의하면, GNP 대비 고등교육예산의 비중은 1996년 현재 0.3%로서 1993년 현재 미국 1.5%, 일본 0.9%, 영국, 1.9%, 프랑스 1.1%, 독일 2.1%, 캐나다 2.2%, 호주 1.2% 등에 비해서 현저히 낮은 수준이다(한국교육개발원, 1997: 57). 또 교육예산 중에서 고등교육에 대한 지원비율 면에서 볼 때도 우리나라의 고등교육에 대한 투자비율은 1997년 현재 약 11.5%로서 1993년 현재 미국 22.4%, 일본 18.75%, 프랑스 16.6%, 독일 33.6%에 비해서 1/2~1/3

수준이다(文部省, 1996: 60 – 77).

　전반적으로 볼 때, 1990년대 들어서 우리나라 교육예산의 절대규모나 GNP 대비 비율이 꾸준히 증가하는 추세 속에서 고등교육예산의 절대 규모 역시 증가하고, 교육예산에서 고등교육부문이 차지하는 비중도 증가하였다. 그러나 고등교육의 학생수 비중이나, 국제적인 비교자료에 비추어 볼 때, 고등교육에 대한 투자비율은 매우 낮은 편이다.

　또 1998년도까지 GNP 대비 교육예산을 5% 수준으로 확대하려는 정부계획을 보면, 순증액 9조 4천억 원 가운데 대학부문은 국제경쟁력을 강화하기 위한 투자 6,281억 원 (6.6%)에 불과하여 앞으로 대학교육예산의 절대 규모는 증가하나, 교육예산에서 차지하는 비중은 오히려 감소될 것으로 전망되었다(송기창, 1996: 16 – 22).

2. 대학재정지원정책의 목표와 수단

　정부의 정책은 정책목표와 정책수단의 상호관계 속에서 분석할 수 있다. 정책목표란 "정책을 통하여 이룩하고자 하는 바람직한 상태"를 말한다(정정길, 1992: 38). 정책수단이란 정책목표를 달성하기 위한 수단으로서 실질적 수단과 실행적 수단으로 구분되기도 한다.[45]

---

45) '실질적 정책수단'은 정책목표 – 수단 간 계층관계 속에서 말하는 하위목표 혹은 수단을 의미한다. '실행적 정책수단'은 보조적 정책수단 혹은 정책집행수단이라고도 하는데, 실질적 정책수단은 정책을 실행하기 위한 수단이다. 여기에는 집행기구, 자금, 공권력 등이 포함된다. 대학재정지원정책과 관련된 실질적 정책수단으로는 교육부 고등교육재정과, 학술진흥재단, 사학진흥재단, 고등교육법, 사립학교법 등을 들 수 있다.

정책목표 속에는 여러 개의 하위목표를 포함하는 경우가 많다. 일반적으로 하나의 정책목표는 다른 상위목표에 대하여 수단으로, 그리고 하위목표에 대하여는 목표로서 역할을 하기 때문에 도구적 정책목표라고 할 수도 있다. 사실 정책목표와 정책수단을 엄밀하게 구분하기는 매우 어렵다. 그러나 논리적으로 보면 정책은 일련의 목표와 수단의 계층적 복합체이며, 이러한 목표-수단의 계층관계를 '정책구조'라고 할 수 있다.

정책목표 혹은 정책수단의 상호관련성은 논리적 측면과 실증적 측면에서 파악될 수 있다. 실증적 관련성은 정책목표 혹은 수단의 실제 가능성 여부로서 통계적으로 혹은 경험적으로 볼 때, 정책수단이 정책목표의 달성에 기여할 수 있다고 하는 측면이다. 논리적 관련성은 상위 정책목표로부터 하위 정책목표에 이르는 하나의 연역적 이론체계를 말한다. 논리적 관련성 차원에서 상위 정책목표는 하위 정책목표에 대하여 정당화의 근거가 된다. 이러한 상호관련성의 두 측면은 각각 '실증적 정당화'와 '논리적 정당화'라고 할 수 있다(이종재 외, 1996). 이 절에서는 목표와 수단 간의 논리적 관계를 중심으로 대학재정정책의 구조를 분석한다.

정책의 목표와 수단을 분석하여 이를 구조화하기 위해서는 '사용 중인 논리'와 '재구성된 논리'를 모두 검토해야 한다. 사용 중인 논리(logic-in-use)는 정책담당자들이 실제로 사용하는 규칙과 절차이며, 재구성된 논리(reconstructed logic)는 다수의 구체적인 정책분석을 종합하여 정책에 관한 추상적인 설명을 제공하는 규칙 또는 절차이다(Dunn, 1994, 나기산 외 역, 1994: 101에서 재인용).

1) 대학재정지원정책의 목표

정부예산편성이나 정책집행과정에서 대학재정지원정책에 관한 실무를 담당했던 주요 인사들이 제시한 대학재정지원정책의 목표를 살펴보면, 다음과 같다. 1996년도 당시 교육부 대학재정지원과장은 정부의 대학재정지원의 원칙과 기본방향을 다음과 같이 네 가지로 요약하고 있다(김두식, 1996: 24).

> 첫째, 대학의 교육·연구여건 및 교육개혁 추진실적을 평가해서 재정지원과 연계시킴으로써 대학의 자구노력을 유도한다.
>
> 둘째, 합리적이고 효율적인 재정지원을 통하여 대학교육의 질을 향상시키고, 대학 간 선의의 경쟁체제를 마련한다.
>
> 셋째, 대학의 연구력을 향상시키고, 교육여건을 개선하여 다양화·특성화를 지원하기 위한 재정지원을 확대한다.
>
> 넷째, 예산집행의 결과에 대한 사후평가를 강화하여 재정운용의 효율성을 제고한다.

1996년도 교육재정의 확충과정에서 정부가 설정한 대학재정의 지원방향과 관련하여 당시 재정경제원 교육문화예산담당관은 대학교육의 내실화 및 경쟁력 제고를 위해 대학운영의 효율화, 대학의 다양화·특성화 등에 중점을 두고 예산지원규모를 대폭 확충하였고, 특히 국·사립대를 막론하고 노력하는 대학에 지원되는 예산을 늘렸다고 한다. 이는 양적인 성장에 비해서 여전히 낙후된 대학의 교육·연구여건, 자율·경쟁풍토의 미비 등으로 고도산업사회 및 국가 간 무한경쟁시대에 대한 적극적인 대비가 부족한 상황을 개선하기 위해서였다(권태신, 1995: 28-36).

고등교육부문에 있어서도 최근의 대학교육정책의 변화를 반영하여 대학의 경쟁과 자율을 촉진하는 방향으로 예산을 편성하였다. 따라서 교육여건 측면에서는 부족한 교육시설, 실험·실습 기자재를 확충하는 예산을 대폭 반영하여 낙후된 대학에 보다 많은 예산이 지원되도록 한 반면, 연구측면에서는 연구의 세계화를 지원하기 위해 연구실적이 우수한 대학·연구소 및 교수에게 연구비 및 기자재 확충 예산이 보다 많이 배정될 수 있도록 배려하였다. 또한 국립대학 위주의 예산편성에서 국·사립을 막론하고 스스로 노력하는 대학에 대한 예산의 비중을 늘리고, 대학의 다양화·특성화·전문화 지원을 강화하였다(권태신, 1995: 28).

1998년 1월 당시 교육부 고등교육실장은 교육부 주요 사업계획 중 대학부문의 주요 정책방향으로 대학의 자율화 확대 및 책무성 제고, 대학교육의 특성화·다양화, 대학교육의 경쟁력 향상 유도, 대학교육의 여건 개선 등을 들었다(장오현, 1998: 32-34). 이 중에서 대학교육의 경쟁력 향상을 위해서는 다음과 같은 방향으로 재정을 지원할 예정이라고 밝혔다(장오현, 1998: 43).

대학평가의 체제를 정비하고 대학평가 결과에 행·재정지원을 연계함으로써 대학의 책임경영능력을 제고하고, 투자의 효율성을 제고시켜 대학 간 선의의 경쟁을 유도하여 학문의 질을 높이고 대학의 국제 경쟁력을 갖추도록 하며, 공급자 중심의 교육에서 수요자 중심의 교육이 이루어지도록 하겠다.

이러한 대학재정지원정책의 방향은 교육개혁위원회에서 제안한 대학교육개혁방안에 그 뿌리를 두고 있다. 교육개혁위원회에서는 신교육체제의 특징으로 학습자중심교육, 교육의 다양화, 자율과 책무성에 바탕을 둔 학교운영, 자유와 평등이 조화된 교육, 교육의 정보화, 질 높은 교육을 들고 있다(교육개혁위원회, 1996: 65-66). 이 중에서 고등교육부문의 목표는 대학운영을 자율화하고, 연구여건을 세계화하며, 대학모형을 다양화함으로써 대학이 세계적 수준의 학문과 과학기술 창조의 산실이 되며, 사회 각 분야가 요구하는 최적의 자질과 능력을 갖춘 다양한 인재를 양성하도록 하는 것이다. 그 구체적인 개혁방안으로는 대학의 다양화와 특성화, 대학설립, 정원 및 학사운영의 자율화, 학술연구의 일류화, 대학교육의 국제화 등을 들고 있다(교육개혁위원회, 1996: 69).

이상의 내용을 대학정책의 일반적인 목표,46) 교육재정의 기본원리47) 등에 비추어 종합적으로 분석해 볼 때, 우리나라 대학재정지원정책의 목적은 다음과 같이 정리할 수 있다.

첫째, 대학의 다양화이다. 대학의 다양화에는 특성화 지원과 자율성의 보장이라는 하위목표가 있다. 다양성은 개별 대학의 존재 이유를 정당화하는 가장 중요한 근거가 된다. 각 대학은 건학이념이 다르고, 교육 프로그램이 달라야 한다. 만약 모든 대학이 동질적이라면, 수많은 대학이 별도로 설립되어야 할 이유가 없어진다. 대학교육에서 다양성을 추구하는 다른 이유는 국민의 교육욕구가 동질적이지

---

46) 해방 이후 우리나라 고등교육정책에서 중시된 목표로는 교육기회의 보장, 고등교육의 질적 향상, 인력의 원활한 공급, 공적 책무성의 확보, 재정의 효율적 활용, 대학의 자율성 보장 등이 있다. 이를 정책 이념 차원에서 수월성과 평등, 그리고 대학 관리운영방식 차원에서 정부통제와 대학자율을 기준으로 분류하여 그 변화 양상을 보면, 우리나라의 고등교육정책은 정부통제의 평등추구정책에서 정부통제를 통한 수월성 추구, 그리고 대학자율에 의한 수월성 추구로 그 초점이 변화하였다(나민주 1995: 203-220).

47) 교육재정원리 및 재정정책의 목표에 관해서는 제3장제2절 대학재정지원방식의 유형을 참조하기 바람.

않다는 데 있다. 그동안 우리나라의 대학교육은 양적 팽창 위주의 '백화점식' 운영방법이 보편화되었고, 모든 대학이 하나의 대학모형, 즉 또 다른 '서울대학교'가 되고자 하는 획일성은 대학교육의 발전을 저해하는 가장 중요한 요소로 지적되어 왔다. 1980년대 후반 이후 정부에서는 대학운영을 자율화하기 위해서 설립, 정원책정, 학사운영 등 여러 측면에서 정부규제를 완화해 왔다. 이러한 규제완화가 소극적인 정책이라면, 대학재정지원정책은 특성화를 지원·촉진하기 위한 적극적인 정책이라고 할 수 있다.

둘째, 대학의 경쟁력 강화이다. 이데올로기적 대립구조가 와해되고, 국가 간 경제무역 장벽이 해체되는 국제화·정보화·개방화된 국제환경 속에서 대학교육은 국가 경쟁력을 결정짓는 가장 중요한 요소로 인식되었다. 종래 정부에서는 대학교육의 질적 향상을 위하여 최소한의 질적 수준을 확보하는 소극적 정책에 치중하였다. 예를 들어서 대학설치기준령을 제정하여 대학의 설립인가를 위한 각종 시설·설비기준, 교원자격 및 배치기준 등을 설정하거나 대학생수를 적정규모로 유지하기 위하여 대학생정원을 대학은 물론 학과단위까지 통제하였다. 또 1950년대 말과 1960년대에는 대학정비를 단행하기도 하였다. 그러나 이미 앞에서 살펴본 바대로 1990년대 중반 이후 대학의 연구능력 향상, 대학교육의 세계화, 세계적 수준의 일류대학 육성이 대학교육의 가장 중요한 정책목표로 부각되어 왔고, 이를 위해서 적극적으로 대학 간 경쟁을 유도하고, 대학평가를 통해서 국제 경쟁력을 갖춘 대학에 중점지원하는 방향으로 대학재정지원정책을 실시하였다. 또한 대응투자를 통한 대학의 자구노력을 유도하고, 대학의 경영합리화를 도모하였다. 최근에는 국제적 감각과 전문적 식견을 갖춘 인재를 양성한다는 목표가 강조되었다.

셋째, 대학의 교육 및 연구여건의 개선이다. 교수당 학생수, 대학 도서관 장서수, 학생당 교육비와 같은 지표를 통해서 볼 때, 우리 대학의 교육여건은 주요 선진국은 물론 개발도상국과 비교해 볼 때도 매우 열악한 상황에 있다(김경환 외, 1998: 4-19). 이렇게 열악한 교육 및 연구여건은 대학교육의 질적 발전을 저해할 뿐만 아니라 기본적인 교육활동마저 어렵게 하는 중요한 장애요인으로 지적되어 왔다. 특히 사립대학의 경우, 높은 학생등록금 의존율, 낮은 법인전입금, 그리고 정부의 무관심 속에서 재정난을 겪었고, 이로 인한 열악한 교육 및 연구환경은 교육기회의 균등마저 저해할 수 있다는 비판이 끊임없이 제기되었다. 최근의 대학재정지원정책에서는 사립대학의 재정난 완화를 위하여 사립대학에 대한 재정지원을 대폭 확대하였고, 시설·설비확충을 위한 재정지원을 확대하였다.

2) 대학재정지원정책의 수단

교육개혁위원회에서는 대학의 다양화·특성화·일류화를 위한 다양한 정책방안을 실현하기 위한 가장 핵심적인 정책수단으로 대학평가와 재정지원의 연계 강화를 제시하였다. 여기에는 세 가지 내용이 포함되어 있다(교육개혁위원회, 1996: 84-85). 첫째, 평가와 재정지원의 연계를 강화한다. 대학교육의 자율화를 추구하는 한편, 대학평가를 강화하고, 그 결과에 따라 재정지원이 이루어지도록 한다. 대학평가결과를 고려하여 재정을 차등 지원하되, 지원단위를 대학에서 계열 또는 학부·학과단위로 전환하여 집중 지원함으로써 대학의 다양화·특성화를 유도한다. 둘째, 정부의 대학재정지원을 교수의 연구비와 연계하여 대학이 우수 교수를 경쟁적으로 확보하도록 유도한다. 셋째, 대학재정운영의 자율성과 융통성을 제고하고, 예·결산 공개를 의무화한다.

교육부에서는 이러한 개혁방안을 적극 수용하여 정부주도의 평가에 의하여 재정을 지원함으로써 대학 간 경쟁을 유도하고, 적은 예산을 효율적으로 활용하기 위한 다양한 방안을 실행하였다(김두식, 1996; 장오현, 1998). 이에 따라 과거의 정부예산편성과정의 일부로 대학재정지원이 이루어지거나, 학생수와 같은 객관적인 지표에 따라서 국립대학을 중심으로 비교적 균등하게 재정을 배분하려던 방식에서 벗어나 대학평가에 의하여 대학 간 경쟁을 유발하고, 그 결과에 따라 대학 간에 차등적으로, 혹은 일부 대학을 선별하여 지원하는 경쟁형 재정지원방식이 급속하게 확대되었다.

대학재정지원정책의 목표를 달성하기 위한 가장 구체적인 정책수단은 대학에 대한 재정지원사업으로서 이는 앞에서 언급한 바와 같이 일반지원사업과 특수목적지원사업으로 구분된다. 그런데 평가에 의한 재정지원방식이 보편화되면서 대학의 다양화, 경쟁력 강화, 교육여건의 개선이라는 정책목표를 달성하기 위한 수단으로서 이러한 대학재정지원사업들은 다소 그 목적이 중첩되는 양상이 나타났고, 그 양상은 점차 심화되었다. 예를 들어서 특수목적지원사업은 대학의 다양화를 도모하면서 경쟁력을 강화하는 데 목적을 두었다. 또 일반지원사업은 비교적 균등한 재정지원을 통하여 교육여건을 개선하는 데 목적을 두었으나, 일부 사업의 경우에는 교육 및 연구의 여건 개선을 통하여 경쟁력을 강화하려는 목적을 포함하고 있다. 이러한 목적의 중복을 감안하여 대학재정지원정책의 수단을 분류해 보면, 다음과 같이 세 가지로 유형화할 수 있다.

첫째, 대학의 다양화를 도모하고, 대학의 경쟁력을 향상하기 위한 특수목적지원사업이다. 이는 다시 특정분야의 인력을 양성하기 위한 지원과 대학의 특성화를 위한 지원으로 구분할 수 있다.

특정분야의 인력양성을 위한 중점지원사업으로는 공과대학 중점지원, 국제전문인력 양성지원 등이 있다. 1994년부터 시작된 공과대학 중점지원사업은 지방 공과대학의 교육여건 개선과 연구개발 능력을 제고하고, 산·학·연 협동체제를 강화하여 현장 적응력이 높은 우수인력을 양성하는 데 목적을 두고, 1998년까지 5년간 연 400억 원씩, 총 2,000억 원을 지원하고 있다.[48] 이 사업은 1970년대에 실시된 대학 특성화 사업에 그 뿌리를 두었으나, 종래의 평등원리에 의한 대학재정지원방식을 대학 간/프로그램 간 자유경쟁을 통한 수월성을 도모하는 정책으로 전환하는 계기가 되었고, 기존의 국립대학 위주의 지원방식에서 벗어나 국·사립을 막론하고 평가에 의해 경쟁력 있는 대학에 재정을 집중 지원하는 시장적 재정지원방식이 도입되는 중요한 시발점이 된 것으로 평가되었다(정상환, 1998: 47-53).

국제전문인력 양성지원사업은 1996년부터 시작되었고 2000년까지 매년 200억 원, 총 1,000억 원을 지원하게 된다. 이 사업은 1995년부터 정부가 추진한 세계화 구상과 이에 따라 설치된 세계화추진위원회의 지역·국제전문가 육성방안, 그리고 교육개혁위원회의 세계화 전문요원 양성을 위한 단설 전문대학원의 설치방안 등을 배경으로 하였다(김남일, 1997: 10-18).

다음으로 대학의 특성화를 도모하기 위해서 실시된 사업으로는 지방대학 특성화지원, 우수대학원 중점지원, 교육개혁추진 우수대학지원 등이 있다. 지방대학 특성화지원사업은 당초 예산에 없던 사업이

---

48) 이하 대학재정지원사업의 구체적인 대상선정기준, 재정배분방법, 규모 등에 관해서는 이 장의 제3절 대학재정배분방식을 참조하기 바람.

나 1996년도까지 이루어진 주요 중점지원사업이 주로 서울소재 대학을 대상으로 하고 있다는 비판 속에서 지방소재 대학을 지원하기 위한 별도 조치로 1997년부터 시작되었고, 2001년까지 5년 동안 연간 200억 원씩 총 1,000억 원을 지원하게 된다. 이 사업은 지방대학의 특성화를 지원하고, 지방대학교육의 질 향상을 도모하는 데 목적이 있고, 지원 특성화 분야로는 국제전문실무 인력양성분야, 공학분야, 기초과학분야와 정부지정분야 이외의 자유응모분야가 있다.

우수대학원 중점지원사업은 국가산업발전에 토대가 되는 과학기술분야의 대학원중심대학을 선별하여 집중 지원함으로써 고급기술 인력을 양성하고, 국제 경쟁력을 강화하는 데 목적이 있다. 사업기간은 1995년부터 1999년까지 5년간이고, 매년 200억 원씩 총 1,000억 원을 지원하게 된다.

교육개혁추진 우수대학지원사업은 각 대학에서 추진 중인 신교육체제의 원활한 추진을 장려함으로써 신교육개혁의 확산·정착을 가속화하기 위하여 1996년부터 시작되었고, 매년 300억 원 정도의 예산으로 40개 내외의 대학을 지원하였다. 지원분야는 대학의 특성화, 열린교육체제의 제도적 기반구축, 학생의 소질과 적성을 살리는 학생선발, 교육의 수월성 제고, 연구의 수월성 제고, 대학의 세계화, 대학의 정보화 등 7개 분야이다. 이러한 특수목적지원사업의 연도별 지원규모는 다음 <표 5-2>와 같다.

〈표 5-2〉 특수목적지원사업 개요(1994~1997)

(단위: 억 원)

사업명	1994	1995	1996	1997
■ 공과대학 중점지원	400	400	400	400
■ 이공계우수대학원 중점지원	–	200	200	200
■ 국제전문인력양성 지원	–	–	200	200
■ 교육개혁추진 우수대학 지원	–	–	300	300
■ 대학연구소기자재첨단화지원	–	–	150	200
■ 지방대학 특성화 지원*	–	–	–	180
합 계	400	600	1,250	1,480

* 주: 지방대학 특성화 지원사업은 당초 예산에는 없던 항목임
자료: 교육부 내부자료; 김두식(1996: 27)

둘째, 대학교육의 여건을 개선하고, 이를 통해서 대학의 경쟁력을 강화하는 데 목적을 둔 사업으로는 일반지원사업 중에서 자구노력지원사업, 학술연구조성사업 등이 있다. 국·공·사립대학 자구노력 지원사업은 대학의 교육 및 연구역량을 향상하여 질적 수준을 제고하고, 국제 경쟁력을 향상시키기 위하여 1994년부터 실시된 사업으로서 1994년 500억 원이던 것이 1996년 600억 원, 1997년에는 1,300억 원으로 대폭 증가하였다. 다음으로 학술연구조성사업비는 1960년대부터 계속된 것으로 대학에 대한 직접적인 지원이 아니라, 개별 교수를 대상으로 지원되는 사업이다. 1992년에는 203억 원이던 것이 1994년에는 400억 원, 1996년에는 900억 원, 그리고 1997년에는 1,200억 원으로 크게 증가하였다.

셋째, 대학교육의 여건을 개선하기 위한 사업으로는 공·사립대학 시설·설비확충지원, 국립대학 실습기자재 확충지원, 대학시설 지원사업 등이 있다. 이 중에서 공·사립대학 시설·설비 확충지원은 공·사

립대학의 시설·설비 확충 및 도서관 지원을 통하여 교육여건을 개선하는 데 목적을 두고, 1990년부터 지속적으로 추진한 사업으로서 1992년 240억 원이던 예산이 1994년에는 400억 원, 1996년에는 1,050억 원, 그리고 1997년에는 1,250억 원으로 확대되었다. 일반지원사업의 연도별 예산은 다음 <표 5-3>과 같다.

〈표 5-3〉 일반지원사업 개요(1992~1997)

(단위: 억 원)

사 업 명	1992	1993	1994	1995	1996	1997
■ 국·공·사립대 자구노력 지원	—	—	500	450	600	1,300
■ 교육차관사업 지원	850	1,006	1,037	1,302	1,651	1,696
■ 학술연구 조성사업	203	270	400	600	900	1,200
■ 박사후 연구과정	—	—	—	—	80	80
■ 외국석학과의 공동연구 지원	—	—	—	—	25	25
■ 전국단위 연구소 지원	19	19	19	19	19	29
■ 농·어촌 출신 대학생 학자금 융자	—	—	17	193	195	200
■ 박사과정생 해외지역연구 지원	—	—	—	2	2	4
■ 대학원생 연구장학금 지원	5	5	5	5	5	5
■ 신진연구인력 장학금 지원	—	9	9	9	9	15
■ 대학생 학자금 이차 보전	118	117	91	78	78	75
■ 사립대 시설확충 융자 이차 보전	2	1	1	2	1	1
■ 개방대학시설 지원	94	100	122	177	251	313
■ 교육대학시설 지원	67	47	72	91	202	256
■ 대학시설 지원	782	827	974	1,422	2,055	2,381
■ 국립대학 실습 기자재 확충	97	164	167	451	750	1,230
■ 공·사립대학 시설·설비 확충	240	400	400	700	1,050	1,250
■ 교대·교원대 기성회 보조	6	4	4	4	4	4
■ 국립대학교 교원연구비 보조	170	203	430	457	586	593
■ 대학생 학·예술 활동 지원	5	5	3	2	2	4
■ 사도장학금 지원	90	120	120	124	138	141
■ 공주대 산업과학대 이전	—	—	—	32	20	36
■ 금오공과대 이전	—	—	—	22	30	50
■ 대전산업대 이전	—	—	118	133	154	183
■ 밀양산업대 이전	—	—	—	—	69	12
■ 대학전산망 구축	—	—	—	—	10	77
합 계 (26종)	2,748	3,297	4,489	6,274	8,886	11,160

* 자료: 교육부, 내부자료; 김두식(1996: 27)

3) 대학재정지원정책의 구조와 시장논리의 적용

대학재정지원정책의 목표와 수단 간의 논리적 관계에 관한 이상의 분석 결과를 종합하여 구조화하면, 다음 <그림 5−2>와 같다. 그림에서는 지금까지 논의한 정책의 목표와 수단 이외에 재정배분정책의 기본원리로서 효율성과 형평성을 추가하였다. 이는 전통적으로 재정학에서 중시되어 온 재원배분정책의 두 가지 원칙으로서(천세영, 1995: 46−47) 대학재정지원정책의 목표와 수단에 관한 기본적인 정당화 논거와 이론적 근거를 제공한다.

효율성의 원칙은 제한된 자원으로 최대의 효과를 거두는 데 일차적인 목적이 있는 반면, 형평성은 학교 간, 학생 간 혹은 지역 간, 집단 간 균등한 교육기회를 보장하는 데 목적이 있다. 이 두 가지 원칙은 상반되나, 배타적인 것은 아니다. 따라서 두 원리에 관한 논의의 형태는 다양한 차원에서 이루어질 수 있고, 구체적인 정책의 목표와 수단은 이 두 원리의 일정한 조합에 의해서 결정되는 것이 일반적이다.

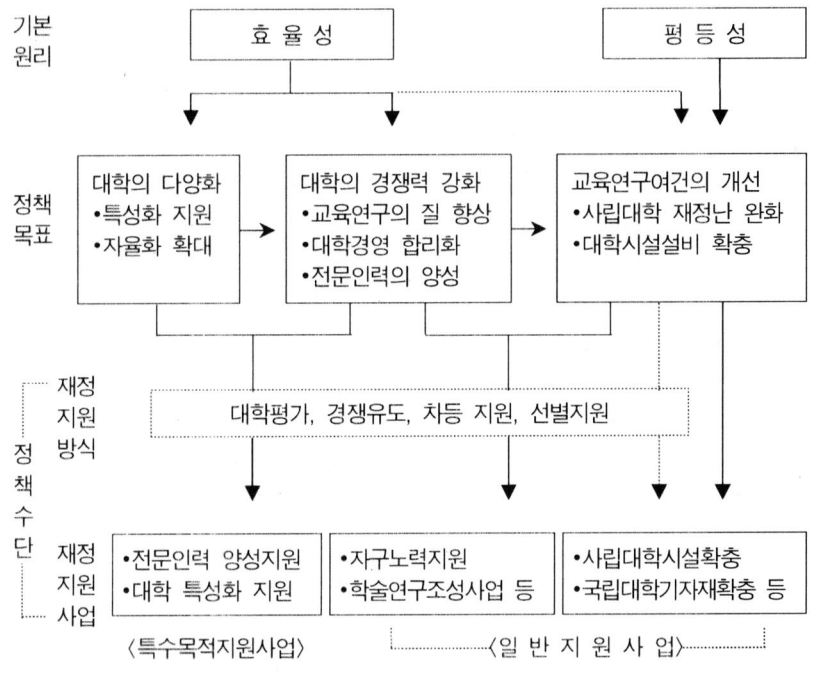

〈그림 5-2〉 대학재정지원정책의 구조

　　대학재정지원정책은 효율성 원리를 강조하는 대학의 다양화, 대학
의 경쟁력 강화, 그리고 평등성의 원리에 기반을 둔 교육연구여건의
개선을 목표로 하였다. 대학의 다양화에는 특성화와 자율화라는 하
위목표가 있다. 대학의 경쟁력 강화에는 대학의 교육 및 연구의 질
적 향상, 대학경영의 합리화, 전문인력의 양성이라는 하위목표가 있
다. 또 대학의 교육 및 연구여건의 개선이라는 목표에는 사립대학의
재정난 완화와 대학시설·설비의 확충이라는 하위목표가 있다.

　　이러한 정책목표를 달성하기 위한 수단으로는 특수목적지원사업,
일반지원사업, 그리고 재정지원방식이 있다. 특수목적지원사업은 대

학의 다양화와 대학의 경쟁력 강화라는 이중적 목표를 달성하기 위한 수단으로서 공과대학중점지원, 국제전문인력양성지원, 이공계대학원중점지원과 같은 특정분야의 전문인력의 양성사업과 지방대학특성화, 교육개혁우수대학지원과 같은 대학특성화지원사업으로 분류된다. 또 일반지원사업은 교육연구의 질적 개선과 경쟁력 강화라는 이중적 정책목표를 달성하기 위한 수단으로서 자구노력지원사업과 학술연구조성사업, 그리고 교육연구여건의 개선이라는 목표를 달성하기 위한 수단으로서 사립대학시설·설비확충지원사업, 국립대학 기자재확충사업으로 구분된다. 한편, 이러한 대학재정지원사업을 시행과정에서 대학 간 경쟁을 통하여 질적 향상을 유도하는 대학평가에 의한 차등적 혹은 선별적 지원방식이 보편화되었다.49)

　이상의 정책구조에 관한 분석 결과에 의하면, 우리나라 대학재정지원정책의 구조에는 다음과 같은 형태로 시장논리가 도입되었다고 할 수 있다. 첫째, 대학재정지원정책의 목표 차원에서 볼 때, 대학의 경쟁력 강화라는 거시적 시장이념이 강조되었다.50) 대학의 다양화나 교육여건의 개선이라는 정책목표도 실제로는 경쟁력 강화라는 목표와 연계되어 있다. 경쟁력 강화라는 목표는 당시 발간된 대부분의 대학관련 정책보고서에서 중시되었고, 정책담당자들이 가장 빈번하게 강조하는 정책목표 혹은 정책의 정당화 논거가 되었다. 이에 따라 일부 비판적인 주장 속에서도 거시적 시장이념이 매우 성공적으로 확산되었다.51) 예컨대 다음과 같은 주장이 보편적으로 수용되었다.

---

49) 배분방식에 관한 자세한 논의는 이 장의 다음 절 참조.
50) 시장이념의 조성에 관한 개념적 설명은 제4장의 '정책수단으로서 시장원리의 도입'과 Cowen(1996:178-180) 참조.
51) 시장논리에 근거한 '국가 경쟁력 강화' 담론과 교육개혁의 관계에 관한 자세한 분석은 김용일(1997: 270-275) 참조.

우리의 교육은 '높은 교육열'을 배경으로 양질의 인력을 공급함으로써 생산 및 사회구조의 근대화를 뒷받침하였고 선진국과 격차를 좁히는 데 크게 기여하였다. 그러나……심각한 것은 현 교육제도가 우리나라의 선진화·세계화를 주도할 창의적 전문인력의 양성과 지식의 생산을 효율적으로 수행하지 못하고 있다는 것이다. 세계경제의 심층적 통합과정에서 국제 경쟁력은 궁극적으로 인적 자원의 질과 지식의 수준에 의해 결정되기 때문에 우리 교육제도는 근본적으로 재검토되어야 한다(신광식·이주호, 1995: 1).

우리 교육부가 추진하고 있는 대학재정정책도 이러한 교육개혁의 방향과 맥을 같이 하고 있다. 즉 대학교육의 경쟁력 향상을 통하여 우리나라 대학이 세계 속의 대학으로 자리매김을 할 수 있도록 자생력을 길러주는 데 정부재정지원의 목적이 있다(김두식, 1996: 24).

둘째, 대학재정지원정책의 수단 차원에서 볼 때, 대학평가에 의한 차등적 혹은 선별적 재정지원방식과 이에 따른 경쟁적 내부시장의 조성이 강조되었다.[52] 이러한 재정지원방식은 효율성을 중시하는 정책수단은 물론 평등성을 중시하는 정책수단에까지 확산되었다.

우리나라의 대학재정지원정책에서는 대학의 경쟁력을 강화하기 위해서 대학 간 경쟁을 유도해야 하고, 대학평가에 의해서 이미 경쟁력을 갖춘 대학에 대해서 한정된 재원을 집중적으로 투자함으로써 효율성을 높여야 한다는 논리가 보편화되어 있다. 또한, 대학교육에 대한 정부의 역할에서 평가적 기능을 중시하는 것은 시장적 대학교육체제로 개혁과정에서 나타난 서구 유럽 국가의 경향과도 일치하는 것이다.

---

[52] 내부시장의 조성에 관한 자세한 설명은 앞장의 정책수단으로서 시장원리의 도입과 Cowen(1996: 178-180) 참조.

3. 대학재정지원사업의 재정배분방식

재정배분방식은 시장논리의 적용형태를 가장 구체적으로 분석할 수 있는 자료이다. 대학재정지원정책의 중요한 정책수단인 일반재정 지원사업과 특수목적지원사업은 각 대학에 재정을 배분하는 방식에 서도 상당한 차이가 있다.

1) 일반지원사업의 재정배분방법

일반재정지원사업은 그 종류와 규모가 대폭 확대되어 그 배분방식 을 일률적으로 분석하기는 매우 어렵다. 그러나 지원대상을 중심으 로 할 때, 교수 및 학생에게 지원되는 사업과 대학에 직접 지원되는 사업으로 구분할 수 있다.

이 가운데 교수 개인에게 재정을 지원하는 사업, 특히 학술진흥재 단에서 연구비를 지원하는 방식은 개별 교수들이 연구계획서를 제출 하고, 이를 평가하여 그 결과에 따라 계약에 의해 재정을 지원하는 '시장형' 지원방식이라 할 수 있다. 연구비를 받는 교수는 재정지원 기관(학술진흥재단)과 연구계약을 맺고, 그 결과에 대해서도 평가를 받는다.

학생에게 지원되는 장학금, 학자금 등은 학생의 필요를 반영하는 간접적 지원방식이라 할 수 있으나, 대체로 형평성의 원칙을 중시하 였고, 학생정원이 정부에 의해서 관리되었던 당시 상황에서 시장형 지원방식으로 분류하기는 어렵다. 또 그 지원규모도 매우 작아서 구 체적인 분석은 생략한다.

일반지원사업 중에서 대학에 직접 재정을 지원하는 사업은 초기에
는 형평성 보장의 원칙하에 학생수, 학과수 등을 기준으로 재정을
배분하였으나, 점차 학교법인의 전입금 실적, 교수·도서·기자재 확
보율 등을 감안하여 차등적으로 지원하는 방식을 도입하였다(공은배,
1997: 81). 또한 입시부정과 같은 비리발생 대학에 대해서는 지원을
중단하거나 예·결산서 제출을 지연하는 대학에 대해서는 감액 지원
하는 반면, 재정운영을 공개하는 대학에 대해서는 증액 지원하는 방
식을 확대하는 등 재정지원방식이 매우 복잡해졌다.

이러한 특징이 가장 잘 드러나는 사업으로는 공·사립대학시설·설
비확충 지원사업과 국·사립대학 자구노력 지원사업이 있다. 공·사립
대학시설·설비확충 지원사업은 각 대학의 도서 구입 및 도서관 전산
화 비용, 그리고 이·공계열이 설치된 대학의 실험·실습기자재 확충
을 목적으로 하는 사업으로 1997년도에는 공·사립대학 126개 교, 사
립개방대학 11개 교 등 모두 137개 교를 지원하였다(송광용 외, 1998: 9).

이 사업의 재정배분기준은 교당경비, 학생수, 교수수를 기준으로
하는 기본지원지표 이외에 실험·실습기자재 확보율, 학생1인당 실
험·실습기자재 구입비, 학생당 도서관 면적, 도서확보율, 도서구입
비와 같은 사업목적지원지표, 그리고 재정공개, 타교 출신교수비율,
대학입시제도 개선, 학생지도 내실화와 같은 정책유도지원지표, 그리
고 학부제 추진실적, 대학의 국제화 실적과 같은 가산지표, 등록금
과대 인상, 학생소요 발생 등 감산지표로 구성되어 있고, 이에 따라
각 대학에 재정이 차등적으로 지원되었다. 또 실험·실습기자재 지
원의 경우에는 국고보조액의 50% 이상, 그리고 도서관 지원의 경우
에는 100% 이상의 대학 자체부담, 즉 대응투자(matching fund)를 요
구하였다. 이 사업의 구체적인 평가지표는 다음 <표 5-4>와 같다.

〈표 5-4〉 공·사립대학 시설·설비 확충지원 기준지표(1997)

구 분	기본지원 (20%)	사업목적지원 (40%)	정책유도지원 (40%)	가산지표	감산지표
실험·실습 기자재 확충지원	-교당 경비(10) -이공계학생수 (5) -이공계교수수 (5)	-학생당 실험 ·실습 기자 재구입비(25) -학생당 실험 ·실습비 투 자액(15)	-재정공개(10) -타교출신 비율(10) -대학입시제도 개선(10) -학생지도 내 실화(10)	-학부제 실적 -장애인 시설 확보실적 -국제화 실적 -등록금 예고 제 시행 -성인 학습 프 로그램 보급 실적	-예·결산서 지연 제출 -입시부정 등 비리 -학내 분규 학 생소요 -등록금 과다 인상
도서관 확충지원	-교당경비(10) -학생수(5) -교수수(5)	-학생당 도서 관면적(5) -학생당 장서 수(5) -학생당 자료구 입비(10) -학생당 전산 화 투자액(10) -목록DB 구축 률(10)			

* 주: ( )안은 비율(%)
자료: 교육부 내부자료.

　국·사립대학 자구노력 지원사업은 대학의 교육 및 연구역량을 제고하고, 국제 경쟁력을 확보하기 위하여 대학의 경영 효율화, 연구노력, 재정확보 등과 같은 자구노력에 상응하는 교육·연구경비를 지원하는 사업으로서 전체 대학을 대상으로 한다.

　이 사업의 재정배분기준 역시 기본지원, 사업목적지원, 정책유도지원으로 구성되어 있다. 기본지원지표와 정책유도지원지표는 공·사립대학 시설·설비확충 지원사업과 거의 동일하고, 사업목적지원지표는 국·공립대학과 사립대학에 별도의 기준을 적용하였다.

　국·공립대학의 경우에는 기성회비 중 시설투자실적, 교수당 연구과제수, 교수당 연구비, 그리고 사립대학의 경우에는 교수당 학생수, 학생당 교육비, 법인전입금 실적, 교사확보율, 기숙사 확보율, 장학금

지급실적 등을 기준으로 한다. 이 사업의 구체적인 평가지표는 다음
<표 5-5>와 같다.

〈표 5-5〉 국·사립대학 자구노력지원 기준지표(1997)

구 분	기본지원 (10%)	사업목적지원 (50%)	정책유도지원 (40%)	가산지표	감산지표
국·공립 대학	교당 경비(5) 학생수(5)	기성회비 중 시설 투자실적(20) 교수당 연구과제 수(5) 교수당 연구비(5) 보직교수비율(10) 교수업적평가제 도입(10)	*시설·설비 확충지원 사 업과 동일	*시설·설비 확충지원 사 업과 동일	*시설·설비 확충지원 사 업과 동일
사립대학		교수당 학생수(15) 학생당 교육비(10) 법인전입금 실적(10) 교사확보율(5) 기숙사 확보율(5) 장학금 지급실적(5)			

* 주: ( ) 안은 비율(%)
자료: 교육부 내부자료.

이상에서 살펴본 바와 같이 대학에 대해 직접 지원되는 일반지원사
업의 배분기준은 크게 기본지원, 사업목적지원, 정책유도지원의 세 가
지로 구성된다. 기본지원은 학과수, 교수수, 학생수 등을 기준으로 모
든 대학에 대한 최소한의 기본경비를 지원하는 지표이다. 사업목적지
원은 지원대상대학을 평가하여 그 결과에 따라 차등 지원하는 것으로
관련사업의 효율적 추진을 위한 지표이다. 정책유도지원은 정부정책의
이행 유도 및 촉진을 위한 평가지표이다(송기창, 1996: 12-13).
  최근 들어서 기본지원의 비율은 점차 낮아지고, 사업목적지원과
정책유도지원의 비율은 더 확대되었다. 예를 들어서 기본지원의 비

율이 1994년에는 40%였으나, 1995년에는 30%, 그리고 1996년 이후
에는 20%대로 대폭 낮아졌다(송기창, 1996: 13).

2) 특수목적지원사업의 재정배분방법

일반지원사업이 거의 모든 대학을 지원대상으로 하는 반면, 목적지
원사업은 평가에서 우수한 성적을 받은 일부 대학에만 제한적으로 재
정을 지원한다. 사업별로 구체적인 절차와 내용은 차이가 있으나 목
적지원사업은 대체로 교육부의 지원계획 수립, 평가단 구성, 대학의
신청서 제출, 서면평가, 1차 대상 선정, 평가단의 대학방문평가, 2차
지원대학 선정과 같이 여러 단계를 거쳐서 지원대상대학을 결정한다.

또 수년간 지속사업으로 시행되는 이 사업들은 1차년도 예산을 지원
한 후, 다시 사업실적을 평가하여 지원예산을 증액 혹은 삭감하거나,
지원대상 자체를 축소해 나가기도 한다. 주요 특수목적지원사업의 사
업별 목적, 사업기간, 사업비, 지원대상대학은 다음 <표 5-6>과 같다.

〈표 5-6〉 **특수목적지원사업 현황**

사업명	사업목적	사업기간	사업비	지원대학수
공과대학 중점지원	-대학별 특성화 분야 육성 -지역사회·산업체 대응투자 유도 -지방공과대학 교육여건 개선	1994~1998 (5년)	2,000억 원 (연400억 원)	지방대학 중 국립 7개 교, 사립 1개 교
우수대학원 중점지원	-대학원 중심대학 선별 지원 -대학원 교육·연구의 질적 수월성 제고 -학문·과학기술 국제경쟁력 강화 -우수과학 기술연구인력 양성	1995~1999 (5년)	1,000억 원 (연200억 원)	5개 교(이공계열 대학원)

사업명	사업목적	사업기간	사업비	지원대학수
국제전문 인력양성 지원	—세계화·개방화 시대 대응 —국제관계 전문인력 양성	1996~2000 (5년)	1,000억 원 (연200억 원)	9개 교
교육개혁 추진우수 대학지원	—대학개혁 원활한 추진 장려 —신교육체제 확산·정착 가 속화	1996~계속	1996년 (300억 원) 1997년 (274억 원)	1996년도(23개 교) 1997년도(40개 교)
지방대학 특성화지원	—지방대학 특성화 집중 지원 —지방대학 교육의 질 향상 유도	1997~2001 (5년)	1,000억 원 (연200억 원) 1997년 (180억 원)	28개 교 내외 (3차년도에는 최종 10개 확정)

* 자료: 송광용 외(1998: 11)를 요약 정리함

이 사업들 중에서 최근 시작된 사업의 지원기준과 절차를 좀더 자세하게 살펴보면 다음과 같다.[53] 1996년부터 시행된 교육개혁추진 우수대학지원사업은 매년 지원방식이 약간씩 달라졌는데, 1997년 경우에는 대학의 특성화, 열린교육체제의 제도적 기반 구축, 학생선발, 교육의 수월성 제고, 연구의 수월성 제고, 대학의 세계화, 대학의 정보화 등 7개 분야에 걸쳐서 지원대상대학을 선정하였다. 이때, 일반 대학과 개방대학, 방송대학, 교육대학을 구분하여 선정기준을 적용하였다. 일반대학의 경우, 7개 분야별로 총점 40%, 분야별 점수 60%를 합산하여 분야별 순위를 결정하되, 2개 이상 분야에 지원대학으로 선정될 경우 배점이 높은 분야의 지원대학으로 선정하고, 개방대학·방송대학·교육대학은 각각 총점 순으로 지원대상을 선정하였다. 1997년도의 경우, 대상대학 선정과정은 다음 <그림 5-3>과 같이 4단계로 구성되었다.

---

[53] 이하 사업별 세부 평가기준은 교육부 내부자료 및 송광용 외(1998: 10-15)를 주로 참조함

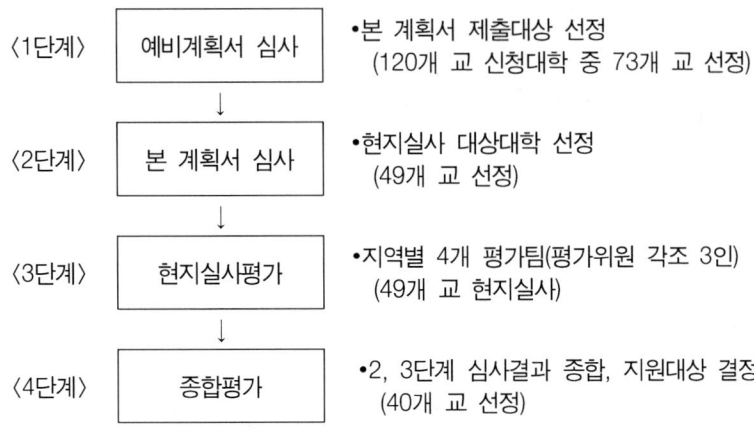

〈1단계〉 예비계획서 심사
•본 계획서 제출대상 선정
 (120개 교 신청대학 중 73개 교 선정)

〈2단계〉 본 계획서 심사
•현지실사 대상대학 선정
 (49개 교 선정)

〈3단계〉 현지실사평가
•지역별 4개 평가팀(평가위원 각조 3인)
 (49개 교 현지실사)

〈4단계〉 종합평가
•2, 3단계 심사결과 종합, 지원대상 결정
 (40개 교 선정)

〈그림 5-3〉 **교육개혁추진 우수대학지원의 지원대상 선정절차(1997)**

이 사업의 평가영역 및 평가항목은 다음 <표 5-7>과 같다. 실제 지원은 9개 평가영역 중에서 교육개혁추진체제 구축과 대학 행·재정의 합리성 분야를 제외한 7개 분야에서 이루어졌다.

〈표 5-7〉 **교육개혁추진 우수대학 지원사업의 평가지표(1997)**

평가영역	평가항목
교육개혁추진체제 구축(60)	─개혁의지(30): 목표의 적절성, 개혁담당기구 구성·운영, 개혁의지의 확산 노력, 별도예산 확보 ─평가체제(30): 평가계획 실시, 평가결과 활용 및 공개
대학의 특성화 (110)	─특성화(110): 목표의 적절성, 추진계획·실적
열린교육체제의 제도적 기반 구축 (130)	─교육과정 운영(80): 학생·산업체의 요구를 반영한 교육과정 편성, 교육과정의 다양성과 융통성, 최소전공인정학점, 복수전공제도, 학과 통·폐합, 전과의 기회 확대, 시간제 등록제 실시계획, 대학 간 학점교류 상호인정 ─대학교육 개방성(50): 대학정보 일반제공, 사회교육과정 운영

평가영역	평가항목
학생의 소질과 적성을 살리는 학생선발(140)	─신입학제도(50): 선발방법의 다양화, 입시정보자료의 공개, 모집 요강 사전예고의 충실도, 입학전형의 공정성 확보 정도, 사교육비 부담 완화를 위한 입학전형 방법 개선 노력 ─편입학제도(20): 편입학 기회 확대 ─학생의 소질과 적성을 살리는 전형방법(70): 학교 생활기록부 반영, 수능성적 반영
교육의 수월성 제고(90)	─학생교육 충실도(30): 엄격한 성적 관리·책임시수의 적정화, 강의평가 ─학생교육 지원체제(30): 교육지원 체제, 교수능력개발 프로그램 ─학생지도의 내실화(30): 학생지도 체제 개선을 위한 노력, 신입생 오리엔테이션의 충실도, 건전 대학문화의 육성·정착을 위한 노력
연구의 수월성 제고(60)	─연구활동 지원체제(40): 연구활동 지원 실태, 연구업적평가제, 연구비 중앙관리제도, 학술연구비 지원 ─연구소 운영의 내실화(20): 연구소 지원실태, 특성화 연구소 지원 노력
대학의 세계화(80)	─국제교육 지원체제(50): 국제교육, 외국학생 지원체제 ─외국어교육 체제(30): 외국어 교육의 강화
대학의 정보화(70)	─대학 종합정보체제 구축(40): 첨단 정보통신기술 활용, 종합정보체제 구축 및 활용 ─도서관 전산화(30): 전산화 현황, 도서자료의 DB화
대학행·재정 합리성(60)	─행정의 합리성(30): 행정의 쇄신, 행정절차의 합리성 ─재정의 합리성(30): 재원확보를 위한 자구노력, 자체투자계획의 타당성, 대학 및 법인 재정 운영의 투명성

* 주: ( ) 안은 배점
자료: 교육부 내부자료.

특수목적지원사업 중 가장 나중에 시작된 지방대학특성화 지원사업에서는 1차년도인 1997년도에 선정된 28개 대학별로 특성화 사업의 성격 및 사업계획 등에 따라 2억 6천만~9억 원으로 재정을 차등 지원하였고, 연차별 평가계획에 따라 실적이 부진한 곳을 지원대상에서 탈락시킴으로써 최종적으로 10개 대학에 대해서 중점적으로 지원할 계획이다.

지방대학 특성화 사업은 예비평가를 통해 1차 선정된 대학들로부터 본 계획서를 제출받아 평가위원회가 서류심사 후 현지실사를 실시하였고, 분야별, 대학종류별, 설립별 특성을 고려하면서 전국단위로 균형 있게 선정하였다. 특성화 분야는 국제전문실무 인력양성 및 경영 분야(6개 교), 공학분야(8개 교), 기초과학분야(5개 교), 대학자유 응모분야(9개 교) 등이다. 이 사업의 평가지표 및 배점은 <표 5-8>과 같다.

〈표 5-8〉 지방대학 특성화지원사업의 평가지표(1997)

평가영역	평가항목
특성화 분야 선정 및 발전계획·목표의 타당성(10)	—특성화 분야 선정 배경 및 목적 —발전계획목표 —지역적실성·기대효과
특성화 계획을 뒷받침할 운영 여건 (20)	—일반 현황 —교원확보 수준 —교육연구시설 수준 —학·연·산 협동 여건 —대학부설 특성화 분야 연구소 여건
특성화 추진계획 (40)	—계획추진·지원체제 —교육과정 및 학사관리 개선계획 —교수·연구인력 동원계획 —우수학생 유치계획 —학·연·산 협동 교육·연구계획 —자체평가 계획
특성화 사업 총괄실행계획 및 재정운영계획(30)	—연차별 총괄 실행계획 및 투자계획 —시설·설비 확충계획 —5년간의 정부지원기간이 종료된 이후의 재정 자립 계획

* 주: ( ) 안은 배점
자료: 교육부 내부자료.

특수목적지원사업은 대부분 대학재정운영의 합리화를 요구하고,

재원확보를 위한 자구노력을 강조하였다. 특히 대응투자방식을 통해서 대학 내부는 물론 대학 외부재원의 유치를 재정지원요건으로 하고, 그 달성 여부를 평가하였다. 예컨대 공과대학 중점지원, 국제전문인력 양성지원사업에서는 지원대상대학에 대해서 대응자금의 확보 여부를 포함하는 평가를 실시하여 재정지원액을 가감하였다.

3) 재정배분방식과 시장논리의 적용

이상의 내용을 종합하여 제3장에서 제시한 재정지원방식의 유형, 즉 협상형, 수식형, 시장형의 유형 분류에 비추어 우리나라의 재정지원방식을 구분해 보면 다음과 같다.

우리나라의 대학재정지원은 크게 기관지원과 개인지원으로 구분할 수 있다. 개인에게 지원되는 재정은 교수를 대상으로 하는 학술연구조성비와 학생을 대상으로 하는 장학금, 학자금 등이 있다. 학술진흥재단에서 교수들에게 지원되는 연구비는 개별 연구계획서에 대한 심사과정을 거쳐서 연구계약에 의해서 지원되는 '시장형' 재정지원방식이다.[54]

다음으로 대학에 직접 지원되는 재정은 국립대학 경상비지원, 일반지원, 특수목적지원으로 구분된다. 국립대학 경상비지원은 교육부 기획예산담당관실에서 담당하고, 원칙적으로 일반적인 정부예산의 편성과정을 통해서 배분된다. 따라서 품목별 예산제도(line-item budget system)가 적용된 것으로 '협상형' 재정지원방식이라 할 수 있다.

---

54) 학생에게 지급되는 장학금, 학자금은 이론적으로 시장형 지원방식으로 분류되나, 우리나라의 경우 형평성이 중요한 지급원칙으로 작용하고 있다. 또 지원규모가 작아서 본 논문에서는 구체적인 분석은 생략한다.

국·사립대학 자구노력지원, 공·사립대학 시설·설비 확충지원과
같은 일반지원사업은 대체로 학생수와 자구노력정도, 사업목적에 따
라 공평하고 균등하게 재정을 지원하는 방식으로 인식되었다(김두식,
1996: 5). 그러나 기본지원 이외에 사업목적지원, 정책지원의 세 가
지 지표를 조합하여 대학별 지원규모를 결정하였고, 정책지표에 의
한 차등적 지원 비율이 점차 확대되었다. 따라서 이러한 일반지원사
업의 배분방식이 협상형, 수식형, 시장형 중 어디에 속하는지를 분명
하게 말하기는 어렵다. 그러나 이 사업의 재정지원방식은 기본지표
의 비율이 매우 낮다는 점을 제외하면, 일본의 사립대학에 대한 재
정지원방식과 매우 유사하다. 일본의 경우, 사립대학에 대한 재정지
원 시 학생수를 기준으로 하였으나, 예산지출의 균형, 비인건비성 교
육경비의 비율, 교수−학생비와 같은 여러 가지 대학운영지표에 의
하여 적부를 판단하고, 지원규모를 50%까지 증액 또는 30%까지 감
액하였다. 따라서 일반지원사업을 제3장에서 수식형의 하나로 제시
한 수행유인형(performance incetives)으로 볼 수도 있다. 그런데 체계
화된 수식에 의해서 재정이 지원되는 것은 아니고 지표별로 배분비
율만을 공개하였다. 다만 이 사업에서는 형평성이 중요한 원칙으로
작용하였고, 학생수, 교수수와 같은 지표를 지원준거를 사용하였으
며, 여기에 실제 대학의 운영실적을 고려한다는 점에서 '수식형의
맹아'(萌芽), 혹은 '변형된 수식형'으로 보는 것이 타당하다.

특수목적지원사업은 대학 간 경쟁을 유도하고, 평가에 의해 일부
대학만을 선별하여 재정을 차등적으로 지원하는 '시장형' 지원방식
이다. 시장형에 관한 세부적인 유형 구분에 따르면, 이 사업은 대학
에 대한 직접지원방식으로 경쟁형에 가깝다.

이렇게 볼 때, 우리나라의 재정지원방식은 국립대학 경상비지원은

'협상형', 일반지원 중에서 기관지원사업은 '변형된 수식형', 그리고 개별 교수에 대한 연구비 지원과 목적지원사업은 '시장형'이 적용된 것으로 볼 수 있다.

한편, 재정지원분야와 세부기준을 종합해 볼 때, 다음과 같은 사실을 발견할 수 있었다. 첫째, 재정지원을 위한 평가기준의 중복성이다. 시설·설비확충지원이나 자구노력지원의 경우, 정책유도지표와 가산 및 감산지표는 완전히 동일하고, 학생수와 같은 기본지원지표 역시 거의 같다. 또 여러 특수목적지원사업의 평가기준 역시 서로 비슷한 요소들을 포함하였다. 이는 대학운영과 관련된 상당수의 지표가 양적 지표로 구성되어 있기 때문이다. 이에 따라 평가기준 자체가 대규모 대학에는 유리한 반면, 소규모 혹은 신설대학에는 불리하게 작용할 가능성이 높아서 불공정성의 문제가 제기되었다(송광용 외, 1998: 47-48; 공은배 외, 1997: 87).

둘째, 재정지원 분야의 중첩성이다. 일반지원사업과 특수목적지원사업 혹은 특수목적지원사업 간에 동일한 분야에 비슷한 지표를 통해서 재정을 중복적으로 지원하는 경우가 있다. 예컨대 지방대학 특성화지원사업에서는 국제전문인력양성, 공학분야, 기초과학분야를 지원하고, 교육개혁추진 우수대학지원사업에서는 대학의 정보화, 대학의 세계화 등을 지원하였다. 이 분야는 국제전문인력양성지원, 공과대학중점지원, 자구노력지원 등과 중복되는 분야이다. 이러한 평가기준과 재정지원분야의 중복성은 전체 재정지원사업에서 중복지원, 편중지원의 문제를 야기하는 근본 원인의 하나로 작용할 가능성이 높다.

4. 대학재정의 관련제도 및 수입·지출구조

1) 대학재정 및 회계제도

국립대학과 사립대학은 각각 별도의 재무회계제도에 의해 운영된다. 국립대학의 재정은 국고와 비국고의 이원체제로 운영된다. 즉 국립대학의 예산회계는 관련법령에 의하여 국고회계와 비국고회계로 나누어져 있다(이철성, 1984).

국고회계는 다른 국가기관과 마찬가지로 '예산회계법'의 적용을 받고, 비국고회계는 '국립대학(교)비국고회계관리규정'에 의하여 운영된다. 그런데 국립대학재정운용의 기초가 되는 정부예산은 일반적인 행정활동을 위한 '일반회계', 일반회계와 구분하여 특정한 수입으로 특정한 경비에 충당하는 '특별회계', 그리고 기업적 성격이 강한 '정부투자기관회계'로 구분되어 있어서 국립대학의 회계를 국고회계의 '일반회계'와 비국고회계인 '기성회회계'로 구분하기도 한다. 한편, 국고수입 중 수입의 직접사용금지의 예외사항으로서, 당해사업의 직접수입으로 지출할 수 있는 수입대체경비가 있는데[55] 이는 '수입대체경비사무처리규정'에 따라 운영된다. 참고로 국립대학 재정운영과 관련된 다른 법령으로는 세입징수관 사무처리규칙, 재무관 사무처리규칙, 지출관 사무처리규칙, 국·공립대학 및 전문대학 강사료지급규정, 학교수업료 및 입학금에 관한 규칙 등이 있다.

---

55) 수입대체경비란 지출이 직접 수입을 수반하는 경비로서 재정경제원장관이 정하게 되어 있다. 국립대학의 경비 가운데 수입대체경비는 석·박사논문심사료, 입시경비 등이 있다.

국립대학의 회계절차를 일반회계와 기성회회계, 그리고 세입과 세출로 나누어 보면 <그림 5-4>와 같다. 국립대학의 재정을 세입과 세출로 구분해 보면, 먼저 세입측면에서는 국립대학재정은 국고부문인 일반회계와 수입대체경비, 그리고 비국고부문인 기성회회계의 기성회회비, 국고보조금, 잡수입 등으로 구성된다. 다음으로 지출측면에서 국립대학재정은 크게 인건비, 물건비, 자본적 지출의 세 개의 범주로 구분된다(재정경제원, 1997). 이는 예산회계과목을 중심으로 분류한 것으로서 인건비에는 교직원의 급여와 상여금, 정액수당 및 제수당, 연구비, 잡급 등이 포함되며, 물건비(운영비)에는 여비, 수용비, 복리후생비, 판공비, 공공요금 및 제세공과금, 이용료, 장비 및 시설유지비, 연료비 등 대학의 운영비적 성격을 띤 항목들이 포함된다. 자본적 지출에는 자산취득비, 시설비, 시설부대비, 대수선비, 토지매입비 등이 포함된다. 이외에도 보상금, 경상보조, 연금지급 등의 경상이전비가 있다.

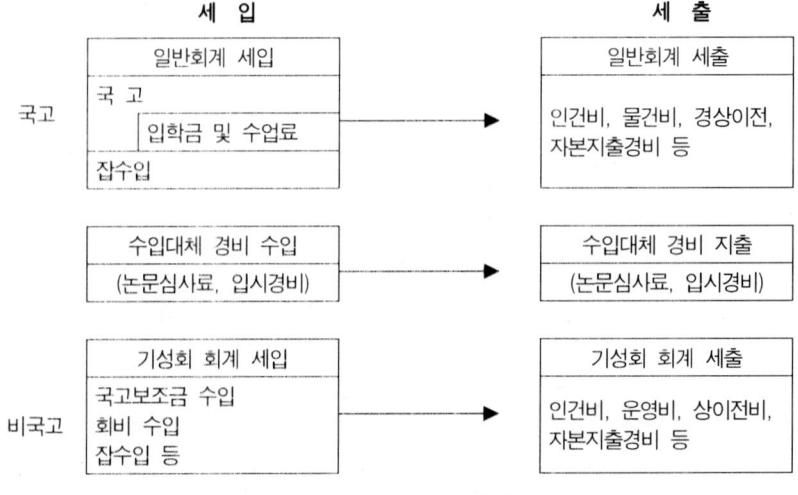

〈그림 5-4〉 국립대학의 회계 구성

그러나 국립대학 재정제도는 일반 국가기관의 재정제도를 그대로 적용한 것으로서 많은 문제점을 노정하였다(이철성 외, 1984; 김동건·선우중호, 1990; 김종운 외, 1992). 첫째, 국립대학 재정제도는 교육 및 교육재정의 장기성, 자율성, 성과측정의 곤란성과 같은 특성을 제대로 반영하지 못하였다. 따라서 대학운영의 장기성, 계속성을 불가능하게 하고, 비효율성과 비효과성을 낳고 있다. 또 이러한 문제를 해결하기 위해서 기성회회계제도를 도입하였으나, 오히려 이원적 운영으로 사업의 통일성을 저해하고, 대학운영에 혼란을 야기하였다.

둘째, 우리나라의 예산제도는 품목별예산 형태 위주로 하고 있어서 재정운영의 공공성, 효율성, 효과성을 보장하기 위해서 대학예산의 편성과 집행절차를 관련법령에 세부적으로 규정하고 있다. 그러나 이러한 통제방식은 형식주의와 관료주의로 흐르고, 예산의 효과적인 집행도 저해하고 있다.

이 밖에 국립대 예산회계제도의 전반적인 문제점을 예산편성과정, 예산편성의 결과, 그리고 예산집행으로 구분하여 간략하게 분석하면 다음과 같다. 첫째, 예산편성과정에서는 교육부장관이 다음 연도의 사업계획서를 재경원장관에게 제출하는 과정에서 각 대학의 의견이 반영될 기회가 없고, 차년도의 예산편성기준이 각 대학에 대한 정확한 분석이 결여된 상태에서 작성·시행되었으며, 예산요구액의 사정에서 각 대학의 신규사업서가 제대로 반영되지 않고 있다.

둘째, 예산편성의 결과 측면에서는 예산단위가 비현실적이어서 실험·실습비는 만성적인 부족 상태에 있으며, 특수시설에 대한 수용비 예산의 배정이 적고, 예산의 사정과정에서 전년도 답습주의가 여전히 강조되고 있다.

셋째, 예산 집행상에서는 집행과정의 신속성, 그리고 예산의 운영과정에서 신축성이 결여되어 있으며, 예산집행의 성과 판단이 곤란하다.

한편, 사립대학의 재무회계는 사립학교법, 사학기관재무 · 회계규칙(이하 일반규칙), 그리고 사학기관재무 · 회계규칙에 대한 특례규칙(이하 특례규칙) 등에 의해서 운영되고 있다(박재윤, 1995). 이 중에서 특례규칙은 초 · 중등학교에 비해서 규모가 크고, 회계가 복잡한 대학 · 사범대학 · 대학에 준하는 각종학교에 적용되는 규칙으로서 일반규칙과는 별도로 1981년에 제정되었다. 현행 사립대학의 재무회계제도의 근간을 이루는 특례규칙에서는 학교의 교비회계(이하 학교회계)와 법인의 일반업무회계(이하 법인회계)에 관하여 규정하고 있고, 부속병원회계와 법인의 수익사업회계는 각각 의료법인의 병원회계와 기업회계에 준하도록 하였다.

1996년 특례규칙 전면개정으로(교육부령 제679호) 수입 및 지출항목에 상당한 변화가 있었다.[56] 예산과목은 크게 관, 항, 목으로 구분되는데, 가장 큰 범주인 관의 일부가 명칭이 바뀌고, 재배치되었다. 이 연구와 관련지어 특기할 만한 사항으로는 납입금(5100)이 등록금으로 명칭 변경되고, 전입금 및 기부 · 원조금(5300)이 전입 및 기부수입(5200)으로 변경되고, 기부금수입항(5220)이 종전의 특정기부금, 기부금으로 구분되던 것이 일반기부금, 지정기부금으로 바뀌고, 연구기부금이 추가되었다는 점이다. 연구기부금은 외부 연구기관 및 기업 등으로부터 연구 · 개발목적으로 받는 기부금을 말한다. 전반적으로 볼 때 일부 내용이 통 · 폐합되거나 상세화되기도 하였으나, 항수준인 학생경비, 연구비 등의 범주 구분은 거의 그대로 유지되고 있다.

---

56) 특례규칙은 1981년 2월 28일에 제정되었고, 1987년 2월, 1991년 3월에 부분적으로 개정되었고, 1996년 2월 29일에는 전면적으로 개정되었다.

사립대학재정을 수입과 지출로 구분해 보면, 먼저 수입측면에서는 등록금(등록금, 수강료), 전입 및 기부금(전입금, 기부금, 국고보조금), 교육부대수입, 교육외수입, 투자와 기타자산, 고정자산매각, 유동부채, 고정부채 등으로 구분된다. 지출측면에서는 보수(교원보수, 직원보수), 관리운영비(시설관리비, 일반관리비, 운영비), 연구·학생경비(연구비, 학생경비, 입시관리비), 교육외비용, 전출금, 예비비, 투자와 기타자산, 고정자산매입, 유동부채상환, 고정부채상환 등으로 구분된다.

특례규칙에 의한 사립대학의 재무회계는 일반규칙에 의한 단식부기적 개념을 탈피하여 비영리회계로서 복식부기제도를 도입하는 등 많이 개선되었으나, 첫째, 자금계산서와 운영계산서의 회계처리가 상이하고, 통합성이 결여되어 있어서 회계정보의 관리와 재무제표 이용에 혼란을 야기하고 있다. 둘째, 취득원가에 따라 유형고정산자산을 평가함으로써 감가상각을 이용한 교육원가의 산정, 그리고 이에 근거한 의사결정에 필요한 정보를 제공하는 데 한계가 있다(김광윤·우종구, 1997: 83–114).

2) 대학재정의 수입 및 지출구조

국립대학과 사립대학의 회계제도가 이렇게 서로 다르게 운영되고 있어서 대학재정구조를 비교분석하기 위해서는 양자를 종합한 일관성 있는 새로운 수입 및 지출관련 항목분류표를 마련해야 한다.

일반적으로 대학의 재원은 부담주체에 따라서 학생부담, 정부부담, 법인전입금, 기부금, 기타 등으로 구분할 수 있다(윤정일, 1994: 356). 학생부담은 주로 등록금으로서 입학금, 수업료, 기성회비 등으로 구성되고, 기부금은 학생등록금이나 정부지원금 이외에 기업, 일반국민, 혹은 학부모, 동문들로부터 오는 재원을 말한다.

대학재정의 지출항목은 그 기능에 따라 인건비, 운영비, 자본적 지출의 세 가지로 구분할 수 있다(윤정일, 1994: 356; 김병주, 1994: 97-99). 이 중에서 인건비와 운영비는 경상적 지출, 그리고 자본적 지출은 시설비로 분류되기도 한다. 이러한 구분에 따라 국·공립대학과 사립대학의 지출항목을 다시 분류하면 다음 <그림 5-5>와 같다.[57]

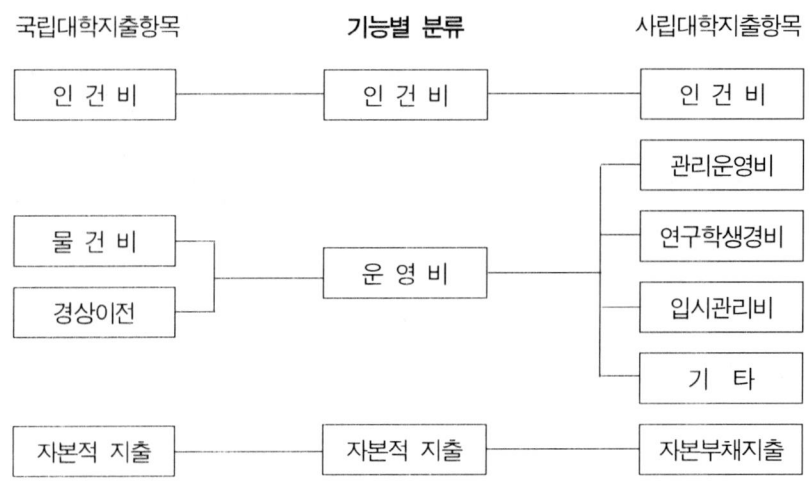

〈그림 5-5〉 대학지출재정의 기능별 분류

이상과 같은 논의를 토대로 먼저 수입측면에서 우리나라 대학교육 재정의 부담주체별 분담비율을 보면, 1994년 현재 국·공립대학의 정부부담금 비중은 66.6%, 학생부담금 33.4%으로 구성되어 있다. 반면, 사립대학은 정부부담이 2.3%, 학생부담금이 68.6%, 법인부담 및

57) 한국대학교육협의회에서는 이러한 수입·지출 범주 구분을 근거로 각 대학으로부터 자료를 수집·분석하고, 대학종합평가인정제에 적용하였다(한국대학교육협의회, 1997; 한국대학교육협의회, 1998).

기부금이 **19.8%**로 구성되어 있다(표 5-9 참조).

이를 외국과 비교해 보면, 정부부담금은 국립대학의 경우, 일본이 **70.0%**로 우리나라보다 약간 높고, 대만 역시 **85.7%**로 매우 높다. 사립대학의 경우에도 일본이 **9.0%**, 대만이 **4.8%**로서 우리나라에 비해서 2~4배 정도 정부부담 비율이 높은 편이다. 학생등록금 비중을 보면, 우리나라 국립대학은 일본, 대만에 비해 2~3배 높은 수준이고, 사립대학은 약간 높은 수준이다. 사립대학의 법인부담금 및 기부금은 일본, 대만에 비해서 상당히 높은 수준이다.

〈표 5-9〉 대학재정의 재원별 비율 국제비교(한국, 대만, 일본)

(단위: %)

	국 가	정부부담	학생부담	법인부담·기부금	기 타
한 국	국립대학(1994)	66.6	33.4	—	—
	사립대학(1994)	2.3	68.6	19.8	9.3
일 본	국립대학(1991)	70.0	9.8	—	20.2
	사립대학(1991)	9.0	57.0	13.0	21.0
대 만	국립대학(1990)	85.7	12.6	—	1.7
	사립대학(1990)	4.8	66.9	2.5	25.8

* 자료: 공은배 외(1997: 120)

다음으로 1996년 현재 우리나라 대학의 기능별 지출내역을 보면, 국립대학의 경우 인건비가 **54.3%**, 운영비가 **24.6%**, 자본적 지출이 **21.1%**를 차지하고 있다. 사립대학은 인건비가 **36.6%**, 운영비가 **28.5%**, 자본적 지출이 **34.9%**를 차지하고 있다(표 5-10 참조).

이를 국제적으로 비교해 보면, 우리나라 국립대학의 인건비 비중은 일본의 **48.2%**보다 약간 높은 수준이고, 독일의 **54.9%**와 비슷한 수준이다. 운영비 비중은 일본의 32.6%, 독일의 34.4%에 비해서 낮은 수준이다. 자본적 지출 비중은 프랑스의 10.2%, 독일의 10.7%에 비해서 상당히 높고, 일본의 19.2%에 비해서는 약간 높은 수준이다.

사립대학의 경우, 인건비 비중은 일본의 45.8%보다 높으나, 인건비와 운영비를 합한 경상비의 비중은 주요국에 비해서 낮은 수준이다. 자본적 지출의 비중을 보면, 일본의 24.2%, 영국의 7.6%에 비해서 매우 높은 수준이다.

〈표 5-10〉 주요국의 대학교육비 지출구조

(단위: %)

국 가		인건비	운영비	자본적 지출
한 국	국립대학(1996)	54.3	24.6	21.1
	사립대학(1996)	36.6	28.5	34.9
일 본	국립대학(1990)	48.2	32.6	19.2
	사립대학(1993)	45.8	30.0	24.2
영 국	사립대학(1993)	└── 92.4 ──┘		7.6
프랑스	공립대학(1993)	└── 89.8 ──┘		10.2
독 일	공립대학(1993)	54.9	34.4	10.7

* 자료: 한국대학교육협의회(1997), 文部省(1996: 71-72)에 근거함

우리나라 대학재정구조 전반을 통해서 볼 때, 가장 큰 문제점은 학생당 교육비의 영세성이다. 1994년 현재 우리나라 대학생 1인당 교육비는 약 350만~370만 원으로서 주요 선진국과 비교하면, 1/2~1/6 수준에 불과한 것으로 나타났다(그림 5-6 참조). 대학재정이 대학교육의 질을 결정하는 핵심요인 중의 하나라는 측면에서 보면, 대학재정의 영세성은 바로 대학 교육 및 연구의 질적 수준 저하를 가져오는 주요인이 되었다.

둘째, 수입측면에서 볼 때, 학생등록금 의존도가 너무 높고, 재원이 다양하지 않다. 특히 사립대학의 경우 학생등록금 의존도가 높은 반면, 정부의 재정지원은 매우 빈약하고, 국립대학의 경우 학생등록금 및 정부재정 의존도가 높은 반면, 기부금 등 외부 재원을 적극 유치하려는 노력이 나타나지 않고 있다.

셋째, 지출측면에서는 인건비의 비중이 상대적으로 높고, 자본적 지출의 비중 역시 높다. 높은 인건비 비중은 재정운영의 경직성을 가져오는 주요인이다. 자본적 지출의 비중이 높은 것은 교육 및 연구활동에 필요한 시설·설비를 확충한다는 점에서 바람직하다. 그러나 인건비와 자본적 지출 비중이 높은 상황에서 운영비, 특히 학생경비와 같은 직접 교육경비의 비중이 낮다는 점은 실제 교육 프로그램 운영이 부실화될 수 있다. 또 연구비가 포함된 운영비의 비중이 낮다는 것은 실제 시설·설비의 활용률이나 효과성, 생산성이 낮다는 것을 의미한다.

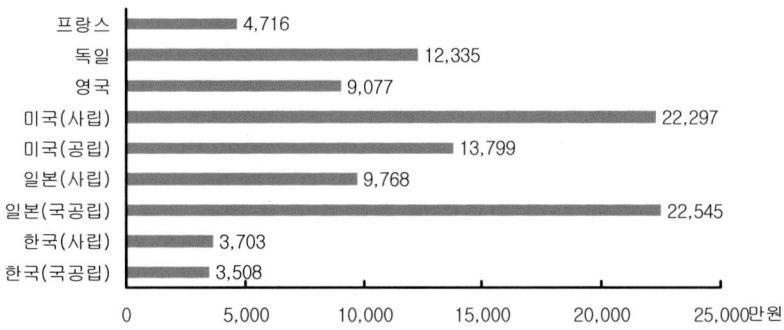

* 자료: 한국대학교육협의회(1997). 주요국의 자료는 文部省(1996: 75-77). 엔화로 표기된 금액을 원화(100엔=800원)로 환산함.

〈그림 5-6〉 주요국의 대학생 1인당 경상교육비(1994)

5. 요약 및 논의

이 장에서는 우리나라 대학재정지원정책의 구조와 재정배분방식을 분석하고, 그 속에 시장형이 어떻게 적용되고 있는지를 탐색하였다. 해방 이후 우리나라 대학재정정책에서는 수익자 부담 원칙과 설립자 부담 원칙이 지속적으로 적용됨에 따라 대학에 대한 정부재정지원이 활발하게 이루어지지 않았다. 국립대학에 대한 경상비 지원 이외에 대학에 대한 정부재정지원이 시작된 것은 1960년대 중반부터이나, 본격화된 것은 1990년대 들어서부터다. 정부에서는 대학에 대한 재정지원을 확대하면서 사립대학에 대한 재정지원제도를 도입하여 그 규모를 점차 늘려가고, 종래의 평등원리에 의한 재정지원을 대학 간 자유경쟁을 통한 지원방식으로 전환하였다.

일반적으로 정책은 목표와 수단의 논리적, 계층적 관계를 중심으로 구조화할 수 있다. 대학재정지원정책과 관련된 정부문서, 정책보고서의 내용을 대학정책의 일반목표, 교육재정의 기본원리에 비추어 종합적으로 분석해 볼 때, 우리나라 대학재정지원정책의 목표는 효율성 원리에 기반을 둔 '대학의 다양화', '대학의 경쟁력 강화', 그리고 평등성 원리에 기반을 둔 '교육 및 연구여건의 개선'으로 구분할 수 있다. 대학의 다양화에는 특성화와 자율화라는 하위목표가, 그리고 대학의 경쟁력 강화에는 교육·연구의 질적 향상, 전문인력의 양성, 대학경영의 합리화라는 하위목표가 있다. 또 교육 및 연구여건의 개선에는 사립대학의 재정난 완화와 대학시설·설비의 확충이라는 하위목표가 있다.

이러한 정책목표를 달성하기 위한 수단으로는 재정지원방식과 재정지원사업이 있다. 교육부에서는 대학평가와 재정지원을 연계해야 한다는 교육개혁위원회의 제안을 적극 수용하여 정부주도의 대학평가에 의하여 대학 간 경쟁을 유발하고, 그 결과에 따라 차등적 혹은 선별적으로 재정을 지원하는 방식을 급속히 확대하였다. 이에 따라 정책수단으로서 대학재정지원사업에서는 그 목적이 다소 중첩되는 양상이 나타났다.

대학재정지원사업은 특수목적지원사업과 일반지원사업으로 구분된다. 특수목적지원사업은 공과대학 중점지원, 이공계 대학원 중점지원, 국제전문인력 양성지원과 같은 특정 분야의 전문인력 양성사업과, 교육개혁추진 우수대학지원, 지방대학 특성화지원과 같은 대학 특성화 지원사업으로 구분되며, 대학의 특성화와 대학의 경쟁력 강화라는 이중적 목표를 달성하기 위한 수단이다. 일반지원사업은 교육 및 연구의 질적 개선과 대학의 경쟁력 강화라는 이중적 목표를 달성하기 위한 수단인 자구노력 지원사업과 학술연구조성사업, 그리고 교육 및 연구의 여건 개선이라는 정책목표를 달성하기 위한 수단인 사립대학 시설 · 설비 확충지원사업, 국립대학 기자재 확충사업 등으로 구분할 수 있다.

이러한 정책구조의 분석 결과로 볼 때, 우리나라 대학재정지원정책에서는 정책목표 차원에서 대학의 경쟁력 강화라는 거시적 시장이념, 그리고 정책수단 차원에서는 대학평가에 의한 재정지원방식을 통한 경쟁적 내부시장의 조성이 강조되었음을 알 수 있다. 이를 요약하면, 대학의 경쟁력을 강화하기 위해서는 대학 간 경쟁을 유도해야 하고, 대학평가에 의해서 경쟁력을 갖춘 대학에 한정된 재원을 집중적으로 투자함으로써 효율성을 높여야 한다는 것이다. 이에 따라 정부의 평가기능이 강조되었다.

시장논리의 적용형태를 가장 구체적으로 분석할 수 있는 자료는 재정배분방식이다. 우리나라의 대학재정지원은 기관지원과 개인지원으로 구분할 수 있다. 이 중에서 기관지원, 즉 대학에 대한 재정지원은 크게 세 가지 유형으로 구분된다.

첫째, 국립대학에 대한 경상비 지원은 정부예산의 편성과 마찬가지로 품목별 예산제도가 적용된 '협상형' 재정지원이라 할 수 있다.

둘째, 일반지원사업은 형평성이 중요한 원칙으로 작용하였고, 학생수 · 교수수와 같은 기본지원지표를 배분준거로 사용하였으나, 체계화된 수식을 적용하지 않고, 사업목적지원과 정책지원지표에 의한 배분비율이 점차 확대되는 상황에서 그 성격을 단정하기는 어렵다. 그러나 대체로 일본의 사립대학지원방식과 유사한 수행유인형, 즉 '변형된 수식형' 혹은 수식형의 초기단계로 볼 수 있다.

셋째, 특수목적지원사업은 대학 간 경쟁, 대학평가, 선별지원, 차등 지원이 결합된 '시장형' 재정지원방식으로서 시장형에 관한 세부적 유형 구분에 따르면, 대학에 대한 직접지원방식으로서 경쟁지원에 가깝다.

한편, 이러한 기관지원과는 별도로 학술진흥재단을 통하여 교수 개인에게 지원되는 연구비는 연구계획서 제출, 심사, 지원대상선정, 연구계약과 같은 과정을 거치는 '시장형' 재정지원방식이다.

이상의 내용을 요약하면, 우리나라 대학재정지원정책에서 시장논리는 다음과 같이 적용된 것으로 결론지을 수 있다. 첫째, 정책목표 차원에서 경쟁력 강화라는 거시적 시장이념이 강조되었다. 둘째, 정책수단 차원에서 내부 경쟁시장의 조성을 위한 대학평가에 의한 재정지원이 보편화되었다. 셋째, 재정지원방식 차원에서는 대학 간 경쟁, 정부주도의 평가에 의한 선별적, 차등적 지원을 강조하는 특수목적지원사업을 통해서 경쟁형 시장형이 분명하게 적용되었다.

시장논리에 근거한 대학재정지원방식은 신교육개혁안과 정부의 정책목표가 짧은 시기에 급속하게 전파되는 데 적지 않은 기여를 하고 있는 것으로 평가되었다.

> 교육개혁의 흐름 속에서 초 · 중등학교 현장이 꿈적 않고 있거나 겉으로만 움직이는 시늉을 하고 있다는 비판과 달리, 대학의 경우 각 대학당국은 물론이고 개별교수도 개혁의 흐름을 몸으로 느낄 정도로 대학 사회에 뭔가 변화의 조짐이 보이고 있는 것만은 사실인 것 같다. 그 변화의 밑바닥에는 돈이 있다. ……여기에서 교육부가 사용하고 있는 방식은 교육개혁위원회가 제시한 대로 평가를 통한 차등배분이다(김재웅, 1997: 91).

그러나 "개혁을 실제로 추진하기에는 시간적으로 촉박하고, 평가기간이 충분하지 못한 가운데 평가기준이 획일적으로 적용되는 바람에" 당초 교육개혁안이 지향했던 '대학의 특성화 · 다양화'라는 정신과는 반대로 획일적인 대학으로 유도하게 되는 결과를 가져올 수 있다는 우려가 제기되었다(김재웅, 1997: 91-92; 송광용 외, 1998: 57). 무엇보다도 비판의 대상이 되는 것은 기존의 대규모, 선도대학에 대한 중복지원으로 대학 간 불평등이 심화되고, 재정지원사업이 대학 사회에 대한 철저한 요구분석과 종합적인 재정지원계획에 의해서 이루어지고 있지 않다(송광용 외, 1998: 43-59).

이 장의 우리나라 대학재정지원정책의 구조와 재정배분방식에 관한 분석에 의하면, 위와 같은 대학재정지원정책의 문제점은 다음과 같은 정책의 내부요인이 작용한 결과로 해석된다.

첫째, 재정지원분야 및 지원기준의 중첩성이다. 일부 일반지원사업과 특수목적지원사업의 경우 유사한 분야, 예컨대 국제전문인력양성, 공학교육, 대학 정보화 분야를 중복해서 지원하였다. 또 일반지원사업의 경우, 사업목적지표를 제외하면, 기본지표, 정책유도지표, 감산지표, 가산지표가 거의 동일하고, 특수목적지원사업의 경우에도 대학운영과 관련된 지표들이 유사하며, 이 평가지표들은 상당수가 양적지표로 구성되어 있다. 이렇게 사업의 명칭은 다르지만 유사 분야를 대상으로 유사한 평가지표에 의한 대학평가에 의해 재정을 지원하는 것은 전체 재정지원사업에서 중복지원, 편중지원의 문제를 야기하는 근본 원인의 하나로 작용할 가능성이 높다.

둘째, 시장원리가 강조되었으나, 그 기본전제에 대한 고려가 미흡하다. 제2장에서 논의한 바에 따르면, 대학재정지원정책에서 시장형을 적용하기 위한 기본조건은 대학운영의 자율성과 대학 간 공정경쟁이다. 그러나 우리나라의 대학재정지원정책은 명확한 근거법령이 없이 이루어짐으로써 일시적인 여론과 단기적인 정책목표에 따라 재정지원방식이 급격하게 변화하고, 정부와 대학 간 균형관계가 파괴되는 정부주도적 경향이 나타났다. 특히 대학 자율화 정책이 확대되면서 재정지원이 대학에 대한 정부의 통제력을 유지할 수 있는 가장 효과적인 혹은 유일한 분야로 인식됨에 따라 또 다른 종류의 통제를 양산하여 대학의 자율성과 다양성을 근본적으로 위협할 지경에 이르렀다는 비판을 받았다.58)

---

58) 정부에서는 정부방침의 준수여부를 대학재정지원과 연계하겠다고 계속 밝혀왔다. 그 사례는 매우 다양하다. 수시로 언론에 보도된 내용에 따르면, 교육부에서는 입시부정, 등록금 분규, 교수채용비리, 약대 및 한의대 수업거부, 학사관리 문제대학, 모교출신 교수채용, 보직교수 수, 기여입학제, 등록금 인상, 본고사 실시 등의 경우 재정지원을 축소 또는 중단하고, 학과 통폐합, 종합생활부 반영, 장애인 선발, 발전기금 모금, 석박사과정 통폐합, 학부제 도입, 학점단위 등록금제, 외국인 학생

시장형을 적용하기 위한 기본조건으로서 특히 문제가 되는 것은 학생정원, 등록금, 대학내부의 재정운영, 교직원인사에 관한 대학의 자율적 결정권이다. 이 영역들은 대학 자율화 정책에서 핵심과제로 논의되어 왔으나, 실제 시행과정에서는 여러 가지 한계를 노출하였다.59) 특히 국립대학의 경우, 대학운영에 대한 과도한 정부규제는 시장원리의 적용뿐만 아니라, 대학의 발전 자체를 저해하는 가장 큰 원인의 하나로 분석되었다.60)

대학에 대한 정부규제는 1990년대 들어서 상당폭 완화되고, 대학 자율화가 진전된 것이 사실이다. 특히 사립대학의 경우, 학생선발, 교육과정, 학위수여, 재정운용, 교원인사의 각 영역에서 종전에 국·공립대학과 구분 없이 동일하게 규제되던 것과 달리 대폭적인 규제완화가 이루어졌다(박성정, 1998). 그러나 이에 대해서도 국제비교, 예컨대 미국의 사립대학과 비교해 볼 때, 우리나라의 정부통제수준은 매우 높고, 이러한 통제가 대학교육시장을 비경쟁적으로 만들었으며, 결과적으로 대학교육의 질적 저하를 초래하였다는 비판이 제기되었다(안재욱, 1997). 따라서 대학교육에 대한 정부의 통제와 보호를 제거하여 설립부터 경영 전반에 걸쳐서 대학의 완전한 자율성을 보장해야 한다는 것이다.

유치, 대학개혁정도, 재단전입금 확대, 영어강의 확대, 해외분교 설치의 경우에는 재정지원을 증액하겠다고 하였다. 심지어 교육개혁박람회 참가에 따라 재정을 차등 지원하겠다고 한 것으로 언론보도됨으로써 '재정지원'이 마치 '傳家의 寶刀'처럼 사용되고 있다는 지적을 받았다. 이 중 상당수는 실제로 재정지원의 가산 및 감산지표로 활용되었다.

59) 정부가 추진해온 대학자율화 정책은 대학의 자율성 신장에는 어느 정도 긍정적 영향을 준 것은 사실이나, 본질적인 의미에서 대학자율화에는 크게 기여하지 못한 것으로 평가된다(임규진, 1992: 125; 채재은 외, 2005).
60) 이를 해결하기 위한 방안으로 국립대학 특수법인화안이 제시되었다. 자세한 논의는 김동건·선우중호(1990), 김종운 외(1992) 참조.

셋째, 대학재정지원정책의 목표와 수단과 관련된 대부분의 내용들이 경쟁력과 효율성을 강조하였고, 공정한 배분이나 평등에 대한 고려가 적다. 시장형을 적용하는 과정에서 정부가 담당해야 할 가장 중요한 역할의 하나는 공정한 경쟁을 위한 규칙을 제정하고, 그 준수 여부를 감시하는 것이다. 그러나 우리나라 대학재정지원정책에서는 공정경쟁보다는 경쟁조성이 우선되었다. 또 공정경쟁을 위한 원칙의 개발보다는 지원대상의 확대나 평가기준 및 절차의 세분화를 통해서 이를 해결하려는 경향이 나타났으나, 이는 본질적인 해결책이 아니다. 이와 관련하여 이종재(1997)는 시장기능에 의한 교육제도의 운영과 능력주의 모형이 신교육개혁의 가장 중요한 방법론이 되었고, 대학에 대한 평가와 실적에 따른 차등적 행·재정지원이 중요한 정책방안으로 제기된 상황에서 교육 불평등의 문제가 다시 제기될 가능성이 크다고 밝히고, 정부의 차원 높은 역할 정립이 필요하다고 논의한 바 있다.61)

　　교육개혁을 시장기능에 의한 통제모형에 의존할 경우에 이제 정부의 역할이 무엇이 되어야 할 것인가에 대하여 다시 확인할 필요가 있다. 그리고 이 맥락에서 교육의 본질과 수월성의 추구, 그리고 교육을 통한 공동의 가치를 구현하기 위한 차원 높은 정부의 역할 규정에 대한 논의가 있어야 할 것이다(이종재, 1997: 102).

시장형의 적용조건, 대학운영에 대한 정부규제, 대학개혁을 위한 정부의 역할, 재정지원방식을 종합해 볼 때, 우리나라 대학재정지원정책에서 시장논리의 적용범위가 급속히 확대되었으나, 매우 제한적

---

61) 이종재(1997)는 초·중등교육 분야의 미래를 지향하는 원칙으로 '아래를 위해 위가 양보하는 원칙', '밖에서 안을 돕는 원칙', '최약보완의 원칙', '국민의 자율적 선택 존중의 원칙' 등을 제시하였다.

인 의미로 혹은 수단적인 차원에서만 적용되었음을 알 수 있다. 대
학운영에 대한 자율성이 확보되지 않은 상태에서 정부가 세부적인
대학개혁방안을 설계하고, 이를 각 대학들이 시행해 줄 것을 요구하
였다. 정부방침의 준수 요구는 직접적인 규제, 법령보다는 재정지원
방식과 준거를 통해서 이루어진다.

이 점에서 우리나라 대학재정정책은 '정부감독모형'보다는 '정부통
제모형', '시장자율모형'보다는 '시장설계모형', 더 나아가서 시장형
을 기본으로 하는 '촉진적 국가'라기보다는 '간섭적 국가'의 경향을 보
였다.62) 따라서 대학체제 역시 '준시장'이라기보다는 '의사시장'(pse-
udo─market)이라 할 수 있다. 이와 관련해서 Meek(1994, 1713~1720)
는 전통적으로 대학의 자율성을 보장해온 서구 국가에서도 시장논리
의 도입에 따라 대학의 자율성이 본질적으로 위협받고 있고, 이에
관한 국가 간 '상호 모방'과 '동질화' 현상이 나타나고 있다고 주장
하면서 시장형의 도입을 통렬하게 비판한 바 있다.63)

한편, 대학재정의 수입 및 지출구조 분석 결과에 의하면, 우리나
라 대학재정의 가장 큰 문제점은 영세성이다. 우리나라 대학생당 교
육비는 주요 선진국의 1/2~1/6 수준에 불과하여 대학교육의 질적
성장을 저해하는 가장 중요한 요인으로 작용하였다. 다음으로 수입
측면에서는 학생등록금 의존도가 너무 높고, 정부지원금이 빈약하며,
재원이 다양하지 않다. 또 지출측면에서는 인건비의 비중이 상대적
으로 높아서 재정운영이 경직되고, 실제 교육 및 연구활동이 부실화
될 가능성이 있다. 대학재정지원정책을 전반적으로 조망해 볼 때, 대

---

62) 각 개념에 관한 설명은 제4장을 참조하기 바람
63) 우리나라에서는 고등교육법시행령이 제정되면서 학부제 등 대학학사운영
    에 관한 기본적인 내용까지 법령을 통해 규제하려는 경향이 나타났다.

학재정지원사업은 이러한 재정구조를 개선하는 데 기여해야 한다.

대학에 대한 정부재정의 절대 규모는 확대되어야 하나, 재정여건이 악화되는 상황에서는 대학에 대한 재정지원방식의 중요성이 더욱 커진다. 정부에서는 대학의 재원을 다양화하고, 한정된 자원을 효율적으로 활용할 수 있도록 재정을 지원해야 한다. 적절한 재정지원방식을 갖출 경우에는 적은 규모의 재정지원으로도 과거에 비해서 더 큰 효과를 낳을 수 있을 것으로 기대되었다.

한편, 대학교육관련 정부예산의 추이분석에 의하면, 시장논리에 근거한 대학재정지원정책이 경제불황 속에서 정부와 기업이 재정부담과 재정적자를 줄이기 위하여 대학에 대한 재정지원을 감축하려는 의도에서 나온 것이라는 비판은 우리나라의 경우에는 적합하지 않은 것으로 드러났다. 대부분의 대학이 공립으로 운영되고, 막대한 정부재정지원으로 받는 선진국과 달리 우리나라의 대학은 정부보조가 극히 미약한 사립대학이 대부분이고, 정부와 기업의 대학에 대한 재정지원규모 역시 아직은 미약한 수준이기 때문이다.

실제로 대학에 대한 정부재정지원의 절대규모는 계속 확대되었다. 1980년대의 경우, 지속적인 상향추세를 보인 정부예산 대비 교육예산의 비중이나 GNP 대비 교육예산의 비중과 달리 하향곡선을 그리던 교육예산 대비 고등교육예산의 비중이 1990년대 들어서는 꾸준한 상향추세를 보여주었다. 평가, 경쟁, 선별 혹은 차등 지원과 같은 재정지원방식은 이렇게 대학교육예산이 확대되는 과정에서 도입·확산되었다. 다만 경제위기 속에서도 점차 늘려가야 하는 대학교육비에 대해 정부가 재정부담의 한계를 설득하거나, 그 증가분을 기업이 담당해야 한다는 주장이 제기되는 시점에서 대학에 대한 재정지원을 회피하기 위한 수단으로 시장논리를 강조할 가능성이 있다.

제6장

대학재정지원정책의 재정적 영향

　이 장에서는 대학재정지원정책의 재정적 영향을 검증하기 위하여 모형을 설정하고, 대학재정자료를 활용하여 통계분석을 실시한다. 대학재정지원정책의 영향은 크게 국고지원금이 대학재정의 수입 및 지출관련 주요 항목에 미친 영향과 재정적 불균형으로 구분하였다. 주로 시장형이 적용된 특수목적지원사업이 대학재정에 미친 영향에 초점을 두었으나, 일반지원사업을 포함하는 전체적인 국고지원의 영향에 관해서도 분석하였다. 이 장에서는 정책효과라는 용어 대신에 정책영향이라는 용어를 사용하였다. 일반적으로 효과분석이라 하면, 정책의 목표달성 여부를 평가하는 것으로 인식될 수 있기 때문이다. 영향평가는 정책의 당초 목표보다는 정책이 미친 파급효과를 분석하는 것으로서 이 장에서는 일반적인 교육재정평가의 분석틀을 활용하여 대학재정지원정책의 영향을 분석하였다.

1. 대학재정지원정책의 영향분석모형

1) 분석모형의 설계

대학재정지원정책의 재정적 영향을 분석하기 위해서는 분석대상, 변인, 그리고 분석방법을 결정해야 한다. 교육재정 · 경제학 분야에 관련된 선행연구가 부족한 상황에서 시장형을 적용한 재정지원정책이 대학재정에 미친 영향을 분석하기 위해서 다음과 같이 세 가지 측면에서 변인을 선정하고, 검증모형을 설정하였다.

첫째, 시장형 및 시장논리에 관한 이론적, 논리적 분석을 통해서 시장형의 주장과 그에 대한 비판 가운데서 실증적 검토가 필요한 핵심사항을 추출하였다(제3장과 제4장 참조).

둘째, 교육부의 대학재정지원정책과 대학재정의 현황분석을 통해서 재정지원정책의 목표를 분석하고, 대학재정을 분석하기 위한 변인을 포괄적으로 추출하였다(제5장 참조).

셋째, 초 · 중등교육 분야의 선행연구를 검토하여 앞의 두 측면에서 선정된 변인과 모형을 체계화하였다. 일반적으로 초 · 중등교육 분야에서 재정정책의 영향을 검증하는 연구들은 새로운 형태의 정부지원금이 교육구에 미친 영향을 재정구조에 미친 영향과 공정성(equity)으로 구분하여 분석하고 있다(Picus, 1991: 289─308; Kearney & Kim, 1990: 375─387; 반상진, 1994: 295─322; 김왕복, 1996: 113─140; Kim, 1994). 이 연구들이 재정구조에 미친 영향을 분석하기 위해 사용한 방법은 주로 평균 차이검증(평균비교, t검증), 변량분석(ANOVA, ANCOVA), 그리고 중다회귀분석(multiple regression) 등

이다.64) 또 교육재정의 공정성 분석은 주로 Berne와 Stiefel(1984)이
체계화하고, 조작적으로 정의한 수직적 및 수평적 공정성, 기회균등
의 개념과 측정방법론에 기초하고 있다.65) 이 장에서는 수평적 공정
성(horizontal equity)에 초점을 두었으나, 그 용어는 '재정적 불균형'
으로 대치하였다.66) 공정성은 철학적, 개념적으로 다양하게 정의되고
있어서 다른 개념적 요소, 예컨대 수직적 공정성에 관한 언급이 없
이 사용할 경우 오해를 불러일으킬 가능성이 높기 때문이다.

대학교육 분야에서 재정정책의 효과에 관한 연구는 매우 드문 편
이나, 심층면접, 설문조사와 같은 질적 연구방법을 사용하여 새로운
재정정책의 도입에 따른 대학의 변화를 분석한 연구가 있다. 예를
들어서 Mace(1996)는 1980년대 후반 영국에서 연구 분야에 대한 수
식형 재정지원방식이 도입되면서 나타난 대학의 변화를 교육(개인지
도, 세미나, 강의시간의 변화, 교육 및 학생의 질)과 연구(연구시간,
연구유형, 연구의 질)로 구분하고, 교수들을 대상으로 한 설문조사
및 면접방법을 이용하여 분석하였다. Williams(1992)는 1990년대 영
국의 대학재정지원정책이 대학의 조직행동과 학문활동에 미친 영향
을 광범위하게 분석하였다. 그는 재정배분기구의 평가활동의 일환으
로 실시된 대학 교직원에 대한 심층면접과 방문평가 후 수집한 방대
한 자료를 통해서 재정지원방식의 변화가 대학의 관리구조, 내부적

64) 이 연구들에서 사용한 변인들은 초·중등교육 분야에서 개념화된 것으
로 이를 대학재정정책의 분석에 활용하기는 어렵다.
65) Berne와 Stiefel(1984)은 교육재정 공정성의 개념과 측정방법에 관한 이
론적·경험적 분석을 통하여 교육재정 공정성의 세 가지 차원으로 수
평적 공정성(horizontal equity), 기회균등(equal opportunity), 그리고 수직
적 공정성(vertical equity)을 제시하였다.
66) 수평적 공정성이란 동일한 학생은 동일하게 대우해야 한다는 원칙으로서
교육 간 학생1인당 교육비가 동일한 경우 공정성이 달성된 것으로 본다.

자원배분, 외적 재원의 확대 등에 미친 영향을 분석하고, 그 대안을 모색하였다. 또 Tan(1994)은 대학재정지원방식이 국가적 차원에서 대학운영의 효율성과 공정성에 미친 영향을 간략하게 분석한 바 있다.

이러한 과정을 통해서 선정된 변인과 분석모형은 다음 <그림 6-1>과 같다. 대학재정지원정책의 영향은 크게 대학재정의 구조 개선에 영향을 주었는지와 재정적 불균형에 미친 영향은 무엇인지의 두 차원을 통해 분석한다. 대학재정은 수입과 지출로 구분되므로 양 측면에서 주요 변수의 변화를 분석함으로써 그 영향을 검증할 수 있다.

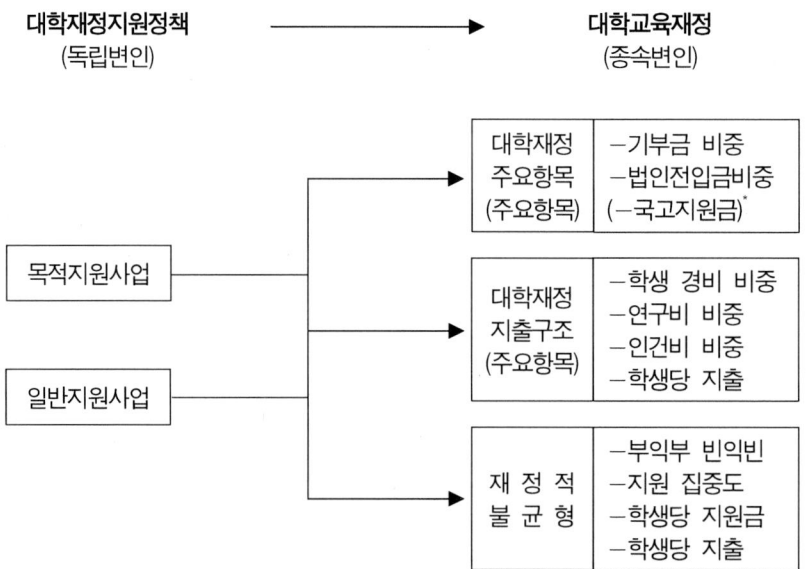

* 주: 국고지원금은 연도별 추이만 분석하였음

〈그림 6-1〉 대학재정지원정책의 영향분석모형

첫째, 대학재정의 수입측면과 관련된 주요 변수로는 법인전입금, 기부금을 선정하였다. 대학재정지원정책은 법인전입금을 확대하며, 각종 기금 및 기부금을 확충하여 대학재정의 수입구조를 개선하려는 데 목표를 두고 있다. 구체적으로 보면, 특수목적지원사업의 지원대상선정을 위한 평가지표에는 재정운영의 합리성을 요구하고, 재원확보를 위한 자구노력을 강조하였다. 특히 대학 내부는 물론 대학 외부재원의 유치를 재정지원요건으로 하는 대응투자방식을 도입하고, 그 달성 여부를 평가하였다. 또 공·사립대학 시설·설비 확충지원, 자구노력지원과 같은 일반지원사업에서는 법인전입금 확보실적을 사업목적지원지표로 활용하였다.67)

둘째, 대학재정의 지출측면과 관련된 주요 변수로는 학생경비, 연구비, 인건비, 그리고 학생당 지출총액을 선정하였다. 국고지원의 중요한 목적은 학생당 교육비를 향상시킴으로써 대학교육의 질적 수준을 향상시키는 데 있다. 대학재정은 대학교육의 질적 수준을 결정하는 중요한 투입변수이기 때문이다. 국고지원에 따라 인건비와 같은 경직성 경비가 축소되고 교육 및 연구관련 경비의 비중이 증가할 것으로 기대된다. 비판의 관점에서는 경쟁력이 있는 대학에 대한 지원이 확대되면서 우수한 평가를 얻기 위한 관리활동이 강화되고, 교육을 위한 학생경비보다는 연구비의 증가가 예상된다. 이는 측정 가능한 가시적 효과를 강조하고, 단기적 생산성을 중시하기 때문이다.

셋째, 재정적 불균형은 국고지원금 배분의 불균형과 배분된 결과 차원에서 학생당 교육지출액의 불균형을 통해서 측정할 수 있다. 현재의 국고지원금 배분과 관련된 가장 핵심적인 쟁점은 국고지원금이

---

67) 각 사업별 평가지표에 관한 자세한 설명은 제5장의 대학재정지원사업의 재정배분방식을 참조하기 바람.

일부 대학에 편중되고, 빈익빈 부익부 현상을 심화시키고 있는가이다. 이와 더불어 각 대학의 학생당 지출액이 균형을 이루고 있는가, 그리고 국고지원은 이 재정적 불균형에 어떤 영향을 주었는가를 통해서 분석할 수 있다.

수익자부담의 원칙이 강조되는 대학교육단계에서는 무상교육과 정부의 재정책임이 강조되는 초 · 중등교육과 달리 재정적 측면에서 수평적 공정성(horizontal equity) 개념을 중심으로 하는 재정적 불균형을 분석하는 것은 적절치 않다는 견해가 있을 수 있으나, 대학교육단계에서도 재정적 균형이 중시되어야 하는 이유는 첫째, 이 연구가 국민의 세금을 재원으로 하는 공공재정배분의 효과를 분석하는 데 그 목적이 있고, 둘째, 우리나라의 대학교육이 특권층 혹은 엘리트만을 위한 교육이 아니라 이미 보편화단계에서 접어들었으며, 셋째, 대학교육은 교육단계의 정점에 위치하면서 교육평등을 실현하는 데 제일 중요한 위치에 있기 때문이다. 그러므로 국고지원 및 교육비 지출의 재정적 균형이 대학재정지원정책을 평가하는 중요 지표라는 점은 분명하다.68)

이상의 내용을 종합하여 각 항목별로 '시장논리' 옹호론자와 반대론자의 견해, 대학재정지원정책의 목표 및 재정지원지표와 그에 따른 기대효과를 중심으로 간략하게 대비해 보면 다음 <표 6-1>과 같다.

---

68) 이와 관련하여 Hauptman(1993)은 정부가 대학재정에 대한 일차적인 책임을 져야 하고, 이때 공정성이 가장 중시되어야 한다고 주장한다.

〈표 6-1〉 대학재정지원정책의 효과에 관한 관점 비교

구 분		시장론자의 견해	반대론자의 견해	대학재정지원정책목표 (재정지원지표)	비 고
수입 측면	기부금	재원다양화 (가능한 모든 재원 확보 노력)	—	대응투자 요구 (특수목적지원사업)	다양화 효과
	법인전입금	—	책임 회피, 학생에 부담 전가	법인전입금 비율 (일반지원 목적지표)	유인 효과
지출 측면	학생당 지출	정부지원 이외 재원 확충	경제불황, 긴축재정 (정부지원 감소)	재정 확충, 교육여건 개선	상승 효과
	학생경비		연구활동 중시되나, 교육활동 경시	교육여건 개선	교환 효과* (trade off)
	연구비	경쟁력 강화 지원		연구의 질적 향상	
	인건비	효율성 향상	홍보·연구 관리인력 증가, 비용 상승	재정운용 효율화	절감 효과
재정 불균형	국고배분 불균형	—	편중, 중복지원 부익부 빈익빈	학생수, 교수수 고려 (일반지원 기본지표)	불평등 효과*
	교육비 불균형	—	시장론은 무관심	—	

* 시장논리에 대한 비판적 관점에서 볼 때, 예상되는 결과임.

2) 모형의 하위요소별 분석방법

이 장에서 분석대상으로 삼은 변수는 대부분 대학재정에서 차지하는 비율(%)이고, 학생당 지출총액은 학생1인당 금액(만 원)이다. 정부재정지원의 영향분석의 대상이 되는 주요 변수는 절대금액, 비율, 그리고 1인당 금액으로 구분할 수 있으나, 연구목적에 적합한 변수를 선정할 필요가 있다. 예를 들어서 법인전입금의 경우, 분석대상은 법인전입금 총액이 될 수도 있고, 대학 전체 수입 중에서 법인전입금이 차지하는 비중이 될 수도 있으며, 학생당 법인전입금이 될 수도 있다.

이 장에서는 국고지원금이 대학재정의 주요 항목 비중 변화에 어

떻게 작용하였는지에 일차적인 관심이 있으므로 비율(%)을 주된 분석대상으로 하였다.69) 또 교육재정 및 경제학 분야에서는 재정적 효율성과 효과성, 그리고 공정성을 분석하는 가장 보편적인 지표로 학생1인당 금액을 사용하고 있다. 따라서 국고지원 및 대학교육재정의 불균형은 주로 학생1인당 금액을 대상으로 분석하였다. 이상의 논의를 종합하여 연구문제 형태로 진술하면 다음과 같다.

첫째, 특수목적지원금이 대학재정의 주요 항목의 비중 변화에 주는 영향은 무엇인가?

  문제 1-1 특수목적지원금이 기부금 비중의 변화를 가져오는가?
  문제 1-2 특수목적지원금이 법인전입금 비중의 변화를 가져오는가?
  문제 1-3 특수목적지원금이 학생경비 비중의 변화를 가져오는가?
  문제 1-4 특수목적지원금이 연구비 비중의 변화를 가져오는가?
  문제 1-5 특수목적지원금이 인건비 비중의 변화를 가져오는가?
  문제 1-6 특수목적지원금이 대학재정 지출총액을 증가시키는가?

둘째, 국고지원금이 균등하게 배분되고 있는가?

  문제 2-1 국고지원금이 부익부 빈익빈 현상을 심화시키는가?
  문제 2-2 국고지원금이 일부 대학에 집중적으로 배분되고 있는가?
  문제 2-3 학생당 국고지원금은 균등하게 배분되고 있는가?

---

69) 이와 비슷한 접근으로는 Picus(1991) 참조. 그는 유인지원(incentive grant), 목적지원(categorical grant), 그리고 대응지원(matching grant)이 교육구의 재정구조, 예컨대 교육활동, 행정활동, 교육지원활동, 학교유지비용, 통학, 학생봉사 등의 비율 증감에 미친 영향을 분석하였다.

문제 2-4 국고지원금이 교육비 지출의 불균형에 끼친 영향은
무엇인가?

문제 1-1부터 1-6까지를 검증하기 위해서 각 항목별 연도별로 추
이를 분석하고, 중다회귀분석(multiple regression analysis)을 실시하였
다.[70] 중다회귀분석에서는 대학재정과 관련된 여러 변인들을 독립변
인과 종속변인으로 하여 각 변인 간 함수관계를 설정하여 특수목적
지원금의 효과를 검증하였다. 예를 들어서 기부금 비중에 대한 특수
목적지원금의 효과는 다음과 같은 회귀방정식에 의해서 분석된다.

$$y = C + b_1X_1 + b_2X_2 + b_3X_3 + b_4X_4 + b_5X_5 + b_6X_6 + e$$

여기서 y: 대학별 수입 총액에 대한 기부금의 비율(%)

C: 상수항

b: 회귀계수

X_1: 학생당 특수목적지원금(만 원)

X_2: 학생당 일반지원금(만 원)

X_3: 학교규모(=학생수, 천 명)

X_4-X_6: 연도(가변인)

---

70) 학생당 특수목적지원금이 학생등록금의 비중에 미친 영향은 단순회귀
분석을 통해서도 추정할 수 있으나, 이는 여러 가지 잡음변인을 통제하
지 않은 상태에서 측정되므로 그 효과가 과대추정되기 마련이다. 따라
서 학생당 특수목적지원금 이외에 일반적으로 학생등록금에 영향을 줄
것으로 판단되는 학교규모, 설립유형, 학교유형, 소재지, 그리고 시간변
인을 독립변인으로 추가하여 중다회귀분석에 의하여 통계적으로 잡음
변인을 고려하여 학생당 특수목적지원금의 효과를 검증하였다. 이와 관
련된 다른 분석방법으로 공변량분석(ANCOVA: analysis of covariance)
이 있으나, 학교규모 이외의 독립변인들은 연속변인이 아니라 유목변인
이라는 점 때문에 이를 활용하지 않았다.

이때 회귀계수(b)가 통계적으로 유의미하다면, 학생당 특수목적지원금의 1단위 증가는 수입 총액 중 기부금의 비율이 b%만큼 증가에 기여하는 것으로 해석할 수 있다(오택섭, 1992: 270).[71) 기부금 비중 이외에 회귀분석에서 사용한 종속변인으로는 법인전입금, 학생경비, 인건비, 연구비의 비율, 그리고 학생당 지출 총액이 있다.[72)

다음으로 문제 2-1부터 2-3까지를 검증하기 위해서 국고지원금에 따른 부익부 빈익빈 현상, 국고지원금의 배분집중도, 학생당 국고지원금의 불균형을 측정하고, 연구문제 2-4를 검증하기 위해서는 학생당 지출총액의 불균형을 측정하였다. 교육재정의 불균형을 측정하는 방법은 매우 다양하나, 주로 상관계수(correlation coefficient), 범위(range), 표준편차(standard deviation), 맥룬지수(McLoone index), 편차계수(coefficient of variation) 등을 필요에 따라 적절하게 활용하였다.

부익부 빈익빈 현상이란 부유한 대학에 더 많은 재정이 지원됨으로써 부유한 대학은 더욱 부유해지고, 결과적으로 부유한 대학과 가난한 대학 간의 격차가 더욱 커진다는 것이다. 그런데 계량적 의미에서 볼 때, '부유한 대학'은 어떤 대학을 말하는가? 재정의 절대 규모가 큰 대학인가, 아니면 학생당 재정규모가 큰 대학인가의 문제가 제기된다.[73) 구체적으로 대학 전체 예산이 400억 원, 학생수가 10,000명인 대학과 예산이 300억 원, 학생수가 5,000명인 대학 중에

---

71) 교육재정분야에서 회귀계수(b)를 사용한 예로는 천세영(1995), 반상진 (1994) 참조.
72) 각 변인의 개념에 관한 세부적인 설명은 앞장을 참조하고, 변인의 수리적 표현에 대해서는 이 절의 통계처리 부분을 참조하기 바람.
73) 물론 부익부 빈익빈 현상을 계량적 관점에서만 파악할 수 있는 것은 아니고, 사회학적 관점 혹은 상징적 관점에서도 파악할 수 있다.

서 어떤 대학이 더 부자대학인가를 판단하는 것은 쉬운 문제가 아니다.[74] 또한 '더 많은' 재정지원이란 학교당 지원금이 많다는 의미인가, 아니면 학생당 지원금이 많다는 것인가의 문제도 제기된다. 위에서 예로 든 두 대학에 대한 국고지원금이 각각 40억 원, 30억 원이라면 어느 대학에 더 많은 재정을 지원한 것이라고 할 수 있는지를 판단하는 것은 결코 간단한 문제가 아니다. 대중적인 의미에서 부자대학은 절대 규모를 판단준거로 삼고 있으나, 교육재정의 공정성 분석에 사용하는 준거는 학생당 교육비, 주민당 재산세와 같은 1인당 금액이다. 따라서 이 연구에서는 이 두 가지 관점을 모두 포괄하여 대학재정의 빈부와 국고지원의 다소를 각각 대학당 금액과 학생1인당 금액으로 구분하고, 여기에 대학규모를 추가하여 각 변인 간 상관계수를 산출하였다.[75]

재정지원집중도란 일부 대학에 대한 국고지원금의 집중적인 배분의 정도를 말한다. 원래 이 개념은 카네기재단에서 미국 각 주 정부와 대학 간 관계를 분석할 때, 재정지원의 다양성을 측정하는 한 가지 지표로 사용한 '공립연구중심대학에 대한 자원집중도'를 원용한 것이다.[76] 본 연구에서는 재정지원집중도는 재정지원을 많이 받는

---

74) 이를 국가 간 비교에 적용해 보면, 이해하기 쉬워진다. 인구가 1억 명, 1인당 GNP가 1천 달러인 국가와 인구가 1천만 명, 1인당 GNP가 2만 달러인 국가를 비교해 보면, GNP와 1인당 GNP 중 어느 것을 비교준거로 삼느냐에 따라 해석 결과는 달라진다.

75) 참고로 상관계수는 기울기, 탄력성, 조정관계측정치 등과 더불어 기회균등을 측정하는 지수로 활용되고 있다(주철안, 1992: 19-43).

76) 참고로 카네기재단에서는 납세자의 노력(개인소득 대비 고등교육재정), 관심(학생당 지출), 대학교육의 상대적 위치(정부지출 중 대학교육재정), 공립연구중심대학에 대한 자원집중도(대학재정지원 중 연구중심대학의 지원액) 등을 중심으로 재정지원의 다양성을 분석하였다. 이때 연구중심대학은 전체 대학의 5% 정도를 차지하였다(Carnegie Foundation for the Advancement of Teaching, 1976: 69).

순서대로 상위 10개 대학에 대한 국고지원금이 전체 국고지원금에서 차지하는 비중을 말한다. 한정된 자원이 일부 대학에만 집중적으로 배분되면, 이는 국고지원금이 불공정하게 배분되고 있다고 판단하게 된다.

대학교육비 및 국고지원금의 불균형은 Berne와 Stiefel(1984)의 수평적 공정성(horizontal equity)을 측정하였다. 수평적 공정성이란 "동일한 여건에 있는 사람은 동일하게 취급해야 한다."는 원칙이다(Berne & Stiefel, 1984: 13). 이 경우 학생 간 동등성이 전제되어야 하나 일반적으로 모든 학생이 동일한 상황을 가정하기는 어렵다. 그러나 이미 언급한 대로 대학교육단계에서도 재정적 균형은 중요한 정책목표가 될 수 있고, 국고지원금은 재정적 균형에 기여해야 한다는 관점에서 수평적 공정성을 재정적 불균형의 분석에 적용하였다.

국고지원금 배분의 불균형 정도를 측정하기 위해서는 범위, 표준편차, 편차계수(coefficient of variation)를 활용하였다. 또 대학교육비 지출의 불균형 정도를 측정하기 위해서 범위, 표준편차, 역맥룬지수(inverse McLoone index)를 활용하였다. 이 측정치들은 교육재정의 수평적 공정성 측정방법의 선정에 관한 Berne와 Stiefel(1984: 23)의 측정방법 선정기준을 고려하여 선택하였다.77)

범위는 최솟값과 최댓값의 차이를 말하는 것으로 극단값의 영향을 심하게 받는 단점이 있으나, 본 연구에서 분석한 사례들이 거의 전집에 가까우므로 대학 간 차이를 드러내주는 가장 현실적인 수치라는 점을 고려하였다.

---

77) Berne와 Stiefe(1984)이 제시한 판단기준 가운데서 중시한 것으로는 '모든 사례들이 측정치에 포함되는가?' '목적물의 분포상 낮은 위치에 있는 사례에게 위치의 순서를 바꾸지 않고 측정치가 개선되는가?' 등이다.

표준편차는 이론적으로나 경험적으로 거의 범위와 같은 수치, 사례수, 극단적인 사례의 영향을 적게 받는다. Berne와 Stiefe(1984)이 원래 제안한 것은 변량으로서 표준편차를 제곱한 값이나, 표준편차를 사용하면 정상분포상에서 각 사례들이 흩어진 비율을 계산하는 데 더 편리하다.

편차계수는 극단값이나 사례수, 평균의 영향을 적게 받고, 이론적으로나 경험적으로 볼 때, 지니계수(Gini coefficient), 타일지수(Theil's measure), 앳킨슨지수(Atkinson's index), 상대평균편차(relative mean deviation) 등과 거의 같은 속성을 지니고 있다.[78](Berne & Stiefel, 1984: 275-277) 편차계수는 다음에 설명할 맥룬지수와 달리 모든 사례를 포함하고 있고, 각 사례들이 평균을 기준으로 어느 정도 떨어져 있는가, 따라서 여기에서는 어느 정도 불평등하게 분포되어 있는가를 측정할 수 있다.

맥룬지수는 중앙값 이하 사례들의 지출액 합계를 이 사례들이 모두 중앙값(median)에 있는 것으로 가정했을 때의 지출액의 합계로 나눈 비율이다. 교육재정의 불균형을 측정하는 다른 방법들인 범위, 표준편차, 편차계수 등은 자료의 분포에만 관심이 있으나, 맥룬지수는 분포상의 중앙치 이하에서 발생하는 불평등에 초점을 두고 있으며, 이를 시정하는 방법까지 제시한다. 맥룬지수의 값은 1이 될 때, 중앙치 이하에 있는 대학들의 지출이 정확히 균등하게 된다. 맥룬지수는 중앙치가 기본교육을 제공하는 데 충분한 지출규모라고 가정하

---

78) Berne와 Stiefel(1984)의 연구에서는 수직적 공정성을 측정하는 각 방법들을 이론적으로 그리고 자료분석 결과에 따라 몇 개의 집단으로 구분하였다. 본 연구에 사용된 범위, 변량은 이론적, 경험적으로 제1유형에, 편차계수, 지니계수 등은 이론적, 경험적으로 제2유형에 속한다. 또 맥룬지수는 제3유형에 속한다.

므로 분포상 중앙치 이상에 있는 대학들에 대해서는 추가적인 관심
을 두지 않고 현재의 지출액을 그대로 유지할 수 있다. 그런데 교육
재정의 불균형을 측정하는 다른 측정치들은 대부분 0이 될 때, 완전
한 균등상태를 이루는 것과 대조되기 때문에 역맥룬지수(inverse McLoone
index)를 사용하는 것이 일반적이다(주철안, 1992: 34).

3) 자료수집 및 통계처리

연구에서 사용한 자료는 대부분 한국대학교육협의회의 '대학국고
지원현황자료'에 기초한 것이다. 이 대학국고지원현황자료는 1992년
부터 1996년까지 각 대학의 결산자료를 기준으로 각 대학의 재무회
계담당자가 작성한 자료를 수집·정리한 것이다.[79] 이 밖에 동 협의
회에서 발간한 대학교육발전지표(1992, 1997), 그리고 교육부에서 발
간한 교육통계연보(각 연도), 교육부소관예산개요(각 연도), 세입세출
결산보고서(각 연도), 또한 재정경제원에서 발간한 예산개요 및 예산
개요 참고자료(각 연도) 등의 자료로 이를 보완하였다.

대학국고지원현황자료에 포함된 대학의 수는 총 143개 대학으로
서 1996년 현재 대학수(164대학)의 87.2%에 해당한다. 실제 통계분
석에서는 한국방송대와 1992년 이후 설립된 대학들을 제외하였다.
그 이유는 학생수나 대학재정구조 측면에서 왜곡된 결과를 가져올
가능성이 매우 높기 때문이다. 따라서 실제로 분석대상이 된 대학은
111개 대학으로서 1992년 현재 대학(140대학)의 79.3%, 1996년 현재
대학의 67.7%에 해당한다.

---

79) 대학재정을 가장 정확하게 파악할 수 있는 자료는 각 대학의 결산자료
이나, 시계열적으로 정리된 자료를 구하기 어렵다는 단점이 있다.

대학특성별로 1992년 기준 실제 대학수와 표집대학수의 비율은
다음 <표 6-2>와 같다. 전체적으로 표집비율이 비슷하나, 산업대학
의 표집비율이 62.5%로서 평균보다 낮고, 국·공립 일반대학의 표집
비율은 91.7%로서 평균보다 높다.

분석대상대학을 특성별로 보면, 설립별로는 국립대학이 33개 교
(29.7%), 사립대학이 78개 교(70.3%)이고, 유형별로는 일반대학이 87
개 교(78.4%), 산업대학이 5개 교(4.5%), 신학대학이 11개 교(9.9%),
교육대학이 8개 교(7.2%)이며, 소재지별로는 서울특별시소재 대학이
29개 교(26.1%), 광역시소재 대학이 26개 교(23.4%), 그 외 지역소재
대학이 56개 교(50.5%)이다.

〈표 6-2〉 분석대상 대학수

구 분		합 계	일반대학	산업대학	교육대학
합 계	실 제	140	121	8	11
	표 집	111	98	5	8
	표집비율(%)	79.3	81.0	62.5	72.7
국·공립대학	실 제	40	24	5	11
	표 집	33	22	3	8
	표집비율(%)	82.5	91.7	60.0	72.7
사립대학	실 제	100	97	3	
	표 집	78	76	2	―
	표집비율(%)	78.0	78.4	66.7	―

* 주: 실제대학수는 1992년도 기준(방송대학 제외)

국고지원현황자료를 원자료로 하여 우선 전반적인 경향과 연도별
변화추이를 분석하기 위해 지표별로 비율과 1인당 금액을 산출하였
다. 이때 비율(%)은 전체 수입 혹은 지출 대비 주요 항목의 비율을
말하고, 1인당 금액은 대부분 학생1인당 금액(만 원)이나, 연구비는

교수당 금액, 인건비는 교직원당 금액을 사용하였다.[80] 이어서 앞
절에서 설정한 분석모형에 따라 회귀계수, 범위, 표준편차, 역맥룬지
수, 편차계수, 상관계수 등을 산출하였다.[81]

　미리 밝혀둘 점은 통계분석을 실시하기 전에 시계열자료의 상호비
교를 위해서 모든 금액을 불변가격으로 변환하였다는 것이다. 불변
가격환산은 한국은행에서 제시한 GDP 디플레이터을 적용하였는데
이는 1990년을 기준(100)으로 한 것이다.[82]

　이 연구에서 재정지원의 효과분석을 위한 핵심적인 통계분석방법
은 가변인(dummy variable)을 이용한 중다회귀분석이다. 종속변인으
로는 수입총액에 대한 기부금, 법인전입금의 비율, 지출총액에 대한
학생경비, 연구비, 인건비의 비율(%), 그리고 학생당 지출총액을 사
용하였다.[83](한국대학교육협의회, 1998; 재정경제원, 1997) 회귀분석

---

80) 단, 학생수는 학사과정 및 대학원 학생수를 합한 것으로 대학원 학생에
　　게 가중치를 부여하지 않았다. 직원수는 일용직, 임시직을 제외한 정규
　　직원수를 말한다.
81) 참고로 통계분석을 위해 사용한 프로그램은 *SPSS for Windows*(6.1버전),
　　그리고 *MS Excell 97*이다.
82) 참고로 GDP 디플레이터(GDP deflator)란 경상GDP를 불변GDP로 나누
　　어 사후적으로 얻어지는 값으로 생산자물가지수나 소비자물가지수 이
　　외에 수출입물가지수, 임금 등 각종 가격지수를 종합적으로 이용하기
　　때문에 국민소득에 영향을 주는 모든 물가요인을 포괄하는 종합적인
　　물가지수라 할 수 있다. 한국은행에서 제시한 각 연도별 GDP 디플레
　　이터는 다음과 같다.

연 도	1990	1991	1992	1993	1994	1995	1996
GDP디플레이터	100	110.1	116.8	122.7	129.4	136.7	141.4

83) 이때 학생경비는 사립대학의 경우, 장학금, 실험실습비, 기타 학생경비
　　로 구성되고, 국·공립대학의 실험실습비는 재료비(211), 장학금은 보상
　　금(301) 중에서 4. 법령에 의하여 지급하는 장학금을 말한다. 각 변인에
　　대한 자세한 설명은 앞 장의 대학재정제도 부분을 참조하기 바란다.

시 국·공립대학과 사립대학은 전혀 별개의 예산 및 회계제도를 통해서 재정을 운영하고 있고, 대학운영 전반에 관한 정부규제의 수준 역시 다르다는 점을 고려하여 별도로 분석하였다.

중다회귀분석에서 사용하는 독립변인은 이론적으로 타당성이 있어야 하는 것은 물론이고, 통계적으로도 계열상관(serial correlation) 혹은 자기상관(autocorrelation)이나 공선성(collinearity)의 문제를 유발하지 않아야 한다(강승호, 1998: 2929–2942; 이영준, 1993: 138–268; 정충영·최이규, 1998: 213–258). 이 연구는 일차적으로 특수목적지원금의 효과를 분석하는 데 목적이 있으므로 서로 분명하게 구분되는 몇 가지 독립변인을 추가함으로써 특수목적지원금의 효과가 과대 추정되는 것을 방지하였다. 독립변인으로는 학생당 특수목적지원금, 학생당 일반지원금, 학교규모, 그리고 시간변인을 설정하였다. 학생당 국고지원금은 만 원 단위로 표기하였고, 학교규모는 학생수를 천 명 단위(반올림)로 사용하였다. 시간변인은 1993년부터 1996년까지를 가변인으로 처리하여 1992년에 대한 변화를 분석하였다.

중다회귀분석에서 회귀계수를 추정하는 방법은 매우 다양하나 일반적으로 전진법(forward selection)과 단계법(stepwise selection)이 사용되고 있다. 전진법은 이론적으로 독립변인의 영향력을 확신할 수 있을 때 사용하고 그렇지 않은 경우에는 단계법을 사용하는 것이 더 일반적이나, 이 연구에서는 각 변인의 회귀계수(b)를 모두 추정해보기 위해서 전진법에 의한 분석 결과를 제시하되, 그 결과를 단계법에 의한 결과와 비교하였다. 대부분의 경우, 두 가지 방법에 의해서 추정되는 회귀계수는 거의 동일하였다. 또한 Durbin–Watson검사를 통하여 자기상관 여부를 판단하고, 공선성 문제도 진단한 결과, 분석에 사용한 변인들은 대부분 공선성 문제를 야기하지 않았고, Durbin–Watson지수

도 대체로 2.0 미만으로 자기상관의 문제도 적었다.[84]

다음으로 재정적 불균형 분석과 관련해서 부익부 빈익부 현상의 측정을 위해서 산출한 상관계수는 지출총액, 국고지원금 총액, 특수목적지원금, 일반지원금, 학생당 지출 총액, 학생당 국고지원금, 학생당 특수목적지원금, 학생당 일반지원금, 그리고 학교규모 간 단순상관계수를 산출하였다.

재정지원 집중도는 재정지원을 많이 받는 상위 10개 대학에 대한 국고지원금(총액, 목적지원, 일반지원)이 전체 국고지원금에서 차지하는 비중을 연도별로 산출하고, 상위 10개 대학의 학생수 비중의 변화도 분석하였다.

학생당 국고지원의 불균형을 측정하기 위해서는 범위, 표준편차, 편차계수를, 그리고 교육비 지출의 불균형을 측정하기 위해서는 범위, 표준편차, 역맥룬지수를 연도별로 산출하여 그 추이를 분석하고, 각 지수들의 측정 결과를 상호 비교하여 공통점과 차이점을 추출하였다. 이러한 재정적 불균형의 추이에 대한 분석과 아울러 특수목적지원금의 효과를 분석하기 위해서는 해당 측정치별로 특수목적지원금이 포함된 경우와 제외된 경우의 측정 결과를 별도로 산출하고, 그 차이를 특수목적지원금의 효과로 판단하였다.[85] 분석에 사용한 측정치들 중 편차계수와 역맥룬지수를 수리적으로 표현하면 다음과 같다(Berne & Stiefel, 1984: 20).

---

84) 회귀분석을 위한 또 다른 가정으로 선형성의 확보와 정상분포의 문제가 있으나, 사회통계분석에서는 이를 일반적으로 수용하고 있고, 이 연구에서는 거의 전집에 가까운 표집이라는 점 때문에 회귀분석을 위한 일반적인 조건을 충족시킨 것으로 볼 수 있다.

85) 이러한 차이에 의한 효과측정방법을 사용한 예로는 Ban(1994) 참조

■편차계수(coefficient of variation)= $\sqrt{\dfrac{\dfrac{\sum (X_i - \overline{X})^2}{N}}{\overline{X}}}$

단, X_i＝각 대학의 학생당금액, $\overline{X}$＝학생당 평균 금액, N＝전체 학생수

■역맥룬지수(inverse McLoone Index)＝(1－맥룬지수)＝$(1 - \dfrac{\sum X_j P_j}{M_p \sum P_j})$

단, M_p＝학생당금액의 중앙값

X_j＝중앙값 이하 대학의 학생당금액, P_j＝중앙값 이하 대학의 학생수

4) 통계분석의 제한점

본 연구는 일반적인 통계분석상의 제한점 이외에 다음과 같은 제한점을 갖고 있다. 첫째, 대학재정지원정책의 영향을 주로 재정적 측면에 한정하여 분석하였다. 대학재정지원정책은 재정적 측면 이외에 교육 및 연구의 질적 수준, 행정조직, 의사결정구조, 대학 내 재정배분방식 등과 같은 대학교육 전반에 걸쳐서 다양한 영향을 줄 수 있고, 학생 차원에서 교육기회, 혹은 만족도나 성취도에도 영향을 줄 수 있다.

둘째, 학생당금액을 계산할 때, 학생특성별로 가중치를 부여하지 않았다. 예를 들어서 학사과정과 대학원과정, 계열, 전공분야와 같은 여러 가지 특성에 따라서 학생당 교육비가 달라질 수 있다. 그러나 아직까지 대학교육 분야에서 학생특성에 따른 교육비 가중치를 얼마

로 할 것인지에 대해서는 거의 논의가 이루어지지 않고 있고, 정부
지원과 관련된 일차적인 공정성 문제는 최소수준의 보장에 있다는
점을 고려하여 모든 학생을 동일하게 취급하였다. 그러나 실제 대학
에 국고를 지원할 때는 학생특성을 고려한 가중학생지수를 개발하여
적용해야 할 것이다.[86]

셋째, 국고지원의 불균형과 학생당 지출의 불균형을 측정할 때,
대학의 여러 가지 특성, 예를 들어서 국·공립대학이냐 사립대학이
냐, 일반대학이냐, 교육대학 혹은 산업대학이냐와 같은 대학의 특성
을 고려하지 않고 모든 대학이 동일해야 한다고 가정하였다. 이러한
대학의 특성을 모두 고려할 경우에는 각 셀에 해당하는 대학수가 너
무 적어지고, 본 연구에서 불균형 분석을 위해 사용한 표준편차, 편
차계수와 같은 측정지표들을 제대로 활용하기 어렵다는 난점이 있
다. 또 국고지원금이 주로 사업성 지원금으로서 국립대학의 경상비
지원은 제외되므로 이러한 대학의 특성을 고려하지 않았다.

넷째, 학생이 아니라 대학을 단위로 교육재정의 불균형을 측정하
였다. 대학을 단위로 국고를 지원할 경우에 학생의 사회경제적 여건
이 고려되지 않음에 따라 오히려 역진적 재분배 효과를 가져올 수
있다. 이에 따라 초·중등교육 분야의 경우, 교육구나 학교가 아니라
학생을 단위로 공정성을 측정하려는 연구가 나타나고 있다(Berne &
Stiefel, 1994: 405–421). 향후 연구에서는 대학과 더불어 학생을 분
석단위로 재정적 불균형을 평가할 필요가 있다.

다섯째, 회귀분석 결과 일부 지표의 경우, 독립변인의 설명량(R^2)이

---

86) 수평적 공정성의 관점에서는 동등성의 원칙을 중시하는 반면, 학생특성
별 가중치를 부여하는 것은 학생의 필요를 고려하는 적극적 차등의 원
칙이 적용되는 서로 다른 차원의 문제라고 볼 수 있다.

상당히 낮은 경우가 있다. 따라서 일부 지표의 경우, 중요한 설명변인을 탐색하여 이를 추가할 필요가 있으나, 본 연구의 목적이 독립변인 간 상대적인 영향력을 분석하는 것이 아니라, 특정한 독립변인이 종속변인에 미친 효과를 분석하는 데 있으므로 일반적으로 대학재정에 영향을 줄 것으로 판단되는 요인들을 독립변인으로 설정하였다.

2. 국고지원과 대학재정관련 주요 항목의 변화

통계분석의 결과는 크게 두 부분으로 나누어 제시한다. 첫째, 대학재정의 수입 및 지출관련 주요 항목의 비중과 학생당금액을 평균값을 중심으로 연도별 변화를 분석함으로써 재정패턴의 전반적인 변화 양상을 제시하였다. 둘째, 국고지원금이 수입 및 지출 영역의 주요 지표에 미친 영향을 회귀분석 결과를 중심으로 제시하였다. 회귀분석 결과는 국·공립대학과 사립대학의 차례로 제시하였다.

1) 대학재정의 수입 및 지출관련 항목의 추이

국고지원금의 영향에 관한 구체적인 분석에 앞서 대학재정의 수입 및 지출항목의 전반적인 변화추세를 간략하게 살펴보면 다음과 같다. 먼저 대학 전체 수입에서 학생등록금이 차지하는 비중은 연도별로 거의 변화가 없으나, 1992년부터 1994년까지는 48.0%에서 45.3%로 감소하다가 이후 다시 1996년까지는 55.1%로 증가하는 경향을 보여준다. 학생당 등록금도 계속 증가하는 추세에 있다. 1992년 학생당

등록금은 165.6만 원이었던 것이 1996년에는 240만 원으로 약 45%
가 증가하였다(표 6-3 참조). 이는 1990년 불변가를 기준으로 한 것
으로 경상가를 기준으로 할 경우, 75.6%의 높은 증가율을 보여준다.

〈표 6-3〉 대학재정의 주요 수입항목의 추이(1992~1996)

(1990년 불변가)

연 도	학생등록금		기부금		법인전입금		국고지원금	
	비율 (%)	학생당금액 (만 원)	비율 (%)	학생당금액 (만 원)	비율 (%)	학생당금 (만 원)	비율 (%)	학생당금액 (만 원)
1992	48.0	165.6	2.1	7.1	7.9	29.6	3.1	10.6
1993	46.9	183.8	2.6	10.0	6.8	29.7	3.5	13.9
1994	45.3	197.7	3.1	13.3	7.5	36.4	5.0	21.9
1995	46.9	215.1	3.6	16.7	6.6	33.4	5.7	26.2
1996	55.1	240.2	7.5	32.9	6.8	31.2	8.9	38.9

* 주: 1) 비율(%)은 전체 대학재정수입에 대한 해당항목의 백분율
    2) 학생당금액(만 원)=해당금액 총계 / 학생수 총계
    3) 법인전입금은 사립대학에만 해당

다음으로 학생당 국고지원금의 비율은 1992년 3.1%에서 계속 증
가하여 1996년에는 8.9%로 급격하게 증가하였다(표 6-4 참조). 학
생당금액도 1992년 10.6만 원에서 1996년 38.6만 원으로 증가하였다.
이를 설립별로 보면, 국·공립대학의 수입 대비 국고지원금의 비율
은 1992년 10.5%에서 1996년 23.3%, 학생당 국고지원금은 27.7만
원에서 87.8만 원으로 지속적으로 증가하고 있다. 사립대학의 수입
대비 국고지원금의 비율은 1992년 1.1%에서 1996년 4.3%로, 그리고
학생당 국고지원금은 4.1만 원에서 19.9만 원으로 증가하였다. 1992
년 대비 증가율로 보면, 수입 대비 비율이나 학생당금액 모두 사립
대학이 국·공립대학보다 높다.

〈표 6-4〉 국고지원금의 추이(1992~1996)

(1990년 불변가)

연 도	전 체		국·공립대학		사립대학	
	비율 (%)	학생당금액 (만 원)	비율 (%)	학생당금액 (만 원)	비율 (%)	학생당금액 (만 원)
1992	3.1	10.6	10.5	27.7	1.1	4.1
1993	3.5	13.9	12.1	34.3	1.4	5.9
1994	5.0	21.9	16.8	52.1	2.1	10.0
1995	5.7	26.2	18.3	61.7	2.4	12.2
1996	8.9	39.9	23.3	87.8	4.3	19.9

* 주: 비율(%)은 전체 대학재정수입에 대한 국고지원금의 백분율

전반적인 비중 면에서 볼 때, 학생등록금은 완만한 상향, 법인전입금은 완만한 하향, 그리고 기부금과 국고지원금은 급격한 상향 경향을 보여준다. 학생당금액 면에서 볼 때, 모든 항목들이 꾸준한 증가세를 보여주나, 그 1992년 대비 증가율 면에서 볼 때, 기부금이 약 4.6배로 가장 높고, 국고지원금이 약 3.7배로 높다.

다음으로 지출측면에서 보면, 학생당 지출총액은 1992년 337.8만 원에서 1996년 432.8만 원으로 약 1.3배가 되었다. 그러나 1995년 446.3만 원을 정점으로 1996년에는 약간 낮아진 432만 원이다. 지출 중에서 교육활동과 가장 밀접하게 관련된 학생경비는 1992년 8.8%에서 1994년 7.7%로 낮아지다가 이후 다시 1996년 9.1%로 높아졌다. 학생당 학생경비는 1992년 29.6만 원에서 1996년 39.2만 원으로 지속적으로 증가하고 있다.

지출총액에서 연구비가 차지하는 비중은 1992년 3.2%에서 1996년 6.4%로 급격하게 상승하고 있다. 교수당 연구비 역시 1992년 347.1만 원에서 1996년 849.5만 원으로 약 2.4배가 되었다.

지출총액에서 인건비가 차지하는 비중은 1992년 38.7%에서 1994년 35.4%로 낮아지다가 이후 다시 증가하여 1996년에는 40.8%가 되었다. 교직원당 인건비는 1992년 2663.2만 원에서 1996년 3741.8만 원으로 계속 증가하였다.

〈표 6─5〉 대학재정의 주요 지출항목의 변화 추이(1992~1996)

(1990년 불변가)

| 연 도 | 지출 총액 | 학생 경비 | | 연구비 | | 인건비 | |
	1인당금액 (만 원)	비율 (%)	1인당금액 (만 원)	비율 (%)	1인당금액 (만 원)	비율 (%)	1인당금액 (만 원)
1992	337.8	8.8	29.6	3.2	347.1	38.7	2663.2
1993	380.2	8.2	31.3	3.4	410.3	36.9	2860.7
1994	430.8	7.7	33.1	5.1	688.4	35.4	3137.7
1995	446.3	8.0	35.7	5.0	677.4	37.6	3445.0
1996	432.0	9.1	39.2	6.4	849.5	40.8	3741.8

* 주: 1) 비율(%)은 전체 대학재정지출에 대한 해당항목의 백분율
   2) 1인당금액의 경우, 지출총액과 학생경비는 학생당 금액, 인건비는 교직원 1인당 금액, 연구비는 교원당 금액을 의미함.

2) 국고지원과 기부금 비중

수입 총액 중 기부금의 비율은 1992년 2.1%에서 1995년 3.5%로 완만한 상승을 보이다가 1996년에는 7.5%로 급격하게 증가하였다. 1990년 불변가를 기준으로 한 학생당 기부금액도 1992년 7.1만 원에서 계속 상승하여 1996년에는 32.9만 원으로 약 4.6배가 되었다.

이를 설립별로 보면, 기부금 비중은 국·공립대학의 경우, 1992년 1.6%에서 1995년 3.7%로서 계속 증가하다가 1996년에는 3.1%로 전

년에 비해서 약간 감소하였다. 사립대학의 경우, 1992년부터 1995년
까지는 국·공립대학과 마찬가지로 2.2%에서 3.6%로 완만하게 증가
하다가 1996년에는 9.0%로 급격하게 증가하였다. 1996년과 1992년
을 비교하면 국·공립대학은 그 비중이 약 2배, 사립대학은 약 4배
로 증가한 것이다.

학생 1인당 기부금은 역시 지속적으로 증가하는 추세에 있고, 그
변화추이는 기부금의 비율 변화추이와 거의 동일하다. 국·공립대학
의 경우, 1992년 4.2만 원에서 1996년 11.7만 원으로서 약 2.8배로
증가하였다. 사립대학의 경우, 1992년 8.2만 원에서 1996년 41.1만
원으로서 약 5.1배로 증가하였다. 1996년에 사립대학의 기부금 비중
이 이렇게 급격하게 높아진 것은 '사학기관재무·회계규칙에 대한
특례규칙'이 개정된 영향을 상당히 받은 것으로 보인다. 즉 1996년
부터는 기부금에 외부수주 연구비가 추가되었다.

〈표 6-6〉 기부금의 변화 추이(1992~1996)

(1990년 불변가)

연 도	전 체		국·공립대학		사립대학	
	비율 (%)	학생당금액 (만 원)	비율 (%)	학생당금액 (만 원)	비율 (%)	학생당금액 (만 원)
1992	3.1	10.6	1.6	4.2	2.2	8.2
1993	3.5	13.9	1.2	3.4	2.9	12.6
1994	5.0	21.9	2.9	8.9	3.1	15.1
1995	5.7	26.2	3.7	12.5	3.6	18.4
1996	8.9	38.9	3.1	11.7	9.0	41.1

* 주: 비율(%)은 전체 대학재정수입에 대한 기부금의 백분율

기부금 비율에 대한 국고지원금의 영향을 분석하기 위하여 회귀분

석을 실시한 결과, 먼저 국립대학의 경우 목적지원금은 기부금 비중
의 증감에 통계적으로 의미 있는 영향을 주지 않는 것으로 드러났
다. 국고지원의 다른 형태인 일반지원금 역시 영향을 주지 않는 것
으로 나타났다. 다만 대학규모가 클수록 기부금 비중이 높은 것으로
나타났다(p<.01). 이때 회귀계수(b)는 약 .230으로서 이는 학생 천
명이 증가할수록 재정수입에서 기부금이 차지하는 비중이 약 0.23%
증가되는 것으로 해석할 수 있다. 가변인으로 설정된 시간변인은 통
계적으로 유의미한 차이를 보이지 않았다. 즉 1992년도 이후 국립대
학의 기부금 비중에는 커다란 변화가 없었다. 선정된 독립변인들의
설명량은 $R^2=.39$로서 비교적 높은 편이고, 더빈-왓슨지수는 1.46으
로서 계열상관에 문제가 없었다.

〈표 6-7〉 국고지원금이 국·공립대학 기부금 비중에 미친 영향: 회귀분석 결과

변인명	회귀계수(b)	T	Sig T
학생당 목적지원금	.019546	.490	.6254
학생당 일반지원금	.003517	.384	.7021
학교규모	.230284	5.756	.0000
시간변인 D93	-.285242	-.383	.7024
D94	.637164	.814	.4176
D95	.896484	1.104	.2720
D96	.484498	.509	.6122
상수항	-1.443213	-1.947	.0543

R Square   .39050
F = 9.33575   Signif F = .0000
Durbin-Watson Test = 1.46413

다음으로 사립대학의 경우, 학생당 특수목적지원금의 회귀계수(b)
는 약 .361로서 특수목적지원금이 기부금의 비율을 높이는 효과가
있는 것으로 드러났다(p<.05). 이는 학생당 특수목적지원금 만 원의

추가는 기부금 비율 0.36%의 증가를 가져오는 것으로 해석할 수 있다. 일반지원금 역시 기부금의 비중에 통계적으로 의미 있는 영향을 주었다(b＝.269, p＜.01). 또 시간변인 중 D96, 즉 1996년도가 통계적으로 의미 있는 영향을 주었다(b＝2.288, p＜.05). 그러나 회귀분석에 포함된 독립변인들의 설명량은 상당히 낮은 편이고, 계열상관의 문제도 내포하고 있어서 주의할 필요가 있다.

〈표 6-8〉 국고지원금이 사립대학 기부금 비중에 미친 영향: 회귀분석 결과

변인명	회귀계수(b)	T	Sig T
학생당 목적지원금	.361401	5.081	.0000
학생당 일반지원금	.014487	.485	.6282
학교규모	.036722	.921	.3575
시간변인 D93	.877299	1.015	.3107
D94	.718344	.829	.4074
D95	1.165880	1.340	.1809
D96	2.287520	2.497	.0130
상수항	1.606400	2.236	.0260

R Square .12619
F＝7.67427   Signif F＝ .0000
Durbin-Watson Test＝ 2.09551

정부의 특수목적지원사업들은 재정운영의 합리화와 함께 재원확보를 위한 자구노력을 강조하고 있다. 특히, 국고지원에 상응하는 대응투자를 요구하고 있다. 대응투자에는 대학내부 재원 외에 외부 재원도 포함된다. 즉 대학이 기업과 지역주민으로부터 재원을 적극적으로 확보하도록 계획을 세우고, 목표실적을 달성할 것을 요구한다. 본 연구의 분석 결과는 특수목적지원금이 사립대학 기부금의 모금 확대에 영향을 주고 있음을 실증한다. 그러나 국·공립대학에는 통계적으로 의미 있는 영향을 주지 않았다.

3) 국고지원과 사립대학 법인전입금 기여도

1992년부터 1996년까지 사립대학 전체 수입 중에서 법인전입금이 차지하는 비중은 각각 7.9, 6.8, 7.5, 6.6, 6.8%로 W형태의 진동을 보여주나 전체적으로 볼 때, 그 방향은 증가가 아니라 감소하는 추세이다. 학생당 법인전입금은 전체적으로 약간 증가하였다. 학생당금액은 1992년 29.6만 원에서 1994년 36.4만 원으로 상승하다가 이후 다시 감소하여 1996년에는 31.2만 원이 되었다. 특히 1994년의 학생당 법인전입금은 36.4만 원으로서 분석기간 중 가장 높았다가 그 이후에는 다시 낮아졌다.

〈표 6-9〉 사립대학 법인전입금의 추이(1992~1996)

(1990년 불변가)

연 도	비율(%)	학생당금액(만 원)
1992	7.9	29.6
1993	6.8	29.7
1994	7.5	36.4
1995	6.6	33.4
1996	6.8	31.2

* 주: 1) 비율(%)은 전체 대학재정수입에 대한 해당항목의 백분율

국고지원금이 사립대학의 법인전입금 비중을 향상시키는지를 분석하기 위해서 회귀분석을 실시한 결과, 특수목적지원금은 통계적으로 유의미한 영향을 주지 못하는 것으로 나타났다. 다만 학생당 일반지원금의 회귀계수는 .267로서 학생당 일반지원금 만 원의 추가는 법인전입금의 비중을 약 0.27% 높이는 것으로 해석할 수 있다($p < .01$).

일반지원사업 중에서 자구노력지원의 배분기준에는 사업목적지원
지표로 '법인전입금 실적'이 포함되어 있다. 본 연구의 결과는 각 사
립대학이 법인전입금의 확충을 위해서 노력하고 있고, 일반지원금은
이러한 노력을 자극하는 효과가 있음을 실증하고 있다.

〈표 6-10〉 국고지원금이 사립대학 법인전입금 비중에 미친 영향: 회귀분석 결과

변인명	회귀계수(b)	T	Sig T
학생당 목적지원금	.211117	1.867	.0627
학생당 일반지원금	.266861	5.614	.0000
학교규모	-.257278	-4.059	.0001
시간변인 D93	-2.000427	-1.456	.1463
D94	-1.023656	-.743	.4578
D95	-2.670804	-1.931	.0542
D96	-3.838014	-2.634	.0088
상수항	8.755983	7.663	.0000

R Square .13539
F = 8.32183   Signif F = .0000
Durbin-Watson Test = 1.66289

또 학교규모와 1995, 1996년의 회귀계수가 각각 -.257, -2.671,
-3.838로서 규모가 커짐에 따라, 그리고 1995년과 1996년에 법인전
입금이 감소하였음을 알 수 있다(p<.01, .05, .01). 그 밖의 다른 변인들
은 통계적으로 의미 있는 영향을 주지 않는 것으로 나타났다. 이 회귀분
석에 의한 설명량은 상당히 낮은 편이나, 계열상관의 문제는 적었다.

4) 국고지원과 학생경비 비중

학생경비 비중의 변화추이를 보면, 국·공립대학의 경우에 1992년

5.7%에서 1993년 6.2%로 증가하였으나, 1994년에 6.0%로 다시 낮아
지고, 1995년 5.4%, 1996년 5.1%로 계속 낮아지는 추세를 보여준다.
사립대학의 경우에는 국·공립대학과는 정반대의 경향을 보여준다.
1992년 9.6%에서 1994년 8.1%로 낮아지다가 1995년 8.7%, 1996년
10.3%로 회복세를 보여준다.

학생당 학생경비는 국·공립대학은 완만한 증가추세, 그리고 사립
대학은 상대적으로 높은 증가추세를 보여준다. 국·공립대학의 경우
1992년 14.9만 원에서 1996년 18.7만 원으로 약 25.5%가 증가하였
고, 사립대학은 1992년 35.2만 원에서 1996년 47.2만 원으로 약
34.1%가 증가하였다.

〈표 6-11〉 학생경비의 변화 추이(1992~1996)

(1990년 불변가)

연 도	전 체		국·공립대학		사립대학	
	비율 (%)	학생당금액 (만 원)	비율 (%)	학생당금액 (만 원)	비율 (%)	학생당금액 (만 원)
1992	8.8	29.6	5.7	14.9	9.6	35.2
1993	8.2	31.3	6.2	16.8	8.7	36.9
1994	7.7	33.1	6.0	18.1	8.1	38.9
1995	8.0	35.7	5.4	17.8	8.7	42.8
1996	9.1	39.2	5.1	18.7	10.3	47.2

* 주: 비율(%)은 전체 대학재정지출에 대한 학생경비의 백분율

국고지원금이 학생경비의 비중에 미치는 영향을 분석하기 위하여
회귀분석한 결과, 국·공립대학의 경우 회귀분석에 포함된 모든 독
립변인들은 학생경비의 비중 변화에 의미 있는 영향을 주지 않는 것
으로 나타났다.

〈표 6-12〉 국고지원금이 국·공립대학 학생경비 비중에 미친 영향: 회귀분석 결과

변인명	회귀계수(b)	T	Sig T
학생당 목적지원금	.071097	.746	.4573
학생당 일반지원금	-.013776	-.629	.5306
학교규모	-.182766	-1.913	.0585
시간변인 D93	.845678	.476	.6352
D94	-.020548	-.011	.9912
D95	-1.591235	-.821	.4135
D96	-.954258	-.420	.6757
상수항	9.275502	5.241	.0000

R Square   .06087
F = .94440   Signif F = .4760
Durbin-Watson Test = 2.11117

사립대학의 경우, 특수목적지원금의 회귀계수는 -.081으로서 p<.05 수준에서 유의미한 영향을 주는 것으로 나타났다(표 6-13 참조). 이는 학생당 특수목적지원금 만 원의 추가는 학생경비 비중 0.08%의 감소를 가져오는 것으로 해석할 수 있다. 또 일반지원금의 회귀계수는 -.084로서 p<.01수준에서 유의미한 영향을 주었다. 또한 학교규모의 회귀계수는 .090으로서 학교규모가 클수록 학생경비의 비중이 높았다(p<.01). 시간변인으로서 1994년과 1996년이 영향을 주었는데, 회귀계수가 각각 -.982, 1.60으로서 1994년에는 감소, 1996년에는 증가로 서로 반대의 영향을 주었다(p<.05, .01).

〈표 6-13〉 국고지원금이 사립대학 학생경비 비중에 미친 영향: 회귀분석 결과

변인명	회귀계수(b)	T	Sig T
학생당 목적지원금	-.080834	-1.962	.0505
학생당 일반지원금	-.083509	-4.823	.0000
학교규모	.090425	3.917	.0001

변인명	회귀계수(b)	T	Sig T
시간변인 D93	−.656147	−1.311	.1908
D94	−.981910	−1.957	.0510
D95	−.408867	−.812	.4176
D96	1.610471	3.035	.0026
상수항	9.666512	23.224	.0000

R Square = .14582
F = 9.07251 Signif F = .0000
Durbin−Watson Test = 1.73571

5) 국고지원과 연구비 비중

지출총액에서 연구비가 차지하는 비중은 전체적으로 증가하는 추
세에 있다. 국·공립대학의 경우 1992년 2.4%에서 1996년 3.4%로
완만한 증가를 보여준다. 사립대학의 경우에는 그 증가의 폭이 크다.
특히 1994년에는 연구비의 비중이 전년도 3.6%에서 5.7%로 급격히
증가하였다. 1995년에는 5.5%로 약간 낮아졌다가 1996년에는 7.3%
로 다시 상승하였다.

교수당 연구비 역시 위의 비율과 비슷한 변화추세를 보여준다. 특
히 사립대학의 1994년의 교수당 연구비는 931.4만 원으로 전년 대비
75.1%가 대폭 증가하였고, 1996년의 교수당 연구비는 1,090.6만 원
으로 1992년 대비 243.8%의 증가율을 나타냈다.

〈표 6-14〉 연구비의 변화 추이(1992~1996)

(1990년 불변가)

연 도	전 체		국·공립대학		사립대학	
	비율 (%)	학생당금액 (만 원)	비율 (%)	학생당금액 (만 원)	비율 (%)	학생당금액 (만 원)
1992	3.2	347.1	2.4	158.4	3.4	447.2
1993	3.4	410.3	2.5	176.8	3.6	532.0
1994	5.1	688.4	2.7	210.2	5.7	931.4
1995	5.0	677.4	3.1	268.6	5.5	874.5
1996	6.4	849.5	3.4	339.9	7.3	1090.6

* 주: 비율(%)은 전체 대학재정지출에 대한 연구비의 백분율

특수목적지원금이 연구비의 증감에 미친 영향을 검증하기 위해 회귀분석한 결과, 국공립대학의 경우 학생당 특수목적지원금의 회귀계수는 .137로서 $p < .05$ 수준에서 유의미한 영향을 주는 것으로 드러났다(표 6-15 참조). 이는 학생당 특수목적지원금 만 원의 추가는 연구비 비중을 약 0.14% 증가시키는 효과가 있는 것으로 해석된다. 학생당 일반지원금의 회귀계수는 .032로서 역시 연구비의 증가에 영향을 주었다($p < .05$). 학교규모의 회귀계수도 .219로서 연구비 비중의 증가에 영향을 주었다($p < 01$). 시간변인은 통계적으로 의미 있는 영향을 주지 않았다.

〈표 6-15〉 국고지원금이 국·공립대학 연구비 비중에 미친 영향: 회귀분석 결과

변인명	회귀계수(b)	T	Sig T
학생당 목적지원금	.137485	2.091	.0390
학생당 일반지원금	.031611	2.093	.0388
학교규모	.219475	3.330	.0012
시간변인 D93	−.219017	−.179	.8586
D94	−.842761	−.654	.5149

변인명	회귀계수(b)	T	Sig T
D95	−1.090931	−.816	.4165
D96	−1.971414	−1.256	.2119
상수항	−1.251859	−1.025	.3077

R Square = .24593
F = 4.75228 Signif F = .0001
Durbin−Watson Test = 1.55194

　　사립대학의 경우, 특수목적지원금의 회귀계수는 .279로서 연구비 증가에 기여한 것으로 분석되었다(p<.01). 또 학생당 일반지원금의 회귀계수는 .072로서 역시 연구비 증가에 기여하였다(p<.01). 학교규모도 연구비 비중에 영향을 주었는데 회귀계수는 .187이다(p<.01). 시간변인을 통계적으로 의미 있는 영향을 주지 않았다<표 6−16 참조>.

⟨표 6−16⟩ 국고지원금이 사립대학 연구비 비중에 미친 영향: 회귀분석 결과

변 인 명	회귀계수(b)	T	Sig T
학생당 목적지원금	.278566	7.930	.0000
학생당 일반지원금	.071992	4.876	.0000
학교규모	.186669	9.482	.0000
시간변인 D93	.237028	.555	.5791
D94	.226038	.528	.5975
D95	.815142	1.897	.0585
D96	.797915	1.763	.0787
상수항	.293767	.828	.4084

R Square = .42593
F = 39.42990 Signif F = .0000
Durbin−Watson Test = 2.03367

　　회귀분석 결과를 종합해 볼 때, 특수목적지원금은 국·공립대학과 사립대학의 연구비 비중을 증가시키는 효과가 있는 것으로 나타났다.

이를 학생경비의 비중 변화에 대한 영향력과 비교해 볼 때, 특수목적 지원금은 사립대학의 학생경비의 비중을 낮추고, 연구비의 비중을 높이는 효과, 다시 말해서 상충효과를 보여주는 것으로 나타났다.

이는 시장형 대학재정지원방식에 대한 비판적 관점을 지지한다. 시장형 재정지원방식을 따를 경우, 단기적 효과가 분명하고 측정 가능한 분야를 지원하는 경향이 있다. 따라서 대학부문에서는 장기적 투자가 요구되고, 그 성과를 분명히 측정하기 어려운 교육활동보다는 연구활동에 더 많은 재원, 인력, 시간이 투입된다.

6) 국고지원과 인건비 비중

교직원당 인건비는 지속적으로 증가하는 추세에 있으나, 지출총액에서 교직원 인건비가 차지하는 비중은 전체적으로 큰 변화가 없다. 이를 설립별로 보면, 국·공립대학의 인건비 비중은 1992년 58.2%에서 1996년 51.5%로 상당폭 감소하였다. 그러나 1994년까지 감소하던 인건비 비중이 1995년에는 다시 상승하였다가 1996년에는 7.1%의 비교적 큰 폭으로 감소하여 최근 들어서 유동성을 보이는 것으로 나타났다.

사립대학의 인건비 비중은 1994년을 최저점으로 낮아졌다가 1996년까지는 오히려 더 상승하는 완만한 U턴 현상을 보여준다. 또한 1995년부터는 국·공립대학과 사립대학의 교직원당 인건비가 거의 비슷한 수준으로 접근하고 있다.

〈표 6−17〉 인건비의 변화 추이(1992~1996)

(1990년 불변가)

연 도	전 체		국 · 공립대학		사립대학	
	비율 (%)	교직원당금액 (만 원)	비율 (%)	교직원당금액 (만 원)	비율 (%)	교직원당금액 (만 원)
1992	38.7	2663.2	58.2	2348.1	33.4	2842.9
1993	36.9	2860.7	58.1	2534.6	31.6	3041.3
1994	35.4	3137.7	56.0	2882.0	30.3	3270.4
1995	37.6	3445.0	58.6	3413.4	32.1	3460.4
1996	40.8	3741.8	51.5	3639.5	37.5	3788.2

* 주: 비율(%)은 전체 대학재정지출에 대한 인건비의 백분율

국고지원금이 인건비 비중에 미친 영향을 회귀분석한 결과, 먼저 국 · 공립대학의 경우, 회귀분석에 포함된 모든 독립변인들이 통계적으로 의미 있는 영향을 주지 못하는 것으로 나타났다.

〈표 6−18〉 국고지원금이 국 · 공립대학 인건비 비중에 미친 영향: 회귀분석 결과

변인명	회귀계수(b)	T	Sig T
학생당 목적지원금	−.038464	−.368	.7140
학생당 일반지원금	−.020118	−.837	.4047
학교규모	.188877	1.801	.0747
시간변인 D93	.972033	.498	.6195
D94	.525121	.256	.7986
D95	−1.867213	−.877	.3824
D96	−2.246499	−.899	.3706
상수항	54.213026	27.894	.0000

R Square = .11923
F = 1.97248   Signif F = .0660
Durbin−Watson Test = 2.16078

사립대학의 경우에도 특수목적지원금은 인건비 비중의 증감에 영

향을 주지 않았다. 그러나 일반지원금의 회귀계수는 −.122로서 p<.05 수준에서 인건비 비중의 감소에 영향을 주었다. 학교규모도 영향을 주었는데 회귀계수는 .155로서 학생 천 명의 증가는 인건비 비중의 약 .16%를 증가하는 것으로 해석된다(p<.05). 시간변인은 통계적으로 의미 있는 영향을 주지 않았다.

〈표 6-19〉 국고지원금이 사립대학 인건비 비중에 미친 영향: 회귀분석 결과

변인명	회귀계수(b)	T	Sig T
학생당 목적지원금	−.191251	−1.435	.1520
학생당 일반지원금	−.121927	−2.177	.0301
학교규모	.154842	2.074	.0388
시간변인 D93	−1.567653	−.968	.3335
D94	−3.067823	−1.891	.0594
D95	−2.590754	−1.590	.1127
D96	3.201778	1.865	.0629
상수항	35.677419	26.503	.0000

R Square = .06430
F = 3.65186   Signif F = .0008
Durbin−Watson Test = 1.99488

7) 국고지원과 학생당 지출총액

학생당 지출총액은 전반적으로 증가하는 추세에 있다. 국·공립대학의 경우, 1992년 259.8만 원에서 1996년 370.3만 원으로 약 42.5%가 증가하였다. 사립대학의 경우, 1992년 367.6만 원에서 1996년 456.0만 원으로 약 24.0%가 증가하였으나, 1995년에 가장 높았고 1996년에는 오히려 약간 감소하였다.

〈표 6-20〉 학생당 지출총액의 변화 추이(1992~1996)

(단위: 만 원, 1990년 불변가)

연 도	전 체		국·공립대학		사립대학	
	학생당금액	증가지수	학생당금액	증가지수	학생당금액	증가지수
1992	337.8	100	259.8	100	367.6	100
1993	380.2	112.6	272.0	104.7	422.3	114.9
1994	430.8	127.5	301.2	115.9	482.0	131.1
1995	446.3	132.1	328.1	126.3	493.0	134.1
1996	432.0	127.9	370.3	142.5	456.0	124.0

국고지원금이 대학재정에 미친 영향을 포괄적으로 분석하기 위해 그것이 학생당 지출총액의 증가에 기여하는지 분석하였다. 국·공립 대학의 경우, 특수목적지원금은 학생당 지출총액의 증가에 의미 있 는 영향을 주지 못하는 것으로 나타났다. 대학규모는 지출총액에 영 향을 주었는데 회귀계수는 −3.87이다(p < .01). 시간변인으로는 1995 년과 1996년의 회귀계수가 각각 86.235, 161.447로서 시간이 흐름에 따라서 학생당 지출총액이 점차 증가하고 있다(p < .01, .01).

〈표 6-21〉 국고지원금이 국·공립대학 학생당 지출에 미친 영향: 회귀분석 결과

변인명	회귀계수(b)	T	Sig T
학생당 목적지원금	1.014591	.775	.4404
학생당 일반지원금	.815671	2.711	.0079
학교규모	−3.869002	−2.947	.0040
시간변인 D93	12.324210	.505	.6150
D94	41.825839	1.628	.1066
D95	86.234690	3.237	.0016
D96	161.447052	5.164	.0000
상수항	370.470708	15.230	.0000

R Square = .29807
F = 6.18761   Signif F = .0000
Durbin-Watson Test = 2.41008

사립대학의 경우, 목적지원금의 회귀계수는 19.657로서 학생당 만 원의 목적지원금의 추가는 학생1인당 19.7만 원의 교육비 증가 효과를 가져오는 것으로 해석할 수 있다(p<.01). 일반지원금 역시 학생당 지출총액의 증가에 기여하고 있는데, 회귀계수는 14.657이다(p<.01). 학생규모 역시 지출총액에 영향을 주었는데 회귀계수는 -9.421로서 학생당 지출총액의 감소에 영향을 주었다(p<.05). 시간변인은 학생당 지출총액의 증감에 영향을 주지 않았다.

〈표 6-22〉 국고지원금이 사립대학 학생당 지출에 미친 영향: 회귀분석 결과

변인명	회귀계수(b)	T	Sig T
학생당 목적지원금	19.657169	2.620	.0092
학생당 일반지원금	14.657019	4.648	.0000
학교규모	-9.421366	-2.241	.0256
시간변인 D93	31.475710	.345	.7301
D94	90.341796	.989	.3234
D95	24.318738	.265	.7911
D96	-151.188885	-1.564	.1186
상수항	422.332888	5.571	.0000

R Square = .09586
F = 5.63432   Signif F = .0000
Durbin-Watson Test = 1.70167

3. 국고지원의 불균형

국고지원의 불균형은 국고지원금 배분상 불균형과 그 결과로 나타나는 학생당 지출의 불균형으로 구분하여 분석하였다. 이 중에서 국고지원금 배분상의 불균형은 부익부 빈익빈 초래 여부, 재정지원의

집중도, 그리고 학생당 국고지원금의 불균형 세 가지 측면에서 분석
하였다.

1) 국고지원금 배분의 불균형

○부익부 빈익빈 현상

먼저 국고지원금이 대학 간 공평하게 배분되고 있는지를 판단하기
위해서 국고지원금 배분과 관련된 여러 변인 간 상관계수를 산출하
였다. 이 장의 제1절에서 논의한 대로 '부익부'의 계량적 의미는 대
학의 부를 판단하는 준거가 총지출규모냐, 학생당 지출규모냐, 그리
고 '더 많이 준다'의 의미도 지원총액이냐, 학생당 지원금이냐의 두
가지 차원으로 구성된다.

학교지출규모(EXPN)와 국고지원금 간의 관계는 대학당 국고지원
총액(GSUM), 대학당 특수목적지원금(GMAK), 대학당 일반지원금
(GGEN) 등과 모두 통계적으로 유의미한 상관관계를 보였다. 특히
대학지출총액과 특수목적지원금의 상관계수는 .4215로서 비교적 높
은 상관관계를 보였다($p < .001$). 국고지원 총액과 일반지원금도 특수
목적지원금에 비해서는 낮은 수준이지만, 상관계수가 각각 .3826,
.3140으로서 비교적 높은 상관관계가 있는 것으로 드러났다($p < .001$).
또한 대학재정규모와 학생당 특수목적지원금(SGMAK)과의 상관계수
도 .3320으로서 비교적 높은 상관관계를 보였다. 대학재정규모와 학
생당 국고지원총액(SGSUM), 학생당 일반지원액(SGGEN)은 상관계
수가 -.0975, -.1439로서 부적관계에 있으나, 낮은 상관관계를 보였
다($p < .05$, .001). 그러나 학생당 지출액(SEXPN)은 모든 변인들과 통
계적으로 유의미한 상관관계를 보이지 않았다.

⟨표 6-23⟩ 상관계수: 대학별 지출총액 및 국고지원금, 학생당 지출총액 및
국고지원금, 학교규모

변인	국고총액 (GSUM)	목적지원 (GMAK)	일반지원 (GGEN)	학생당 지출 (SEXPN)	학생당 국고 (SGSUM)	학생당 목적 (SGMAK)	학생당 일반 (SGGEN)	학교규모 (TSTN)
지출 총액 (EXPN)	.3826 (.000)	.4215 (.000)	.3140 (.000)	.2699 (.000)	−.0975 (.022)	.3320 (.000)	−.1439 (.001)	.8347 (.000)
국고 총액 (GSUM)		.7253 (.000)	.9647 (.000)		.4985 (.000)	.6348 (.000)	.4236 (.000)	.4888 (.000)
목적 총액 (GMAK)			.5183 (.000)		.1709 (.000)	.8757 (.000)		.4343 (.000)
일반 총액 (GGEN)					.5538 (.000)	.4535 (.000)	.5043 (.000)	.4410 (.000)
학생당 지출 (SEXPN)								−.0895 (.035)
학생당 국고 (SGSUM)						.2133 (.000)	.9914 (.000)	−.1097 (.010)
학생당 목적 (SGMAK)							.0840 (.048)	.3291 (.000)
학생당 일반 (SGGEN)								−.1559 (.000)

* ( )은 2-tailed Significance

한편, 국고지원과 관련된 거의 모든 변인과 관련을 맺고 있는 것은 학생수를 기본으로 하는 학교규모(TSTN)이다. 학교규모는 대학재정 지출총액(EXPN)과 매우 높은 상관관계를 보였다(r=.8347, p<.001). 또한 국고지원총액(GSUM)과 상관계수가 .4888(p<.001), 특수목적지원금액(GMAK)과는 .4343(p<.001), 일반지원금액(GGEN)과는 .4410 (p<.001)의 비교적 높은 상관관계를 보였다. 그러나 학생당 지출총액 (SEXPN)과의 상관계수는 −.0895(p<.05), 학생당 국고지원총액(SGSUM) 과는 −.1097(p<.01), 학생당 일반지원금(SGGEN)과는 −.1559(p<.001) 로 매우 낮으나 부적상관을 보였다. 대학규모와 학생당 특수목적지

원금(SGMAK)은 상관계수는 .3291로서 비교적 높은 상관을 보였다. (p<.001)

이러한 상관관계를 종합해 보면, 대학의 지출규모가 클수록, 그리고 학생수가 많을수록 더 많은 국고지원금(총액, 목적지원, 일반지원의 세 차원 모두)을 받고 있다고 할 수 있다. 특히 특수목적지원금은 총액으로 하거나 학생당 금액으로 하거나 모두 지출규모가 커짐에 따라 더 많은 지원이 이루어지는 것으로 드러났다. 그러나 지출규모가 클수록 학생당 국고지원액과 학생당 일반지원금은 오히려 약간 줄어든다. 학생당 지출액을 기준으로 할 경우에는 모든 변인들과 상관관계가 없는 것으로 드러났다. 따라서 대학재정규모가 큰 대학(혹은 대규모 대학)은 국고지원총액이 많고, 특수목적지원금을 많이 받으나, 학생당 국고지원총액이나 학생당 일반지원금은 적은 반면, 재정규모가 작은 대학(혹은 소규모 대학)은 국고지원 총액이 적고, 목적지원액도 적으나, 학생당 일반지원액과 학생당 국고지원총액은 더 많이 받는 것으로 드러났다.

○ 재정지원의 집중도

재정지원집중도란 전체 국고지원금 중에서 상위대학에 대한 재정지원금이 차지하는 비중을 말하는 것으로, 본 연구에서는 국고지원을 많이 받는 상위 10개 대학에 대한 국고지원액의 집중도를 연도별로 기술하고, 목적지원의 영향을 분석하였다.

다음 <표 6-24>에서 보는 바와 같이 1992년의 경우 10개 대학에 국고지원액은 전체의 45.1%로서 거의 절반에 달하고 있다. 이는 대학수 기준 9.0%, 학생수기준 15.0%의 대학에 전체 자원의 절반가량이 집중 투자되었다는 것을 의미한다. 1993년에는 재정지원 집중도가 44.7%로 약간 낮아졌다. 특수목적지원금을 제외한 일반지원금의 배분집중도는 1992년 45.1%에서 1996년 29.9%로 큰 폭으로 낮아지고 있다. 특히 1994년의 일반지원금의 배분집중도는 34.6%로서 전년에 비해 10% 이상이 감소한 수치이다.

〈표 6-24〉 국고지원금 배분의 집중도 추이(1992~1996)

연 도	국고지원전체(A)	일반지원(B)	목적지원	A-B	10개 대 학생비율*
1992	45.11	45.11	—	—	15.0
1993	44.74	44.74	—	—	13.7
1994	47.94	34.55	100	13.39	19.1
1995	46.24	32.24	100	14.00	19.4
1996	38.67	29.93	72.13	8.74	20.2

* 주: 10개 대 학생비율(%) = (10개 대학 대학생수 / 전체 대학생수) * 100

그러나 위 표를 그림으로 표시한 <그림 6-2>에서 보는 바와 같이 1994년에는 목적지원사업이 실시되면서 전체 국고지원금의 재정지원집중도가 다시 47.9%로 높아졌다. 이때 특수목적지원금은 100%가 상위대학에 집중적으로 지원되었고, 재정지원집중도를 높인 효과는 약 13.4%인 것으로 분석된다. 1995년에는 자원집중배분도가 46.2%로 낮아졌고, 다시 1996년에는 38.7%로 급격히 낮아졌다. 그러나 이 두 해에도 특수목적지원금의 배분집중도 인상효과는 14.0%, 8.8%로 나타났다. 1996년 특수목적지원금의 배분집중도는 72.1%로 큰 폭으로 낮아졌다. 이렇게 볼 때, 특수목적지원금은 재정지원집중도를 증가시키는 효과가 있는 것으로 볼 수 있다.

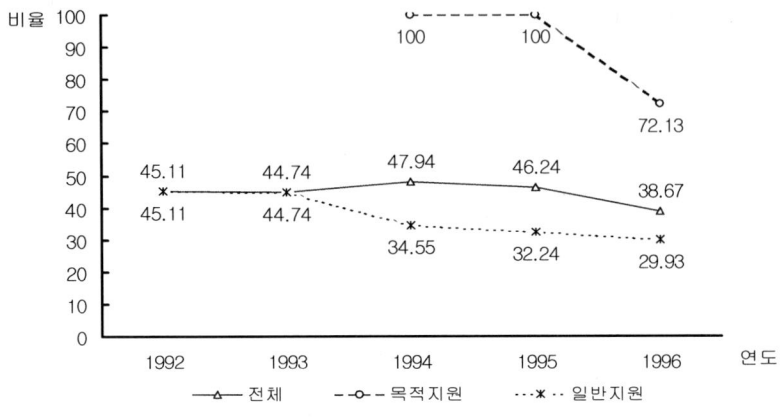

〈그림 6-2〉 재정지원의 집중도

○학생당 국고지원금의 불균형

　학생당 국고지원금 배분의 불균형은 범위, 표준편차, 그리고 편차계수의 세 가지 방법으로 측정하였다. 이 방법들은 상호보완적 관계에 있기 때문이다. 특수목적지원금의 불균형을 측정하기 위해서는 먼저 연도별로 추이를 분석하고, 각 연도에서 특수목적지원금이 포함된 경우와 제외된 경우의 불균형 정도를 비교하여 그 차이가 특수목적지원금의 효과인 것으로 판단하였다.

　첫째, 범위의 경우, 학생1인당 국고지원금의 범위는 1992년에는 278.4만 원이었던 것이 1993년에는 178.4만 원으로 급격하게 줄어들었으나, 1994년에는 179.6만 원으로 약간 증가하였고, 1995년에는 186.5만 원으로 다시 약간 증가하였으며, 1996년에는 350.4만 원으로 다시 급격하게 증가하였다(그림 6-3). 1994년에 특수목적지원금이 학생당 국고지원금 범위의 변화에 끼친 영향은 전혀 없었으나, 1995년에는 8만 원을 증가시키는 효과가 있는 것으로 나타났다. 1996년

에는 특수목적지원금에 의한 범위의 변화는 없었다(구체적인 수치는
표 6-21 참조).

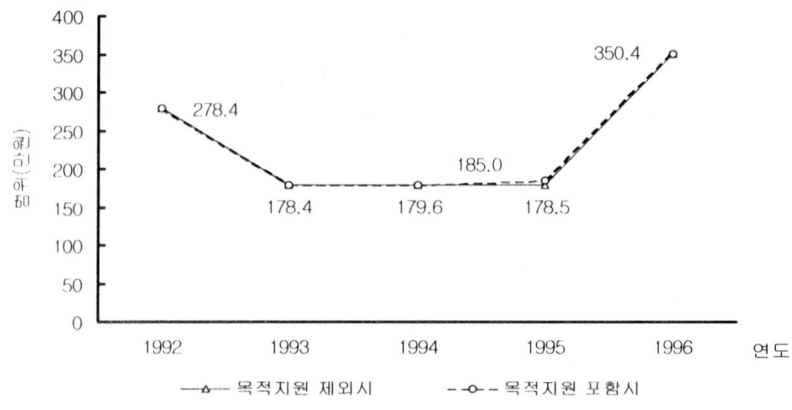

〈그림 6-3〉 학생당 국고지원금의 불균형: 범위

둘째, 표준편차의 경우, 연도별 변화추이는 범위와 거의 같다. 1992
년 표준편차는 34.44, 1993년에는 28.42로 상당히 감소하였으나, 1994
년에는 30.74로 다시 약간 증가하였다(그림 6-4). 1995년에도 33.82로
증가하고, 1996년에는 55.82로 대폭 증가하였다. 1994년부터 시작된
특수목적지원금은 학생당 국고지원금의 차이를 증가시키는 효과를
보여주었다. 즉 1994년부터 1996년까지 특수목적지원금이 제외된 경
우와 포함된 경우의 표준편차의 차이는 각각 0.91, 1.35, 0.46으로 특
수목적지원금이 포함된 경우 학생당 국고지원금의 표준편차가 더 커
졌다.

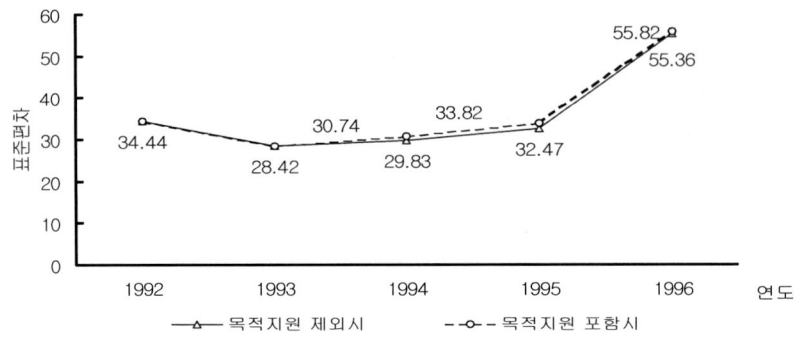

〈그림 6-4〉 학생당 국고지원금의 불균형: 표준편차

셋째, 편차계수의 경우, 범위나 표준편차와는 다른 추이를 보여준다. 1992년부터 1995년까지 학생당 국고지원금의 편차계수는 1.882, 1.512, 1.289, 1.216으로 지속적으로 감소하였다(그림 6-5). 그러나 1996년에는 1.257로 약간 증가하였다. 그리고 특수목적지원금이 포함된 경우가 제외된 경우보다 편차계수가 작아서 오히려 국고지원금 격차를 줄이는 효과가 있는 것으로 나타났다. 즉 1994년부터 1996년까지 특수목적지원금이 포함된 경우가 제외된 경우보다 각각 .026, .012, .116만큼 편차계수가 작아서 특수목적지원금이 불균형 감소에 긍정적인 영향을 준 것으로 드러났다.

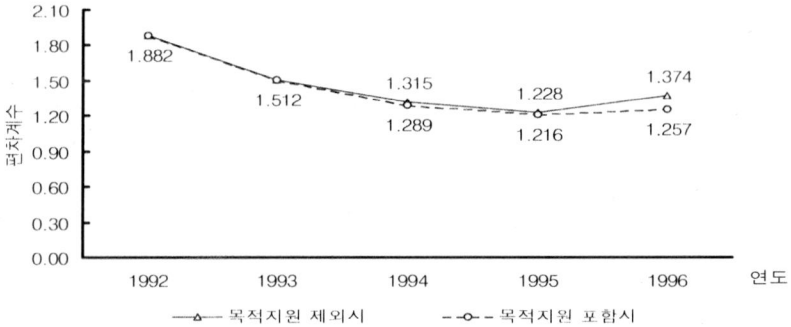

〈그림 6-5〉 학생당 국고지원금의 불균형: 편차계수

　전체적으로 볼 때, 국고지원금 배분의 불균형은 그 측정방법에 따
라 약간의 차이가 있으나, 특수목적지원금은 학생당 국고지원금 배
분의 불균형에 영향을 끼치는 것으로 드러났다. 특히 1994년 이후,
국고지원의 불균형을 측정하는 지수들은 모두 전체적으로 증가하는
경향을 보여주고 있다. 세 지수들의 공통점은 1995년에 비해서 1996
년에 재정지원의 불균형이 심화되었다는 점이다. 이상의 결과를 요
약하면, 다음 <표 6-25>와 같다.

〈표 6-25〉 학생당 국고지원금의 불균형: 분석 결과 종합

연 도	목적지원금 제외 시(A)			목적지원금 포함 시(B)			목적지원금의 효과(B-A)		
	범 위	표준편차	편차계수	범 위	표준편차	편차계수	범 위	표준편차	편차계수
1992	278.4	34.44	1.882	-	-	-	-	-	-
1993	178.4	28.42	1.512	-	-	-	-	-	-
1994	179.6	29.83	1.315	179.6	30.74	1.289	0	0.91	-0.026
1995	178.5	32.47	1.228	186.5	33.82	1.216	8	1.35	-0.012
1996	350.4	55.36	1.374	350.4	55.82	1.257	0	0.46	-0.116

2) 학생당 지출의 불균형

대학재정의 불균형을 분석하기 위해서 학생당 교육지출총액을 자료로 하여 범위, 표준편차, 그리고 역맥룬지수를 산출하고, 연도별 추이와 특수목적지원금의 효과를 분석하였다. 이들 세 가지 지수는 그 수치가 0에 가까울수록 균형상태에 이른 것으로 해석한다.

첫째, 범위의 경우, 1994년에는 전년에 비해서 범위가 대폭 증가하였다가 그 이후에는 다시 감소하였으나, 1992년에서 1996년까지의 전반적인 추세는 하향곡선을 그리고 있다(그림 6-6). 1994, 1995년의 경우, 특수목적지원금은 학생당 지출금액의 증감에 준 영향은 없었으나, 1996년에는 45만 원의 범위를 확대시켰다. 즉 재정적 불균형을 악화시켰다(구체적인 수치는 표 6-26 참조).

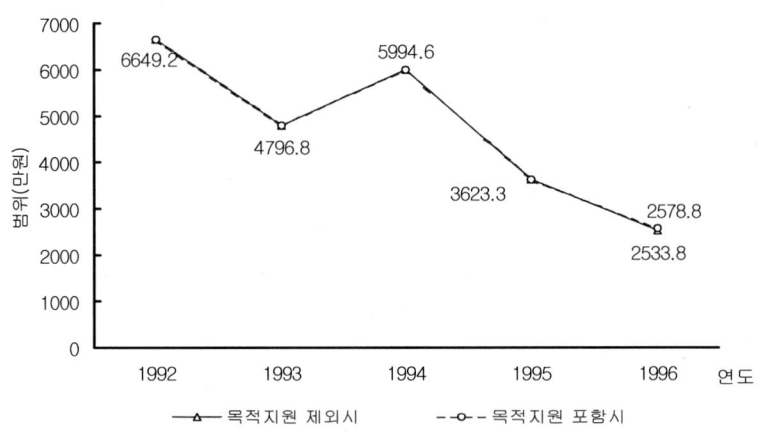

〈그림 6-6〉 학생당 지출총액의 불균형: 범위

둘째, 표준편차의 연도별 추이는 범위와 거의 같은 양상을 보여준
다. 1992년부터 1996년까지의 전반적인 추세는 학생당 지출금액의
표준편차가 하향곡선을 그리고 있으나, 1994년에는 전년에 비해서 증
가하였다가 1995년부터는 다시 감소하고 있다(그림 6-7). 1994,
1995년의 경우, 특수목적지원금이 포함된 경우와 제외된 경우 표준편
차의 차이는 각각 -0.4, -0.3으로 특수목적지원금이 포함되었을 때 편
차가 줄어들었다. 그러나 1996년에는 4.5만큼 표준편차를 증가시켰다.

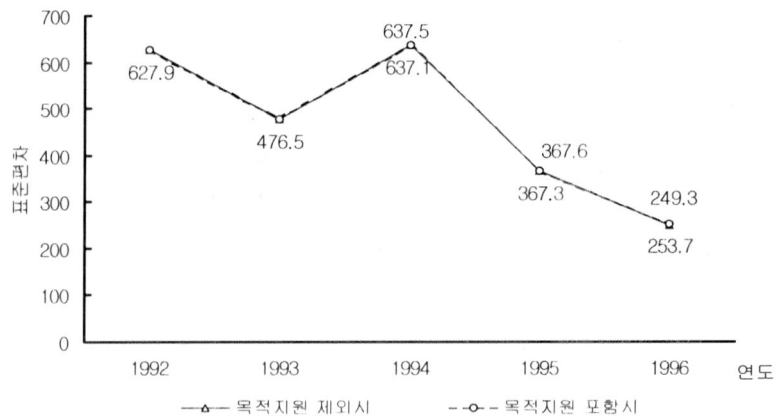

〈그림 6-7〉 학생당 지출총액의 불균형: 표준편차

셋째, 역맥룬지수의 연도별 추이는 범위나 표준편차와는 다른 양
상을 보여준다. 1992년부터 1994년까지는 계속 증가하다가 1995년부
터는 다시 낮아지고 있다(그림 6-8). 특수목적지원금이 역맥룬지수
의 증감에 미친 영향은 1994, 1995년은 특수목적지원금을 포함한 경
우에 역맥룬지수가 낮아져서 재정적 불균형 감소에 기여하였으나,
1996년에는 역맥룬지수를 높이는 효과를 보여준다.

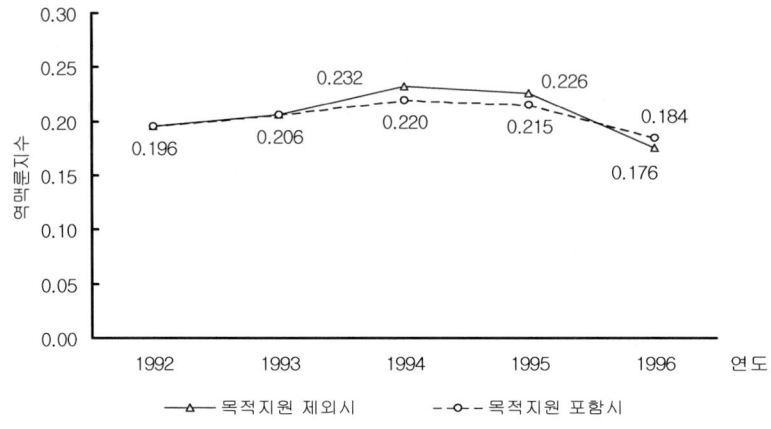

〈그림 6-8〉 학생당 지출총액의 불균형: 역맥룬지수

학생당 지출총액을 기준으로 할 때, 1992년 이후 재정적 불균형은 1994년에 약간 증가하였으나, 전반적으로 감소하는 추세에 있고, 특수목적지원금 역시 1994년과 1995년에 재정적 불균형을 감소시키는 효과를 보여주었다. 그러나 1996년에는 세 가지 지수 모두가 특수목적지원금이 재정적 불균형을 악화시키는 효과를 보여주었다. 이는 특수목적지원금의 확대가 불균형의 악화를 가져올 수 있다는 점에 주의를 기울여야 함을 시사한다. 이상의 결과를 요약하면, <표 6-26>과 같다.

〈표 6-26〉 학생당 지출총액의 불균형: 분석 결과 종합

연 도	목적지원금 제외 시(A)			목적지원금 포함 시(B)			목적지원금의 효과(B-A)		
	범 위	표준편차	역맥룬지수	범 위	표준편차	역맥룬지수	범 위	표준편차	역맥룬지수
1992	6649.2	627.9	0.196	6649.2	627.9	0.196	–	–	–
1993	4796.8	476.5	0.206	4796.8	476.5	0.206	–	–	–
1994	5994.6	637.5	0.232	5994.6	637.1	0.220	0	-0.4	-0.012
1995	3623.3	367.6	0.226	3623.3	367.3	0.215	0	-0.3	-0.011
1996	2533.8	249.3	0.176	2578.8	253.7	0.184	45.0	4.5	0.009

4. 요약 및 논의

이 장에서는 시장논리에 근거한 대학재정지원정책의 실제적인 영향을 분석하기 위하여 시장논리에 관한 비판과 쟁점, 대학재정지원정책의 목표와 대학재정제도에 관한 분석, 그리고 교육재정정책의 영향에 관한 선행연구 검토 결과를 종합하여 국고지원금의 영향에 관한 분석모형을 설정하였다. 대학재정지원정책의 재정적 영향은 크게 수입 및 지출의 주요 지표에 미치는 영향과 재정적 불균형으로 구분하였다. 이때 재정적 불균형은 국고지원의 불균형과 그 결과 차원에서 학생당 지출의 불균형을 통해서 분석하였다. 그 주요 결과를 요약하면 다음과 같다.

대학재정 수입측면에서 주요 항목 비중의 연도별 추이(1992~1996)를 보면, 학생등록금은 완만한 증가, 기부금과 국고지원금은 급격한 증가 경향을 보여주는 반면, 법인전입금은 완만한 감소 경향을 보여준다. 주요 항목의 학생당 금액(1990년 불변가)은 모두 급격한 증가 추세를 보여주고 있다. 특히 1996년 사립대학의 학생당 기부금은 1992년 대비 약 5.1배로서 수입관련 주요 항목 중에서 가장 높은 증가율을 보여준다. 이 기간의 사립대학에 대한 학생당 국고지원금의 증가율 역시 약 4.9로서 국·공립대학에 비해서, 절대 금액은 낮으나, 그 증가폭은 오히려 더 높다. 그러나 사립대학 법인전입금의 비중은 오히려 감소하고 있고, 학생당 법인전입금 역시 1994년을 정점으로, 주요 수입관련항목 중에서 유일하게 감소하는 추세에 있다.

대학재정 지출측면에서 주요 항목의 연도별 추이를 보면, 국·공립대학과 사립대학 간에 상당한 차이를 보여주고 있다. 학생당 지출

의 경우, 국·공립대학은 1992년 이후 계속 증가하였으나, 사립대학
은 증가 추세를 보이다가 1996년에는 오히려 감소하였다. 지출총액
에서 학생경비의 비중은 국·공립대학이 잠시 높아졌다가 낮아지는
하향곡선을 보이는 반면, 사립대학은 잠시 낮아졌다가 높아지는 상
향곡선을 보여준다. 연구비 비중의 경우, 전반적으로 증가추세에 있
으나, 국·공립대학이 완만한 증가를 보여주는 반면, 사립대학은 상
대적으로 높은 증가추세를 보여준다. 인건비 비중의 경우, 국·공립
대학의 인건비는 연도별로 약간씩 차이가 있으나 감소하는 추세에
있는 반면, 사립대학은 낮아지다가 다시 급격하게 높아지는 U턴 현
상을 보여준다.

다음 <표 6-27>에는 국고지원금이 국립대학재정의 수입·지출관
련 주요 항목에 끼친 영향에 관한 회귀분석 결과를 종합·정리한 것
이다. 본 연구에서 시장논리에 근거한 재정지원정책의 핵심적인 정
책수단으로 상정한 특수목적지원금은 단지 지출 대비 연구비의 비율
을 증가시키는 영향만 있을 뿐, 기부금과 같은 수입측면, 학생경비,
연구비와 같은 지출측면의 주요 항목, 그리고 학생당 지출총액에는
통계적으로 의미 있는 영향을 주지 못하는 것으로 분석되었다. 연구
비 비중에 대한 특수목적지원금의 회귀계수는 .137로서 학생1인당
특수목적지원금 만 원의 추가는 연구비 .14%의 증가를 가져오는 것
으로 해석할 수 있다(p < .05).

〈표 6-27〉 국고지원금이 국·공립대학 재정에 미친 영향: 회귀분석 결과 종합

변인명	기부금	학생경비	연구비	인건비	학생당 지출
학생당 목적지원금			.137485*		
학생당 일반지원금			.031611*		.815671**
학교규모	.230284**		.219475**		-3.869002**
시간변인 D93					
D94					
D95					86.234690**
D96					161.447052**
상수항	-1.443213*	9.275502**		54.213026**	370.470708**
R Square	.39050	.06087	.24593	.11923	.29807
F	9.33575**		4.75228**	1.97248*	6.18761**

* p<.05, ** p<.01

다음 〈표 6-28〉에는 국고지원금이 사립대학재정의 수입·지출관련 주요 항목에 끼친 영향에 관한 회귀분석 결과를 종합·정리한 것이다. 특수목적지원금은 기부금, 학생경비, 연구비와 같은 지출측면의 주요 항목의 비중, 그리고 학생당 지출총액의 변화에 통계적으로 의미 있는 영향을 주는 것으로 분석되었다. 즉 특수목적지원금은 사립대학 수입재정 중 기부금의 비중을 높이는 효과가 있다(b=.361, p<01). 또 대학재정 지출측면에서는 학생당 지출을 높이고, 연구비의 비중도 높이나, 학생경비의 비중은 오히려 감소시키는 효과가 있다(b=19.657, .279, .081, p<01, 01, 05). 그러나 수입 면에서 사립대학의 전입금 비중이나, 지출 면에서 인건비의 비중에는 영향을 주지 않았다. 국고지원금의 또 다른 형태인 일반지원금은 사립대학 전입금, 연구비의 비중을 높이고, 인건비의 비중을 낮추며, 학생당 지출을 증가시키나, 학생경비의 비중을 낮추는 효과가 있다.

〈표 6-28〉 국고지원금이 사립대학 재정에 미친 영향: 회귀분석 결과 종합

변인명	기부금	전입금	학생경비	연구비	인건비	학생당 지출
학생당 목적지원금	.361401**	.266861**	−.080834*	.278566**	−.121927*	19.657169**
학생당 일반지원금		−.257278**	−.083509**	.071992**	.154842*	14.657019**
학교규모			.090425**	.186669**		−9.421366*
시간변인 D93						
D94		−2.670804*	−.981910			
D95		−3.838014*				
D96						
상수항	2.287520**		1.610471*		35.677419*	422.332888*
	1.606400*	8.755983**	9.666512**			
R Square	.12619	.13539	.14582	.42593	.06430	.09586
F	7.67427**	8.32183**	9.07251*	39.42990**	3.65186**	5.63432**

* $p < .05$, ** $p < .01$

  국고지원의 불균형과 관련해서는 측정지수에 따라 다소 복잡한 결과가 나타났다. 국고지원과 대학규모의 상관관계분석 결과, 총재정규모가 크고, 학생수가 많은 대학일수록 국고지원총액, 특수목적지원금, 일반지원금을 많이 받고, 학생당 특수목적지원금도 많이 받았다. 그러나 학생당 국고지원총액과 학생당 일반지원금은 학교규모가 작고 재정규모가 작은 대학일수록 오히려 더 많이 받았다. 상위 10개 대학에 대한 국고지원의 집중도는 1995년까지는 증가 추세를 보였으나, 1996년에는 감소하였다.

  국고지원 중에서 일반지원금의 집중도는 계속 낮아지고 있다. 1994년부터 시작된 특수목적지원금의 집중도는 1996년에 상당히 큰 폭으로 낮아졌으나, 전체적으로 볼 때, 특수목적지원금은 국고지원의 집중도를 증대시키는 효과가 있다.

  학생당 국고지원의 불균형은 측정방법에 따라 약간씩 차이가 있으나, 대체로 1994년 이후에는 점차 불균형이 악화되고 있고, 특수목적

지원금은 학생당 국고지원의 불균형을 악화시키는 것으로 나타났다.

학생당 지출총액 불균형의 경우, 1994년에는 이전보다 악화되었으나, 특수목적지원금은 불균형을 개선시키는 효과가 있었다. 이후 1996년까지 학생당 지출의 불균형은 점차 개선되고 있으나, 1996년에는 특수목적지원금이 재정불균형을 악화시켰다.

재정 불균형에 관한 여러 측면의 실증분석 결과로 볼 때, 특수목적지원금은 부익부 빈익빈 현상을 심화시키고, 국고지원의 집중도를 강화하며, 학생당 국고지원의 불균형도 악화시키는 것으로 나타났다. 특히 특수목적지원금의 종류와 규모가 대폭 확대된 1996년에는 특수목적지원금이 국고지원의 불균형과 관련된 모든 측정지수에서 부정적 영향을 주는 것으로 나타났다.

그런데 교육비의 불균형을 분석하기 위해서 사용한 지수들이 서로 다른 결과를 보여주는 경우가 있어서 추후연구에서 실증자료를 통하여 측정계수 간 공통점과 차이점을 분석할 필요가 있는 것으로 판단된다. 참고로 본 연구의 재정 불균형에 관한 분석 결과는 맥룬지수가 다른 측정치들과는 다른 방향으로 움직인다는 Berne와 Stiefel(1984)의 견해를 지지하고 있다.[87]

이상의 내용을 종합해 볼 때, 특수목적지원금은 대학재정상의 주요 지표에 미치는 영향은 상당히 제한되어 있는 것으로 보인다. 특

---

[87] Berne와 Stiefel(1984: 277)에 의하면, 맥룬지수는 이론적으로는 앳킨슨지수와 마찬가지로 제3유형에 속하나, 경험적으로는 다른 측정치와는 별도로 제3유형에 속한다. 맥룬지수는 수평적 공정성을 과대하거나, 시계열자료의 경우 상하 간 진동의 폭이 매우 큰 것으로 드러났다. 이것은 규모가 큰, 즉 학생수가 매우 많은 소수의 사례, 즉 대학이나 학교수가 중앙값에서 가까워지거나 멀어짐에 따라서 결정적인 영향을 받을 수 있기 때문이다.

히 국·공립대학의 재정상 주요 지표 중에서는 단지 연구비 비중의 증가에만 통계적으로 의미 있는 영향을 주고 나머지 주요 지표에는 영향을 주지 못했다. 반면, 사립대학의 재정상 주요 지표에는 더 많은 영향을 주고 있는 것으로 해석된다. 즉 기부금의 비중을 높이고, 연구비의 비중도 높이나, 학생경비의 비중은 오히려 감소시키며, 대학재정 지출측면에서는 학생당 지출을 높이는 효과가 있다.

이렇게 볼 때, 우리나라 대학재정지원정책이 대학재정에 미친 영향은 상당히 제한적으로 나타나고 있으나, 상대적으로 시장적 자율성이 더 많은 사립대학의 재정구조에 변화를 가져오고 있고, 정부통제가 엄격한 국·공립대학의 재정구조에는 영향을 주지 못하고 있는 것으로 보인다.

한편, 특수목적지원금은 국고지원의 불균형을 악화시킴으로써 교육의 불평등을 심화시킬 가능성이 높다. 더욱 중요한 점은 특수목적지원금의 종류와 규모가 확대되면서 재정 불균형이 더 악화되었다는 것이다. 또 사립대학의 경우에 한정되기는 하지만, 목적지원금은 연구비 비중을 증가시키나 학생경비의 비중은 감소시키는 상충효과를 보여주었다. 이러한 결과는 재정지원방식과 밀접한 관련이 있는 것으로 보인다.

첫째, 대학재정지원사업 간 재정지원분야 및 지원기준의 중첩성이다. 예컨대 일반지원사업의 경우, 사업목적지원지표를 제외한 다른 지표들은 사업별로 거의 동일하고, 주로 양적 지표로 구성되어 있다. 또 일부 재정지원사업은 지원분야가 거의 같고, 명칭도 유사하다. 이렇게 유사한 분야를 대상으로, 유사한 지표에 의해서 대학을 평가하고, 그 결과에 따라 재정을 차등 혹은 선별지원하는 것은 전체적인 국고지원에서 중복, 편중지원의 문제를 야기하는 원인으로 작용하고 있다. 1994년 이후, 특히 1996년에 불균형이 더욱 악화된 것은 이러한 방식의 재정지원사업의 종류와 규모가 대폭 확대된 것이 원인이라 할 수 있다.

둘째, 시장논리에 근거한 재정지원방식을 적용할 경우, 단기적 효과가 분명하고 측정 가능한 분야를 지원하는 경향이 심화된다. 따라서 대학부문에서는 장기적 투자가 요구되고, 그 성과를 분명히 측정하기 어려운 교육활동에 대한 투자가 소홀해지고, 연구활동에 더 많은 재원, 인력, 시간이 투입된다. 본 연구의 실증분석 결과, 모든 국고지원금이 학생경비의 비중은 낮추면서 연구비의 비중을 높이는 효과가 나타난 것은 이러한 비판적 관점을 입증한다(Mace, 1992: 29).[88]
우리나라의 경우 대학재정지원정책의 목표와 수단의 많은 내용들이 경쟁력과 효율성을 강조하는 반면, 공정배분이나 평등에 대한 고려는 적다.

---

[88] 이러한 상충효과(trade off)는 Mace(1992)가 면접방법을 사용하여 분석한 결과와 동일하다. 그에 의하면, 재정지원방식은 교육 및 연구, 그리고 그 균형관계에 영향을 준다. 예를 들어서 교육활동은 감소하고, 연구활동은 증가한다. 연구 분야에서도 응용연구는 증가하고, 기초연구는 감소한다. 또, 재정지원수식은 주로 자연과학분야의 연구모형을 위주로 하는 것으로 모든 분야가 이 모형을 따르도록 강요하는 경향이 있다. 즉, 어느 학문분야에서나 재빨리 그리고 짧게, 많은 논문을 발표하도록 압력을 받고 있다. 인문학 분야에서는 일반적으로 단행본과 같은 더 긴 형태의 발표형식이 지배적이므로 여기에 부정적인 영향을 준다.

제7장

'국민의 정부'의 대학재정지원정책

　1980년대 이후 세계 각국은 고등교육의 중요성을 인식하여 고등교육의 효율성과 효과성을 높이고 질적 수준과 경쟁력을 확보하기 위한 재정정책을 추진하는 데 많은 노력을 기울여 왔다. 우리 정부에서도 1990년대 들어서 재정지원사업을 확대하는 등 고등교육을 개혁하기 위한 재정정책을 추진하여 왔다. 김대중 대통령의 '국민의 정부' 역시 새교육공동체(1998), 교육발전5개년계획(1999), 두뇌한국21사업(1999), 국립대학발전계획(1999), 교육인적자원위원회(2000), 교육인적자원부(2000), 기초학문육성종합계획(2001), 국가인적자원개발기본계획(2001) 등 기구 신설, 조직 개편, 장단기 발전계획 시행을 통해서 여러 가지 고등교육재정정책을 추진해왔다.

　이 장은 국민의 정부에서 시행한 고등교육재정정책의 특징을 분석하였다. 정책연구에서 정책분석(policy analysis)과 정책평가(policy evaluation)를 구분하기도 하나, 이 두 가지를 엄밀하게 구분하기는 어렵다.89) 이 장은 엄밀한 의미의 정책평가나 정책분석이라기보다는

---

89) 정책분석은 "비교 가능하고 예측 가능한 양적 · 질적 방법을 통하여 정책결정을 위한 기초나 지침의 역할을 하는 정책대안과 그 우선순위를

정책논평 혹은 정책비평90)으로서 특정사업이 아니라 고등교육재정정책 전반에 관한 정보를 공유하고 향후 정부정책의 방향과 과제를 모색하기 위한 논의자료를 제공하는 데 의의가 있다.

1. 고등교육재정정책의 개요

1) 정책의 범위와 체계

고등교육재정정책의 개념과 그 범위가 어디까지인지에 관해서는 분명하게 논의된 바가 없으나, 중등교육 이후 단계의 교육활동과 관련된 재정의 계획, 확보, 배분, 운영, 평가에 관한 정부의 기본방침이라 할 수 있다(윤정일, 2001). 1990년대에 재정지원사업이 주된 관심사가 되었으나, 이에 대해서 정부에서 본격적으로 관심을 두기 시작한 것은 1990년대에 들어서부터였다. 그 이전 고등교육재정정책은 주로 등록금과 장학금의 두 영역을 대상으로 하였고, 국립대학예산은 반복적인 정부예산편성과정의 일환으로 이해되었다. 그러나 1990

도출해 내기 위하여 정보를 종합하는 수단"으로서 정책결정 이전에 이루어지는 사전분석활동이고, 정책평가는 사후적 활동이라는 것이다(김준한, 1999). 정책평가에서는 의제형성 및 결정과정, 그리고 그 집행결과와 영향을 분석하게 되는데, 대개 특정한 사업을 대상으로 효과성, 효율성, 형평성, 자율성 등과 같은 평가준거를 설정하여 자료를 수집·분석하는 과정을 거치는 것이 일반적이다(정일환, 2000; Fowler, 2000).

90) 정책 평론이나 비평은 정책 분석이나 평가에 비해서 엄격성과 정교성은 상대적으로 부족하나 교육공동체 구성원들에게 정책에 관한 지식과 정보를 공유하게 해주는 장점이 있다고 한다(김동석, 2000).

년대 중반 이후 재정지원사업의 종류와 금액이 점차 확충되고 사립
대학에 대한 재정지원도 시작되면서 고등교육재정정책도 점차 다양
해졌다.

중앙정부에서 고등교육재정을 담당하는 부처는 교육인적자원부이
나 정보통신부, 과학기술부, 산업자원부, 농림부, 보건복지부, 노동부
에서도 대학재정지원이 이루어졌고(유현숙 외, 2001), 기획예산처와
재정경제부 등도 직·간접적으로 관련되어 있다. 교육인적자원부에
서는 대학지원국의 대학재정과가 정책을 담당하는 주 부서라 할 수
있으나, 대학행정지원과, 학술학사지원과는 물론, 평생직업교육국의
전문대학지원과, 기획관리실의 기획예산담당관 등도 중요한 역할을
담당하였다. 주관부서가 다양하고, 사업별로 많은 세부목표를 설정하
였으므로 현 정부의 고등교육재정정책이 지향하는 목표 혹은 방향,
그리고 그것을 달성하기 위한 수단 간의 관계에 관한, 일관성 있고
체계적인 정책구조를 밝히기는 쉽지 않다. 고등교육정책에서 재정분
야는 다른 정책목표를 달성하기 위한 수단으로 혹은 그 정책의 일부
로 다루어지는 경우가 많기 때문에 정책의 개요를 파악하는 일조차
쉽지가 않다.

크게 보면 정부의 고등교육재정정책은 예산을 수반하는 정책과 그
렇지 않은 정책으로 구분해 볼 수 있다. 예산을 수반하는 정책은 재
정지원사업의 형태를 띠게 되는데 크게 일반지원사업과 특수목적지
원사업, 그리고 국립대학운영지원비 등으로 구분할 수 있다(송기창,
2000b; 유현숙 외, 2001). 예산을 수반하지 않는 정책은 주로 재정운
용에 관한 것으로 예산편성과 결산 방법은 물론 재산관리, 연구비관
리, 등록금 책정, 장학금 배정, 보수체계, 조세제도 등이 포함되어
있다. 국민의 정부 들어서 시행되었거나 시행된 혹은 시행예정인 내

용을 중심으로 고등교육재정정책의 내용을 간략하게 살펴보면 다음
과 같다.

2) 대학재정지원정책

교육인적자원부의 고등교육관련예산(기금 포함)은 2001년 현재
25,210억 원, 교육인적자원부예산의 12.6%를 차지하였다. 고등교육예
산의 비중은 국민의 정부가 출범하기 직전인 1997년(11.4%) 이후
1998년에는 11.3%로 약간 줄었으나, 1999년 12.3%, 2000년 12.2%로
점차 증가하는 추세에 있다(표 7─1 참조).

〈표 7─1〉 교육인적자원부의 고등교육재정지원예산 규모(1995~2001)

(단위: 억 원, %)

구 분	1995	1996	1997	1998	1999	2000	2001
교육인적자원부예산총액 (GDP대비비중)	128,990 (3.4%)	156,528 (3.7%)	181,710 (4.0%)	174,861 (3.9%)	179,029 (3.7%)	197,255 (3.8%)	200,188 (─)
초중등교육예산 (교육인적자원부예산대비비중)	109,714 (85.1%)	131,976 (84.3%)	154,586 (85.1%)	147,893 (84.6%)	151,740 (84.8%)	169,177 (85.8%)	170,970 (85.4%)
대학교육예산 (교육인적자원부예산대비비중)	─	─	20,743 (11.4%)	19,771 (11.3%)	22,004 (12.3%)	24,097 (12.2%)	25,210 (12.6%)

* 자료: 유현숙 외(2001)

이 가운데 국립대학에 지원하는 인건비, 운영비, 시설비 등은 2000
년 현재 약 1.3조 원으로서 1995년 이후 지원규모의 추이를 보면,
1997년 외환위기 이전까지는 전년 대비 16~21%의 증가율을 보이다
가 1998년, 1999년에는 감소되었고, 2000년에는 6%가 증가되었다.
구성내역별로는 인건비와 운영비가 73~78%, 시설비는 20~25%를
차지한다(표 7─2 참조).

〈표 7-2〉 교육인적자원부의 국립대 운영지원비 개요(1995~2000)

(단위: 억 원, %)

구 분	1995	1996	1997	1998	1999	2000
총 액	8,834	10,665	12,389	12,169	12,023	12,747
(전년대비 증가율)		(21%)	(16%)	(-2%)	(-1%)	(6%)
인건비+운영비	6,917	8,279	9,103	9,001	9,011	10,040
(총액대비비중)	(78%)	(78%)	(73%)	(74%)	(75%)	(79%)
시설비	1,809	2,254	3,137	3,010	2,832	2,533
(총액대비비중)	(20%)	(21%)	(25%)	(25%)	(24%)	(20%)
입시경비	108	132	149	158	180	174

* 자료: 유현숙 외(2001)에 근거함

　국립대학운영지원비를 제외한 고등교육재정지원사업 가운데 일반
지원사업이란 전체 대학이 재정지원 신청서를 제출하고, 교육인적자
원부가 각 대학의 학생수, 자구노력 정도, 사업목적 등을 평가하여
신청대학에 비교적 균등하게 재정을 배분하여, 대학의 교육·연구
여건개선을 도모하는 사업으로 국·공·사립대학자구노력지원(대학
기반조성사업), 국립대실험·실습기자재확충사업, 공·사립대시설·설
비확충사업 등이 이 범주에 속한다. 일반지원사업은 대개 현 정부가
새로 시작한 사업은 아니고, 1990년 이전부터 시작되었거나 1990년
대 중반부터 지속된 것이 대부분이다. 일반지원사업예산의 전체 규
모도 1996년 이후 꾸준히 7천억 원대를 유지하였다(표 7-3 참조).

〈표 7−3〉 교육인적자원부의 고등교육재정지원사업 개요(1991~2001)

(단위: 억 원)

사업명	1991	1992	1993	1994	1995	1996	1997	1998	1999	2000	2001
일반지원사업											
국립대학 실험실습기자재	−	97	164	167	451	750	965	951	920	850	853
공·사립대학시설·설비확충	160	240	400	400	700	1,050	1,250	1,100	850	800	800
국·공·사립대자구노력지원	−	−	−	500	450	600	540	450	450	450	450
학술연구조성사업	203	203	270	400	600	900	1,200	1,000	1,008	1,200	1,300
공사립전문대실험실습기자재		12	35	40	150	450	639	750	721	700	700
교육차관 지원사업	800	850	1,006	1,037	1,302	1,651	1,696	1,956	2,010	1,170	1,012
박사후연수과정 지원	−	−	−	−		80	80	58	87	80	50
외국석학공동연구 지원	−	−	−	−		25	25	−	−	−	−
전국단위연구소 지원		19	19	19	19	19	29	25	−	−	−
농어촌대학생 학자금융자	−	−	−	17	193	195	200	152	237	306	180
박사과정생지역연구지원	−	−	−	2	2	4	−	−	−	−	
대학원생 연구장학금지원	5	5	5	5	5	5	5	5	4	4	
신진연구인력장학금 지원	−	−	9	9	9	9	15	14	10	10	12
대학생학자금이차보전	125	118	117	91	78	78	75	79	128	451	423
사립대시설확충융자이차	5	2	1	1	2	1	1	1	0.2		
교대·교원대 기성회보조	5	6	4	4	4	4	4	4	−	−	
대학생학·예술활동지원	6	5	5	3	2	2	4	5	3	3	4
사도장학금지원	−	90	120	120	124	138	141	138	62	50	36
긱종 국립대학 이전	−	−	−	−	187	273	319	305	506	562	629
대학전산망구축	−	−	−	−	−	10	77	20	12	12	12
사학진흥기금지원	200	200	200	300	500	700	600	850	500	500	500
소 계 (A)	1,509	1,847	2,355	3,113	4,778	6,942	7,869	7,863	7,508	7,148	6,961
특수목적지원사업											
대학원중점육성지원사업	−	−	−	−	200	200	200	170	110	−	−
국제전문인력양성	−	−	−	−	−	200	200	160	100	100	−
이공계대학기자재 첨단화	−	−	−	−	−	150	170	170	119	120	150
공과대학중점육성지원	−	−	−	400	400	400	400	400	−	−	−
교육개혁추진우수대학	−	−	−	−	−	300	270	200	200	150	145
국립대 구조조정	−	−	−	−	−	−	−	−	−	150	250
국립대학 성과급	−	−	−	−	−	−	−	−	200	200	200
지방대학특성화	−	−	−	−	−	−	180	150	150	150	150
산업대학특성화	−	−	−	−	−	−	−	20	25	30	30
전문대다양화·특성화지원	−	−	−	−	−	−	259	400	660	800	800
대학원연구중심대학육성	−	−	−	−	−	−	−	−	2,000	2,000	1,700
소 계 (B)	−	−	−	400	600	1,250	1,679	1,670	3,564	3,700	3,425
(특수목적지원비중, B / C)				(11)	(11)	(15)	(18)	(18)	(32)	(34)	(33)
합 계 (C)	−	−	−	3,513	5,378	8,192	9,548	9,533	11,072	10,848	10,386

* 자료: 유현숙 외(2001)

국민의 정부 들어서 특기할 만한 것으로는 어려운 경제상황에서도 학술연구조성사업비가 꾸준히 증액되었다는 점이다. 문민정부말 1996년 900억 원에서 1997년 1,200억 원으로 증가하였던 학술연구조성사업비는 경제위기 직후인 1998년 1,000억 원, 1999년 1,008억 원으로 줄었으나, 2000년에는 1,200억 원, 2001년에는 1,300억 원으로 증액되었다.

특히 기초보호학문에 대한 별도의 투자가 늘어났다. 대학재정지원사업이 주로 이공계열에 집중 투자되고, 학부제가 확대되는 등 상황 변화 속에서 대학사회에서는 인문학과 기초학문의 위기현상에 대한 논의가 확대되었고, 정부에서도 '인문학의 위기 진단과 육성을 위한 종합계획'(2000)을 수립하고 '범정부차원의 기초학문 육성대책'(2001)도 강구하게 되었다. 정부발표에 의하면, 2002년부터 2004년까지 연간 1,000억 원씩 총 3,000억 원을 기초학문의 보호·육성을 위해 집중 투자할 계획을 수립하였다.

다음으로 1999년부터 대학생 및 대학원생에 대한 학자금 융자가 크게 늘어났다. 1994년부터 1998년까지 75억~91억 원에 머물던 이차보전예산이 1999년에는 128억 원으로 1990년대 초반 수준을 회복하였고, 2000년에는 451억 원으로 대폭 증대되었다. 교육부자료에 의하면, 1999년 10만 명, 3천억 원이던 융자규모가 2000년에는 30만 명, 9천억 원으로 약 3배로 증가하였다고 한다.

특수목적지원사업이란 국가정책에 따라 특정분야를 중점적으로 육성하기 위하여 대학에서 작성한 특정분야의 사업계획서를 평가하고 그 결과에 따라 차등 지원하는 사업으로서 대학원연구중심대학육성사업, 국립대구조조정사업, 지방대학특성화 등을 말한다. 특수목적지원사업의 종류와 비중은 점차 높아졌는데, 1994년 공과대학중점지원사업(400억 원) 하나로 전체 고등교육지원예산의 11%이던 것이 1996년에는 5개 사업, 1,250억 원에 비중이 15%로 증가하였고, 1999년부터는 그 비중이 30%대로 급격히 증가하여 2001년에는 8개 사업, 3,425억 원에 비중도 33%로 늘어났다(앞 표 7-3 참조).

물론 특수목적지원사업도 대체로 지난 김영삼 정부에서 사업기간을 정하여 시작한 것으로 국민의 정부에서도 계속되거나 종료된 사업들이 대부분이다. 국민의 정부에서 새롭게 도입된 사업은 1999년부터 시작된 대학원연구중심대학육성, 국립대학 성과급, 그리고 2000년부터 시작된 국립대 구조조정사업 등이다. 이 가운데 국립대 구조조정사업은 정부가 제시한 국립대학 발전계획에 따라 각 대학의 자체적인 발전계획을 수립·제출하고 평가를 실시하여 재정을 차등 지원하는 사업이다. 대학원연구중심대학육성사업, 이른바 두뇌한국 21사업(BK21)은 대학원 집중육성과 지역대학 특성화를 통해 우수 고등인력을 양성하고 대학입학제도 개혁과 대학교육개혁을 유도하기 사업으로 1999년부터 2005년까지 매년 2,000억 원씩 총 14,000억 원이 지원된다.

교육인적자원부 이외 중앙정부부처와 일부 지방자치단체에서 고등교육기관에 재정을 지원하는 사업은 각각 관장하는 고등교육기관 경상비 및 시설비와 연구지원사업비가 주종을 이루었는데 2000년 현재 8천7백억 원 정도로 추정되었다(유현숙 외, 2001). 이 가운데 연구지원사업예산은 1997년 2,810억 원에서 1998년 3,145억 원, 1999년 4,140억 원, 2000년 5,212억 원, 2001년 6,080억 원으로 대폭 확대되었다. 대부분의 사업은 이전부터 지속된 것들인데 국민의 정부 들어서 시작된 연구지원사업으로는 국가지정연구실(과기부), 테크노파크(산자부), 대학연구센터(정통부), 창업보육센터, 기술이전센터, 기술지도대학(중기청) 등이 있다.

3) 재정운용관련정책

정부에서는 대학에 대한 재정지원을 확충하는 한편, 대학재정을 건실화하기 위해 재정운용의 투명성과 집행의 효율성을 증대하고, 세제 개선을 통해서 간접 지원하는 방안을 추진하여 왔다. 또 등록금 책정의 합리화를 도모하기 위하여 등록금 인상근거를 명확히 산출하여 학내 구성원 간 협의를 거치도록 하고, 사전예고제, 분납제, 납부연기제, 학점당등록금제 등을 적극 도입하도록 권고하였으며, 국공립대뿐만 아니라 사립대의 등록금도 인상을 억제하고 국·사립대학 간 등록금 격차의 완화도 도모하였다. 교수연봉제를 도입하였고, 국립대학회계제도 개혁을 추진하였다. 국민의 정부에서 추진 중이거나 추진된 재정운용관련제도들은 다음과 같다.

사립대학의 재정운영의 투명성 확보를 위하여 사립대학 예·결산 공개제도를 확대 개선하였다. 교육인적자원부는 사학기관 구성원 및 시민단체 등 이해관계인들에게 사학의 재정·회계에 대한 정보를 상세히 공개하여 사학재정의 어려움에 대한 공감대 형성 및 신뢰성을 확보하고, 일부사학의 분규의 근원이 된 재정운영의 투명성을 제고하며, 사학재정에 대한 정보요구에 부응하기 위하여 1996년도부터 시행한 예·결산공개제도의 공개대상회계, 공개재무제표, 공개범위, 공개방법, 미공개 및 지연 공개 시의 제재방안 등 제도를 개선하였다. 또 사립대학이 자체적으로 경영평가를 실시할 수 있는 평가모형을 개발하였다. 이는 사립대학 스스로 유용한 회계정보를 생산하고 문제점을 파악하여 당해 대학의 실정에 따라 합리적인 방향으로 재정운용을 할 수 있게 함으로써 재무·회계운영의 건실화를 도모하고 투명성을 제고하는 데 목적을 두었다. 이 경영평가모형은 안정성, 수익성, 활동성, 성장성 등 4개 영역으로 구성되는데 사학경영 측정에 필수적인 총 30개 지표로 평가하도록 하였다. 그리고 사학관련 세제를 개선하여 사학재정의 확충을 도모하였다. 교육부에서는 재정경제부와 협의를 통하여 사립학교 기부 시 면세범위 확대, 학교법인 토지 양도 시 특별부가세 면세, 주식 출연 시 비과세 한도액(5%) 폐지 등의 세금감면을 확대할 예정이다.

대학교원의 연봉제 및 계약제를 도입하였다. 교육공무원법 제11조의2, 사립학교법 제53조의2 제3항에 근거하여 2002년부터 적용된 연봉제에 의하면, 대학교원의 임용 시 총장과 교원은 급여, 성과약정 등 계약조건을 정하고, 급여는 공무원보수규정 및 공무원 수당 등에 의하여 기준을 정하되, 계약조건의 세부적인 기준은 총장이 대학인사위원회의 심의를 거쳐 정하도록 하였다. 이 제도는 교수급여가 연공서열적 호봉 및 제반 수당의 형태로 지급되면서 교수의 업적이나 기여도 등이 급여와 직접 연계되지 못함으로써 인센티브 기능을 제대로 하지 못하는 것을 개선하여 자격급형 및 경력급형 보수체계를 직무급형 및 성과급형 보수체계로 전환하여 지식사회에 부응하는 인재의 양성을 위해 개인의 창의성이 존중되고 능력에 따라 보상을 받는 인사급여제도로 개혁하는 것을 목표로 하였다.

국립대학특별회계제도의 도입을 추진하였다. 정부에서는 국립대학특별회계법을 1998년 입법예고하였고, 1999년에는 국립대학 특별회계법 수정법령안을 제시하기도 하였으나 법령이 공포되지는 못했다. 이후 국립대학발전계획에서는 자율과 책무에 기반을 둔 대학운영시스템 개선을 위한 재정 자율성 및 투명성 강화방안으로 국립대학 특별(통합)회계의 도입검토를 중기과제로 선정하였고, 국립대학운영에관한특별법(가칭)을 제정하는 것으로 계획을 다시 수정하였다. 여기에는 기성회계

와 일반회계를 통합하는 학교회계를 설치하는 것은 물론 국립대학의
학교조직, 정원, 인사관리에 대한 자율성을 제고하고, 학교회계에 대하
여는 그 운영에 있어 공정성과 투명성을 높일 수 있는 방안들도 포함
되었다.

2. 고등교육재정정책의 특징

의제형성, 결정, 집행 및 평가와 같은 정책과정(policy process), 확보·배
분·운용·평가 등 재정운용의 과정, 그리고 고등교육재정이 추구해
야 할 가치, 정책의 목표와 철학 등 여러 측면에서 볼 때, '국민의 정
부' 고등교육재정정책에서는 다음과 같은 특징을 발견할 수 있다.

1) 정책의 유지: 경쟁력, 평가, 선별지원

전반적으로 볼 때, 고등교육재정분야에서 '국민의 정부'는 이전 '문
민정부'와 상당 부분 기본적 특성을 공유하였다. 문민정부에서는 고등
교육 분야에 대한 재정지원이 확대되고, 평가를 통한 차등 지원이 시
작되었는데 국민의 정부에서도 그 사업들을 계획대로 추진하였고, 사
업이 종료된 경우에는 그와 유사한 사업을 새로 도입하기도 하였다.
앞에서 본 바와 같이 재정지원사업 중 일반지원사업은 대부분 1990년
이전 혹은 1990년대 중반부터 지속적으로 시행된 것이고, 전체 사업예
산규모도 1996년 이후 7천억 원대를 유지하였다. 특수목적지원사업도
이전 정부에서 시작한 것이거나 그 명칭과 성격을 약간씩 보완한 것

이 많다. 예컨대 BK21사업은 대학원중점육성지원사업, 국제전문인력 양성, 공과대학중점육성지원과 그 목적, 대상, 지원방법 등이 유사한 점이 많고, 국립대 구조조정사업은 기존 교육개혁추진우수대학지원사업에서 국립대학을 분리하여 별도 대상으로 한 것이다.[91]

이것은 이전 정부에서 재정지원사업기간을 정하여 시행한 것이 주 요인이라 할 수 있으나, 정책목표로서 '경쟁력 강화', 그것을 달성하기 위한 수단으로서 '평가를 통한 선별적 차등적 재정지원사업'이라고 하는 정책구조는 이전 정부와 동일한 것으로 볼 수 있다(나민주, 1998b; 박정수, 2001; 윤정일 외, 2001). 물론 부분적인 보완도 이루어졌다. 예를 들어 2000년도부터는 국립대학실험실습기자재, 공·사립대학시설·설비확충, 국공사립대학자구노력지원, 교육개혁추진우수대학, 산업대학특성화 등의 사업은 통합하여 평가하는 데 공통지표와 개별지표를 활용하여 평가의 중복성을 피하고, 평가부담을 완화하고자 하였다. '국민의 정부' 고등교육재정정책은, 정책변동 측면에서 볼 때, 승계(succession), 대체(replacement), 중단(termination)과 같은 커다란 변동이 없는 정책 유지(policy maintenance)가 두드러진다.

2) 정책 의제의 다양화, 그리고 갈등

국민의 정부에서는 고등교육재정정책에 대해서 본격적으로 관심을

---

91) 물론 세부적인 예산규모는 차이가 있으나, 이전 국고지원사업과의 전체적인 유사성으로 인해 이 사업들의 효과와 한계에서도 상당한 유사성이 나타날 것으로 보인다. 예컨대 대학에 대한 국고지원사업이 확대되면서 대학재정이 확충되고 대학개혁이 가속화되며 교육 및 연구 부문에서 상당한 가시적인 성과가 나타났으나, 사업 선정 및 추진과정의 체계성 부족, 지원대상 선정의 공정성·합리성 미흡, 대학 간 불평등 심화 등과 같은 문제가 발생하였다(송광용 외, 1998; 임연기 외, 1999).

갖고 재정지원사업 이외에 다양한 정책방안을 도출하기도 하였다. '국민의 정부'는 출범 당시부터 경제회생이라는 강한 경제적·정치적 요구에 부응할 수밖에 없었고, 사회 전 분야에 걸쳐 구조조정과 시장통제가 본격화되면서 효율성중심의 경제논리는 교육정책을 결정하고 집행하는 강력한 동력으로 작용하였다(신현석, 2002). 고등교육재정분야에서는 이미 문민정부에서부터 이러한 정책논리가 실행되고 있었으나, 국민의 정부 들어서는 그 사업이 더욱 확대되었고, 이에 대한 다양한 논쟁과 대안적 관점들이 부각되기도 하였다.

경제적 효율성 논리를 기반으로 한 성과급제, 교수연봉제, 국립대학구조조정, 연구중심대학육성과 같은 의제들이 설정되었는가 하면, 이에 대한 우려와 반대의 목소리를 바탕으로 기초보호학문지원, 지방대학육성과 같은 문제들이 정부의제로 채택되었다. 또한 오래전부터 대학사회에서 문제를 제기해온 사학세제지원, 국립대학특별회계에 대한 입법도 추진되었다. 이 의제들은 단순히 재정지원 규모와 방식을 어떻게 하는 것이 효율적이고 효과적인가 하는 차원을 넘어서 고등교육의 역할, 대학과 정부 간 관계, 국립대의 존재의의, 사립대의 성격, 대학통치구조(governance) 등에 관한 기본적인 철학과 가치를 새롭게 정립해야 하는 어려운 문제를 제기하였다.

이러한 과정에서 자유주의와 공동체주의, 수월성과 평등, 자주성과 공공성과 같은 이념적 대립이 격화되어 집단 간 갈등이 표면화됨으로써 정부의 사회적 통합기능이 그 어느 때보다 중요해졌다. 그러나 아직까지는 정부정책에 대한 공감대가 충분히 성숙되지 못하고, 이해집단 간뿐만 아니라 정부부처 간에도 갈등이 지속되었으며, 정부에 대한 교육현장의 불신마저 가중되었다(신현석, 2002). 고등교육재정분야에서도 국립대학재정의 편성과 운용에 관한 특별회계제도 도

입, 교수연봉제 및 계약제, 등록금 책정에 대한 정부의 간여, 사립대
학경상비 보조, 기여입학제 등에 관한 논쟁이 지속되었다(윤형원 외,
1998; 천세영, 2000; 나민주, 2001a; 송기창, 2000b; 유현숙 외, 2001;
윤정일 외, 2001 등).

3) 배분 – 중심, 운영 – 다양화, 확보 · 평가 – 관심

정책의 내용을 확보 – 배분 – 운영 – 평가라는 재정운용과정의 측면
에서 보면, 국민의 정부는 재정지원사업을 중심으로 재정의 배분에
초점을 두었으나, 재정운용을 효율화하기 위한 다양한 정책을 시도
하였고, 고등교육에 대한 정부재정을 확충하는 방안에 대해 적극 관
심을 보이기 시작했으며, 정책평가에도 많은 관심을 기울였다. 이 점
에서 '국민의 정부'는 고등교육재정정책에 본격적으로 관심을 갖기
시작한 시기라 할 수 있다. 배분과 운영에 관한 구체적인 내용은 앞
에서 언급하였으므로 재정의 확보와 평가에 관한 내용을 살펴보면
다음과 같다.

열악한 재정여건이 우리 고등교육의 질적 수준과 경쟁력을 높이는
데 가장 큰 걸림돌이라는 것은 이미 오래전부터 지적되어 왔다. 문
민정부의 경우 GNP 대비 5% 교육재정확보정책과 같이 초 · 중등교
육의 여건을 개선하기 위한 구체적인 재정확충방안이 추진되었으나,
고등교육재정을 확충하기 위한 구체적인 정책목표와 방안이 제시되
지는 못하였다. 국민의 정부에서도 지방교육재정제도는 많은 변화가
있었으나 고등교육재정의 확충을 위한 종합적이고 세부적인 계획이
수립되지는 않았다. 그러나 정책담당자들이 이에 관해서 적극적인
의견을 표명하였다. 고등교육재정을 "학생수 비중에 비례하는 27%

수준까지 확충", "사립대학에 대한 국고보조비율을 10% 이상으로 확대"라고 하는 구체적인 목표를 언급한 것이다(김석현, 2001).

실제로 중앙정부교육예산에서 고등교육재정이 차지하는 비중도 점차 높아졌다. 1990년대 초 9.3%에 불과하던 것이 1995년에는 10.1%, 1997년에는 11.5%로 늘어났고, 국민의 정부 들어서도 1998년 11.3%, 1999년 12.3%, 2000년 12.2%, 2001년 12.6%로 점차 늘었다(그림 7-1 참조). 2001년의 고등교육재정의 비중은 1965년 이후 가장 높은 수치이다. 사립대학에 대한 국고지원도 늘어났다. 1999년 현재 4년제 사립대학의 운영수입 가운데 국고보조금이 차지하는 비중은 4.7%로서 국고지원액이 거의 없었던 1990년대 초반에 비해 빠른 속도로 증가하였다(김석현, 2001). 2000년 현재 국립대학운영지원비를 제외한 교육부 재정지원사업에서 사립대학에 지원되는 금액도 전체의 49%로 증가하였다(유현숙 외, 2001).

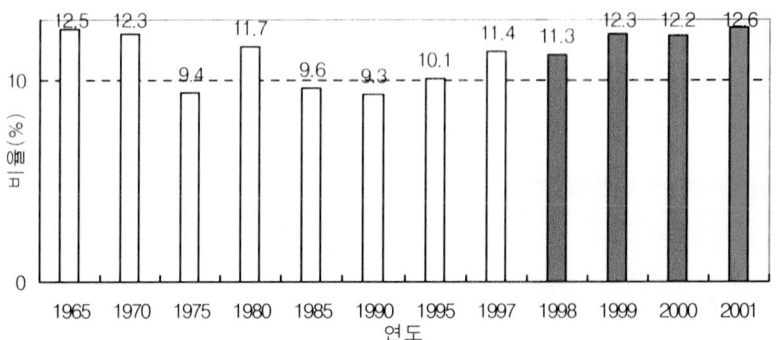

* 자료: 교육부, 각 연도 교육통계연보, 유현숙 외(2001)에 근거함

〈그림 7-1〉 중앙정부의 교육예산 중 고등교육관련예산의 비중(1965~2001)

국민의 정부에서는 사업완료 후 평가는 물론 중간평가가 늘어나고, 개별사업뿐만 아니라 정책 전반의 평가도 활성화되었다. 대학원 중점지원, 국제전문인력양성, 개혁추진우수대학지원 등의 경우 사업을 시행한 이후 목표달성도와 대학의 변화에 대해서 자체평가를 실시하고 이를 공표하였다. BK21사업의 경우에는 중간평가를 통해서 사업내용의 대학별 지원금액을 조정해나갔다. 또한 교육부정책연구도 정책개발에서 정책평가로 확대되었다. 종래 정책입안이나 추진상 문제점 해결을 위주로 하던 경향에서 벗어나 재정지원사업을 위한 평가체계를 종합적으로 재검토하고, 재정지원사업의 효과성을 평가할 수 있는 방법을 탐색하는 정책연구들도 늘어났다(김인재 외, 2000; 유현숙 외, 2001; 윤정일 외, 2001).

4) 정부관리를 통한 경쟁력 강화

문민정부에 이어 국민의 정부에서도 정부가 대학개혁의 방향과 과제를 정하고 그 순응여부를 각종 재정지원사업의 평가지표로 활용하며 그 평가결과에 따라 차등적, 선별적으로 재정을 지원하는 정책을 확대하였다.[92] 이에 따라 각 대학은 평가기획실, 교육개혁추진실 등을 설치하여 각종 평가에 대비하였다. 국·사립을 막론하고 대다수 대학들이 각종 대학평가와 그 결과에 민감하게 반응하였고, 그러한 평가를 통한 대학의 위상제고와 정부·학생·기업 등을 대상으로 한

---

[92] 대학재정지원사업을 일반지원과 특수목적지원으로 구분하는 것이 의미가 없을 정도로 일반지원이 특수목적지원화하는 경향도 나타났다. 특수목적 지원사업의 종류와 규모가 대폭 늘어났을 뿐만 아니라 평가에 의해서 차등 지원을 하는 사업이 늘어나면서 특수목적지원사업과 일반지원사업을 같은 지표로 한꺼번에 평가하는 것이 자연스러울 정도가 된 것이다.

대학홍보에도 적극 활용하였다. 이 과정에서 대학이 정부의 눈치를
보는 현상이 더욱 심화되었고, 대학 간 상호모방과 동질화 현상도
나타났다.[93] 이에 따라 대학의 자율성이 심각하게 침해당한다는 지
적은 물론, 재정지원을 받기 위해서 이리저리 몰려다니는 상황에서
는 다양화, 특성화, 대학교육의 질적 향상을 기대하기 어렵다는 비판
이 대두되었다(송기창, 2000a; 허형, 1999).

  의제설정과정에서도 '국민의 정부' 고등교육재정정책은 외부주도
형보다는 동원형과 내부주도형이 더 우세한 것으로 보인다.[94] 교육
부가 교육인적자원부로 승격된 이후 인적자원개발이라는 측면에서
통합·조정기능을 강화하였으므로 정부주도 혹은 정부관리는 한층
더 강화될 가능성이 높다. 한편으로 교육인적자원부 이외 타 부처의
고등교육재정정책에 대한 관심과 영향력도 점차 강해짐으로써 정부
내 경쟁으로 고등교육제도운영에 대한 정부주도 현상이 심화될 수도
있다.[95] 그러나 정부의 기획기능 확대는, 초·중등분야의 정책형성과
정에서도 정부의 독점현상을 가중시키고, 부처 간 정책이견은 물론
지방교육행정기관과의 갈등, 교육현장의 배타적 감정으로 기획과 실
천의 괴리가 심화되는 등 많은 문제를 낳았다(신현석, 2002).

  '국민의 정부'의 고등교육재정정책은 다양한 내용으로 구성되어

---

93) 연구 분야에서마저 학술진흥재단의 지원기준에 맞추어 학술지 발간이
    나 연구내용이 재편됨으로써 학문연구의 통일성 혹은 획일성이 증가하
    고 다양성이 줄어들고 있다는 비판도 있다.
94) 이러한 경향은 교육정책 전반에서 종래 대통령자문기구들이 담당했던
    중·장기교육계획과 실행방안을 독자적으로 생산해낼 수 있을 정도로
    교육부의 기획기능이 향상된 데도 원인을 찾을 수 있다(신현석, 2002).
95) 국립대학발전계획은 당초 재정당국에서 국립대학구조조정사업으로 계획
    되었으나 대학의 반발과 교육부의 요구로 변경된 것이다. 기획예산처에
    서는 국가재정여건을 점검하고 재정운영의 효율성을 제고하기 위한 목
    적으로 교육 분야 중장기 투자방향을 구상하고 있다.

있으나,96) 질적 수준, 수월성, 효율성, 다양성, 특성화, 그리고 이를
위한 평가와 집중투자확대 등으로 표현되는 '경쟁력 논리'가 주축을
이루고, 기반조성, 여건개선, 기초학문보호, 지방대학육성, 사립대지
원 등으로 표현되는 '평등 논리'가 보조적으로 활용되며, 투명성, 자
율성, 책무성 등으로 표현되는 '책무성 논리' 등이 부가되어 정책의
체계를 구성하였음을 알 수 있다.97) 그러나 우리 고등교육정책사에
서 '경쟁력 논리'는 새로운 것으로 보기는 어렵고, 대학의 양적 확대
에 따른 반성으로 1950, 60년대 이후 지속적이고 반복적으로 등장한
'질적 향상 논리'의 다른 표현이라고 할 수 있다.98)

  고등교육정책은 그 추구하는 이념과 그것을 관리하고 운영하는 방

---

96) 매년 연초와 연말에 발행되는 교육부의 예산 및 사업의 계획 및 실적
   보고 관련자료들을 보면, "대학의 경쟁력 강화와 질적 제고" "대학의
   다양화·특성화를 위한 재정지원" "대학교육의 내실화" "대학의 연구능
   력 강화" "대학생지원"(김성동, 1998), "선진국 수준의 대학교육 강화방
   안" "대학의 질적 수월성과 자율성 확대" "세계적 수준의 대학교육을
   위한 기반 구축" "학술문화 창달을 위한 지원체제 마련"(김영식, 1999),
   "대학재정지원의 대폭 확충" "대학원체제 정비와 학술정책의 정비" "대
   학의 자율성 확대 및 책무성 제고" "대학교원 인사제도 개선과 인센티
   브제 도입"(김화진, 2000), "지식강국 구현을 위한 대학의 역량 제고"
   "기초학문보호 육성" "국립대학 발전계획" "지방대학 육성" "교원인사
   제도 개선" "대학 다양화·특성화를 위한 재정지원"(대학행정지원과, 2001),
   "선진국 수준의 대학교육 강화" "교육·연구여건의 획기적 개선" "기초
   과학·인문학·보호학문의 집중지원" "대학재정의 확충" "교수인사제도
   개선"(교육부, 2002) 등의 내용이 포함되어 있다.
97) 정책논리란 최상위의 정책목표 혹은 정책의 정당화 논거를 말하는 것
   이다. 이는 하위 정책목표의 정당화 근거가 되고, 다양한 정책목표와 수단
   으로 구체화되기도 한다. 이 점에서 정책논리는 정책기조(policy platform)
   라고 할 수도 있다. 정책논리는 정책의 일관성을 판단하는 기준 또는
   다양한 정책목표와 수단을 조정하고 판단하는 가치준거가 될 수 있다.
98) 역사적으로 볼 때, 고등교육의 정책논리는 상당한 변화과정을 겪어왔
   다. 새로운 논리가 등장한 경우도 있고, 논리 자체의 내적 구성요인이
   변화하여 우선순위나 정책수단이 변화되기도 하였다(나민주, 1995).

식의 두 차원에 의하여 분류할 수 있다. 교육정책이 추구하는 상호 대립적 이념으로 수월성과 평등, 그리고 정부통제와 대학자율이라고 하는 대안적인 연속선상에서 볼 때, 우리나라의 고등교육정책은 정부통제의 평등추구정책에서 정부통제를 통한 수월성 추구, 그리고 대학자율에 의한 수월성 추구로 그 초점이 변화하여 왔다(나민주, 1995). 그러나 국민의 정부 고등교육재정정책은 정부관리를 통한 경쟁력 강화를 주된 논리로 하였다는 점에서 고등교육관리체제 면에서 정부관리방식으로의 회귀 혹은 정체라고 할 수 있다.

한편, 고등교육재정이 추구해야 하는 준거 혹은 가치의 측면에서 볼 때, 안정성에 대한 관심이 낮은 것도 국민의 정부 정책의 특징 가운데 하나이다. 고등교육재정과 관련된 형평성, 효율성, 자율성, 반응성, 수월성, 다양성, 책무성과 같은 다른 준거들은 대부분 국민의 정부의 정책목표로 다루어졌으나, 안정성을 강화하려는 정책은 찾아보기 어렵다. 고등교육재정에서 안정성은 자율성, 효율성, 수월성, 다양성은 물론 책무성과 형평성을 도모할 수 있는 중요한 평가준거라 할 수 있다(Ziderman & Albrecht, 1995; 나민주, 1997). 이러한 다양하고 상충적인 가치들을 어떻게 조화시킬 것인가가 앞으로 고등교육재정정책에서 해결해야 할 가장 어려운 난제의 하나이다.

5) 정책의 효과와 영향

고등교육재정정책은 개별사업의 목표달성 측면뿐만 아니라 그 파급효과의 측면에서도 고등교육 전반에 많은 영향을 주었다. 교육부 자료에 의하면, 재정지원사업의 하나인 이공계대학원중점육성사업의 경우, 1995년부터 1999년까지 5개 대학에 특정분야별로 880억 원을 지원하고 각 대학은 이에 상응하는 1,800억 원을 대응 투자하도록 유도한 결과, 교육연구능력이 향상되고 연구 및 지원인력을 확보하게 되었고 연구용 시설·설비를 확충하게 되었으며 대학원생 교육여건과 연구활동이 현저하게 향상되었다(김영식, 1999). 예를 들어 연구논문총수가 사업시작연도에 비해 두 배로 증가하였고, 교수1인당 논문수도 4.6편에서 8.0편으로 74%가 증가하였다. 특히 SCI연구논문수는 121%가 증가하였다. 이 외에도 교수업적 평가제도 정착, 교육과정의 특성화, 우수학생유치, 강의 질 향상 등 교육 및 연구 전반에 상당한 변화와 발전이 나타났다(김화진, 1999).

대학의 경쟁력에 관해서 논의할 때마다 빠짐없이 등장하곤 하는 SCI논문수를 보면, 우리나라는 1996년 이후 연평균 논문수 증가율이 20~30%로서 세계 1위이고, 국가별 SCI순위도 1998년 18위에서 1999년, 2000년 16위, 그리고 2001년 14위로 상승하였다. 국내대학 중 논문수가 가장 많은 서울대의 경우에는 1997년 126위에서 1998년 94위, 2000년 55위, 그리고 2001년에는 40위를 기록하였다. 다른 대학들도 2001년의 경우 연세대가 222위에서 169위로, 성균관대가 336위에서 273위로, 포항공대 341위에서 278위로 각각 상승하는 등 국내대학의 SCI순위가 대거 상승했다(교육인적자원부 발표자료). 전체 대학교수의 연간 발표논문수도 1995년 2.01편에서 1999년 2.58편으로 상승하였고, 해외논문편수는 0.27편에서 0.61편으로 대폭 증가하였다(표 7-4 참조). 물론 이것이 전적으로 재정지원사업이나 고등교육재정정책만의 효과라고 볼 수는 없으나, 국내대학의 연구산출물이 급격하게 증가한 것만은 분명한 사실이고, 대학에 대한 재정투자가 확대되면 그 산출물도 늘어난다고 하는 사실을 확인할 수 있다.

〈표 7-4〉 교수1인당 연구논문수

연 도	전 체		국립대학		사립대학	
	국내+해외	해외	국내+해외	해외	국내+해외	해외
1995	2.01	0.27	2.09	0.33	1.98	0.24
1999	2.58	0.61	3.06	1.22	2.39	0.37

* 주: 교육대학, 산업대학, 방송대학 제외. 자료: 한국대학교육협의회(1999).

재정지원정책은 대학개혁의 확산, 대학운영방식의 변화, 대학재정의 확충, 대학의 다양화·특성화 등에도 많은 영향을 주었다(송광용 외, 1998; 임연기 외, 1999). 5·31교육개혁의 시행초기에 초·중등학교에 비해서 대학의 개혁 분위기가 급속히 확산된 것은, 그 이전에 이미 대학의 자발적인 개혁노력이 꾸준히 시행되었고, 정부의 개혁방향이 그것과 일치했다는 점도 작용했지만, 평가를 통한 차등적이고 선별적인 재정지원방식이 크게 작용했다. 1990년대 후반 우리나라 대학교육에서는 소비자선택, 경쟁력, 특성화, 정보화, 구조조정 등이 대학개혁의 화두가 되었다. 재정지원사업의 종류와 규모가 확대되면서 대학재정의 여건 및 구조에도 적지 않은 변화가 나타났다. 대학재정담당자를 대상으로 한 설문조사결과에 의하면, 각종 국고지원금은 대학재정난 해결에 상당한 도움이 된 것으로 평가되었고(송광용 외, 1998), 각 대학들은 경쟁적으로 발전기금 확보 등 대학재정을 확충하고 재원을 다양화하기 위한 자구적인 노력을 전개하였다.

그러나 재정지원을 받은 대학들이 사업을 제대로 추진하지 않아서 지원규모를 삭감조치당하는 경우가 발생하고, 감사결과 국고지원금을 일반행정실 물품구입 등 다른 용도로 불법전용하는 사례까지 나타났는가 하면, 재정지원이 확대되면서 대학 간 형평성, 재정지원의 편중성, 재정지원방식의 실효성 등에 관한 논란이 계속되었다(임연기 외, 1999). 소수의 우수대학 혹은 거점대학에 대한 집중적 지원을 통하여 대학교육의 질적 향상을 도모하려는 정책은 이미 산업부문에서 실패한 '거점중심발전전략'을 무비판적으로 적용한다는 지적도 있었다. 각 대학의 재정구조 면에서 보면, 연구관련예산은 증가하나 교육관련예산은 감소하는 현상도 나타났다.99)

3. 요 약

'국민의 정부'는 대체로 이전 정부의 정책 기조와 사업들을 유지하였으나, 고등교육재정정책에 본격적으로 관심을 갖기 시작한 시기라 할 수 있다. 국민의 정부 들어서 대학재정관련 정책의제가 점차 다양해졌고, 배분뿐만 아니라 운영, 평가, 그리고 확보 등 재정운영 전반으로 정책적 관심이 확대되었다. 고등교육재정정책에서는 세부 정책사업별로 상당 부분 목표를 달성하였고, 대학개혁이 점차 확대되었으며, 고등교육의 여건과 질적 수준도 전반적으로 개선되는 등 상당한 성과가 나타났다. 그러나 정부관리를 통한 경쟁력 강화라는 정책기조 속에서 고등교육의 질적 개선에 여러 가지 한계를 드러내면서 사업별로 세부내용을 보완하는 것과 더불어 장기적 방향과 목표를 재설정하는 전략적 관심이 더욱 중요한 정책과제로 부각되었다.

---

99) 제6장에서 분석한 바와 같이 사립대학의 경우, 국고지원이 확대되면서 학생당 교육비가 증가하고, 수입측면에서 기부금의 비중이 높아지며, 지출측면에서 연구비의 비중은 높아졌으나, 학생관련경비의 비중은 낮아지는 경향을 보였다.

제8장

영국의 대학재정지원제도

　영국은 오랜 대학교육의 전통을 지닌 국가일 뿐만 아니라 역사적, 사회문화적, 경제적으로도 우리와는 상당한 차이가 있다. 그러나 20세기 초반부터 대학에 대한 공공재정지원에 대해서 많은 논의가 이루어져 왔고 대학재정지원방식이 다양한 변화와 발전 과정을 거쳐 온 영국의 사례는 우리에게 여러 모로 도움을 줄 수 있을 것이다.100) 영국은 이른바 신자유주의적 교육개혁을 가장 먼저 시도하고 확대해 온 국가로서 경쟁과 선택, 평가와 책무성을 강조하는 우리나라 대학정책과 상당 부분이 유사한 것으로 평가된다(김태리, 1999). 이 장은 영국의 대학교육재정과 대학에 대한 정부의 재정지원방식을 분석하고, 우리나라 대학재정지원정책의 방향을 검토하고 발전방안을 모색하기 위한 논의자료를 제공하는 데 목적이 있다.

　이 장에서 분석의 초점은 국가사회적으로 '얼마나' 많은 양의 재원을 대학교육을 위해서 투입하고 있고, '어떤 방식으로' 대학에 지

---

100) 이 장에서는 지역적으로는 잉글랜드를 중심으로, 그리고 대학의 종류별로는 다음에 설명할 고등교육기관에 관한 자료를 중심으로 분석과 논의가 이루어질 것이다. 영국은 잉글랜드 이외에 웨일즈, 북아일랜드, 스코틀랜드로 구성되어 있으나, 양적 측면에서 잉글랜드가 대부분을 차지하고 있고, 스코틀랜드를 제외한 세 지역은 대학재정이나 정부정책도 유사한 점이 많다.

원하고 있는가에 있다. 이를 위해서 먼저 대학의 역사, 대학교육의 규모를 중심으로 영국의 대학제도를 개관한다. 대학재정, 그리고 그에 관한 정부 정책은 해당국가 대학교육의 역사적 기원과 발달, 사회적 역할 등과 같은 광범위한 맥락 속에서 더욱 심층적으로 이해될 수 있기 때문이다. 둘째, 국가경제와 정부예산에서 대학부문이 차지하는 비중, 대학의 세입·세출 구성내역, 학생당 교육비를 중심으로 영국 대학교육의 재정규모를 분석한다. 셋째, 대학에 대한 지원내용과 방법, 재정배분기구의 역할을 중심으로 대학에 대한 정부의 재정지원방식을 분석한다. 넷째, 대학재정에 관한 영국 내의 논의 및 연구의 주된 내용을 정리하고 국제적인 자료 및 동향과의 비교를 통해서 영국의 대학재정 및 재정지원제도를 평가하고 변화 방향을 전망한다. 이러한 분석과정에서 '얼마나' '어떤 방식으로'와 아울러 부분적으로나마 '그 결과는 어떠한가', 그리고 그렇게 대학재정이 운용되고 있는 '이유는 무엇인가'에 관해서도 논의하고자 한다. 마지막으로 앞의 분석과 논의가 우리나라 대학재정의 규모와 정부의 재정지원방식에 주는 시사점에 관해 논한다.

1. 대학의 유형과 규모

영국의 대학, 즉 중등 이후 교육기관은 크게 고등교육기관과 계속교육기관으로 구분할 수 있다. 일반적으로 고등교육기관(higher education institution)은 학문 및 연구를 목적으로 하고, 계속교육기관(further education institution)은 직업교육을 포함하여 다양한 형태의 중등 이후 교육과정을 제공한다(신용주, 2001; HEFCE, 2005c). 영국

에서는 우리가 대학교육을 지칭하는 의미로 일반적으로 사용하고 있
는 용어인 고등교육(즉, higher education)의 범주에는 계속교육(further
education)이 포함되지 않는다. 이 글에서는 고등교육과 계속교육을
포괄하여 중등 이후 교육을 대학교육으로 통칭한다. 영국 대학은 정
부로부터 독립적으로 운영되는 법인체로서 사립대학과 유사하나 재
정적으로는 공립대학이라 할 수 있어서 우리나라와 같이 국·공립과
사립으로 명확하게 구분하기는 어렵다(김형근·조석훈, 1994; Universities
UK, 2001).

  고등교육기관은 대학교와 단과대학으로 구분해 볼 수 있다. 대학교
(university)는 독자적인 학위수여권(degree-awarding power)이 있고,
정부의 간섭을 받지 않는 독립적인 기관으로 그 역사, 규모, 설립목적,
교육과정 등이 매우 다양하다. 영국에서 가장 오래된 대학교인 옥스퍼
드와 캠브리지는 12, 13세기에 설립되었고, 스코틀랜드의 몇몇 대학도
15, 16세기에 설립되었으나, 대부분은 20세기 이후에 등장하였다. 대
학교는 칙허장(Royal Charter) 혹은 의회법(Act of Parliament)을 통해
서 설립되었는데, 추밀원(Privy Council)이 일정한 조건을 갖춘 기관에
대학교의 지위를 부여할 수 있는 권한을 갖고 있다. 1992년에는 계속
및 고등 교육법(Further and Higher Education Act)에 의해서 주로 산
업교육을 담당하던 폴리테크닉(polytechnic)도 대학교의 지위를 부여받
았다.[101] 대학교의 규모를 보면, 학생수가 4,500명이 안 되는 대학교
부터 32,000명이 넘는 대학교까지 다양한데, 런던대학교(University of
London)는 모든 단과대학과 학부를 합하면 학생수가 124,000명이나

---

[101] 이 폴리테크닉을 '신'대학교('new' or post-1992 university)라고 하고,
   그 이전부터 대학교의 지위에 있던 것을 '구'대학교('old' or pre-1992
   university)라고 부르기도 한다. '구'대학교에는 1950, 60년대에 세워진
   '시민'대학교('civic' university)들도 있다.

되며, 주로 시간제 학생이 원격교육을 받고 있는 개방대학교(Open University)에는 158,000명이 넘는 학생이 재학 중이다(HEFCE, 2005c).

단과대학(HE institution / college) 역시 대학교와 마찬가지로 정부의 간섭을 받지 않는 독립적인 기관으로 규모, 설립목적, 교육과정 등이 매우 다양하다. 단과대학 중 일부는 독자적인 학위 혹은 자격증 수여권을 갖기도 하나, 다른 대학교나 국가인증기구로부터 별도의 인가를 받는 경우도 있다. 단과대학들은 상당수가 교회에서 설립한 것이고, 일부는 설립된 지 150년이 넘은 것도 있다. 단과대학의 규모는 학생수가 460명인 소규모에서부터 13,700명인 대규모까지 다양한데 평균 학생수는 3,500명이다(HEFCE, 2005c).

계속교육기관(FE institution / college)은 고등교육기관과 달리 설립, 통폐합, 폐지는 물론 운영과정에서도 교육부(Department for Education and Skills)나 지역교육청(Local Education Authority)의 직접적인 지시나 규제를 받고 있다(최청일 외, 2002). 스코틀랜드의 경우 계속교육은 초 · 중등학교가 아닌 곳에서 학령기를 넘긴 사람을 위해 제공되는 직업자격증 취득 준비, 고등학교 졸업 혹은 대학입학자격 취득 준비, 대학입학 준비, 영어가 모국어가 아닌 사람을 위한 교육 프로그램 등으로 정의되고 있다(Further and Higher Education(Scotland) Act 1992). 계속교육기관은 칼리지(FE college)가 중심이 되고 있으나, 대학진학반(Six−form school / college), 제3의 칼리지(Tertiary college)도 계속교육을 제공하고, 고등교육기관(HEI)에서도 계속교육을 제공하고 있다(신용주, 2001).

1990년대 이후 영국에서는 대학단계에서 학습과 고용의 연계를 강조하면서 우리나라의 전문대학의 역할을 겸하고 있는 계속교육 칼리지(FE college)의 역할이 크게 확대되고 평생학습을 촉진하는 중심기

관으로 자리잡게 되었다(최상덕, 2005). FE 칼리지들은 1992년 계속
및 고등교육법에 의해 지방교육청의 관리에서 벗어나 독립법인이 된
후, 학생수가 급격히 팽창하였다. 최근에는 많은 FE 칼리지들이 고등
교육과 연계된 프로그램을 운영하기도 하는데, 일부 칼리지에서는 고
등교육수준의 다양한 자격증 취득 프로그램을 운영하고 있고, 같은 지
역의 대학교들과 연계하여 학사과정을 FE 칼리지에서 1, 2년 이수하
고, 나머지 기간을 대학에서 이수한 뒤 학사학위를 수여하기도 한다.

　고등교육기관의 학사과정 수학연한은 3년이나 스코틀랜드는 4년제
를 병행하고 있고, 새로운 학년도는 가을에 시작된다(HEFCE, 2005c).
2005 / 06학년도 현재 영국에는 123개의 대학교와 43개의 단과대학,
그리고 476개의 계속대학이 있다(표 8-1 참조). 대학교 전체 대학
가운데 81.3%인 542개의 기관은 잉글랜드에 있다. 2000 / 01학년도와
비교하면, 대학수는 15개가 줄었다. 유형별로는 대학교는 9개가 늘
었으나, 단과대학은 9개가 줄고, 계속대학은 15개가 줄었다.

〈표 8-1〉 영국의 대학수

구 분	합 계	대학교	단과대학	계속대학
영국 전체(2000 / 01)	657	114	52	491
(2005 / 06)	642	123	43	476
잉글랜드(2000 / 01)	533	90	40	403
(2005 / 06)	522	100	31	391
웨일즈(2000 / 01)	37	9	4	24
(2005 / 06)	35	8	4	23
스코틀랜드(2000 / 01)	66	13	6	47
(2005 / 06)	65	13	6	46
북아일랜드(2000 / 01)	21	2	2	17
(2005 / 06)	20	2	2	16

* 자료: Department for Education and Skills(2006)

역사적으로 보면, 1945년에 영국에는 17개의 고등교육기관이 있었
으나(McDowall, 1993), 2005 / 06학년도 현재 대학교만도 120개가 넘
는다. 학생수도 1939년 약 5만 명에서 1957년 9만 명, 1981년 20만
명으로 늘었다. 2004 / 05학년도에는 전일제 학생만 해도 140만 명이
넘고, 시간제를 포함하면 250만여 명으로 증가하였다. 교수수도 1939
년 5천 명에서 1981년 4만 4천 명으로 증가하였고(윤정일 외, 2001),
2004 / 05학년도 현재 7만 6천 명의 교수가 있다. 계속교육기관의 학
생수도 1990년 48만 명에서 2000년 97만 명, 그리고 2004 / 05학년도
에는 108만 명으로 크게 증가하였다. 2004년 현재 계속교육기관의
교수수는 6만 명이다.

〈표 8-2〉 영국 대학의 학생수

(단위: 천 명)

구 분	1990 / 01		2000 / 01		2004 / 05	
	전일제	시간제	전일제	시간제	전일제	시간제
고등교육	748.6	332.9	1,275.0	785.5	1,456.7	1,037.6
여 자	352.8	138.4	682.8	443.9	794.8	631.0
계속교육	480.4	1,758.5	974.6	3,161.4	1,083.5	3,963.7
여 자	260.9	986.1	496.8	1,933.9	551.5	2,429.4

* 주: Open university 포함
자료: Department for Education and Skills(2006)

〈표 8-3〉 영국 대학의 교수수

(단위: 천 명)

구 분	2000 / 01	2004 / 05
전 체	135	139
고등교육	78	79
계속교육	57	60

구 분	2000 / 01	2004 / 05
여 자	51	56
고등교육	24	27
계속교육	27	30

* 주: Open university 및 임시직 교수 제외.
자료: Department for Education and Skills(2006)

　다음 <표 8-4>에서 보는 바와 같이 2004 / 05학년도 현재 영국의
유·초·중등학교 학생수는 996만 명(시간제 포함)이고, 시간제를 제
외한 고등교육기관 재학생수는 143만 명, 계속교육기관 재학생수는
108만 명이다. 이를 합하여 전체 학생수 대비 대학생수의 비중을 계
산해보면, 고등교육기관 재학생의 비중은 11.5%, 계속교육기관 재학생
의 비중은 8.7%로 이 둘을 합한 대학생수는 전체 학생의 20.2%가 된
다. 이를 토대로 하면 전체 인구 중에서 학생인구의 비중은 21.3%로
추정된다. 물론 대학의 시간제 학생을 포함하면 이 비중은 훨씬 높아
진다.102) 2001 / 02학년도와 비교하면, 고등교육기관 학생수는 약 25만
명이 증가하여 전체 학생수 대비 비중도 1.2%가 증가하였다. 계속교
육기관 학생수는 약 4만 명이 증가하였고 비중은 0.4%가 늘었다.

---

102) 시간제 학생수는 2004 / 05학년도 현재 고등교육기관은 101만 7천 명
　　으로 전일제 학생보다 약간 적고, 계속교육기관은 377만 명으로 전일
　　제 학생의 3.7배 수준이다(DfES, 2006b).

〈표 8-4〉 영국의 학생인구 비중

(단위: 천 명)

학년도	전체인구 (A)	유초중등 (B)	고등교육 (C)	계속교육 (D)	학생인구 E(B+C+D)	E/A (%)	B/E (%)	C/E (%)	D/E (%)	(C+D)/E (%)
2001 / 02	58,391	10,116	1,276	1,036	12,428	21.3	81.4	10.3	8.3	18.6
2004 / 05	58,495	9,963	1,429	1,080	12,472	21.3	79.9	11.5	8.7	20.2

* 주: 고등교육기관, 계속교육기관은 전일제학생 기준, 유초중등학교에는 시간제 포함
자료: Department for Education and Skills(2001, 2005)

2. 대학교육의 재정구조

　　영국 고등교육기관의 수입·지출 구성내역을 살펴보면, 대학재정의 수입에서 가장 높은 비중을 차지하는 것은 재정배분기구의 교부금이다(표 8-5 참조). 2004/05학년도의 경우, 재정배분기구의 교부금이 차지하는 비중은 전체의 38.7%이다. 연구재단의 연구지원비 및 용역수입, 자선단체 및 정부출연기관의 연구지원비 등을 포함한 연구교부금 및 계약은 16.0%를 차지하고 있고, 수업료 및 보조금이 24.1%이다. 학생의 주거비용, 지방정부 교부금, 병원운영 수입, 지적재산권 수입 등을 포함한 기타 경상적 수입은 19.2%를 차지하고 있다. 1995/96학년도와 그 비율을 비교하면, 재정기구교부금은 2.9% 감소한 반면, 연구교부금 및 계약은 1.5%, 수업료 및 보조금은 0.5% 증가하였다. 지출 중 가장 높은 비중을 차지하는 것은 인건비로서 전체 세출의 58.4%를 차지하고 있다. 다음은 경상비로 전체의 35.5%이다. 1995/96학년도와 그 비율을 비교하면, 인건비는 0.5% 증가하고, 경상비는 0.9%가 감소하였다. 다른 항목들도 1% 이하로 커다란 변화는 없었다.

〈표 8-5〉 영국 고등교육기관의 수입·지출 구성내역 추이

(단위: 천 £)

구 분	1995 / 96		2000 / 01		2004 / 05	
수입 합계	10,647,431	100%	13,493,919	100%	17,993,162	100%
재정기구교부금	4,428,169	41.6%	5,355,777	39.7%	6,967,346	38.7%
수업료 및 보조금	2,508,772	23.6%	3,048,579	22.6%	4,335,652	24.1%
연구교부금 및 계약	1,541,846	14.5%	2,207,228	16.4%	2,883,900	16.0%
기부금 및 이자	262,417	2.5%	292,387	2.2%	299,515	1.7%
기타 운영수입	1,906,228	17.9%	2,589,948	19.2%	3,506,749	19.5%
지출 합계	10,533,870	100%	13,544,483	100%	17,779,680	100%
직원인건비	6,099,952	57.9%	7,911,111	58.4%	10,377,331	58.4%
경상비	3,832,521	36.4%	4,807,898	35.5%	6,317,040	35.5%
감가상각	435,836	4.1%	614,087	4.5%	870,393	4.9%
이자지출	165,562	1.6%	211,387	1.6%	214,916	1.2%

* 자료: HESA(http://www.hesa.ac.uk/)에 근거함.

영국의 교육에 대한 정부지출 현황을 보면, 2003 / 04학년도 현재 고등교육예산은 전체 교육예산의 11.9%, 계속교육예산은 12.2%를 차지하고 있다(표 8-6 참조). 이를 정부수준별로 보면, 중앙정부교육예산에서 고등교육이 차지하는 비중은 35.2%, 계속교육이 차지하는 비중은 32.2%로 이 둘을 합하면 대학부문은 전체의 67.4%가 된다. 지방정부교육예산에서 고등교육예산은 없고, 계속교육이 차지하는 비중은 1.9%이다.

〈표 8—6〉 **영국 중앙정부와 지방정부의 교육단계별 지출**

(단위: 백 만£)

구 분	합 계	비율	중앙정부	비율	지방정부	비율
합 계(2000 / 01)	40,888.70	100	12,956.20	100	27,932.50	100
(2003 / 04)	59,322.9	100	20,108.8	100	39,214.1	100
유아교육(2000 / 01)	2,123.2	5.2	126.7	1.0	1,996.6	7.1
(2003 / 04)	3,724.1	6.3	425.4	2.1	3,298.7	8.4
초중등교육(2000 / 01)	25,441.5	62.2	1,438.8	11.1	24,002.6	85.9
(2003 / 04)	34,553.2	58.2	2,173.4	10.8	32,379.9	82.6
계속교육(2000 / 01)	4,612.2	11.3	4,029.7	31.1	582.6	2.1
(2003 / 04)	7,210.9	12.2	6,483.8	32.2	727.1	1.9
고등교육(2000 / 01)	5,328.9	13.0	5,317.6	41.0	11.3	0.0
(2003 / 04)	7,088.1	11.9	7,088.1	35.2	—	—
학생지원(2000 / 01)	1,972.0	4.8	1,175.6	9.1	796.4	2.9
(2003 / 04)	1,154.5	1.9	1,093.2	5.4	61.3	0.2
기 타(2000 / 01)	1,411.0	3.5	867.9	6.7	543.1	1.9
(2003 / 04)	5,592.1	9.4	2,845.0	14.1	2,747.1	7.0

* 자료: Department for Education and Skills(2001c, 2005)에 근거함

공교육재정 가운데 중앙과 지방 정부의 분담비율은 보면, 2003 / 04 학년도를 기준으로 전체 교육단계에서 각각 33.9%, 66.1%로서 지방의 분담비율이 높다(표 8—7 참조). 2000 / 01학년도와 비교하면 중앙정부의 부담비율이 2.2% 높아졌는데, 이를 교육단계별로 보면, 유아 및 초중등 교육에서는 지방정부의 분담비율이 88.6%, 93.7%로 대부분을 차지하고 있으나, 고등교육 및 계속교육에서는 중앙정부의 분담비율이 89.9%, 100%로 매우 높다. 2000 / 01학년도와 비교하면, 대학단계에서 중앙정부의 분담비율이 더욱 높아지고 있다.

〈표 8-7〉 영국 중앙 및 지방 정부의 공재정분담 비율(교육단계별)

(단위: 백 만£)

구 분	전 체	비 율	중앙정부	비 율	지방정부	비 율
전 체(2000 / 01)	40,888.7	100	12,956.2	31.7	27,932.5	68.3
(2003 / 04)	59,322.9	100	20,108.8	33.9	39,214.1	66.1
유아교육(2000 / 01)	2,123.2	100	126.7	6.0	1,996.6	94.0
(2003 / 04)	3,724.1	100	425.4	11.4	3,298.7	88.6
초중등교육(2000 / 01)	25,441.5	100	1,438.8	5.7	24,002.6	94.3
(2003 / 04)	34,553.2	100	2,173.4	6.3	32,379.9	93.7
계속교육(2000 / 01)	4,612.2	100	4,029.7	87.4	582.6	12.6
(2003 / 04)	7,210.9	100	6,483.8	89.9	727.1	10.1
고등교육(2000 / 01)	5,328.9	100	5,317.6	99.8	11.3	0.2
(2003 / 04)	7,088.1	100	7,088.1	100.0	—	—
학생지원(2000 / 01)	1,972.0	100	1,175.6	59.6	796.4	40.4
(2003 / 04)	1,154.5	100	1,093.2	94.7	61.3	5.3
기 타(2000 / 01)	1,411.0	100	867.9	61.5	543.1	38.5
(2003 / 04)	5,592.1	100	2,845.0	50.9	2,747.1	49.1

* 자료: Department for Education and Skills(2001c, 2005)에 근거함

3. 정부의 대학재정 지원제도

영국에서는 다양한 방식으로 대학교육에 대한 공공재정 지원이 이루어지고 있으나 대부분은 재정배분기구들이 그 역할을 담당하고 있다. 지금까지 상당한 변화를 겪어온 영국의 대학재정배분기구들은 주로 기관을 대상으로 교육 및 연구활동을 위한 기본적인 재정을 지원하고 있다. 이와는 별도로 연구재단들은 개별 연구프로젝트를 지원한다. 또 학생들에 대해서는 학비 이외에 생활비 지원도 이루어지고 있다. 영국의 대학, 특히 고등교육기관들은 국가의 간섭을 받지

않고 연구와 학문에서 매우 독립적이고 자율적인 지위에 있으나, 재
정적 측면에서는 공공재원에 크게 의존하는 형태로 운영되고 있다.

1) 대학재정 지원기구의 변천

대학에 대한 정부의 재정지원은 UGC(University Grants Committee)
가 설치되면서 본격적으로 시작되었다(조석훈, 1998). UGC는 1919
년에 설립되어 1989년에 해체될 때까지 60여 년간에 걸쳐 대학재정
배분기구로서 존속하였다. 전통적인 영국의 대학교들과 시민대학교
들은 원래 민간재원으로 운영되었으나, UGC의 설립 이후 공공재원
이 점차 확대되어 대학재정의 주된 재원으로 자리잡게 되었다. 대학
의 경상비 가운데 정부교부금(grant)이 차지하는 비율은 제2차 세계
대전 무렵에는 약 30%였으나 1946년에는 50%로 상승하였고, 1980
년대에는 대부분의 대학이 75~90%의 경상비를 정부로부터 지원받
게 되었다(윤정일 외, 2001). 그러나 1980년대 말 대학에 대한 재정
지원액이 삭감되어 1990년대에 들어서는 대학재정에서 재정배분기구
교부금이 차지하는 비중이 40%대로 낮아졌다(최청일 외, 2002).

1960년대 이후 설립된 폴리테크닉과 단과대학들은 주로 소재한
지역의 지방교육청(Local Education Authority)들로부터 재정지원을
받았다(최청일 외, 2002). 이 가운데 일부는 NAB(National Advisory
Body for Public Sector Higher Education)의 조언을 토대로 결정되었
다. 그러나 1988년에 교육개혁법(Education Reform Act)이 제정되면
서 UGC는 해체되고 대신 UFC(University Funding Council)가 설치
되었고, 이와는 별도로 PCFC(Polytechnics and Colleges Funding

Council)가 설립되었다. UFC는 1989년부터 잉글랜드와 웨일즈의 대학교에 대한 재정지원을 담당하였다. PCFC는 잉글랜드의 폴리테크닉과 단과대학들에 재정을 배분하였다. 1988년 교육개혁법 제정 이후, 각 지방교육청이 운영하던 대학을 제외한 기타 고등교육기관은 이 법에 의해 PCFC를 통해서 중앙정부의 직접적인 재정지원을 받게 되었고, 지방정부의 통제로부터 자유로워졌다(신용주, 2001). 북아일랜드에서는 UFC의 조언을 토대로 교육부(Department of Education Northern Ireland)가 직접 재정을 지원하였다. 웨일즈의 폴리테크닉과 단과대학들에 대해서는 WAB(Wales Advisory Board for Local Authority Higher Education)의 조언을 받아 지역교육청들이 재정을 배분하였다(Eurydice, 2000).

1992년에는 계속 및 고등 교육법(Further and Higher Education Act)이 제정됨에 따라 UFC와 PCFC를 통합한 새로운 재정기구인 HEFC(Higher Education Funding Council)가 설치되었다. HEFC는 대학평가체제를 도입하고 그 결과를 재정분배에 활용함으로써 대학교육의 경쟁력을 강화하는 데 목적이 있었다(Eurydice, 2000). 즉 HEFC는 전통적인 학문지향적 대학교와, 기술·직업 교육 및 응용연구에 비중을 둔 폴리테크닉 등 비대학교 부문 간의 구분을 없애고 고등교육을 일원화함으로써 고등교육기관 간에 자금 및 학생 유치를 위한 경쟁을 촉발하기 위하여 설치된 것이다(윤정일 외, 2001).

고등교육재정배분기구가 UGC에서 UFC로, 다시 HEFC로 변화하는 과정에서 그 성격도 상당한 변화를 겪었다(조석훈, 1998). 대학재정기구는 고등교육기관과 정부 사이에 위치하여 정부로부터 받은 재원을 배분하는 역할을 맡고 있기 때문에 이 양자와 각각 어떤 관계를 형성하고 유지하는가에 따라 재정기구의 성격이 결정된다. 대학재정기구들은 초기에는 대학의 방패막이로서 버퍼(buffer)의 기능이 강조되었으나 점차 제한적이나마 대학교육에 대한 관여를 하면서 결합기능(coupling)이 강화되었고, 80년대 중반 이후에는 정부와 고등교육기관 간의 거래를 매개하는 중개자(broker)의 역할이 강조되었다. 그리고 최근 대학평가기능을 통해 대학내부의 개편에 관한 정책결정에 영향을 줌으로써 정책결정기관의 성격도 지니게 되었다. 영국에서는 재정배분기구의 설립과 변화를 통해서 대학교육에 대한 중앙정부의 재정지원을 강화하고, 대학교육개혁을 추진하여 왔다.

계속교육기관의 경우, 1992년 이전까지 주요 세입원은 지방교육청(LEA)이었다. 그러나 1992년 계속 및 고등 교육법 제정으로 계속교육기관들은 지방정부의 통제로부터 벗어나 중앙정부의 재정지원을 받게 되었고, 이를 위해서 FEFC(Further Education Funding Council)가 설립되었다. 실용교육을 추구하는 계속교육 칼리지(FE college)의 운영이념에는 경영원리가 도입 · 확대되었다. 1988년 이전까지는 지방교육청과 학부모들이 주된 구성원이던 계속교육 칼리지의 이사회에는 지방교육청 인사가 20%, 교직원, 학생, 학부모 및 지역사회 인사 등 당사자들이 30%를 차지하는 반면, 기업체 인사의 비율이 최소 50% 이상이 되도록 하여 칼리지 운영에 기업체의 요구가 반영되도록 하였다(신용주, 2001). 잉글랜드에서는 2001년부터 계속교육을 위한 재정지원을 담당하는 기관의 명칭을 종전의 FEFC에서 LSC(Learning and Skills Council)로 변경하였다. LSC는 의무교육 이후 단계의 교육훈련체제를 국가적 차원에서 통합하고 조정하기 위하여 설립된 것으로 기존에 주로 기업훈련을 책임지던 TEC(Training and Enterprise Council)와 FEFC를 통합한 것이다(최상덕, 2005). LSC는 대학교를 제외한 계속교육기관에 대한 재정지원을 통해서 16세 이상 인구의 직업능력과 국제적 경쟁력을 향상시키는 데 목적을 두고 있다(LSC, 2005). 이에 따라 정부는 조정자로서 적극적 역할을 담당하게 되었다.

2) 재정지원의 내용 및 방법

현재 북아일랜드를 제외한 세 지역에서는 정부가 아니라 대학에 대한 재정지원을 담당하는 별도의 기구들이 있어서 고등교육재정의 약 40% 정도를 지원하고 있다.[103] 북아일랜드에서는 고용교육부(Department for Employment and Learning)에서 직접 대학에 재정을 지원하고 있다. 그러나 잉글랜드에서는 HEFCE(Higher Education Funding Council for England), 웨일즈에서는 HEFCW(Higher Education Funding Council for Wales), 그리고 스코틀랜드에서는 SHEFC(Scottish Higher Education Funding Council)이 재정지원을 담당한다.

이와는 별도로 계속교육기관에 대한 재정지원을 담당하는 기구로 잉글랜드에는 LSC(Learning and Skills Council), 스코틀랜드에는 SFEFC(Scottish Further Education Funding Council), 그리고 웨일즈에는 FEFCW(Further Education Funding Council for Wales)가 설치

---

103) 대학에 대한 정부의 재정지원은 UGC(University Grants Committee)가 설치되면서 본격적으로 시작되었다(조석훈, 1998). 전통적인 영국의 대학교들과 시민대학교들은 원래 민간재원으로 운영되었으나 UGC의 설립 이후 공공재원이 점차 확대되어 대학재정의 주된 재원으로 자리잡게 되었다. 대학의 경상비 가운데 정부교부금(grants)이 차지하는 비율은 제2차 세계대전 무렵에는 약 30%였으나 1946년에는 50%로 상승하였고, 1980년대에는 대부분의 대학이 75~90%의 경상비를 정부로부터 지원받게 되었다(윤정일 외, 2001). 그러나 1980년대 말 대학에 대한 재정지원액은 대폭 삭감되어 1990년대 이후 전체 대학재정에서 재정교부금이 차지하는 비중은 40%대로 낮아졌다.

되어 있다. 잉글랜드의 경우, HEFCE와는 별개로 교사교육에 대해서는 TTA(Teacher Training Agency), 의학교육 및 의학분야 교직원에 대해서는 NHS(National Health Service)가 재정배분의 직접적 혹은 조언자의 역할을 담당한다.

대학부문에 대한 정부지원금 총액은 중앙정부가 결정하나, 개별 대학에 대해 재정지원금의 규모를 결정하는 것은 전적으로 재정배분기구의 권한이다. 영국 정부는 대학생수 및 대학교육 참여율에 대한 정부의 정책과 계획을 근거로 하여 매년 대학교육에 대한 재정지원 규모를 결정한다(Eurydice, 2000). 대학재정배분기구들은 의회와 정부가 결정한 규모의 예산을 배정받으나 구체적인 지원방식과 대학별 금액은 재정배분기구들이 결정하고 있다. 물론 이때 재정배분기구들은 정부가 제시하는 일반적이고 포괄적인 가이드라인과 우선순위를 반영하여 재정배분방식을 결정하게 된다.

또한 재정배분기구들은 CVCP(Committee of Vice-Chancellors and Principals of the UK universities), CSHEP(Committee of Scottish Higher Education Principals), HHEW(Heads of Higher Education Wales), SCP(Standing Conference of Principals)와 같은 대학의 대표기구들, 그리고 QAA(Quality Assurance Agency of Higher Education), HESA (Higher Education Statistics Agency)와 같은 대학교육관련기구들과 협력하고 있다. 대학재정배분기구들이 담당하는 역할은 다음과 같다 (HEFCE, 2001a).

　　○ 교육과 연구에 대한 재정 지원
　　○ 교육과 연구의 질적 수준 제고
　　○ 교육기회의 확대 및 참여의 증대

○ 산업계 및 국가사회와의 상호교류 장려
○ 정부에 대한 자문
○ 학생에게 대학교육의 질적 수준에 관한 정보 제공
○ 공적 자금의 바른 사용 보장

대학재정배분기구들은 기관단위로 교육과 연구 분야를 구분하여 재정을 지원하고 있으나 기관별 금액은 대부분 배분공식(formula)을 활용하여 결정한다. 교육 분야는 주로 학생수를 기준으로 하고, 연구 분야는 연구활동에 대한 평가 결과를 토대로 이루어진다(HEFCE, 2001a). HEFCE를 중심으로 대학에 대한 구체적인 재정지원의 내용과 방법을 살펴보면 다음과 같다.[104]

고등교육재정지원방식의 가장 큰 특징은 HEFCE와 같은 재정배분기구들이 대학을 대상으로 교육과 연구 분야를 구분하여 재정을 지원한다는 점과, 대학별 금액을 대부분 배분공식(formula)을 활용하여 결정한다는 것이다(나민주, 2003). 연구활동에 대한 지원금의 90% 이상은 각 대학의 연구의 질적 수준을 평가하여 차등 배분된다.[105] 이에 따라 연구지원금의 ⅓ 정도가 상위 6개 대학에 집중되고 있다 (HEFCE, 2002a). 그러나 교육활동에 대한 지원금은 주로 학생수와 학생특성을 감안하여 산출되고 모든 대학에 배분된다. 2006 / 07학년도에 HEFCE가 대학에 지원한 총금액은 67억 파운드이다. 이 가운데

---

104) HEFCE는 의사결정기구로서 위원회(board)를 두고 있고 하부에 집행기관으로 사무총장을 둔다. 사무부서는 3개국(director)으로 구성되어 있다. 위원회는 의장 및 사무총장을 포함 15명의 위원으로 구성되고, 위원은 학계를 포함하여 사회, 문화, 산업계의 전문인 가운데 교육부장관이 임명한다(유현숙 외, 2001).
105) 연구활동에 대한 평가와 차등적 재정지원방식에 관한 자세한 내용은 나민주(2003) 참조.

가장 비중이 높은 것은 교육활동에 대한 지원금으로 전체의 63%를 차지하고 있다. 다음은 연구지원이 20%, 특수목적지원금이 6.4%,[106] 자본비 지원이 10.5%를 차지하고 있다. 2000 / 01학년도와 비교하면 교육지원의 비중은 3.5%가 줄고, 연구지원의 비중은 1.3%가 늘었다. 자본비 지원은 5.5%가 늘었고, 특수목적지원은 1.7%가 줄었다.

〈표 8-8〉 HEFCE의 교부금 지출내역

(단위: 백 만£)

구 분	2000 / 01		2006 / 07	
합 계	4,757	100%	6,706	100%
교육지원	3,162	66.5	4,228	63.0
연구지원	888	18.7	1,342	20.0
특수목적지원	387	8.1	432	6.4
자본비 지원	240	5.0	704	10.5
교수보상 및 개발	80	1.7	—	—

* 자료: HEFCE(2002a; 2005b)

HEFCE의 대학에 대한 재정지원은 매년 4월에서 11월 사이 HEFCE 와 교육부(DfES)가 다음 학년도 고등교육기관의 재정소요에 대하여 협의하는 과정에서부터 시작된다. 11월에 교육부는 고등교육에 대한 재정지원액을 공표한다. 12월에는 각 고등교육기관이 학생수와 연구 활동에 관한 자료를 제출한다. 다음 해 1월이 되면 HEFCE는 크게

---

106) 특수목적지원금(Special Funding)은 교수학습개선, 교육기회 확대, 지역 사회 및 산업체와 협동, 국제교류 등에 대한 지원을 위해서 별도로 마 련된 것으로 그 종류와 금액은 매년 달라지고 지원방법도 다양하다. 그러나 대학의 행정적 부담을 최소화하기 위해서 대학의 신청을 받되, 경쟁입찰방식을 택하지 않고 가능한 한 일정한 조건을 충족한 경우에 모두 지원하는 방식을 적용하고 있다(HEFCE, 2002a). HEFCE는 특수 목적지원금의 비중을 점차 줄여나갈 계획이다(HEFCE, 2006).

교육, 연구, 기타부문으로 나누어 대항목별 금액을 결정한다. 2월에
는 개별대학에 대한 지원금을 결정하고 3월에는 그 결과를 각 대학
에 통지한다. 이와는 별도로 2년마다 교육부는 HEFCE에 향후 3년
간의 재정지원금 예상액을 통지한다(HEFCE, 2002a).

3) 교육활동에 대한 재정지원방식

HEFCE에서는 교육활동과 연구활동에 대한 지원을 명확히 구분하
고 있다. 교육활동에 대한 지원은 교수학습의 질적 수준을 높여서
학생·기업·국가의 필요를 충족시키고, 고등교육 참여율이 낮은 집
단의 참여수준을 높이는 데 목적을 두고 있다. 배분방법은 다음과
같은 원칙을 토대로 결정되게 된다(HEFCE, 2002a). 첫째, 유사한 전
공을 공부하는 학생들에게는, 적절하고 정당한 이유가 없는 한, 동일
한 재정지원이 이루어져야 한다. 둘째, 시간제 학생이나 학부과정의
성인학생 등을 포함한 일부 사람들에게는 추가적인 지원을 함으로써
다양한 사람들에게 고등교육에 참여할 수 있는 기회가 확대되어야
한다. 셋째, 전문적인 활동이나 추가비용이 요구되는 특성들을 감안
하여 재정을 지원함으로써 개별대학의 다양성을 인정한다.

교육보조금 배분에는 인정범위(tolerance band)의 개념이 적용된다.
일차적으로 배분공식에서는 전공과 대학별 특성을 감안한 학생수를
바탕으로 기준재원(standard resource)을 계산하나, 이 금액을 그대로
대학에 배분하는 것은 아니다. 지난해에 받은 교육보조금, 기타 재원
등을 바탕으로 추정재원(assumed resource)을 산출하고 이 둘을 비교
하여 추정재원이 ±5% 범위 내에 있는지를 판단한다. 인정범위는 대
학들에게는 융통성을 부여한다. 대학들은 재정상 커다란 변화 없이

도 교육내용, 행정조직, 학생구성 등을 변화시킬 수 있다. 교육보조
금 배정방식이 '동일 활동에 동일 재정'(same resources for same
activities)이 아니라 '유사한 활동에 대해서는 비슷한 재정'을 지원하
는 것을 원칙으로 삼는 것은 바로 이 때문이다. 이러한 대강화 방식
(broad-brush approach)은 행정적 부담을 경감시켜 준다. 이 방식이
없었다면, HEFCE는 대학의 활동에 대해서 더 엄밀하게 측정해야
하고, 학생수가 조금이라도 변화되면 그것을 바로 보조금에 반영해
야 한다(HEFCE, 2005a).

대학별 교육활동에 대한 재정지원액은 4단계를 거쳐서 산출된다.
<1단계> 기준재원(standard resource) 산출: 기준재원은 대학의 학생
관련자료를 기초로 매년 새로 계산된다. 이때, 학생수, 전공영역, 학
생특성, 기관특성을 고려한다. 교육보조금 산출에서 고려되는 학생은
영국 국민과 EU출신학생으로서 다른 공적지원을 받는 학생은 제외
된다. 외국인이나, NSH, TDA와 같은 공적지원을 받는 학생, 연구보
조금의 지급대상인 대학원생(PGR: Postgraduate research)도 교육보조금
지원대상에서 제외된다. 학생수는 전일제학생을 기준(FTE: Full-time
equivalent)으로 산출되는데, 시간제 학생(예, 샌드위치 파견생)은 0.5
를 곱한다.

학생수에는 전공영역, 학생특성, 기관특성에 따라 가중치가 부여된
다. 전공가중치는 전공별 특성과 교육비 차이도를 반영한 것으로서
실험, 워크숍, 세미나 등이 포함되는지를 감안하여 4집단으로 구분된
다. 2004 / 2005년에 전공별 가중치를 변경하였다. 집단 분류는 그대
로 유지하였으나, 집단별 가중치 차이를 다소 축소하였다. A집단에
부여된 가중치가 이전에는 4.5였으나 4로, B집단에는 2에서 1.7로, C
집단은 1.5에서 1.3으로 변경되었다.

〈표 8-9〉 기준재원 산출 시 활용되는 전공별 가중치

전공구분	전공영역	이전 가중치	2004 / 05 이후 가중치
A	의대, 치대, 수의대의 임상과정	4.5	4
B	실험중심전공(과학, 의·치대의 임상 전, 공학)	2	1.7
C	스튜디오, 실험실 혹은 현장실습을 포함한 전공	1.5	1.3
D	기타 전공	1	1

* 자료: HEFCE(2002c; 2005b)

2006 / 07학년도에 적용되고 있는 학생특성에 따라 부여되는 가산치는 세 가지이다.107) 한 학년도에 45주 이상 교육이 이루어지는 장기과정학생(long course)은 위 집단별로 25%를 가산한다. 그러나 A 집단에는 이미 교육비 차이가 반영되었으므로 가산치를 부여하지 않는다. 시간제 학생을 관리하기 위해서는 전일제 학생에 비해서 행정비용이 더 소요되므로 10%를 가산한다. 시간제 학생수는 전일제 학생수의 0.5로 계산하나, 시간제 학생 2명을 관리하는 데는 전일제 학생 1명을 관리하는 것보다 비용이 더 들게 된다. 이때 전공별 차이는 반영하지 아니한다. 산학협동과정(foundation degree) 학생도108) 10%를 가산한다. 이때도 전공별 차이는 반영하지 아니한다.

대학특성에 따라 부여되는 가산치는 네 가지이다. 런던지역은 물가가 비싸므로 가산한다(도심 8%, 외곽 5%). 특수대학(한두 개의 전공이 전체 강좌의 60% 이상)에는 대체로 10% 정도의 가산치를 부여한다. 학생수가 천 명 이하인 소규모대학은 행정비용이 높으므로 가산치를 부여한다. 1914년 이전에 건축된 노후건물이 있는 대학은

---

107) 2002 / 03학년도의 경우, 학생특성과 관련해서는 시간제학생(5%), 25세 이상 성인학생(5%), 장기과정학생(25%) 등에 가산치를 부여하였다.
108) 산학협동과정 프로그램의 세부 내용은 www.foundationdegree.org.uk 참조

유지·보수비가 많이 소요되므로 가산치를 부여한다.

〈표 8─10〉 기준재원 산출 시 활용되는 학생특성별·대학특성별 가산치(2006 / 07)

구 분	가산치	지원대상 기관
장기과정학생	전공집단별 가중치를 반영한 FTE학생수에 25% 가산	HEI, FEC
시간제 학생	FTE학생수에 10% 가산(전공집단별 가중치 미반영)	HEI, FEC
산학협동과정 학생	FTE학생수에 10% 가산(전공집단별 가중치 미반영)	HEI, FEC
런던소재 대학	전공집단별 가중치를 반영한 FTE학생수에 런던도심8%, 런던외곽 5% 가산	HEI, FEC
특수대학	전공집단별 가중치를 반영한 FTE학생수에 적정 가산치 부여(대략 10%)	HEI,
특수대학	FTE학생수에 적정 가산치 부여(전공집단별 가중치 미반영)	HEI,
산학협동과정 학생	FTE학생수에 적정 가산치 부여(전공집단별 가중치 미반영)	HEI,

* 주: HEI(higher education institution), FEC(futher education college)
자료: HEFCE(2005b)

위와 같은 가중치와 가산치를 적용하여 FTE학생총수를 합산한다. 국가 차원에서 교육에 지원될 수 있는 재원 총액(보조금과 등록금 합산액)을 FTE학생총수로 나눈 값이 기준가(basic price)가 된다. 기준가는 가산치와 가중치를 적용하기 전인 D집단의 학생당 교육단가가 된다. 2006 / 07학년도의 경우, 기준가는 3,721£이다. 이 값에 집단별 가중치를 곱하면 A, B, C집단에는 각각 14,884£, 6,326£, 4,837£가 부여된다. 대학별 기준재원은 가중 FTE 학생총수에 기준가를 곱한 값이 된다.

<2단계> 추정재원(assumed resource) 산출: 추정재원은 전년도 HEFEC

교육보조금을 기초로 하여 다음과 같이 보조금 수정과 등록금 수정 과정을 거쳐서 산출된다. 첫째, 보조금 수정은 전년도 재정지원계약을 충족시키지 못했을 경우(주로 학생 미충원), 물가상승률, 학생 추가 수용, 기타 사유(전학, 보조금 범주 변경 등)로 이루어진다. 둘째, 등록 금 수정 과정은 학생대여금회사(Student Loans Company), 지방교육청, 고용주 등이 지불하는 등록금 수입액을 추가하는 것이다. 2006 / 07학 년도에 적용 중인 학생당 추정 등록금 수입액은 다음과 같다.

⟨표 8-11⟩ 학생당 추정 등록금 수입액(2006~2007)

구 분	학생당 추정 등록금(£)
전일제 학사과정 학생	1,200
샌드위치 학사과정 학생	1,200
등록금 규제받는 강좌의 시간제 학사과정 학생	1,200
기타 시간제 학사과정 학생	1,200
등록금 규제받는 강좌의 대학원생	1,200
기타 전일제 및 샌드위치 대학원생	3,721
기타 시간제 대학원생	4,093

  * 자료: HEFCE(2005b)

  <3단계> 비율차(percentage difference) 산출: 기준재원과 추정재원 간의 차이를 비율로 계산한다. 계산식은 아래와 같다.

$$비율차 = \frac{추정재원 - 기준재원}{기준재원} \times 100$$

  <4단계> 교육보조금 액수 산출: 3단계에서 산출한 비율이 ± 5%, 즉 인정범위 내에 있을 경우에는 전년도에 준해서 보조금을 결정한 다. 즉 2단계에서 산출된 금액을 대학에 지원한다. 대부분의 대학들

은 여기에 해당된다. 그러나 인정범위를 벗어난 대학들은 범위 안에
들도록 조치를 취하는데, 학생수를 증가 혹은 감소시키거나 지원금
액을 조정하는 방법을 사용한다.

4) 연구활동에 대한 재정지원방식

영국에서 대학의 연구활동에 대한 재정지원은 크게 보면 두 가지
방법(dual support system)을 통해 이루어지고 있다(RAE, 2001). 첫
째, 정규 교직원의 인건비, 전산 및 도서비 등과 같은 인프라 부문
은 앞에서 언급한 재정배분기구들이 담당하는 것으로 전체 연구경비
의 절반가량을 차지한다. 둘째, 세부적인 연구프로젝트별 비용은 6개
의 학문분야별 연구재단들과 인문예술연구위원회(Arts and Humanities
Research Board)에서 담당하는데 매년 약 15억 파운드를 지원하고
있다.109) 이 밖에도 산업계와 EU 및 영국 정부 각 부처에서도 연구
사업을 지원하고 있다(HEFCE, 2001a).

HEFCE의 연구교부금은 대부분 국내 혹은 국제적으로 우수한 연
구업적을 보여준 대학에만 선별적이고 차등적으로 지원된다. 이를

---

109) 연구기구들은 과학기술처(Office of Science and Technology: OST)로부
터 예산을 받는다. 연구재단으로는 BBSRC(Biotechnology and Biological
Sciences Research Council), EPSRC(Engineering and Physical Sciences
Research Council), ESRC(Economic and Social Research Council), MRC
(Medical Research Council), NERC(Natural Environment Research Council),
PPARC(Particle Physics and Astronomy Research Council), CCLRC
(Council for the Central Laboratory of the Research Councils) 등이 있
다. 1998년에는 AHRB(Arts and Humanities Research Board)가 설립되
어 예술 및 인문 분야의 연구를 지원하고 있다. AHRB는 연구프로젝
트는 물론 대학원생의 연구 및 훈련, 박물관, 도서관, 미술관 등을 위
한 재정지원도 담당한다.

위해서 4, 5년을 주기로 각 대학 연구활동의 질적 수준을 측정하기
위한 평가가 실시된다. RAE(Research Assessment Exercise)라고 하는
이 연구평가는 HEFCE, SHEFC, HEFCW, DENI가 합동으로 하는데
지금까지 1986, 1989, 1996, 2001년 네 차례가 실시되었다. 이렇게
연구의 질적 수준을 평가해서 선별적으로 지원되는 연구평가교부금
(Quality-related research funding)은 2002 / 03년도를 기준으로 8억 4
천만 파운드로 전체 연구교부금 9억 4천만 파운드의 89.4%를 차지
한다. 이외에도 신진연구자의 훈련을 위한 비용으로 6천9백5십만 파
운드, 그리고 런던소재대학에 대한 지원금으로 2천9백3십만 파운드
가 지원될 예정이다(HEFCE, 2002a).

　연구평가교부금은 교수개인이 아니라 전공학과별로 연구업적을 평
가하여 지원되는데 ① 각 전공별 지원금 총액의 결정, ② 전공별 지
원 총액의 대학별 배정의 2단계를 거쳐서 지원된다. 첫째, 각 전공
별 지원금 총액은 대학의 전공영역을 68개로 구분하여 영역별로 연
구비의 상대적 차이도와 연구인력수를 곱하여 산출한다. 즉 68개 영
역을 연구비용의 상대적 차이에 따라 세 집단으로 구분하여 가중치
(고비용 실험 및 임상=1.6, 중간비용=1.3, 기타=1.0)를 부여한 뒤,
다음에 설명할 연구평가(RAE)에서 3a이상을 받은 학과소속의 연구
활동이 왕성한 전임교수(research-active academic staff), 연구보조원
($\times 0.1$), 특별연구원($\times 0.1$), 대학원연구생($\times 0.15 \times 1.75$), 연구기부금 수
입($\times 0.228 / 25,000$)을 기초로 연구인력수를 계산하여 가중치에 곱한
다. 둘째, 1단계에서 산출된 전공별 배분액을 각 대학별로 지원할
때에는 해당대학의 연구의 질적 수준과 1단계에서 산출한 연구인력
수를 곱하여 산출한다. 이때 연구의 질적 수준은 RAE의 결과에 따
라 <표 5>와 같이 7등급으로 구분하여 가중치를 부여한다.

〈표 8−12〉 연구평가(RAE)의 등급 및 가중치

등급	제출한 연구업적의 질적 수준	2001년 가중치	1996년 가중치
5*	절반 이상이 국제적 수준에 도달하였고 나머지도 국내 최고수준임	2.707	4.05
5	절반까지는 국제적 수준이고 그 나머지 모두는 국내 최고수준임	1.89	3.375
4	모든 업적이 국내 최고수준이고 그중 일부는 국제적 수준이라 할 수 있음	1	2.25
3a	2/3 이상이 국내 최고수준이고 국제적 수준일 가능성이 있음	0.305	1.5
3b	1/2 이상이 국내 최고수준임	0	1
2	전반까지는 국내 최고수준임	0	0
1	국내 최고수준의 업적이 없거나 사실상 없음	0	0

자료: RAE(2001); HEFEC(2002c); 윤정일 외(2001)에 근거함

<표 5>에서 알 수 있듯이 연구교부금을 받기 위해서는 적어도 해당전공에서 제출한 연구업적의 2/3 이상이 국내 최고수준이고 국제적 수준일 가능성이 있어야 한다. 3a 이상에만 가중치가 부여되고, 3b 이하에는 가중치가 0으로 연구평가교부금을 받을 수 없기 때문이다. 1996년도의 평가등급과 비교하면, 등급 간 가중치의 차이는 최대 4.05에서 2.707로 크게 줄어들었으나, 지원대상에서 제외되는 등급은 2개에서 3개로 늘어났다. 가중치 1로 기준이 되는 등급이 3b에서 4로 상향된 것은 국내최고가 아니라 국제수준의 업적을 요구하는 것으로 해석할 수 있다. 2002/03년도에는 연구교부금의 75%가 상위 25개 고등교육기관에 배정될 것으로 전망된다(HEFCE, 2002c).

연구평가(Research Assessment Exercise)는 해당분야 전문가의 능력과 경험에 근거한 판단이 중시되는 동료평가(peer review)라 할 수 있

다. 이를 위해서 연구평가의 대상이 되는 68개 전공영역별로 9~18명의 전공평가단이 구성되는데 그중 대부분은 학자들이나 일부는 기업체 혹은 산업체 인사가 포함되기도 한다. 영국의 각 대학들은 전공영역을 자율적으로 선택하여 평가를 신청할 수 있다(RAE, 2001). 평가와 관련된 자료에는 여러 가지가 포함되나 가장 핵심이 되는 것은 연구업적이다.

각 대학은 전공영역별로 연구활동이 왕성한 교수의 업적을 제출하되 개인별로 최대 4개까지 제출하면 된다. 인정기간은 인문·예술분야는 7년이고 기타 분야는 5년이다. 연구업적에는 단행본, 저널, 작품, 연구논문, 기록물 등 모든 형태의 업적이 포함되는데 이들은 모두 동등하게 평가된다. 어떤 전공영역을 선택하여 평가를 받을 것인가, 그리고 연구업적을 제출할 교수들의 수는 몇 명으로 할 것인가 등은 전적으로 개별기관에서 결정한다(RAE, 2001). 즉 연구평가에서는 연구의 양이 아니라 질적 수준을 평가하는 것이 목적이므로 소속교수 전체의 연구업적을 제출하지 않아도 되고, 업적을 제출할 교수별로 최대 4편까지만 연구업적으로 제출하면 된다. 평가단은 전체 연구업적에 관한 자료의 제출을 요구하지 않으며, 개별기관에 대한 방문평가는 없다.

5) 재정운용에 대한 규제 및 책무성 확보

재정배분기구의 지원금은 총액교부금(block grant)으로 지급된다. 각 대학은 재정배분기구로부터 교육과 연구 분야에 대해서 별도로 지원을 받으나 그것을 어떻게 사용하는가는 대학의 재량권한이다. 그러나 재정배분기구들은 공적 자금을 효율적, 효과적으로 사용하고 그 결과에 대해서 책임을 확인할 수 있는 여러 가지 방법을 강구하고 있고 관련기관들과도 협력하고 있다. HEFCE의 경우, 개별 대학에 재정을 지원하면서 재정지원을 받기 위해서 준수해야 할 사항을 담은 재정각서(financial memorandum)를 작성한다.[110] 대학은 재정을 관리하고 통제하는 적합한 운영체제를 갖추어야 하고, 대학회계사무권고(SORP: Statement of Recommended Practice: Accounting for Further and Higher Education)를 기준으로 감사결과를 반영한 연차재정보고서를 HEFCE에 제출해야 한다. HEFCE에서는 매년 각 대학이 발간하는 연차재정보고서에 포함되어야 하는 자료를 규정한 회계지침(Accounts Direction)을 발표하고 있다. 대학은 HEFCE가 정한 감사규정(Audit Code of Practice)에 따라 내부 및 외부 감사를 받아야 한다(HEFCE, 2000c).

이와 함께 HEFCE에서는 재정운용의 위험요소를 미리 예방하고 최소화하기 위하여 각 대학으로부터 재정정보를 정기적으로 수집하고, 재정상태를 감시하며, 재정전문가(Finance Consultant, Finance Adviser)들로부터 조언을 받고 있다. 매년 여름에는 대학의 재정 상태 및 계획에 관한 자료를 수집하고, 가을에는 그 결과를 분석하여 공표한다. 또한 대학이 활용할 수 있는 모범적인 재정운영사례 혹은 경영사례를 발굴하고 이에 관하여 각 대학에 조언도 한다. 이와 별도로 HESA(Higher Education Statistics Agency)에서는 각 대학으로부터 재정정보를 수집하여 분석하고 있다.[111] 이 내용은 고등교육기관의 재정운용(Resources of Higher Education Institutions)으로 발간되는데 전국적인 경향은 물론 개별대학의 상황까지 자세히 공개된다.

---

110) 그 주요 내용은 http://www.hefce.ac.uk/finance/default.asp 참조.

111) HESA는 1993년도에 설립되었는데 영국의 고등교육에 관한 정보와 자료를 수집하고 분석하여 자료를 발간하는 중추적인 역할을 담당하고 있다.

그러나 HEFCE에서는 재정을 지원받고 운영하는 과정에서 각 대학이 지나치게 많은 행정적인 부담을 갖게 되는 것을 완화시키기 위해서 앞서 언급한 대로 교육 및 연구 교부금뿐만 아니라 특수목적지원금의 일부도 경쟁입찰이 아닌 배분공식에 의해서 배정하고 있고, 개별대학에 대한 자료요구는 필요한 경우로 제한하고 다른 기관들이 이미 보유하고 있는 자료를 최대한 활용하고 있다. 또 대학에 대한 현장감사를 3년마다 실시하던 것을 5년마다 실시하기로 하였다(HEFCE, 2002a).

4. 평 가

영국 정부는 지난 세기 초반 대학에 대한 공공재정의 지원을 통하여 대학교육기회 및 대학생수를 확대하는 정책을 추진하여 왔고, 상당한 성과를 거두어 왔다. 1980년대 들어서는 대학에 대한 공공재정지원을 감축하고 재정의 다양화와 효율화를 추구하면서도 대학교육을 확대하려는 양면적인 전략을 추진하였다. 그러나 최근에는 다시 공교육재정의 확충을 통하여 대학교육의 양적 확대와 질적 발전을 동시에 추구하는 방향으로 정책을 전환하고 있다.

1) 재정지원의 목표와 성과

영국에서 대학교육에 대한 정부의 재정지원이 시작되고 점차 확대된 것은 대졸인력의 확보와 대학교육기회의 확대에 주목적이 있다고 할 수 있다. 예컨대 1944년 교육법(Education Act)이 제정되어 초중등학생수가 큰 폭으로 증가하던 1946년 Barlow보고서에서는 과학분야의 인력수요를 충족시키기 위해서는 대학교 학생수(특히 과학분야)를 두 배로 늘려야 한다고 정부에 제안하였다. 20세기 영국 대학교육의 발전에 커다란 영향을 준 1963년 Robbins보고서에서도 "고등교육기관의 교육과정은 그것을 이수할 수 있는 능력과 성취를 검증받고 그렇게 하기를 원하는 모든 사람이 이용할 수 있어야 한다."는 기본원칙을 천명하였다(Eurydice, 2000). 이러한 제안들은 대체로 정부정책에 그대로 반영되었다. 이에 따라 1970, 80년대 대학교육은 지속적으로 팽창하였으나, 대학교육의 확대에 대한 영국사회의 관심은 1990년대 초에도 여전히 지속되었다. 예컨대 McDowall(1993)은 영국의 대학교육에 대해서 다음과 같이 진술하고 있다.

"독일, 프랑스, 미국 그리고 일본의 80%와 비교해 볼 때, 영국은 중등학교 졸업자의 1/3만이 대학교육을 받는다. 그러나 영국 학생들은 일단 대학에 입학을 하기만 하면 그들의 학위 과정에서 실패하는 정도가 15%로서 상대적으로 낮다. 현재는 18세에서 19세 청소년 가운데 14%가 전일제과정 학생인데, 금세기 말경에는 약 20% 정도로 높아질 것으로 기대되고 있다."

이러한 전망과 기대는 몇 년이 지나지 않아 기대했던 것 이상으로 이루어졌다. 1989년과 1995년 사이에 고등교육기관의 전일제 학생수는 약 70%가 증가하였다. 1989년에는 대학학령기 청년의 1/6만이 대학에 입학하였으나 1995년에는 1/3이 입학하였다(Eurydice, 2000). 1994/95년 이후 2001년까지 영국 고등교육기관의 취학률(API: 18, 19세 연령 대비 전일제 신입생 비율)은 31~34%를 유지하고 있다. 1988/89년과 2000/01년을 비교하면 고등교육기관의 학생

수는 거의 두 배가 되었고, 특히 대학원학생수가 가장 많이 늘어났
다. 성인학생과 시간제 학생이 차지하는 비중도 점차 높아지고 있다
(DfES, 2002).

여기에 그치지 않고 영국 정부는 젊은이들이 30세 이전에 고등교
육기관에 입학하는 비율을 2010년까지 50%로 확대할 계획이다(DfES,
2002; HEFCE, 2002d). 영국 고등교육의 목표, 구조, 규모, 재원 등의
현황을 분석하고 향후 20년의 발전방안을 종합적으로 제시한 1997
년 Dearing보고서에서는 미래사회를 '학습사회'(learning society)로 규
정하면서 고등교육은 학습사회가 요구하는 지식의 창출과 국민 모두
에게 평생학습기회를 확대 제공해야 하고, 이를 위해서는 고등교육
이 양적으로 지속적으로 확대되어야 하고 질적으로 그 수준을 높여
가야 한다고 주장하였다(Dearing, 1997; 황규호, 1999).

그러나 대학교육의 팽창과정에서 사회계층별로는 상층출신만 늘어
나고 하위계층출신은 크게 늘어나지 않아 오히려 교육불평등이 심화
되었다는 비판도 제기되었다(McDowall, 1993). 계층별 고등교육취학
률을 보면, 상위계층출신은 1990 / 91년도 35%에서 1999 / 00년도에는
48%로 13%가 증가하였다. 하위계층출신은 같은 기간 동안 11%에서
18%로 약 7%가 증가하여 상대적으로 취학률과 그 증가율이 모두
낮은 상황이다. 영국 정부에서는 전체적인 대학교육의 규모를 늘리
는 것과 더불어 하위계층 학생들의 취학률 제고에도 많은 관심을 기
울이고 있다(Dearing, 1997; DfES, 2002).

2) 지원방식의 타당성과 규모의 적정성

영국의 교육정책은 영국 내에서는 물론 국제적으로도 관심과 논쟁의

대상이 되어 왔다. 특히 1980년대 이후 보수당정권이 들어선 이후 크게 확대된, 자유시장경제논리에 기초하여 국가의 역할을 새롭게 규정하고 선택·경쟁·자율을 기본원리로 하여 교육제도를 개혁하려는 이른바 '신자유주의' 교육정책에 대해서는 많은 비판이 대두되었다. 시장기제의 도입에 따라 단기적 효과와 금전적 가치가 있는 활동이 중시되면서 대학에서 경영관리가 지나치게 강조되어 오히려 관리비용이 상승하고, 평가에 의한 차등적 재정지원에 따라 학문 간 불균형이 심화되며, 장기적인 필요보다는 단기적인 수익이 중시되면서 연구활동은 강화되나 교육활동은 위축될 수 있다는 것이다(OECD, 1990; Williams, 1992; 나민주, 1998). 특히 대학에 대한 공재정지원과 관련해서는 신자유주의 교육정책이 확대되면서 대학지원예산이 감축되는 것이 일반적인 경향이고, 정부재정부담의 축소가 그 숨겨진 진짜 의도라는 비판도 있다(Holland & Berdahl, 1990). 신자유주의적 교육정책은 경제불황 속에서 기업체들이 재정적자를 줄이기 위해서 정부에 압력을 넣어 학교와 대학에 대한 재정지원을 격감시킨 것으로 보기도 한다.

또 대학에 대한 정부의 간섭이 강화되어 대학의 자율성이 심각하게 위협을 받게 되었고, 대학 간 경쟁이 지나치게 강조되어 상호협력체제가 약화되었으며, 단일기준에 의한 평가에 의하여 대학 간 경쟁을 유도함에 따라 대학 간 특성화가 약화되었다는 견해도 제기되었다(황규호, 1999). 대학교육은 학문적 자유와 정부로부터 독립된 자치의 전통 속에서 발전하여 왔으나, 최근에는 기업식 관리를 통한 효율성 및 효과성의 증진, 대학 간 경쟁의 확대, 산업 및 경제계의 목표에 대한 밀착 등과 같은 동일한 방향으로 나아가고 있고, 이전에 대학은 정부정책에 대해서 비판적 의견을 제시하고 초중등학교에 비해서 정부주도의 개혁과 간섭을 거부할 수 있는 힘 있는 위치에 있었으나, 대학에 대한 국가적 통제가 점차 증가하고 있다는 것이다(Meek, 1994).

그러나 통계자료를 보면, 신자유주의 정책으로 영국의 교육에 대한 투자가 계속 감소되고 있다고 보기는 어렵다. GDP대비 공교육비의 비중은 1980년대 중반 이후 4.5~5.1% 사이에서 증감하고 있다. 1984 / 85년에는 4.9%에서 1988 / 89년에는 4.6%까지 낮아졌으나 그 이후에는 다시 1993 / 94년 5.1%로 증가하였고 1999 / 00년에는 4.5%까지 다시 낮아졌다. 그러나 공공지출에서 교육부문이 차지하는 비중은 1984 / 85년 10.3%에서 이보다 상대적으로 작은 차이로 증감하면서 비교적 꾸준히 증가하여 1987 / 88년도에는 11%를 넘어섰고 2000 / 01년도에는 12%를 넘어섰다. 전체 GDP대비 공공지출 총액의 비중이 크게 변화하면서 1984 / 85년 48%에서 2000 / 01년 38.4%로 낮아진 것을 감안하며, 공공부문에서 교육투자는 전반적으로 감소한 것이 아니고 우선순위가 더 높아진 것으로도 볼 수 있다(나민주, 2002).

오히려 영국에서 대학교육을 위한 공교육 투자규모는 커다란 변동이 없이 유지 혹은 약간씩 확대되고 있으나, 대학생수가 급격히 팽창하면서 학생당 공재정지원액이 급감하고, 대학수가 늘어나면서 대학당 지원금이 줄어들어 대학재정에서 정부의존도가 낮아진 것으로 보인다. 물론 1980년대 이후 영국 정부에서는 대학에 대한 재정지원 감축을 시도하기도 하였다. 예컨대 1992년 말 영국정부는 공공시출을 제한하기 위하여 대학생수의 증가를 통제할 수 있는 대학합병정책을 발표하고, 학생등록금 수준을 낮추고 대학별로 정부의 지원을 받아 등록금을 지불할 수 있는 학생수에 상한선을 설정하기도 하였다(Eurydice, 2000). 그러나 대학교육을 확대하는 동시에 공재정지출은 감축하려는 정책은 성공하지 못했고, 최근에는 공교육재정을 확충하는 방향으로 정책을 전환하고 있다(DfES, 2001d).

잉글랜드 교육부(DfES)의 재정투자계획에 의하면, 중앙정부 교육예산총액을 1998 / 99년에서 12,698백만 파운드에서 2003 / 04년에는 25,393백만 파운드로 증액하여 거의 두 배 수준으로 확충할 예정이다. 고등교육에 대한 투자는 5,953백만 파운드에서 6,919백만 파운드로 16.2%가 늘어나고, 계속 및 성인교육에 대한 투자는 3,504백만 파운드에서 7,107백만 파운드로 2배 이상 늘릴 계획이다. 교육부에서는 적어도 고등교육학생당 공재정지원액을 1996 / 97년도 불변가격기준으로 2003 / 04년까지는 4,920파운드 수준으로 확충하여 기준연도의 97%선을 유지할 계획이다(DfES, 2001d).

대학교육에 대한 공재정투자는 앞으로도 확대될 것으로 보인다. 현재의 대학정책에 커다란 영향을 주고 있는 Dearing보고서에서는 지난 20년간 영국의 대학교육은 학생수에서 두 배가 되었으나 대학교육을 위한 공재정지원액은 불변가격 기준으로 45%만이 증가하여 학생당 지원액은 40%가 줄어들었으며, GDP대비 대학공교육비 비중은 거의 동일한 수준이라고 분석하고, 대학교육기회를 계속 확대하고 교육의 질적 수준을 유지하기 위해서는 공교육재정을 확충해야 한다고 주장하였다(Dearing, 1997). 이 보고서를 정부 차원에서 검토한 문서에서도 동 보고서의 건의를 받아들여 장기적으로 고등교육에 대한 공공투자는 GDP 증가 수준에 맞추어 지속적으로 확충할 것을 권고하였다(DfEE, 1998). 영국 정부는 교육재정을 매년 6% 이상 증액하여 2005 / 06년도에는 GDP대비 5.6%까지 확충할 계획이다(DfES, 2001d).

3) 학생의 재정분담 수준과 방법

다른 한편으로 영국의 대학재정에서 학생분담비율도 높아질 가능성이 높다. 대학정책에 관한 상당수의 보고서들이 학생부담을 높일 것을 권고하고 있기 때문이다. 대학 졸업자는 졸업 후 5년 이내에 대학을 다니지 않은 사람보다 15% 정도 더 많은 수입을 얻게 되고, 10년 이내에 20% 정도 더 많은 수입을 얻을 수 있으므로 이러한 대학교육의 사적 수익에 상응하는 비용은 그 수혜자가 분담하는 것이 공평하고, 학생부담으로 늘어난 교육재정은 그 다음 세대를 위한 대학교육 기회 확대에도 기여할 수 있다는 것이다(황규호, 1999; HEFCE, 2001a).

그러나 학생부담은 등록금(fee)의 직접적인 인상보다는 대여금(loan)의 확대나 대졸자 기여금(graduate endowment)의 형태가 될 가능성이 높다. 대학 측에서도 현재의 교육비 수준으로는 대학교육의 질적 수준을 유지·제고하기를 바라는 사회적 기대를 충족시키고, 국제적 경쟁력을 확보하며, 대학교육 참여율이 낮은 집단의 진학률 제고를 통하여 사회적 통합을 이루기 어렵다고 보고, 장기적으로 2004년부터는 매년 최소한 9억 파운드가 추가로 확보되어야 할 것을 추산하였다(Universities UK, 2001). 공재정투자가 확대되어야 하는 것은 당연하나, 대학은 법적으로 정부로부터 독립된 법인체이므로 이와 별도로 추가적인 재정확보를 위해서 노력해야 하며 이를 위한 대안으로 등록금, 졸업 후 수익에 상응하는 기여금, 기관 기부금의 장점과 단점을 비교 분석하였다.

1980년대 말까지만 하더라도 학사과정에 재학 중인 본국학생의 경우에는 각 지역교육청을 통해서 등록금 전액은 물론 거주지역 및 학부모·본인·배우자의 수입을 고려하여 결정되는 생활보조금까지도 지원받았다. 그러나 1990년 정부는 생활비보조금의 규모를 동결하고 대신 대여금제를 도입하였다. 1998년 Teaching and Higher Education Act의 제정으로 1999 / 00년도부터 생활비 보조금(maintenance grant)은 완전 폐지되었고, 생활비 대여금(maintenance loan)으로 대체되었다. 대여금의 상환 이율, 시기 등은 재산상태와 졸업 후 소득수준에 따라 달라진다(Eurydice, 2000).

공재정 감축에 수반된 학생부담의 증가 현상을 포함한 시장원칙의 확대 적용에 대해서 일부에서는 교육평등의 이념이 효율성으로 대체되고 장기적으로는 교육의 공공성을 포기하는 결과를 초래할 수 있으므로 효율성 담론에 대응하는 공동체 담론이 필요하다는 주장도 제기되었다(Cowen, 1996). 그러나 영국에서 대학 등록금 정책은 수익자 부담의 확대라는 측면 이외에 다른 정책적 의미도 담고 있다. 영국 정부는 대학생 규모를 조절하는 방법으로 등록금 수준을 조정하기도 한다. 즉 각 대학들이 좀더 많은 학생들을 확보하여 추가적인 재정을 확보하기 위해서 노력하도록 자극하기 위하여 등록금 수준을 높였다가 대학 취학률이 1 / 3에 도달한 이후에는 오히려 등록금 수준을 낮춤으로써 정부가 계획하는 학생수를 초과하지 않도록 하였다(Eurydice, 2000). 또한 등록금 수준과 관련해서는 학생당 교육비용의 1 / 4정도가 적정하고, 나머지 비용은 공공재정으로 부담한다는 입장을 견지하고 있는 것으로 보인다(HEFCE, 2001a; Eurydice, 2000).

4) 중간기구를 활용한 재정지원방식의 효과와 영향

이전에 비해서 낮아지기는 하였으나, 여전히 영국 대학재정에서 가장 높은 비중을 차지하고 있는 것은 정부가 대학재정배분기구를

통해서 부담하는 공공재원이다. 영국의 대학에 대한 공재정지원방식
의 가장 큰 특징은 정부와 대학 간 중간기구인 재정배분기구를 통해
서 지원금이 배분되고 있다는 점이다. 영국 정부는 고등교육에 대한
정책목표를 세우되 그것을 직접 통제·관리하는 것이 아니라 재정기
구의 배분방식, 특히 배분공식의 가중지수를 활용하는 방법을 택하
고 있다. 예컨대 대학 간 학생 유치를 위한 경쟁을 유도하기 위하여
과거 학생수와 무관하게 기관단위로 교부금을 배정하던 방식을 탈피
하여 학생수에 비례하도록 바꾸었다(황규호, 1999). 학생수에 대해서
도 계열에 따라, 예컨대 이공계열에 더 높은 가중치를 부여함으로써
이공계 학생의 증가를 도모하였다. 최근에는 대학진학률이 낮은 사
회계층과 지역의 출신학생, 성인학습자, 시간제학생 등에게 상당한
가중치를 부여하여 정책의도를 반영하고 있다(HEFCE, 2001b).

서구 일부국가들의 경우, 대학에 대한 정부 통제를 강화하기 위하
여 재정배분을 담당하던 중간완충기구를 폐지하고 정부의 직접적인
권한을 확대하고 있다(Meek, 1994). 그러나 대학재정기구를 통한 공
재정지원은 대학의 자율성과 대학재정의 안정성을 보장하면서도 정
부의 정책의도를 구현할 수 있어서 공재정운용의 효과성을 높이고,
효율성도 확보할 수 있는 대학재정지원방식의 하나로 평가되고 있다
(나민주, 1998). 영국 내에서도 재정기구들의 대학지원방식은 공공재
정의 운용을 효율화하고 효과성을 높이는 데 상당한 기여를 한 것으
로 평가되었다(Williams, 1992).

"1980년대까지는 UGC가 개별 대학재정의 3/4가량을 지원하였고,
나머지도 다른 재정지원기관들이 지원하였으나, 1980년대 후반 이후
재정기구들의 지원액은 대학재정의 40%에도 미치지 못하고 있다. 그

러나 흥미로운 사실은 대학교육재정배분기구가……이전보다 더 강력한 영향력을 행사하고 있다는 점이다. 이제 재정기구는 더 이상 전체 대학교육체제의 건강과 개별기관의 생존을 책임질 수 없으므로 시장만으로는 달성하기 어려운 대학교육의 발전을 도모하도록 한정된 자원을 사용해야 한다."

영국은 대학교육에서 세계적 수준을 지향하고 있다. Dearing보고서에서는 고등교육의 주요 비전으로 영국 학위가 국제적으로도 우수성을 인정받을 수 있도록 학위의 질적 수준을 엄격하게 관리하고, 세계적으로 가장 뛰어난 효과적인 교수학습방법을 실천해야 하며, 세계적인 수준의 연구를 수행하고 그 결과가 국가에 도움이 될 수 있도록 해야 한다는 점을 제시하였다(Dearing, 1997). 대학재정기구에서는 이것을 반영하여 연구교부금의 경우 세계적 수준이거나 그 가능성이 있는 것으로 평가받은 대학에만 지원하는 것으로 그 기준을 강화하였다. 연구 정책 및 재정지원에 관한 분석에 의하면, 영국 대학의 연구수준은 세계 최고수준이라고 한다(HEFCE, 2001b).

"영국의 연구자들은 생산성이 높고, 논문의 인용빈도가 높으며, 연구를 위한 투입시간도 많은 편이다. 또한 백만 파운드당 연구실적도 세계 최고수준이다. 영국의 연구자들은 국제적인 학술상을 정기적으로 수상한다. 영국의 장기적이고 탐구적이며 전략적인 연구들은 대부분 대학에서 이루어지고 있다."

국제적인 연구업적비교에서 자주 이용되고 있는 SCI자료에 의하면, 2001년도 논문총수 국가별 순위에서 영국은 SCI논문총수가 72,368편으로 미국에 이어 2위를 차지하였고, 우리나라는 14,162편으로 14위를 차지하였다. 대학별 순위에서는 옥스퍼드보다 이공계중심으로 알려진 캠브리지가 3,810편으로 영국 내 1위, 세계 16위이고, 우리나라에서는 서울대가 2,589편으로 세계 40위였다. 참고로 국가별 SCI 저널수가 영국은 1,301종으로 2위, 한국은 20종으로 22위이다.

연구평가(RAE)의 결과는 4, 5년간 연구교부금 규모를 책정하는 데 반영되기 때문에 각 대학은 평가결과에 큰 관심을 기울이고 있다. 평가를 통해 대학재정위원회는 연구교부금을 지원받는 대학이 연구 수준을 향상시키고 연구비 사용에 대한 책무성을 높일 수 있도록 영향력을 발휘할 수 있다. 아울러 대학에서는 연구의 독립성과 자율성을 보장받을 수 있다(유현숙 외, 2001). RAE 결과를 보면 매번 그 이전 평가에 비해서 국제적으로 우수한 연구업적으로 평가받은 학과의 수가 큰 폭으로 증가하고 있다. 5와 5*를 받은 비율이 2001년 평가에서는 전체의 55%로서 1996년의 31%에 비해서 크게 증가하였다. 재정지원을 전혀 받지 못하는 대학은 1996년 12%에서 2001년 8%로 줄었다.

그러나 다른 한편으로는 대학재정지원방식의 변화는 대학교육의 성격과 대학운영체제에 상당한 변화를 초래하고 있다. 전통적으로 영국의 대학교육은 학문탐구와 인격형성에 초점을 두었으나, 점차 인력양성, 기술훈련이라는 목표가 추가되었고 오히려 이를 더 중시되게 되었다(Eurydice, 2000; 김태리, 1999). 이에 따라 대학교육과 직업교육의 경계가 모호해지고, 전통적 영국 대학의 이미지에도 변화가 나타나고 있다. 영국의 명문 대학교들이 학생유치, 교수확보, 학문주도력 등 여러 측면에서 국제적으로 상당한 유리한 위치에 설 수 있는 것은 오랜 전통에 기반을 둔 대학의 '명성'이라는 가치가 크게 작용했을 것으로 보인다. 그러나 대학평가에 의해서 새롭게 재편된 대학체제 속에서 기존의 영국 대학 명성도 쇠퇴할 가능성이 있다.

대학통치방식도 전통적인 동료중심형(collegial model)에서 관료형으로 변화하고 있다고 한다(Williams, 1992; Goedegebuure et al., 1993). 이에 대해서 1980년대 이후 영국의 대학정책은 국가 경제가 지속적으로 쇠퇴하면서 비교 대상국들과의 경쟁에서 뒤처지고 국가 경쟁력이 약화됨에 따라 고조된 국가적 위기의식에 기반을 둔 것이나, 새로운 경쟁체제 속에서 교수개개인의 역할 수행에서부터 대학 전체 운영에 이르기까지 효율성과 효과성의 정도를 일일이 측정하고 그 결과에 따라 선별적이고 차등적으로 재정을 지원한다는 것은 시간적, 인적, 재정적 소모가 심한 관료적 운영절차이고, 경쟁을 통해서 효율성을 극대화한다는 목표는 실현되지 못하고 있다는 비판도 있다(김태리, 1999; 신용주, 1999).

5) 자율성 보장과 정보의 공개

영국 대학재정정책의 또 다른 특징의 하나는 시장논리에 근거한 교육정책(시장모형)을 원칙대로 충실하게 적용하고 있다는 점이다. 시장모형이 제대로 작동하여 자원활용의 효율성과 효과성이 극대화되기 위해서는 최소요건, 즉 시장모형을 적용하기 위한 전제조건이 갖추어져 있어야 한다. 전제조건은 대학교육체제가 어떠한가, 그리고 정책의 내용은 무엇인가에 따라 달라지나, 대학운영의 자율성과 공정경쟁의 보장으로 요약할 수 있다(나민주, 1998). 아울러 선택권을 실질적으로 보장하기 위해서는 정확한 정보의 공개도 필요하다.

영국 정부에서는 대학에 대한 공재정지원을 계속하면서도 정부가 대학운영에 직접 간여하고 재정사용에 대해서 세부적으로 규제하지 않고 있다. 영국의 대학들은 학생선발, 교직원인사, 재정운용 등 핵심적인 부분에서 광범위한 자율권을 행사하고 있다. 또한 대학교와 비대학교 간의 법적 차별을 철폐하여 대학교육체제를 일원화함으로써 대학 간 공정 경쟁의 기틀을 확립하였다. 무엇보다도 대학운영, 대학재정에 관한 정보를 주기적으로 수집·분석하여 공개하고 있다. 대학재정지원을 담당하는 HEFC들은 물론이고 HESA, QAA 등 많은 대학교육관련기구들이 그 역할을 담당한다. 이들 기관이 제공하는 정보는 전국적인 수준의 분석은 물론 대학별 세부사항까지 포함되어 있다. 뿐만 아니라 재정배분기구와 정부의 활동과 성과에 대해서도 연차보고서, 성과보고서를 통해서 대학사회는 물론 학생, 학부모, 일반 국민들에게 공개하고 있다(HEFCE, 2002b; DfES, 2001b). 이러한 투명성은 공재정 사용의 책무성 확보에 크게 기여하는 것으로 보인다.

6) 국제자료에 의한 비교 분석

사실 국제적으로 비교하면, 영국의 대학교육에 대한 공재정투자는 높은 편이 아니다. 1999년을 기준으로 영국의 GDP대비 공교육비 비중은 4.7%로서 OECD국가의 평균인 5.2%보다 낮을 뿐만 아니라 주요 선진국들에 비해서도 낮다(DfES, 2002). GDP대비 대학공교육비의 비중 역시 1.1%로서 OECD국가 평균인 1.2%보다 낮은 수준이다. 대학생 1인당 교육비(PPP환산액)도 9,554달러로서 OECD국가 평균인 11,422달러보다 낮은 수준이다. 대학재정에서 공공재원이 차지하는 비중도 63.2%로서 OECD국가 평균인 79.2%보다 낮고 민간재원의 비중은 36.8%로서 OECD국가 평균인 20.8%보다 높다. 한편 GDP대비 지출유형별 비율을 보면, 1998년 현재 대학재정에서 직접

교육비의 비중은 0.74%로 평균인 0.98%에 비해 낮은 편이나, 연구
개발비는 0.37%로 평균인 0.34%보다 높은 편이다. 대학재정 지출항
목별 구성비를 보면 우리나라는 자본적 경비의 비중이 32%로 매우
높은 데 비해 영국은 1%로 거의 대부분의 대학재정은 교육 및 연구
활동을 위한 경상비로 지출하고 있다. 이는 양국 간 대학역사의 차
이는 물론이거니와 지난 세기 동안 축적된 대학재정투자액의 차이에
그 원인이 있는 것으로 보인다.

  영국과 비교하면, 우리나라는 지금까지 살펴본 거의 모든 재정관
련지수에서 영국보다도 더 낮은 수준이다. 그러나 대학교의 교수당
학생수는 두 배 이상 많다. 대졸자의 취업률, 상급학교 진학률은 낮
다. 고졸자대비 대졸자의 소득수준도 낮은 편이다. 영국의 대졸자 실
업률은 2%내외로서 국제적으로 매우 낮은 수준이고 영국 내 다른
학교급 졸업자 실업률에 비해서도 낮은 편이다(DfES, 2002).

  영국의 인구는 2001년도 현재 약 5천8백만 명으로 우리나라의 4
천7백만에 비해 천만 명 이상 많다. 그런데 학생수는 2001년 현재 1
천2백만 명 정도로 우리나라와 거의 비슷한 수준이나, 대학생수(전
일제)는 2백3십만 명으로 우리나라의 3백6십만 명에 비해서 1백3십
만 명이나 적다. 대학수는 우리나라가 전문대학 160개, 대학교가
216개(대학원대학 포함)로 총 376개 대학교육기관이 있는데 비해 영
국에는 90개의 대학교, 60개의 단과대학, 그리고 499개의 계속대학
등 총 649개의 대학이 있다. 전체 인구 가운데 학생인구의 비중은
21.3%로서 우리나라 25.2%에 비해서는 약간 낮은 수준이다. 전체
학생수 대비 대학생의 비중은 영국이 18.6%이나 우리는 29.9%로서
더 많은 차이가 있다. 우리나라 대학생 인구의 비중은 영국보다 더
높으나, 대학에 대한 공공투자는 오히려 낮은 실정이다.

〈표 8-13〉 대학교육관련 주요지표: 영국, 한국, OECD평균 비교

구 분	영 국	한 국	OECD평균
공교육비÷GDP(1999)	4.7%	4.1%	5.2%
대학공교육비÷GDP(1999)	1.1%	0.6%	1.2%
교육부문÷정부예산(2001)	11.5%	23.3%	—
대학부문÷정부교육예산(2001)	25.9%	11.3%	—
정부부담÷대학재정(1999)	63.2%	20.7%	77.3%
조세부담률(2000)	31.4%	22.0%	28.0%
국민1인당 GDP(1999)	22,876$	16,059$	22,583$
대학생 1인당 교육비(1999)	9,554천 원	5,356천 원	11,422천 원
학생등록금(국공립)[1]	1,075 £	2,472천 원	—
학생등록금(사립)	—	5,553천 원	—
교수당 학생수(2001)	21.5명	41.6명	15.3명
학생수÷인구(2001)	21.3%	25.2%	—
대학생수÷학생수(2001)	18.6%	29.9%	—
사립대학생÷대학생(2001)	na	72.5%	—
대졸자 취업률(2001)	66.0%	49.7%	—
고졸자대비 대졸자 소득(1998)	157	135	146

* 주: 1) 등록금은 영국은 2001년, 한국은 2002년 기준
자료: OECD(2002); DfES(2002); 최청일 외 (2002)

5. 시사점

교육제도는 물론 정치, 경제, 사회문화적 여건이 다르고 면적과 인구수에서도 차이가 있으나, 영국의 대학교육제도, 대학재정의 규모, 그리고 대학에 대한 정부의 재정지원방식은 영국과 마찬가지로 급격한 양적 팽창 속에서 질적 수준의 발전을 도모하고 있는 우리나

라 대학교육에 많은 시사점을 주고 있다.

첫째, 대학교육에 대한 공공부담을 적정수준으로 높이고, 대학교육재정의 분담체제를 재확립할 필요가 있다. 지금까지 우리나라에서는, 공재정 확충을 통한 대학교육의 성장을 추구한 영국과는 대조적으로 민간부담에 의존하여 대학교육의 발전이 이루어졌다. 그러나 공공재원의 저투자 속에서 효율성을 추구하는 것만으로는 대학교육의 발전에 한계가 있다. 우리나라 대학생의 인구대비 혹은 전체 학생수 대비 비중을 볼 때 대학부문에 대한 투자 확대에 우선순위를 부여할 필요가 있다.

그 외 여러 지표 면에서 종합해 볼 때도 우리 대학교육 발전을 위한 가장 핵심적이고 시급한 문제는 대학교육에 대한 공공투자를 대폭 확대하는 것으로 판단된다. 이를 위해서는 초중등교육과 같이 정부예산의 일정비율을 대학교육에 의무적으로 배정하거나 영국과 같이 GDP대비 일정수준으로 혹은 GDP의 성장과 연계해서 대학교육관련 정부예산을 확충하는 것도 좋은 방법이다.112) 또한 대학재정에 대한 공재정지원의 책임은 지방 차원에서가 아니라 영국과 마찬가지로 국가적 차원에서 중앙정부가 담당하는 것이 더 바람직할 것이다.

아울러 대학등록금의 적정수준에 관한 책정 논리를 재정립하고, 대여금을 확대할 필요가 있다. 대학등록금은 개별대학 차원에서 결정할 문제이기는 하나, 민간에 대한 지나친 의존도를 개선하기 위해서는 다른 대학과의 인상률 비교, 인상률에 관한 이해당사자의 합의 이외에 전체 대학교육비에서 학생과 학부모가 분담해야 할 부분과 그 적정 수준에 관한 규범적 논의도 필요하다. 또한 대여금(융자금)

---

112) 구체적인 목표 설정을 위해서는 재정확충에 관한 체계적인 요구분석과 소요판단이 있어야 하나 GDP대비 1%수준, 혹은 대학생 1인당 교육비의 OECD평균, 전체학생 중 대학생의 비율에 상응하는 수준 등이 목표가 될 수 있을 것이다(송기창, 2000; 윤정일 외, 2001).

의 지급대상을 큰 폭으로 넓히되 등록금은 물론 생활비까지 보조할 수 있는 수준으로 지급규모를 확대할 필요가 있다. 대여금의 상환방법을 일률적으로 정하는 것보다는 취업 이후 소득에 비례하여 달리하는 방법도 고려해 볼 만하다.

둘째, 대학재정에 대한 정부의 책임범위와 재정지원방법을 법령에 명시하고, 재정배분방식을 개선할 필요가 있다. 대학에 대한 정부의 재정지원을 확대하는 것도 중요하지만 어떤 방법으로 재정을 지원할 것인가는 더 중요한 문제이다. 그동안 우리나라에서는 명확한 근거 법령이 없이 대학에 대한 재정지원이 이루어지면서 일시적인 여론과 단기적인 정책목표에 의해서 재정지원방식이 변화하고, 정부와 대학 간 균형 관계가 조성되지 못하여 지나치게 정부주도적인 경향이 계속되어 왔다(송광용 외, 1998). 재정지원의 목적, 범위, 방법, 재원 등에 관한 기본적인 사항을 법률로 규정함으로써 예측 가능하고 공정한 경쟁이 이루어질 수 있도록 하고, 예산 집행의 결과에 대한 책임도 명백히 할 필요가 있다.

재정지원방법 면에서 한국의 대학재정지원방식은 대체로 협상형과 시장형이 주축이 되고 있으나,[113] 이를 수식형과 시장형의 조합으로 전환할 필요가 있다. 1990년대 이후 영국은 대학교육 및 평생교육의 기회를 확대하고, 대졸인력을 확보하며, 직업교육의 경쟁력을 강화하기 위하여 다양한 교육개혁안을 지속적으로 추진하고 있다(김안나,

---

113) 국립대학의 경상비와 자본비는 전례와 대학과 교육부 간의 다양한 정치적 관계에 의해서 결정되는 협상형이고, 1990년대 중반 시작된 공과대학중점지원사업, BK21, NURI 등 그동안 시행되었거나 시행 중인 많은 재정지원사업들은 대학 간 경쟁, 사업결과에 관한 협약, 성과평가 등을 중시하는 시장형 재정지원방식이라 할 수 있다(나민주, 2007; 유현숙 외, 2002).

2004; 나민주, 2003; 신용주, 2001; 주경란, 2005). 이 과정에서 대학
생수가 급격히 확대되면서 학생당 교육비, 교수당 학생수 등과 같은
교육여건이 악화되자, 영국 정부는 중·장기적인 재정투자 확대계획
을 수립·시행하고 있다(최청일 외, 2002). 한편으로는 다른 OECD국
가들과 마찬가지로 선택과 집중에 의한 연구재원 배분, 학생부담의
강화, 대여금 확대, 대학재원의 다양화를 모색하고 있다(Johnstone,
1998).[114] 그러나 이 가운데서도 수식형은 대학에 대한 핵심적인 재
정지원방식으로 자리잡고 있다. 고등교육 분야에서 재정배분기구의
교부금은 대학재정수입의 40% 내외를 차지하는데, HEFCE의 경우 전
체 교부금의 60% 이상을 교육활동을 위해 배정하고, 수식을 활용하
여 대학별로 지원액을 결정한다. 교육활동에 대한 대학별 교부금은
전공영역, 학생특성, 대학특성을 반영한 가중학생수와 기준단가를 통
해 산정된다. 특히 대학의 교육활동에 대해서 연구활동과 구분하여
재정을 지원하고, 대학별 지원액 결정시 수식형 재정지원제도를 도입
할 필요가 있다. 수식형과 시장형의 조합 비율 측면에서 보면, 수식형
이 핵심을 이루고 시장형이 보완적으로 활용되는 형태가 바람직하다.
　또한 대학재정배분기구를 활용하는 방법을 적극 검토할 필요가 있
다. 대학재정의 효과성과 효율성을 높이기 위해서는 먼저 안정성과 재
정운용의 자율성이 충분히 보장되어야 한다. 이를 위해서는 대학평가
와 재정지원사업을 긴밀하게 연계하고, 배분공식(formula)에 의한 총

---

114) OECD 주요국의 고등교육재정지원제도에 관해서는 최청일 외(2002),
　　교육혁신위원회(2005), 유현숙 외(2005), 반상진 외(2005) 등 참조. 유
　　현숙 외(2005: 83-138)에 의하면, 주요국에서 나타나고 있는 고등교
　　육재정 개혁동향은 수식형 재정지원, 바우처 제도, 성과중심재정지원,
　　기금조성방안 개선, 학자금 융자제도, 성과지표 개발, 재정운용기구
　　운영 등으로 요약할 수 있다.

액배분제도를 적용할 필요가 있다. 배분공식은 학생수를 기본으로 하되 국가적으로 우선투자가 필요한 집단별로 가중치를 정교화하고, 대학에 대한 정기적인 평가(예컨대 대학평가인정제)와 연계하되 일정 부분에 대해서는 대학을 등급화하여 차등 지원하는 방식을 도입할 수 있을 것이다. 이 경우에 영국의 사례는 귀중한 참고자료가 될 수 있다.

셋째, 대학교육에 관한 다양한 정보 공개를 통하여 대학재정운용의 투명성을 높이고 책무성을 확보할 수 있는 제도적 장치를 마련한다. 대학운영이나 재정사용의 책무성을 확보하기 위해서는 먼저 이를 판단할 수 있는 자료를 수집·분석하고 정기적으로 공표하는 방법이 체계화되어야 한다. 예컨대 개별대학은 물론 정부 차원에서도 매년 연차보고서(annual report)를 작성하여 공시할 필요가 있다. 특히 정부의 보고서에는 한해 정책의 추진성과, 그리고 재정사용의 효과 등을 판단할 수 있는 자료를 제시하고, 대학교육의 투입·산출과 관련된 중요한 지표뿐만 아니라 투입 대비 산출의 효율성과 효과성, 국제적인 경쟁력, 관련집단의 만족도 등도 포함되어야 할 것이다(나민주, 2002). 영국의 다양한 자료와 정보는 그 내용은 물론 형식 그리고 공개방법도 중요한 참고자료가 될 수 있을 것이다.

넷째, 대학교육 및 재정운용에 관한 정부정책의 기본방향을 정립할 필요가 있다. 우리나라 대학교육의 질적 발전을 도모하기 위해서는 그동안의 성과를 종합적으로 분석하고, 장기적인 전망을 바탕으로 대학교육의 발전방향을 모색하며, 국가적 차원에서 분명한 비전이 제시되어야 할 것이다. 이와 관련해서는 대학교육 인구규모의 적정수준에 관한 새로운 인식이 요청된다. 대학재정과 관련된 가장 중요한 기본변수로는 대학진학률, 대학생인구규모, 대학졸업자수 등이라 할 수 있다. 이 지표들은 한 나라의 교육발전은 물론 국가 경쟁력을 분석하는 중요한 자료로 활용되고 있다. 영국의 경우, 지난 한 세기 동안 공공부담의 확대를 통한 대학교육의 양적 성장을 추구해왔다. 그리고 그러한 노력은 상당한 성과를 거두고 있는 것으로 보인다.

그동안 우리나라는 높은 교육열을 바탕으로 풍부한 대졸인력을 확보할 수 있었다. 그러나 학령인구의 감소, 대학교육에 대한 인식 변화와 불만 고조 등으로 앞으로도 이러한 경향이 계속될지는 의문이다. 대졸자의 실업률, 고졸자대비 대졸자의 임금수준에서 알 수 있듯이 대학교육에 대한 개인적 유인가가 계속 감소하고 있기 때문이다. 또한 전체 대학생수를 적정수준으로 유지하는 것도 중요하지만, 계층적·지역적으로 혹은 성별, 장애 정도에 따라 대학교육 참여율을 분석하여 교육기회균등을 실질적으로 보장할 수 있는 방안을 마련할 필요가 있고, 성인학생에 대한 배려도 필요하다.

마지막으로 정부는 물론 대학 차원에서도 양적 성장을 위한 경쟁과 유인책을 계속 강화하기보다는 질적 발전에 정책적 초점을 맞출 필요가 있다. 우리나라의 대학교육은 대학인구규모는 물론 연구성과도 양적 측면에서는 거의 세계적 수준에 근접한 것으로 보인다. 예컨대 제시한 SCI논문수의 경우에는 논문총수에서는 차이가 있으나 교수당 논문수는 큰 차이가 없기 때문이다(나민주·김민희, 2005). 앞에서 언급한 SCI논문수 순위는 국가별 혹은 대학별 대학수나 교수수, 즉 규모의 차이가 순위를 결정짓는 중요한 요인으로 작용했을 가능성이 높다. 과도한 양적 경쟁은 자원활용의 효율성을 물론 효과성도 훼손할 수 있다. 이제는 급속한 양적 성장이 아니라 적정한 적정 수준에 대해서 관심을 기울일 시점이 되었다. 우리나라 대학평가나 교수업적평가제도는 연구의 질적 측면에서의 그 적절성을 재검토할 시점이 되었다.

제9장

대학재정지원정책의 동향과 과제

시장 · 정부 · 대학

이 장은 이 책의 결론으로서 지금까지의 논의를 요약하면서 앞으로 대학재정지원정책이 어떤 방향으로 변화되어야 하는지 그 과제를 제시한다. 먼저 2000년대 이후 대학재정지원정책이 어떻게 변화되어 왔는지를 간략히 살펴본다.

1. 대학재정지원정책의 동향

1990년대 문민정부에서 본격화된 대학재정지원정책은 국민의 정부를 거치면서 더욱 다양화되고 그 규모도 확대되었다. 참여정부에서도 이전의 대학재정지원정책을 계승하였으나, 정책의 이념과 세부사업 면에서 상당한 변화도 있었다.

1) 문민정부, 국민의 정부, 참여정부의 대학개혁정책

우리나라에서 대학재정지원정책이 본격화된 시기는 1990년대 이후이다. 그 이전에도 수많은 대학개혁방안이 추진되기도 했지만, 1980년대까지는 주로 초·중등교육의 개혁에 집중해왔다. 그러나 대학교육의 급격한 양적 팽창과, 질적 수월성을 높여야 하는 국제경쟁의 환경 변화 속에서 대학교육의 중요성이 점차 부각되었다. 5·31 교육개혁방안은 어느 개혁방안보다 광범위하고 포괄적인 대학교육개혁안으로서 정부의 대학재정지원정책이 본격화되는 계기가 되었다.

5·31교육개혁 이후 재정지원은 정부의 대학정책을 추진하기 위한 가장 중요한 정책수단으로 활용되고 있다. 1995년 교육개혁위원회가 발표한 5·31 교육개혁안 이후 김영삼 정부에서는 네 차례의 고등교육개혁이 추진되었고, 김대중 정부에서도 8차에 걸쳐 고등교육개혁 관련 정책들이 수립·추진되었다. 그러나 정책의 큰 골격은 그대로 유지되었고, 노무현 정부에서도 이전 정부에서 추진한 고등교육개혁 기조를 대부분 승계하여 추진하였다(유현숙 외, 2006).

문민정부(1993~1998)의 고등교육개혁은 교육수요자 중심의 대학교육, 자율성과 다양성을 통한 대학교육의 효율성 제고, 대학교육의 열린교육체제로의 전환을 기본방향으로 설정하여 개혁정책을 추진하면서 대학의 능동적 역할을 강조하였다. 5·31 교육개혁으로 대표되는 문민정부의 고등교육개혁은 정부규제와 획일화된 고등교육에서 다양화·특성화·자율화의 방향으로 고등교육체제가 변화할 수 있는 계기를 마련하였다.

국민의 정부(1998~2003)는 문민정부의 고등교육개혁 기조와 틀을 계승하면서도 대학 경쟁력 강화를 강조하여 시장경쟁과 효율을 강조하는 신자유주의적 구조조정을 단행하였다. 또 국제사회에서 인적자원의 중요성이 부각됨에 따라 국가발전을 위해서는 국가의 인적자원을 적극적으로 개발·관리할 필요성이 제기되면서, 국가인적자원개발을 대학교육개혁의 새로운 틀(paradigm)의 하나로 설정하였다.

참여정부(2004~2008)에서도 국가인적자원개발을 중시하면서 국가
경쟁력 강화와 대학교육 체제의 효율화를 위해서 대학 구조조정 작업
을 추진하였다. 문민정부 이후 현재에 이르기까지 각각의 정부에서
중점을 두고 추진한 세부 고등교육개혁 방안들은 조금씩 차이가 있지
만 고등교육의 경쟁력 강화라는 기본 목표는 상당히 일관성을 유지하
였다. 그런데 참여정부에서는 이전과 달리 지역적 평등성에도 많은
관심을 기울이고 있다. 참여정부는 평등성의 추구를 위해 국가균형발
전과 지방분권을 대학교육개혁의 한 중심축으로 설정하고, 이를 위해
학벌타파와 대학서열 완화 및 지방대학 육성사업 등을 추진하였다.

교육정책에서 수월성과 형평성은 가장 중요한 가치들로서 미국·영
국의 교육정책 동향은 평등과 자유, 형평성 이념과 수월성 이념이
일정한 주기로 반복되어 강조되어 왔다(Sergiovanni et al., 2004). 정
책이념적 측면에서 보면, 문민정부 이후 수월성을 지속적으로 강조
하였으나 점차 형평성에도 많은 관심을 기울이고 있다. 선진국의 신
자유주의적 정책 동향과 국제사회의 치열한 생존경쟁 속에서 1990
년대 이후 우리나라의 대학교육에서는 수월성이 지속적으로 강조되
고 있다. 5·31교육개혁은 대학교육에서 형평성보다는 수월성 또는
경쟁에 초점을 두었고, 이후 정부에서도 형평성보다는 수월성을 중
시하였다. 참여정부에서도 수월성에 더 비중을 두고는 있지만, 이전
에 비해 형평성을 더 많이 강조하고 있다.

2) 2000년대의 대학재정지원사업

고등교육재정을 담당하는 주된 정부부처인 교육인적자원부 이외에

과학기술부, 산업자원부, 농림부, 국방부, 정보통신부, 보건복지부, 노동부 등에서도 다양한 사업을 통해서 사업을 추진하였다. 중앙정부 이외에 일부 지방자치단체에서도 고등교육기관의 경상비, 시설비, 연구지원사업비를 지원하였다(반상진 외, 2005; 유현숙 외, 2001; 장수명 외, 2004). 교육예산 가운데 고등교육 부문이 차지하는 비중은 1997년 11.4%에서 2000년 12.2%, 그리고 2005년 12.7%로 약간씩 증가하여 왔다.

〈표 9-1〉 교육예산 중 고등교육 부분의 비중 및 추이(1997~2005)

(단위: 억 원, %)

구 분	1997	1998	1999	2000	2001	2002	2003	2004	2005
교육부 총예산(A)	181,710	174,029	179,029	197,255	200,188	225,281	244,044	263,997	279,820
대학교육 예산(B)	20,743	19,771	24,097	24,097	25,210	28,804	30,800	33,000	35,700
비율(B / A)	11.4	11.3	12.2	12.2	12.6	12.8	12.3	12.3	12.7

* 주: 대학교육예산 중 2003년부터 2005년까지는 백 억 단위 자료를 억 원 단위로 바꿈. 교육인적자원부 내부자료

우리는 제5장에서 1990년대 후반까지의 대학재정지원정책을, 제7장에서는 국민의 정부 초반까지의 대학재정지원정책을 자세하게 살펴본 바 있다. 이제 2000년대 이후 대학재정지원정책을 지원대상에 따라 기관단위지원사업과 개인지원사업으로 구분하여 간단히 살펴보면 다음과 같다.

첫째, 기관단위지원사업은 대학 혹은 계열, 단과대학, 학과, 연구소 등 기관을 중심으로 지원되는 재정지원사업으로서 설립별로 국립대지원사업, 공사립대지원사업으로, 그 목적과 운영방식에 따라 일반지원사업과 특수목적지원사업으로 구분해 볼 수 있다. 국립대 예산 중 인건비와 시설비, 운영비 중 기본사업은 국가가 설립자로서 부담하는

기본 경비이나 국립대의 입학금과 수업료 수입은 국고 세입으로 들어가기 때문에 국립대 예산 중 어디까지가 자체 세입이고 어디까지가 국가가 지원하는 부분인지는 분명하지 않다. 이를 제외한 사업성 지원사업으로는 국립대 교수연구비 보조사업, 국립대 실험실습기자재 확충사업, 국립대 구조조정사업, 교육대학 육성사업 등이 있다.115)

공사립대지원사업으로는 사립대 시설설비 확충지원사업, 사립 공과대학 지원사업, 사립대 외곽시설 장기융자 이차보전사업, 공사립대학 자구노력 지원사업, 사립대학 및 전문대학 실험실습시설 확충 이자 보전사업, 사립 산업대학 시설·설비 확충사업 등이 있었으나, 대부분 2003년도 이전까지 종료되었다.

특수목적지원사업은 국가정책에 따라 특정분야를 중점적으로 육성하거나 특정한 정책목표를 달성하기 위하여 대학에 제출한 계획서를 평가하고, 그 결과에 따라 우수대학은 선별하여 자동적으로 재정을 지원하는 사업으로서 1994년 공과대학중점지원사업 이후 그 종류와 사업규모가 점차 확대되어 왔다. 그동안 대학원중점육성, 국제전문인력양성특성화, 산업대학특성화, 교육개혁우수대학지원, 지방대학특성화, 대학원연구중심대학육성 등 다양한 명칭과 목적을 가진 재정지원사업들이 시행·완료되었다. 2007년 현재 두뇌한국21사업, 지방대학핵심역량강화사업, 산학협력중심대학육성사업, 수도권대학특성화지원사업, 대학구조개혁사업 등이 시행되고 있다. 특수목적사업의 비중은 1990년대 중반 11%대에서 1999년에는 32%로 급상승한 이후 계속 30% 이상으로 높아져왔다(이병식 외, 2005: 125).

둘째, 개인단위사업은 학생, 교수, 연구자 등에 대한 지원사업이다.

---

115) 사업별 세부내용은 유현숙 외(2006), 장수명 외(2004), 반상진 외(2005) 참조.

학생에 대한 지원사업으로는 대학생건전활동지원, 국비유학생지원, 이공계대학원생 장학금, 대학생학자금 이차보전 등으로 대부분 장학금과 학자금 융자와 관련되어 있다(장수명 외, 2004). 한국학술진흥재단의 학술연구조성비 지원사업은 교수 개인연구와 공동연구가 중심을 이루고 있고, 점차 학회와 연구기관에 대한 연구조성사업으로 그 범위를 확대하고 있다. 2006년 현재 학문후속세대양성, 신진교수연구지원, 기초연구과제지원, 우수학자지원, 명저번역지원, 우수학술도서선정, 외국인교수초빙사업 등을 시행 중이다.

  이 밖에 출연금·융자금·부담금 사업은 정부에서 직접 사업을 집행하지 않고 국가출연재단이나 공단에서 시행하는 사업으로서 사립학교교직원연금관리공단에 출연하는 사립학교교직원연금부담금, 퇴직수당 부담금, 교직원자녀 대여장학금이 있고, 한국사학진흥재단에 출연하는 사학진흥기금, 한국학술진흥재단에 출연 또는 지원하는 사도장학금, 농어촌출신 대학생 학자금 융자금, 학술연구조성비, 신진연구인력 연구장려금, 박사후 연구과정지원, 이공계대학(원)생 장학금 등이 있다.

  3) 대학재정지원사업의 공과

  대학재정지원정책에 관한 정책적 관심과 연구자들의 참여가 확대되면서 정책에 관한 다양한 분석이 시도되었고, 사업별로도 그 성과와 한계를 평가하고 구체적인 개선방안이 제시되었다.[116] 그 주요 결

---

116) 개별사업에 대한 평가보고서를 제외하고, 주요 연구들을 제시하면 다음과 같다. 김인제 외(2000). 대학의 재정지원에 관한 효과성 측정연구; 김진영(2001). 대학재정지원정책의 현황과 평가; 나성린 외(2002). 고등교

과를 요약하면 다음과 같다. 지난 10여년 동안 교육정책에서 대학부
문의 중요성은 점증하였고, 대학재정지원사업의 종류와 규모도 점차
확대되어 왔다. 그동안 정부는 대학교육의 다양화·특성화·자율화
를 중요한 정책가치로 선정하여 상당히 일관성 있는 정책방안들을
추진하였다. 그 결과 대학교육기회가 지속적으로 확대되었고, 대학에
대한 평가와 재정지원의 연계, 대학간 경쟁의 확대를 통해 대학의 변
화와 개혁을 유도하였다는 긍정적인 평가를 받기도 하였다. 개별사업
별로도 대학의 교육 및 연구의 여건과 성과를 단기간에 개선하는 효
과도 있었다(김병주 외, 2005; 유현숙 외, 2006; 장수명 외, 2004).

　그러나 각 대학의 여건을 고려하지 않고 개혁정책을 너무 성급하
게 추진하고, 수많은 개혁방안들을 일시에 시행하면서 많은 개혁방
안들이 상호중복적이고, 정책방안간 유기적 연계성이 불분명하며, 동
시다발적 추진으로 대학에 많은 부담을 주었다. 대학재정지원사업은
그 종류가 너무 많고 다양하여 지원받기를 원하는 대학의 입장에서
는 정부가 원하는 각종 평가의 지표에 민감하게 반응할 수밖에 없었
다(유현숙 외, 2006). 또, 평가에 의한 차등적 재정지원방식을 도입
하였으나, 대학의 규모나 특성을 충분히 반영하지 못한 획일적인 평

육재정의 안정적 지원을 위한 재원확보 방안; 나성린 외(2004). 고등교
육 예산운용의 평가와 정책과제; 반상진 외(2005). 고등교육재정지원제
도 개선방안; 송기창 외(2002). 국가의 대학교육 투자실태 분석, 안종석
외(2003). 전문대·산업대 예산지원사업의 성과 및 개선방향; 안종석
(2004). 지방대학에 대한 재정지원 현황 및 개편방안; 유현숙 외(2001).
정부부처의 고등교육기관에 대한 재정지원 분석 및 효율화 방안; 유현숙
외(2006). 고등교육개혁을 위한 정부의 재정지원 사업연구; 윤정일 외
(2001). 대학지원예산구조 및 지원방식 개선연구; 이영·우천식(2001).
정부부처의 고등교육기관에 대한 재정지원 분석 및 효율화 방안; 장수명
외(2004). 고등교육재정지원 성과분석 및 효율화 방안 연구; 최청일 외
(2002). 고등교육재정 규모 및 지원방식 등에 관한 국제비교 연구.

가기준으로 대학을 획일화시키고, 대학의 자율적 조정·관리능력을
오히려 약화시키는 경우도 발생하였다(장수명 외, 2004).

2. 대학재정지원정책의 방향과 과제

지금까지 우리는 시장모형을 중심으로 대학재정지원정책을 논리적,
실증적으로 분석하였다. 이 절에서는 주요 결과를 정리하여 결론을
도출하고, 그 결과를 바탕으로 대학재정지원정책의 과제를 제시한다.

1) 장별 요약 및 결론

대학재정지원정책에서 핵심적인 질문은 '어떻게 지원할 것인가'
하는 재정지원방식의 문제이다. 이 책의 제3장에서 살펴본 바와 같
이 1980년대 후반 이후 전세계적으로 확산되어 온 시장형 재정지원
방식은 관련 당사 간의 정치적 협상이나, 객관적인 수식이 아니라,
다양한 시장기제를 활용하여 대학에 재정을 지원하는 방식으로서 경
쟁지원, 계약, 지불보증제, 졸업세, 기부금, 민영화와 같은 다양한 유
형이 제안되었다. 시장형은 재원과 지원대상 혹은 부담주체를 기준
으로 대학지원형, 학생지원형, 재원다양화형, 학생부담형으로 구분할
수 있다. 구체적인 양상은 국가에 따라 다르나, 일반적으로 시장형
대학재정지원방식은 시장주체인 대학의 자율적인 운영과 대학 간 경
쟁에 의해서 대학재정운영의 효율성과 대학교육의 질적 향상을 도모
하고, 정부정책목표의 효과적인 달성과 대학개혁을 추진하기 위한

전략적 수단이라고 할 수 있다.

제4장에서 분석한 바와 같이 대학재정지원방식으로서 시장형은 사회운영방식 및 정책수단으로서 시장논리를 정당화 논거로 한다. 시장형에는 합리적인 기획, 직접 규제를 위주로 하는 정부관리방식보다는 대학의 자율적 결정과 시장적 조정, 대학 간 경쟁을 조장하는 재정적 유인책, 그리고 사후평가를 위주로 하는 '정부감독모형' 혹은 '시장자율모형'이 더 효율적이고 효과적인 대학교육체제 운영방식이라는 인식이 내포되어 있다. 이러한 인식은 시장의 우월성에 관한 신자유주의에 근거하였다. 신자유주의를 이념으로 하는 시장론자들은 사회제도를 운영하는 가장 효율적이고, 효과적인 원리는 바로 '시장'이라고 믿고 있다. 사회구성원들의 자유로운 교환을 통한 재화 및 서비스의 생산·공급·소비과정에서 희소한 자원이 효율적으로 활용되고, 더 많은 이익을 남기기 위한 생산자 간 경쟁을 통해서 상품의 질이 향상되며, 소비자주권도 실현될 수 있다. 마찬가지로 대학교육의 질적 향상을 도모하고, 자원활용의 효율성을 극대화하기 위해서는 대학교육부문에도 시장의 원리를 도입해야 한다는 것이다.

대학재정지원방식으로서 시장형이 제대로 작동할 수 있도록 하기 위한 최소요건, 즉 시장형을 적용하기 위한 전제조건은 대학교육체제가 어떠한가, 그리고 정책의 내용은 무엇인가에 따라 달라지나, 다음과 같은 두 가지로 요약할 수 있다. 첫째, 대학 차원에서 운영의 자율성이 보장되어야 한다. 특히 중요한 것은 학생선발, 교직원인사, 재정운용의 자율적 결정의 문제이다. 둘째, 대학과 대학 간 관계에서 공정한 경쟁이 보장되어야 한다. 대학재정지원정책에서 시장형을 도입·적용하기 위해서는 첫째, 경쟁적 내부시장을 조성하고, 이를 위해서 대학평가를 실시해야 한다. 둘째, 대학교육의 외부시장에 대한 의존성을 높여야 한다. 셋째, 국제 경쟁의 심화와 같은 위기상황에 대처하기 위해서는 경쟁력을 강화해야 하고, 이를 위해서는 교육개혁이 필요하다는 거시적 이념을 조성하고, 소비자주권의 실현 등 교육과 관련된 구체적이고 설득력 있는 미시적 이념을 창출해야 한다.

제5장에서 분석한 바에 의하면, 우리나라에서도 1990년대 중반 이후 대학재정지원정책에서 시장형에 관한 관심이 높아지고, 적용대상도 확대되어 왔다. 정부에서는 대학에 대한 재정지원을 확대하면서 사립대학에 대한 재정지원제도를 도입하여 그 규모를 점차 늘려가고, 종래의 평등원리에 의한 재정지원을 대학 간 자유경쟁을 통한 지원방식으로 전환하였다. 정책목표 차원에서 경쟁력 강화라는 거시적 시장이념이 조성되고, 정책수단 차원에서 내부 경쟁시장의 조성을 위한 대학평가에 의한 재정지원이 강조되었으며, 재정지원방식 차원에서는 대학 간 경쟁, 정부주도의 평가에 의한 선별적, 차등적 지원을 강조하는 재정지원사업을 통해서 시장논리가 적용되었다. 이에 따라 '대학의 경쟁력을 강화하기 위해서는 대학 간 경쟁을 유도하고, 대학평가에 의해서 경쟁력을 갖춘 대학에 한정된 재원을 집중적으로 지원함으로써 투자효율성을 높여야 한다.'는 주장이 대학재정지원정책의 핵심논리로 자리잡게 되었다.

시장논리의 적용형태를 가장 구체적으로 분석할 수 있는 자료는 재정배분방식이다. 우리나라의 대학재정지원은 기관지원과 개인지원으로 구분할 수 있다. 이 중에서 기관지원, 즉 대학에 대한 재정지원은 크게 세 가지 유형으로 구분할 수 있다. 첫째, 국립대학에 대한 경상비 지원은 정부예산의 편성과 마찬가지로 품목별 예산제도가 적용되고 있어서 '협상형' 재정지원이라 할 수 있다. 둘째, 일반지원사업은 형평성이 중요한 원칙으로 중시되었고, 학생수·교수수와 같은 기본지원지표를 배분준거로 사용하였으나, 체계화된 수식을 적용하지 않고, 사업목적지원과 정책지원지표에 의한 배분비율을 점차 확대함으로써 그 성격을 단정하기는 어렵다. 그러나 대체로 일본의 사립대학지원방식과 유사한 수행유인형(performance incentive), 즉 '변형된 수식형' 혹은 '수식형의 맹아'로 볼 수 있다. 셋째, 특수목적 지원사업은 대학 간 경쟁, 대학평가, 선별지원, 차등 지원이 결합된 '시장형' 재정지원방식으로서 시장형에 관한 세부적 유형 구분에 따르면, 대학에 대한 직접지원방식으로서 경쟁지원에 가깝다. 이러한 기관지원과는 별도로 학술진흥재단을 통하여 교수 개인에게 지원되는 연구비는 연구계획서 제출, 심사, 지원대상선정, 연구계약과 같은 과정을 거치는 '시장형' 재정지원방식이다.

우리나라의 대학재정지원정책에서는 시장논리가 매우 활발하게 적용되고 그 범위도 확대되었으나, 매우 제한적인 의미로 혹은 수단적인 차원에서만 적용되었다. 즉 대학운영에 대한 자율성이 충분하게 확보되지 않은 상태에서 정부가 세부적인 대학개혁방안을 설계하고, 이를 각 대학들이 시행해 줄 것을 요구하였다. 물론 정부방침의 준수 요구는 직접적인 규제나 법령보다는 재정지원방식과 준거를 통해서 이루어졌다. 그러나 대학재정지원정책은 명확한 근거법령이 없이 이루어졌고, 대학 자율화 정책이 확대되면서 재정지원이 대학에 대한 정부의 통제력을 유지할 수 있는 가장 효과적인 혹은 유일한 분야로 인식됨에 따라서 또 다른 종류의 통제를 양산하여 대학의 자율성과 다양성을 근본적으로 위협하였다.

시장형 재정지원방식을 적용조건으로서 대학의 자율성 보장과 관련하여 문제가 되는 것은 학생정원, 등록금, 재정운용, 교직원 인사에 관한 대학의 자율적 결정권이다. 이 영역들은 대학 자율화 정책에서 핵심과제로 논의되었으나, 실제 시행과정에서 한계를 드러냈고, 특히 국·공립대학의 경우, 대학운영에 대한 과도한 규제는 시장원리의 적용뿐만 아니라 대학 발전 자체를 저해하는 가장 큰 요인으로 지적되었다. 또 다른 적용조건인 대학 간 공정경쟁의 보장과 관련해서 볼 때, 시장형의 적용과정에서 정부가 담당해야 할 가장 중요한 역할의 하나는 공정한 경쟁을 위한 규칙을 제정하고, 그 준수 여부를 감시하는 것이다. 그러나 우리나라 대학재정지원정책에서는 공정경쟁보다는 경쟁조성이 우선되었고, 공정경쟁을 위한 원칙의 개발보다는 지원대상의 확대나 절차의 세분화를 통해서 이를 해결하려는 경향이 나타났다.

대학운영에 대한 정부규제의 수준, 대학개혁을 위한 정부와 대학의 역할, 그리고 재정지원방식을 종합해 볼 때, '시장자율모형'보다는 '시장설계모형', '촉진적 국가'보다는 '간섭적 국가'에 가깝고, 더 나아가서 '정부감독모형'보다는 '정부통제모형'에 근접하는 양상을 보여준다. 즉 시장논리에 근거한 재정지원방법은 대폭 확대되었으나, 상대적으로 그 기본전제나 대학운영체제 전반에 대한 관심은 저조한 상황에 있으므로 우리나라 대학교육체제는 '의사시장형'(pseudo – market)의 형태를 보여주었다.

제6장에서는 이러한 대학재정지원정책이 대학재정에 끼친 영향을 크게 수입 및 지출의 주요 지표에 미치는 영향과 재정적 불균형을 계량적으로 분석하였다. 이때 재정적 불균형은 국고지원의 불균형과 그 결과 차원에서 학생당 지출의 불균형으로 구분하였다. 시장논리에 근거한 재정지원정책의 핵심적인 정책수단이라 할 수 있는 특수목적지원금은 대학재정상의 주요 지표에 미치는 영향이 상당히 제한되어 있었다. 특히 국·공립대학의 재정상 주요 지표 중에서는 단지

연구비 비중의 증가에만 통계적으로 의미 있는 영향을 주고 나머지 주요 지표에는 영향을 주지 못했다. 반면, 사립대학의 재정상 주요 지표에는 더 많은 영향을 주었다. 즉 기부금의 비중을 높이고, 연구비의 비중도 높이나, 학생경비의 비중은 오히려 감소시키며, 대학재정 지출측면에서는 학생당 지출을 높이는 효과가 있었다.

다음으로 국고지원의 불균형과 관련해서는 측정지수에 따라 다소 복잡한 결과가 나타났다. 첫째, 상관관계 분석 결과, 총재정규모가 크고, 학생수가 많은 대학일수록 국고지원총액, 특수목적지원금, 일반지원금을 많이 받고, 학생당 특수목적지원금도 많이 받았다. 그러나 학생당 국고지원총액과 학생당 일반지원금은 학교규모가 작고 재정규모가 작은 대학일수록 오히려 더 많이 받았다. 둘째, 상위 10개 대학의 대한 국고지원의 집중도는 1995년까지는 증가 추세를 보였으나, 1996년에는 감소하였다. 국고지원 중에서 일반지원금의 집중도는 계속 낮아졌다. 1994년부터 시작된 특수목적지원금 자체의 집중도는 1996년에 상당히 큰 폭으로 낮아졌으나, 연도별 추이를 종합해 볼 때, 특수목적지원금은 국고지원의 집중도를 증대시키는 효과가 있다. 셋째, 학생당 국고지원금의 범위, 표준편차, 편차계수의 분석 결과를 볼 때, 1994년 이후에는 점차 불균형이 심화되었고, 특수목적지원금은 학생당 국고지원의 불균형을 더욱 악화시키는 것으로 나타났다. 넷째, 학생당 지출총액 불균형의 경우, 1994년에는 이전 연도보다 불균형이 심화되었으나, 특수목적지원금은 불균형을 개선하는 효과가 있었다. 이후 1996년까지 학생당 지출의 불균형은 점차 향상되었으나, 1996년에는 특수목적지원금이 오히려 재정 불균형을 악화시키는 영향을 주었다. 재정적 불균형 측면에서 여러 측정지수를 종합해 보면, 특수목적지원금은 부익부 빈익빈 현상을 심화시키고, 국고지원의 집중도를 강화하며, 학생당 국고지원금과 학생 지출총액의 불균형도 심화시키는 것으로 해석할 수 있다. 특히 특수목적지원금의 종류와 규모가 대폭 확대된 1996년에는 특수목적지원금이 국고지원의 불균형과 관련된 모든 측정지수에서 불균형을 심화시켰다.

이렇게 볼 때, 우리나라 대학재정지원정책이 대학재정에 미친 영향은 상당히 제한적으로 나타났으나, 상대적으로 시장적 자율성이 더 많은 사립대학의 재정구조에는 변화를 가져왔고, 정부통제가 엄격한 국·공립대학의 재정구조에는 영향을 주지 못한 것으로 보인다. 한편, 특수목적지원금은 국고지원의 불균형을 악화시킴으로써 교육의 불평등을 심화시킬 가능성이 높은 것으로 나타났다. 더욱 중요한 점은 특수목적지원금의 종류와 규모가 확대되면서 재정 불균형이 더 악화되었다는 것이다. 또 사립대학의 경우에 한정되기는 하지만, 목적지원금은 연구비 비중을 증가시키나 학생경비의 비중은 감소시키는 상충효과를 보여주었다.

제7장에서는 의제형성, 결정, 집행 및 평가와 같은 정책과정(policy process)의 차원, 확보·배분·운용·평가 등 재정운용의 과정 측면, 그리고 고등교육재정이 추구해야 할 가치, 정책의 목표와 철학 등 여러 측면을 종합하여 국민의 정부의 대학재정정책을 분석하였다. '국민의 정부'는 대체로 이전 정부의 정책 기조와 사업들을 유지하였으나, 대학재정정책에 본격적으로 관심을 갖기 시작한 시기라 할 수 있다. 국민의 정부 들어서 대학재정관련 정책의제가 점차 다양해졌고, 배분뿐만 아니라 운영, 평가, 그리고 확보 등 재정운영 전반으로 정책적 관심이 확대되었다. 고등교육재정정책에서는 세부 정책사업별로 상당 부분 목표를 달성하였고, 대학개혁이 점차 확대되었으며, 고등교육의 여건과 질적 수준도 전반적으로 개선되는 등 상당한 성과가

나타났다. 그러나 정부관리를 통한 경쟁력 강화라는 정책기조 속에서 고등교육의 질적 개선에 여러 가지 한계를 드러냈다. 이에 따라 사업별로 세부내용을 보완하는 것과 더불어 장기적 방향과 목표를 재설정하는 전략적 관심이 더욱 중요한 정책과제로 부각되었다.

제8장에서 자세히 살펴본 바와 같이 영국은 어떤 방식으로 대학에 재정을 지원할 것인가 하는 대학재정지원방식의 중요성을 가장 먼저 인식하고, 많은 연구와 토론을 통해서 재정지원방식을 개선해 온 대표적인 국가이다. 영국 대학재정지원방식의 특징은 정부가 아니라 재정배분기구를 통해서 대학을 지원하고, 수식형 재정지원방식(formula funding)을 널리 활용하고 있다는 점이다. 고등교육(higher education) 분야에서 재정배분기구의 교부금은 대학재정수입의 40% 내외를 차지하고 있는데, HEFCE의 경우 전체 교부금의 60% 이상을 교육활동을 위해 배정하고 있다. 교육활동에 대한 대학별 교부금은 전공영역, 학생특성, 대학특성을 반영한 가중학생수와 기준단가를 통해 산정된다.

이러한 수식형 재정지원방식은 대학재정지원방식으로서 많은 장점을 갖고 있어서 앞으로도 상당기간 유지될 것으로 전망된다. 그러나 부분적으로는 공공재정의 사용결과에 대한 책무성을 확인하고, 대학의 운영성과를 반영하기 위해서 가산지수나 가중치가 추가될 가능성이 높다. 수식형 재정지원은 대학의 자구적인 노력과 사회적 책무성을 확보하기 위한 재정개혁의 방안으로 OECD국가에서 널리 활용되고 있다(유현숙 외, 2005). 영국의 재정지원방식은 그러한 개혁의 전형으로서 호주, 뉴질랜드 등에도 많은 영향을 끼치고 있다. 재정배분기구의 개별대학에 대한 지원금은 총액교부금(block grant)으로 지급되어 각 대학이 자율적으로 재정을 운용할 수 있으나, 재정각서, 회계지침, 감사규정, 연차보고서, 재정 및 운영성과 공개 등을 통해서 책무성을 확보하고 있다. 영국의 대학재정 지원제도는 급격한 양적 팽창 속에서 질적 수준의 발전을 도모하고 있는 우리나라 대학교육 및 교육정책에 많은 시사점을 주고 있다.

영국을 비롯한 OECD 주요 선진국의 경우, 대학재정에서 정부는 가장 중요한 재정지원자의 역할을 담당하고 있다(김병주 외, 2007; 최정일 외, 2002). 대학에 대한 정부지원은 교육기회의 확대, 사회적 통합, 경제발전을 위한 대학교육의 사명과 역할에 근거하고 있다. 대학에 대한 정부지원금의 대부분은 중앙정부(미국의 주정부 포함)가 담당하고, 지방정부는 부분적인 역할을 담당하는 것이 일반적인 경향이다. 그러나 교육개혁과 국가발전에서 대학교육 부문의 중요성이 더욱 부각되면서 세계 각국은 대학교육개혁의 일환으로 재정분야의 개혁을 시도하고 있다. 특히 장기적인 경제불황으로 인한 긴축재정 속에서 대학관련예산은 삭감 압력을 받아왔고, 시장경제원리의 적용이 확대되면서 대학재정의 다원화가 장려되고 있다. 이에 따라 대학의 전통적인 수입원인 정부지원금과 등록금 이외에 지자체 및 기업체와의 협력, 기부금, 수익사업 등 대학 차원의 재원 확보 노력이 확산되고 있다. OECD국가에서 나타나고 있는 대학재정개혁은 대체로 수식형 재정지원, 바우처제도, 성과중심재정지원, 기금조성방안 개선, 학자금 융자제도, 재정배분기구의 운영 등으로 요약해 볼 수 있다(유현숙 외, 2005).

2) 대학재정지원정책의 과제

지금까지의 논의 결과를 중심으로 대학재정지원정책의 과제를 제시하면 다음과 같다. 첫째, 대학운영과 재정지원에서 '시장'의 영역을 확대하여 정부와 시장 간 조화와 균형을 추구한다. 무엇보다도 시장형 재정지원방식이 제대로 기능하고, 바람직한 결과가 나오도록 하기 위해서는 대학들이 시장환경에 적합한 생존방식과 발전전략을 모색할 수 있도록 대학운영의 자율성을 보장해야 한다. 시장적 접근의 진정한 의미는 사회적 자원활용의 효율성을 극대화하고, 대학교육의 질적 수준을 높이는 가장 효과적이고 효율적인 방법은 바로 정부의 개입을 최소화하고, 개별 시장주체들의 자유를 최대한 보장하는 것이라는 데 있다. 대학운영의 자율성과 관련하여 문제가 되는 것은 학생정원, 등록금, 학생선발, 대학조직구성, 재정운영, 교직원 인사 등에 관한 대학의 자율적 결정권이다.

대학에 대한 정부규제는 명확한 법령에 근거해야 하고, 대학운영 전반에 관한 소극적인 규제 완화가 아니라, 법령에 규정되지 않는 사항에 대해서는 간섭하지 않는 방향에서 명시적이고 적극적으로 필요한 규제만을 정립할 필요가 있다. 1980년대 후반 이후 대학 자율화 정책을 지속적으로 추진하고 있으나, 재정부문은 정부가 통제력을 발휘할 수 있는 가장 효과적인 분야로 인식됨에 따라 또 다른 종류의 통제를 양산하여 대학의 자율성을 위협한다는 비판을 받고 있다. 한국은 OECD국가 가운데 대학에 대한 규제가 가장 많은 국가로 평가되고 있다(채제은 외, 2006). 대학운영의 법적 안정성과 헌법상의 대학의 자율성을 보장하기 위해서는 사전 규제(ex ante)보다는 사후 규제(ex post) 방식으로, 소극적인 규제완화보다는 적극적으로 필요한 규제만을 선정하여 고등교육에 대한 정부의 정치적 또는 행정적 감독이나 통제의 범위를 법률에 명백히 규정할 필요가 있다.

아울러 확보-배분-운용-평가에 관한 내용을 담은 대학재정관련

법률을 제정하고, 이를 근거로 관련법령을 정비해야 한다. 대학재정
정책의 기본방향을 확립하고, 재정의 안정성과 자율성을 보장하며,
세금을 재원으로 하는 재정지원의 형평성과 책무성을 확보하기 위해
서는 재정지원의 범위와 대상, 기본적인 지원준거와 절차 등을 내용
으로 하는 법률을 제정할 필요가 있다. 아직까지 우리나라 고등교육
재정지원정책은 명확한 근거법령이 없이 이루어져 왔다. 이에 따라
일시적인 여론과 단기적인 정책목표에 의해서 재정지원방식이 급격
하게 변화하고, 정부와 대학 간 균형 관계가 조성되지 못하여 지나
치게 정부주도적인 경향이 계속되어 왔다. 정부의 재정지원정책에
대해서는 많은 논란이 있으므로 이에 관한 합의와 공감대를 형성하
는 것이 중요하고, 재정지원의 목적, 범위, 방법 등에 관한 기본적인
사항을 법률로 규정함으로써 예측 가능하고 공정한 경쟁방식을 채택
하고, 예산 집행의 결과에 대한 책임도 명백히 하여 고등교육재정의
안정성, 자율성, 효율성을 도모해야 할 것이다(김형근, 1999).

특히 국립대학의 경우, 예산의 편성 및 집행 전반에 관한 자율성
을 대폭 확대하여 국립대학이 자체적인 발전계획에 따라 재정을 전
략적으로 운용할 수 있도록 법적·제도적 지원을 강화해야 한다. 최
근 교육인적자원부에서는 국립대법인화법을 입법예고하였다. 대학
자율성 확대라는 기본방향을 유지하면서 자기결정과 자기책임을 강
화하고, 외부인사의 참여와 정부의 통제를 통한 공적 책무성의 영역
은 필수적인 부문으로 최소화하는 것이 바람직할 것이다. 법인화 추
진 여부와 상관없이 국립대 예산은 과감하게 총액배분제로 전환할
필요가 있다. 서구 대학교육 역사에서 총액교부금제(block grant)는
정부가 대학을 재정지원하는 전통적인 방식으로서 시장적 지원모형
이 도입되는 과정에서도 유지되고 있다. 우리나라에서도 초·중등교

육의 경우, 1991년도부터 지방교육재정교부금을 총액배분방식으로 배분하고 있다. 초·중등교육에 대해서도 총액배분방식을 실시하고 있는 상황에서 전통적으로 자율성을 최고의 운영원리로서 중시해온 대학에 대해 예산집행의 통일성, 적법성, 그리고 절차적 합리성만을 우선적으로 강조하는 것은 타당하지 않다.

대학의 자율성을 보장하기 위해서는 대학재정지원을 담당하는 정부와 대학 간의 중간적 성격의 기구도 활용할 필요가 있다. HEFC, LSC 등이 설치되어 있는 영국의 경우, 중간기구를 통하여 정부는 특정한 정책목표를 달성할 수 있고, 대학은 자율성을 보장받는 등 많은 긍정적 효과가 나타나고 있다. 재정배분기구의 활용은 OECD 국가들의 개혁추세이기도 하다(유현숙 외, 2005). 우리나라에서도 고등교육평가원 설립이 추진되고 있으나, 이런 정부기관보다는 '대학재정위원회' 같은 별도의 기구를 설립하는 방안과 이미 대학평가기능을 담당하고 있는 한국대학교육협의회를 확대·개편하는 방안이 더 타당할 것이다. 대학교육협의회의 대학평가는 대학에 따라 5~7년 주기로 시행되고 있으므로 장기적인 관점에서 대학운영의 자율성을 보장하고 성과를 평가할 수 있다. 그 결과를 대학재정지원에 반영하는 것이 바람직하다. 이를 위해서는 설립별로 평가방식을 다르게 설정하는 것도 필요하다.

대학재정의 분담구조를 개편하고, 대학재원을 다양화하여 시장적 활력을 높이기 위해서는 경쟁형 이외에도 다양한 시장형 재정지원방식을 도입할 필요가 있다. 우리 대학재정의 가장 심각한 문제는 영세성과 높은 등록금 의존도이다. 따라서 대학에 대한 정부지원을 확대하고, 사회 및 기업의 적극적인 지원이 활성화되어야 한다. 이를 위해서는 기금 및 기부금 조성에 관련된 조세관련법을 개정하여 민간의 지원을 적극 유도하고, 국립대에서도 각종 서비스를 판매하여 재원을 다양화할 수 있도록 한다. 또 현재도 경쟁적, 선별적 대학지원방식이 사용되고 있으나, 그 대상을 기관단위로만 할 것이 아니라 학과단위, 교수단위, 그리고 학생단위의 재정지원을 증가시켜야 한다. 학생지원의 경우, 장기적으로는 기존의 장학금과 더불어 대여금, 지불보증제, 졸업세와 같은 제도를 도입할 수 있다. 이는 대학재정의 효율성을 향상시킬 뿐만 아니라 교육의 기회균등과도 부합된다.

기관지원과 개인지원의 비율 면에서 보면, 재정운용의 효율성과 효과성을 증대시키기 위해서는 교수와 학생에 대한 개인단위지원을 더욱 확대할 필요가 있다. 학자금 지원사업, 연구지원 사업 등 개인단위지원은 지속적으로 확대할 필요가 있다(장수명 외, 2004). OECD 주요 국가를 보면, 교육기관에 대한 직접 지원의 비율이 2002년 현재 한국은 96.5%로서 OECD평균인 83.0%보다 높다. 교육선진국이라 할 수 있는 핀란드는 81.5%, 일본 83.7%, 영국 76.1%로서 한국보다 낮다. 학생에 대한 지원 비율은 한국 3.5%로 OECD평균인 16.5%에 비해 매우 낮은 수준이다(OECD, 2006). 또 기관단위지원의 경우에도 다음에서 자세하게 논의하는 바와 같이 국립대의 경상비에 대해서는 수식형 재정지원방식을 도입하여 대학재정의 자율성과 안정성을 강화하고, 사후평가를 통해 책무성을 확보하는 방안을 마련할 필요가 있다. 정부가 대학발전의 목표와 방법까지 규제하는 특수목적 지원사업의 종류는 점진적으로 감소시키는 것이 바람직하다.

둘째, 수식형 재정지원제도를 도입·확대한다. 중요한 문제는 우리나라 상황에 가장 적합한 재정지원방식은 무엇인가다. 이론적으로도 시장형과 수식형으로 대학재정지원방식으로 상보적 관계에 있고, 대부분의 선진 국가들은 시장형의 적용과 관련해서 중핵–주변정책

(core plus margin approach)을 실시하고 있다. 특히 영국의 경우, 대학재정의 대부분은 수식형에 의해서 그리고 전략적 분야와 관련해서는 시장형을 도입하고 있다. 대학재정지원정책에서 지원규모를 늘리는 것도 중요하지만, 수식형 재정지원방식을 도입하고, 시장형과 상호보완관계를 유지하도록 하는 것도 중요하다. 우리나라의 대학재정지원방식은 대체로 협상형과 시장형이 주축이 되고 있으나, 이를 수식형과 시장형의 조합으로 전환할 필요가 있다. 수식형의 경우, 재정을 배분하는 입장에서나 사용하는 입장 모두 재정수요에 대한 예측을 상호 합의된 기준에 따라 할 수 있고, 예측된 수요에 따라 확보 가능한 재정규모에 대한 판단도 가능하며, 합리적인 예산편성과 운용계획을 수립할 수 있기 때문이다(유현숙 외, 2005). 국립대에 대해서는 관련법을 제정하여 수식형 배분방식을 도입하고, 사립대에 대해서는 인건비와 자본적 경비를 제외한 운영비에 한하여 부분적으로 수식형을 적용하는 방안을 고려할 필요가 있다(반상진 외, 2005; 최정일 외, 2002).

수식형과 시장형의 조합 비율 측면에서 보면, 수식형이 핵심을 이루고 시장형이 보완적으로 활용되는 형태가 바람직하다. 영국의 LSC사례를 보면, 배분공식의 일정부분(10~20% 정도)에 성과나 결과와 관련된 가중치나 가산치를 부여하는 것만으로도 대학운영의 효율성과 효과성을 도모할 수 있으나, 단기 노동시장 수요에 부응하는 기술교육의 확산, 취업과 연계되기 어려운 프로그램의 폐지, 취업가능성이 높은 학습자중심의 선발 등과 같은 문제가 나타나고 있다(백성준, 2004). 부작용을 최소화하면서 시장형 재정지원방식이 제대로 기능하기 위해서는 수식형 재정지원방식이 재정지원의 광범위한 토대를 형성하는 것이 바람직하다.

수식형 재정지원에서 가장 중요한 점은 어떤 요소들을 수식에 반영할 것인가이다. 수식형에는 학생중심형, 교직원중심형, 혼합형, 한계비용형, 성과중심형 등 다양한 방식이 있으나, 교육과정의 유형별로 가중치를 달리하는 등록학생중심형이 보편적으로 사용되고 있다(Ziderman & Albrecht, 1995). 영국의 사례를 참조하면, 등록학생수를 기준으로 단위비용을 곱하는 방식을 기본으로 하되, 학생, 기관, 지역 등 다양한 변수를 가미하고 있다. 영국에서는 초·중등교육에도 수식형 재정지원이 적용되고 있는데(성삼제, 2000), 그것에 비해서 대학부문의 재정배분공식은 훨씬 간결하다. 또 미국 대학에 적용되고 있는 배분공식에 비해서도 단순한 편이다(유현숙 외, 2005). 우리나라에서도 초·중등교육을 위한 지방교육재정교부금은 수식형 재정지원방식을 적용하고 있는데, 대학에 대해서는 초·중등교육 부문보다는 훨씬 간결한 수식을 적용하는 것이 바람직하다.

그런데 학생중심형 수식형 재정지원방식에서는 대학들이 등록학생수를 늘리고 예산을 확대하는 데 주력하여 정부부담이 가중될 수 있고, 대학의 효율적 운영에 대한 유인가가 부족하며, 노동시장에 대한 반응성이 약하다는 문제가 있다. 이를 개선하기 위해서 최근에는 산출, 성과, 전략과 같은 요소들이 가미되고 있다(유현숙 외, 2005). 영국의 경우에도 연구부문에 평가결과를 등급화하여 차등 적용하고 있고, 교육부문에서도 학습성과를 가산지수의 하나로 활용하고 있다. 또 교육기회의 확대를 위해서 특정 지역이나 계층출신 학생에게 가중치를 부여하고 있다. 우리나라의 경우, 국립대 재정지원에서 법인화 추진과 더불어 수식형을 도입하면서 대학평가 결과를 가산치 혹은 가중치를 활용할 수 있을 것이다. 예컨대, 4, 5년 주기로 대학평가를 실시하고 그 결과를 가산지수로 반영할 수 있다. 또 사립대학에 재정지원 시, 정책적인 목표집단이 되는 학생(예, 저소득층, 장애자, 특정분야 인력)이 등록하는 경우에 재정을 지원할 수 있다.

근래 들어 우리나라에서는 성과주의 예산제도가 확산되고 있는 추세에 있다. 성과주의 예산제도란 정부 및 공공기관의 예산을 사업별로 목표에 맞추어 편성하고, 예산 집행 결과를 이 목표와 연계하여 평가한 성과를 다음 예산에 반영하는 결과중심의 예산운영방식이다 (백성준, 2004). 영국의 계속교육재정지원방식을 보면, LSC는 경영계획(corporate plan), 재정협약(financial agreement) 등을 통해서 달성목표를 설정하고, 그 달성도를 평가하여 재정지원에 반영하는 성과주의를 택하고 있다. 그러나 성과주의예산제도라고 해서 모든 예산을 성과 평가와 연결짓는 것이 아니라, 전체 재정의 일부만을 연계하고 있다는 점에 주목할 필요가 있다. 계속교육재정지원방식에서 성과와 연계된 부분은 10%내외이다. 대학에 대한 재정지원에서는 자율성과 안정성을 보장하는 것이 중요하다.

셋째, 대학교육과 관련된 정부예산을 획기적으로 확충한다. 우리 대학교육은 양적 측면에서는 이미 세계 최고수준에 도달하였고, 최근에는 질적 측면에서도 비약적인 발전을 보여주고 있다. 그러나 적정수준의 자원이 투입되지 않으면 성장과 발전에는 한계가 있다. 우리나라의 대학교육재정은 GDP 대비 대학교육관련정부예산의 비중, 정부교육예산 중 대학교육부문의 비중, 대학의 수입에서 정부지원금이 차지하는 비중, 대학생 1인당 교육비 등 우리 교육의 국제적 위상을 점검할 수 있는, 비교 가능한 거의 모든 지표에서 OECD국가의 절반에도 못 미치는 열악한 상황이 지속되고 있기 때문이다. 선진국들은 대체로 학생1인당 교육비를 OECD평균보다 높은 수준을 유지하고 있다. 한국도 교육재정 투입규모를 적어도 OECD평균(15위권) 수준으로 확충해가야 할 것이다. 이를 위해서는 막대한 재원과 교육예산의 혁명적 증액이 요청된다.117) 그러나 앞에서 논의한 대로 한국의 총정부지출 대비 교육지출의 비중은 선진국은 물론 OECD평균보다 높은 수준이므로 이 목표를 달성하기 위해서는 장기적이고 연차적인 교육재정 확보계획이 필요하다. 교육재정 추가 소요액을 중앙정부 예산의 증액을 통해서만 확보하는 데는 한계가 있다. 지방정부, 가정, 기타 민간 부문, 그리고 교육기관 자체 노력 등을 통해서 교육재원을 더욱 다양화해야 할 것이다. 그러나 기본적으로는 교육재정 분담에서 수익자부담보다는 공공부담의 원칙이 강조되어야 한다. 일차적으로 공공투자의 확대를 통해서 추가재원의 대부분을 확보하는 것이 바람직하다.

따라서 대학교육재정의 확충을 위해서는 교육예산 배분 시 대학교육에 우선순위를 부여하고 비율을 높일 필요가 있다(나성린 외, 2002; 최청일 외, 2002). 학생당 교육비의 경우, 한국은 전체적으로 OECD평균에 미달하나, 특히 고등교육은 절반 수준에 불과한 실정이다. 초등학교를 기준으로 학생당 교육비 차이도를 계산해 보면, 중등교육은 OECD평균에 비해서 높은 편이나, 고등교육은 낮은 수준에 있다. 그런데 주요 선진국의 경우 중등교육의 차이도는 OECD평균과 비슷하나 고등교육의 차이도가 평균보다 더 높은 데서 알 수 있듯이 고등교육에

---

117) 2002년도 OECD평균을 기준으로 교육재정 확충액을 계산해 보면, 초등교육은 1,760달러, 중등교육은 1,120달러, 고등교육은 4,608달러의 학생당 교육비를 추가로 확보해야 한다. 학생당금액에 학생수에 곱하면, 대략 각각 7,080백만 달러, 4,254백만 달러, 15,052백만 달러, 전체 합산해서 26,386백만 달러(700원을 곱했을 때 약 18조 4천7백억 원)가 필요하다. 2005년도 교육인적자원부 예산이 28조 원이었으므로 이를 충족시키기 위해서는 교육예산을 66% 증액해야 하고, 중앙정부 예산 총액은 160조 원이므로 정부지출 가운데 교육부문의 비중은 현재 17.5%에서 10% 이상 늘려서 28.8%를 교육에 투자해야 한다.

더 우선순위를 부여하고 있다. 교육비 분담 면에서도 한국 대학교육의 사부담률이 지나치게 높다. 해방 이후 우리 교육은 초등교육부터 양적 성장을 추구하여 점차 상위단계 교육을 확대하는 상향식 투자방식을 꾸준히 실천해왔고, 그 결과 교육과 국가 발전에서 세계적인 모범국가로 평가받고 있다. 그러나 이제는 교육투자의 우선순위를 재점검해야 할 시점에 이르렀다. 대학교육이 보편화 단계에 접어들면서 온 국민에게 교육기회를 제공하고 있고, 교육이나 국가 경쟁력 차원에서도 대학교육의 중요성이 더욱 높아지고 있기 때문이다.

넷째, 평등과 책무성을 보장하기 위한 정부의 역할을 강화한다. 대학교육재정, 그리고 대학교육체제 전반의 운용과 관련된 정부의 역할과 책임을 재설정하고 정부의 정책기조를 점검할 필요가 있다. 대학발전을 위해서는 '정부관리를 통한 수월성 추구'보다는 '대학자율을 통한 수월성 추구'를 정책이념으로 해야 하고, 정부는 교육 기회균등의 실현을 위한 역할을 주로 담당해야 한다. 이미 경쟁적 시장의 형태를 띠고 있는 우리나라 고등교육에서는 교육이 경시되고, 기회균등이 훼손될 가능성이 높기 때문이다. 정부에서는 학생 교육과 직접적으로 관련된 분야에 더 많은 재정이 투입될 수 있도록 유도해야 할 것이다. 또한 교육 및 연구의 프로그램 혹은 사업단위별로, 예를 들어서 저소득층, 특수교육요구대상, 국가인력소요분야교육, 특정연구프로그램 수행 등에 대해서 재정지원을 확대하는 것이 바람직하다. 수용학생수를 기준으로 사립대중심에서 공립대중심으로 대학교육체제를 개편하고, 직업교육·평생교육 분야에서 공공투자를 확대하는 방안도 적극적으로 검토할 필요가 있다.

대학운영이나 재정사용의 책무성을 확보하기 위해서는 먼저 이를 판단할 수 있는 자료를 수집·분석하고 정기적으로 공표하는 방법이

체계화되어야 한다. 대학운영의 효율성과, 효과성, 그리고 책무성을
확인하기 위해서는 고등교육 전반의 질적 수준과 발전 정도를 판단
할 수 있는 체계적인 자료를 수집·분석해야 하고, 개별대학은 물론
정부 차원에서도 매년 연차보고서, 성과평가서를 작성·공개해야 한
다. 이와 관련해서는 고등교육의 투입, 산출과 관련된 중요한 지표
뿐만 아니라 투입 대비 산출의 효율성과 효과성을 비교할 수 있는
내용, 그리고 관련집단의 만족도 등이 포함되어야 할 것이다.118) 정
부는 한해 정책의 추진성과, 그리고 재정사용의 효과 등을 판단할
수 있는 자료를 통해서 국민으로부터 정치적 평가를 받게 될 것이
다. 또한 개별대학이나 교수 등을 대상으로는 이미 평가에 의한 경
쟁적, 선별적, 차등적 지원이 이루어지고 있으므로 이를 합리적으로
정착시키되, 행정당국이 책임지는 방안도 고려한다.119)

---

118) 우리나라 고등교육의 질적 수준을 평가하고 개혁의 필요성을 역설하
는 지표로는 SCI(Science Citation Index)가 가장 보편적으로 사용되어
왔고, 스위스의 경영대학원인 IMD(International Institute for Management
Development)에서 발간하는 국가경쟁력 자료도 자주 인용되고 있다.
그러나 이 두 가지 자료는 국가나 대학 차원에서 고등교육의 질적 수
준을 판단하는 준거로는 한계가 많다. 이를 정부의 정책 방향과 과제
를 도출하는 기초자료로 삼는 것은 문제가 있다(안길찬, 2002, 대외경
제정책연구원, 1999; 이종재 외, 2000; 나민주, 2001b). 심지어 *Asia
Week, The Times*와 같은 언론사의 신뢰하기 어려운 대학순위를 근거
로 하여 우리나라 고등교육의 질적 수준을 평가하고 개혁의 성과를
판단하는 준거로 활용하는 것은 바람직하지 않다.

119) 평가에 의해서, 특히 교육활동에 사용하는 경비에 대한 차등 지원이
이루어지는 것은 결국 교육의 질적 차이를 가져오고 교육기회균등을
저해할 수 있으므로 신중한 접근이 필요하다. 오히려 평가에 의해서
행정당국이 책임지는 제도를 개발할 필요가 있다. 예를 들어서 정부투
자기관경영실적평가와 사장경영계약이행평가에서는 평가 결과에 따라
인센티브 상여금의 차등지급, 부진기관 임용에 대한 해임건의, 우수기
관에 대한 자율권 확대 등이 이루어지고 있다.

이 책에서는 시장과 정부라고 하는 대립적인 운영방식을 바탕으로 우리나라 대학재정지원정책을 분석·평가하였다. 앞으로도 대학에 대한 정부재정지원은 그 규모나 종류가 계속 확대될 것이다. 대학교육을 발전시켜 나가기 위해서는 대학재정지원정책에 관한 지속적인 논의와 성찰이 필요하다. 다음과 같은 후속 연구가 기대된다.

첫째, 대학재정지원사업의 성과 평가뿐만 아니라 종합적인 영향 평가가 필요하다. 그동안 대학재정지원정책 전반, 그리고 개별사업별로 정책의 효과성에 관한 상당히 많은 분석과 평가가 이루어졌다. 앞으로도 정책평가, 사업평가는 더욱 정교화되어야 할 것이다. 그런데 대학재정지원정책은 교육 및 연구의 질적 수준, 행정조직, 의사결정구조, 대학 내 재정배분방식 등과 같은 대학교육 전반에 걸쳐서 다양한 영향을 줄 수 있고, 학생 개인 차원에서는 교육기회, 혹은 만족도나 성취도에도 영향을 줄 수 있다. 정부의 재정지원정책은 한 나라의 대학교육 전반에 커다란 영향을 끼치는 것이다. 대학재정지원정책에 따라, 특히 경쟁적 지원방식의 도입에 따른 대학 차원에서 교육·연구활동과 운영 및 재정구조가 어떻게 변화되었는지, 국가적 차원에서는 대학교육의 사명과 역할, 대학교육 통치체제 등에 어떤 변혁을 초래하였는지 등에 관한 종합적이고 실증적인 영향평가가 확대되어야 할 것이다.

둘째, 시장형 재정지원방식의 적용조건에 관한 논리적 분석연구가 필요하다. 시장형 재정지원방식에서 특히 중요한 것은 공정한 경쟁의 원리이다. 그동안 재정지원대상이나 지원결과의 형평성에 관해서는 많은 논의가 있었으나, 공정한 경쟁의 원리 자체에 관한 탐구는 부족하였다. 교육 분야에서 경쟁의 의미, 형태, 공정한 경쟁조건 등에 관한 철학적, 정책적 연구가 요청된다.

셋째, 대학부문에 적합한 수식형 지원방식의 도입을 위한 정교한 재정배분기준의 개발이 필요하다. 이와 관련해서는 기본적으로 학생 및 교육프로그램의 특성을 감안한 가중치를 산출하고, 공정성과 효율성을 성취할 수 있는 요소를 가미할 필요가 있다.

마지막으로 대학차원의 재정배분방식에 관한 체계적인 연구가 필요하다. 대학재정운용의 효율성은 결국 대학 내 재정배분 및 운용방식이 어떠한가에 달려 있다. 대학 내 재정배분 및 운용에 관한 연구가 수행되면, 역으로 그 결과를 대학재정지원정책에 반영할 수 있다.

3. 이 책을 마무리하며

지난 세기말 이후 교육부문에서 '시장'은 하나의 거대한 트렌드요, 교육정책에서는 패션이었다. 세계적으로 시장논리를 근거로 하는 이른 바 신자유주의 교육개혁안이 시행되었고, 국가 간 상호모방을 통한 동질화 현상이 확산되었다. 우리 교육에서도 자율, 선택, 경쟁, 책임 등은 거의 모든 정책문서와 연구보고서에서 빠짐없이 등장하는 유행어가 되었다. 신자유주의 아이디어가 널리 확산된 것은 불확실한 현실에 대한 해석과 처방을 단순화시켜주고, 다양한 정책들을 일관된 틀에 따라 묶어주는 매력과 특성을 갖추었기 때문이라 할 수 있다(하연섭, 2006).

지지하는 쪽에게나 반대하는 쪽에게나 '시장'은 매력적인 개념이다. 미국의 경우, Chubb과 Moe(1990)는 "정치, 시장, 그리고 미국의 학교"에서 미국 교육 위기의 원인은 민주주의 정치체제에 있고, 시장으로의 변화만이 그 해결책이라고 주장하여 커다란 반향을 일으켰다. 많은 동조자와 비판자들이 나서서 교육에서 시장논리의 적합성에 관해서 격렬하게 논쟁하였다. 신자유주의 교육정책이 교육의 공공성을 저해하고, 공교육제도를 와해시킬 수 있다는 비판은 구미 각국으로 확산되었고, 국내에서도 상당한 주목을 받고 있다(마미화, 2006).

기본적으로 '시장'은 '정부'와 상호 대립적인 개념이다. 20세기에 복지국가의 이념이 확산되고 사회주의 국가가 일시적으로 늘어났던 것은 자본주의 체제의 시장실패 때문이었다. 구소련과 동구권에서 사회주의가 몰락하면서 시장이 다시 인기를 얻게 된 것은 정부실패 때문이었다. 정부는 시장실패에 대한 대안으로, 시장은 정부실패에 대한 대안으로 자주 언급되고 있다. 그러나 시장이나 정부는 둘 다 불완전한 사회운영원리로서, 어느 하나에만 전적으로 의존하자는 주장을 펴기는 어렵다. 완전한 자유경쟁시장체제나, 시장이 전무한 정부독점을 정책대안으로 제시하기는 쉽지 않기 때문이다.

시장과 정부는 상호불가분 관계에 있다. 시장 없는 정부나 정부 없는 시장이 존재하기는 어렵기 때문이다. 시장과 정부는 모두 불완전한 대안으로서 우리는 끊임없이 갈등과 선택의 상황에 직면하게 된다. 사회문제를 시장으로 해결할 것인가, 아니면 정부로 해결할 것인가? 그러나 핵심 문제는 둘의 적정 조합이고 어디에 강조점을 둘 것이냐이다. 최적의 조합을 찾아가려는 노력이 중요하다. 시장은 원리다. 우리는 시장을 적용해야 할 곳에 정부를 적용하고, 정부를 적용해야 할 곳에 시장을 적용하는 오류를 범하기 쉽다.

그동안 우리나라에서 '시장'은 교육 제도와 정책, 그리고 교육 실제에서 상당히 선택적으로 받아들여졌고, 때로는 자의적으로 해석되기도 하였다. 정부에 의해서 시장이 도입되면서 그러한 위험성은 더욱 높아졌다. 신자유주의는 세계 거의 모든 국가의 정책에 심대한 영향을 끼치고 있으나, 모든 국가에서 동일하게 적용되고 있지는 않다. 정책 아이디어는 국가별 고유한 역사와 맥락에서 선택적으로 해석되기 때문이다(하연섭, 2006). 특히 정책 아이디어를 받아들이는 정책엘리트들이 아이디어의 특정한 측면만을 강조하고, 그 내용을 취사선택할 수 있기 때문이다. 서구와 달리 우리나라의 경우 신자유주의는 복지국가의 위기가 아니라 발전국가의 위기를 타개하기 위해서 도입된 것이다(하연섭, 2006). 영국이나 뉴질랜드 등에서는 복지국가의 과잉을 해소하기 위해서 정부로부터 시장으로 선회하였으나, 우리의 경우에는 국가개입의 과잉을 해소하고 정치적 자유화가 중시되었고, 탈규제가 중요 과제로 등장하였다.

시장과 정부는 서로 대립적인 개념이나, 완전한 시장이나 완전한 정부는 존재하기 어렵다. 시장은 마치 사랑과 같이 신비롭고 매력적인 개념이나 애매하고 모호하여 말하는 사람과 듣는 사람이 서로 달리 해석할 가능성이 얼마든지 있다. '시장'은 '정부'와 마찬가지로 신화와 맹신의 대상이 될 수도 있다. 시장에 대한 신뢰나 그에 대한 비판은, 충분한 논의와 체계적인 이해가 없으면 상투적인 선전용어가 될 수 있다. 시장논리는 단순명쾌하기는 하지만 때로 흑백논리로서 생산성 낮은 논쟁을 유발할 수도 있다.

시장논리를 기반으로 하는 신자유주의 교육정책은 우리 교육을 발전시키는 기회요인이 될 수도 있고, 위기요인이 될 수도 있다. 소비자 선택권의 강화는 언제든지 교육 불평등을 심화시키고, 국가의 공적 책임을 경감시키는 논리로 비화될 수 있다. 반면, 타율적이고 경직된 학교운영체제에 활력을 불어넣을 수도 있다(천세영, 1998: 32–39). 지난 세기 말 교육부문에서 시장이 등장한 것은 과도한 정부의 부작용을 해소하기 위해서였다. 우리의 역사적 경험과 상황적 맥락에서 볼 때, 특히 대학교육에서는 시장의 영역을 확대하고, 정부영역은 최소화하되 명확히 하는 것이 사회운영의 기본방향이 되어야 할 것이다. 특히 대학재정에서는 공적 부담을 강화하고, 자율성을 바탕으로 공정한 경쟁이 이루어질 수 있도록 하는 것이 정부의 책무요 역할이다.

시장은 교육과 불가분의 관계에 있다. 시장이 제대로 작동하기 위해서는 교육의 역할이 중요하다. 사회운영방식으로서 시장의 효율성은 사실과 교육에 의해서 결정된다. 사회 구성원의 개별적 판단과 책임을 바탕으로 자원이 효율적으로 활용되기 위해서는 구성원의 성숙성과 합리적 의사결정이 전제되어야 하기 때문이다.

시장은 하나의 비유요 상징이다. 시장은 생명력이 있는 말이다. 교육과 관련해서도 시장은 많은 아이디어와 영감을 불러일으킨다. 그러나 시장에 대한 관심과 논쟁이 일시적 유행이 되지 않도록 하기 위해서는 시장과 정부, 그리고 교육에 관한 더 성숙된 논의가 필요하다. 교육발전을 위해서는 시장과 정부가 적절하게 조화와 균형을 이룰 수 있도록 하기 위한 혜안과 사회적 합의가 필요하다.

참고문헌

강무섭 · 정일환 · 민무숙(1985). 한국 고등교육 정책 연구. 한국교육개발원.

강승호(1988). 회귀분석. 서울대학교 교육연구소 편. 교육학 대백과사전. 하우동설.

고려대학교 경제연구소 편(1982). 신경제학용어사전. 대학당.

공은배 외(1997). 교육투자의 효율성 제고 방안. 한국교육개발원.

공은배 · 천세영(1989). 한국 교육투자정책의 진단. 한국교육개발원.

곽영우 외(1994). 모델대학의 대학교육비 추계 연구. 한국대학교육협의회.

곽영우(1993). 사립 고등교육기관에 대한 공재정지원의 당위성과 지원의 방법. 교육재정 · 경제연구, 2(2).

곽영우(1996). 대학등록금의 합리적 책정. 한국대학교육협의회. 대학 등록금의 합리적 책정을 위한 워크숍. 한국대학교육협의회.

교육개혁위원회(1994). 대학교육 개혁방안. 교육개혁위원회.

교육개혁위원회(1995), 세계화 · 정보화 시대를 주도하는 신교육체제 수립을 위한 교육개혁 방안(참고설명자료). 보도자료 Ⅰ. 교육개혁위원회.

교육개혁위원회(1995). 신교육체제 수립을 위한 교육개혁방안. 교육개혁위원회.

교육개혁위원회. 한국교육개혁백서. 교육개혁위원회.

교육부(1997). 1997년도 교육부소관 예산(안)개요. 교육부.

교육부. 교육통계연보. 교육부. 각 연도.

교육부. 세입세출예산 각목명세서. 교육부. 각 연도.

교육부. 예산개요. 교육부. 각 연도.

권태신(1995). 교육재정 확충과 대학재정 지원방향. 대학지성. 가을 · 겨울호.

김경환 외(1998). 교육재정운영 평가. 서강대 경제연구소 · 한국대학교육협의회.

김광웅(1991). 한국의 관료제 연구: 이해를 위한 국가론적 접근. 대영문
　　　화사.

김광윤·우종구(1997). 사립대학의 재무회계제도에 관한 실증적 연구. 고
　　　등교육연구, 9(2).

김기수(1994). 교육개혁과 시장논리. 새교육. 1994년 1월호.

김기수·정재걸(1994). 교육개혁논리의 철학적 역사적 터잡기. 한국교육
　　　개발원.

김남일(1997). 국제전문인력 양성지원사업의 추진배경과 추진방향. 대학
　　　교육. 제90호.

김동건(1989). 현대 재정학: 공공경제의 이론과 정책. 박영사.

김동건·방석현(1991). 공공경제학. 방송대출판부.

김동건·선우중호(1990). 국립대학 특수법인화에 관한 연구. 한국대학교
　　　육협의회.

김동석(1998). '새 대학입학전형제도'에 내포된 정책주장의 논리적 분석.
　　　서울대학교 대학원 박사학위논문.

김동석(2000). 교육정책연구의 이론 모형과 실제적 방법론 탐색. 한국교
　　　육, 27(1).

김두식(1996). 정부의 대학재정지원: 기본방향과 내용. 대학교육. 제84호.

김명숙(1997). 한국재정정책연구. 서울대학교 출판부.

김병주 외(2005). BK사업 성과분석 연구. 한국학술진흥재단.

김병주(1994). 교육비분석에 근거한 대학납입금 차등화에 관한 연구. 서
　　　울대학교 대학원 박사학위논문.

김석현(2001). 우리나라 대학재정 실태와 건실화 전략. 대학교육, 1·2월호.

김승현(1997). 미국의 비영리부문에 관한 연구: 역할과 성격의 변화. 국
　　　제지역연구. 6(2).

김신일(1986), 교육사회학, 교육과학사.

김신일(1997). 교육개혁 분석모형과 논의구조: 교개위안을 중심으로. 나
　　　산 박용헌 교수 정년논문편찬위원회(편). 한국교육의 성장과 개

혁. 교육과학사.

김안나(2004). 영국 고등교육 재구조화의 동향과 발전 전략. 비교교육연구, 14(2).

김안중(1989). 한국교육에서의 중층성의 의미. 정재걸·박인종 편. 한국교육의 중층성 분석. 한국교육개발원.

김안중(1990). 교육의 본래적 모습. 서울대학교 사범대학부설 중등교원연수원. 현대교육의 이해.

김영식(1999). 이공계대학원 중점육성의 목적과 성과. 교육월보.

김왕복(1996). 교육재정 배분방식의 변천. 교육재정·경제연구, 5(2).

김왕복(1996). 지방교육재정배분의 공정성 분석: 교육부와 시·도교육청의 관계를 중심으로. 교육행정학연구, 15(2).

김용일(1997). 교육개혁에서 세계화 담론의 정책적 귀결. 교육행정학연구, 15(2).

김윤태 외(1994). 사립대학 발전을 위한 재정확립방안 모색 연구. 한국교육재정·경제학회.

김윤태(1992). 사학에 대한 정부지원의 당위성. 교육재정·경제연구, 창간호.

김윤태(1994). 중등 공·사학 교육재정구조, 교육비 및 교육여건 비교연구. 교육재정·경제연구, 3(2).

김인제 외(2000). 대학의 재정지원에 관한 효과성 측정연구. 교육인적자원부 연구보고서.

김재웅(1996). 1980년대 교육개혁의 정치적 의미와 교육적 의미: 졸업정원제와 과외금지 정책을 중심으로. 교육정치학연구, 3(1).

김재웅(1997). 대학개혁안의 근본취지와 추진상의 문제점. 대학교육, 7 / 8월호.

김재춘(1996). 미국 교육개혁논의의 이데올로기성 비판. 교육이론, 10(1).

김종석(2006). 기업 환경을 개선하려면. 중앙일보. 9월 28일자.

김종철 외(1989). 한국 고등교육의 역사적 변천에 관한 연구. 한국대학교육협의회.

김종철(1989). 한국교육정책연구. 교육과학사.

김종철·이종재(1994). 교육행정의 이론과 실제. 교육과학사.

김준한(1999). 정책평가 개념의 재정립. 한국행정학보, 33(4).

김진영(2001). 대학재정지원정책의 현황과 평가. 한국조세연구원.

김태리(1999). 신자유주의의 세계화 과정과 영국의 대학교육 개혁. 대학
    교육, 제102호.

김태완(1996). 지식 정보화 사회에서의 정부의 교육투자 방향. 교육재정·경
    제연구, 5(2).

김형근(1999). 대학의 개혁과 자율성 신장. 교육법학연구, 11.

김형근·조석훈(1994). 대학관계법 국제비교 연구. 한국대학교육협의회.

나민주(1995). 고등교육정책의 주요 논리: 역사적 고찰. 고등교육연구, 7(2).

나민주(1997). 정부의 대학재정지원모형: 협상, 수식, 그리고 시장. 고등
    교육연구, 9(2).

나민주(1998a). 대학재정지원정책 분석연구. 서울대학교 박사학위논문.

나민주(1998b). 대학재정지원정책의 새로운 방향. 대학교육, 3 / 4월호.

나민주(2001a). 국립대학 교수 연봉제의 설계방향. 고등교육연구, 11(2).

나민주(2001b). 언론기관 대학평가의 발전과제. 고등교육연구, 12(1).

나민주(2002). 국민의 정부 고등교육재정정책평가. 교육재정경제연구, 11(2).

나민주(2003). 영국의 대학재정 지원제도에 관한 연구. 교육재정경제연
    구, 12(2).

나민주(2007a). 한국 교육재정의 구조와 특징: 국제비교의 관점. 비교교
    육연구, 17(1).

나민주(2007b). 대학의 교육활동에 대한 영국의 수식형 재정지원제도 고
    찰. 비교교육연구, 17(2).

나성린 외(2002). 고등교육재정의 안정적 지원을 위한 재원확보 방안.
    교육인적자원부 연구보고서.

나성린 외(2004). 고등교육 예산운용의 평가와 정책과제. 기획예산처 연
    구보고서.

남수경(2004). 정부지원 대여장학금 제도의 공평성 평가. 교육행정학연

구, 22(3).

대외경제정책연구원(1999). IMD 국가경쟁력 평가에 관한 연구.

마미화(2006). 세계화 맥락 속의 신자유주의 교육정책의 한계와 시민 교육적 제안. 시민교육연구, 38(1).

민병천 외(1995). 사립대학 운영의 자율성 제고에 관한 연구. 한국대학교육협의회.

박성정(1998). 고등교육의 국가규제 변화에 관한 연구. 서울대학교 박사학위논문.

박세일(1994). 법경제학. 박영사.

박세일(1995). 세계화 시대의 교육을 위한 발상의 전환: 규제에서 탈규제로. 박세일 외. 소비자 주권의 교육대개혁론: 21세기 한국 교육의 방향을 제시한다. 도서출판 길벗.

박재윤(1995). 사립학교법 편람. 원미사.

박정수(1996). 교육에 대한 정부의 역할과 사교육비. 교육재정·경제연구. 5(2).

박정수(2001). 국립대학 재정의 문제점과 발전방안. 재정논집, 15(2).

박정수·안종석(1996). 교육재정의 구조와 재원확충방안. 한국조세연구원.

박정원(2005). 영국 토니블레어정부 고등교육정책의 성과와 한계. 국제지역학회 춘계학술대회 자료집.

박종렬(1996). 지식정보화사회에서의 교육발전 방향. 교육재정·경제연구, 5(2).

반상진 외(2005). 고등교육재정지원제도 개선방안. 교육인적자원부 연구보고서.

반상진(1994). 미국 위스컨신주의 학교통합 프로그램이 학교재정에 미친 효과. 교육재정·경제연구, 3(2).

배종근 외(1984). 대학 단위교육비 산출에 관한 연구. 한국대학교육협의회.

백성준(2004). 영국의 성과주의 교육예산제도 - 직업교육훈련 예산을 중심으로. 교육재정경제연구, 13(2).

서남수(1997). 국가이론의 관점에서 본 교육과 국가와의 관계. 교육행정학연구, 15(2).

서민원(1996). 대학교육의 효과성 변인의 측정과 분석. 서울대학교 박사
　　학위논문.

석태종(1999). 국민의 정부 대학교육개혁사업의 비판적 검토. 교육사회
　　학연구, (3).

성삼제(2000). 영국의 교육재정제도. 교육재정경제연구, 9(1).

손준종(1996). 90년대 교육개혁의 사회적 성격에 대한 논의. 교육학연구,
　　34(1).

송광용 외(1998). 대학재정 국고지원 현황에 관한 연구. 한국대학교육협
　　의회.

송광용(1998). 대학정원정책의 평가연구. 서울대학교 박사학위 논문.

송기창 외(2002). 국가의 대학교육 투자실태 분석. 교육인적자원부 연구
　　보고서.

송기창(1994). 지방교육재정정책 변천과정 분석연구. 서울대학교 박사학
　　위논문.

송기창(1996). 교육재정 배분제도의 개선방향. 교육투자 효율성 제고방
　　안 탐색. 정책토론회 자료집. 한국교육개발원.

송기창(1996). 교육재정 GNP 5%와 대학 재정 확충. 대학교육, 통권 84호.

송기창(2000), 대학재정지원정책의 과제와 개선방향. 교육재정경제연구, 9(1).

송인섭(1992). SPSS 분석방법을 포함한 통계학의 이해. 학지사.

신광식·이주호(1995). 교육개혁의 과제와 방향: 경제적 접근. 한국개발
　　연구원.

신광식(1992). 시장거래의 규제와 경쟁정책. 한국개발연구원.

신광식(1994). 경쟁정책의 국제비교: 미국. 일본. 독일. 한국개발연구원.

신용주(1999). 평생학습사회를 위한 영국 대학의 과제: 디어링(Dearing)
　　의 참여확대 방안을 중심으로. 사회교육학연구, 5(2).

신용주(2001). 칼리지를 중심으로 한 영국 직업교육 정책의 변화. *Andragogy
　　Today*, 4(4).

신종화(1992). 국가역할의 정당성에 관한 자유주의적 논의: 행정에 대한

이론적 인식의 규범적 토대. 서울대학교 대학원 박사학위논문.

신해룡(1994). 공공선택의 재정경제학. 세명서관.

신현석(2002). 국민의 정부 교육개혁 평가. 한국 교육정책 평가와 차기 정부의 과제. 한국교총 정책토론회 자료집.

안재욱(1997). 한국의 사립대학교. 자유기업센터.

안종석 외(2003). 전문대·산업대 예산지원사업의 성과 및 개선방향. 한국조세연구원.

안종석(2004). 지방대학에 대한 재정지원 현황 및 개편방안. 한국조세연구원.

양병찬(1995). 영국 고전대학의 개혁과 대학확장 제안. 사회교육학연구, 1(1).

오욱환(1999). 미국 고등교육의 경쟁력의 배경. 비교교육연구, 9(2).

오택섭(1992). 사회과학 데이터분석법: SPSS / PC +. 나남.

오헌석(1995). 학교선택론의 논리구조에 관한 분석적 연구. 서울대학교 대학원 석사학위논문.

유인종(1996). 영국 고등교육의 발전과정에 관한 연구. 교육문제연구, 8.

유현숙 외(2001). 정부 부처의 고등교육기관에 대한 재정지원 분석 및 효율화 방안. 교육부정책연구보고서.

유현숙 외(2002). 대학연구기능 활성화를 위한 행·재정지원체제 개선방안. 한국교육개발원.

유현숙 외(2005). 고등교육개혁 국제동향 분석 연구. 한국교육개발원.

유현숙 외(2006a). 누리사업 성과분석 연구. 한국교육개발원.

유현숙 외(2006b). 정부의 고등교육 개혁사업 지원을 위한 핵심영역 평가연구. 한국교육개발원.

윤건영(1996). 한국교육재정의 현황과 개혁방안. 한국개발연구원.

윤성식(1994). 공기업론. 박영사.

윤정일 편(1985). 고등교육의 수월성. 한국교육개발원.

윤정일 외 역(1996). 학교개혁론: 쟁점과 과제. 원미사.

윤정일 외(1988). 대학교육재정의 국제비교 연구. 한국대학교육협의회.

윤정일 외(1992). 한국의 교육정책. 교육과학사.

윤정일 외(1994). 교육행정학원론. 학지사.

윤정일 외(1995). 교육재정론. 교육행정학 전문서 6. 도서출판 하우.

윤정일 외(1996). 한국 교육정책의 탐구. 교육과학사.

윤정일 외(2001). 대학지원예산구조 및 지원방식 개선연구. 교육부 연구보고서.

윤정일(1992). 고등교육재정의 전망과 과제. 교육재정·경제연구, 창간호.

윤정일(1992). 교육재정학. 세영사.

윤정일(1994). 사립대학 발전의 제약요인. 교육재정·경제연구, 3(2).

윤정일(1998). 김영삼 행정부의 교육재정정책 평가. 교육재정경제연구, 7(1).

윤정일(2001). 고등교육재정. 교육재정경제학 백과사전. 하우동설.

윤정일·김병주(1988). 교육재정 배분모형의 개발에 관한 연구. 서울대학교 사범대학.

윤정일·류명혜(1990). 고등교육재정정책이 교육기회 형평에 미치는 영향. 서울대학교 사범대학 교육연구소.

윤정일·송기창(1990). 대학발전종합방안. 교육정책자문회의.

윤형원 외(1998). 국립대학 특별회계법 제정에 관한 연구. 한국대학교육협의회.

이덕복(1993). 공공정책의 정당화 논리에 관한 연구: 논리실증주의적 정당화 논리의 한계. 서울대학교 대학원 박사학위논문.

이돈희(1992). 교육정의론. 고려원.

이돈희(1993). 교육적 경험의 이해. 교육과학사.

이만희(2004). 지방대학 혁신역량 강화 사업추진 방안연구. 한국교육개발원.

이면영(1996). 사학발전과 '사립학교진흥법' 제정. 한국사립대학총장협의회. 사학진흥법 제정방안. 한국사립대학총장협의회.

이석우(1998). 대학의 역사. 한길사.

이영·우천식(2001). 정부부처의 고등교육기관에 대한 재정지원 분석 및 효율화 방안. 한국개발연구원.

이영준(1993). 다변량분석. 도서출판 석정.

이영호(2002). 영국과 미국의 평생학습 체제구축의 전략. 비교교육연구,

12(2).

이은영(1996). 미국 사립대학에 대한 정부규제. 교육문제연구, 11.

이종승·강인수·신동진(1991). 한국 고등교육법령의 구조와 문제분석 연구: 대학의 자치와 관리운영을 중심으로. 한국대학교육협의회.

이종재 외(1989). 대학의 자율과 등록금 책정 과정에 관한 연구. 한국대학교육협의회.

이종재 외(1990). 한국 고등교육체제의 기능 분화에 관한 연구. 한국대학교육협의회.

이종재 외(1990). 한국 대학의 성장유형과 학과분화에 관한 연구. 한국대학교육협의회.

이종재 외(1995). 교육행정연구법. 교육행정학 전문서 10. 도서출판 하우.

이종재 외(2000). 국립대학의 역할과 운영체제 개편에 관한 연구. 국립대학총장협의회.

이종재 외(2000). 국립대학 운영체제 개편방안 연구. 국공립대학총장협의회.

이종재(1997). 미래의 초·중등교육체제. 운강 김호권 박사 정년기념 논문집. 한국교육의 자화상과 미래상. 문음사.

이종재(1998). 학교선택론. 서울대학교 교육연구소 편. 교육학 대백과사전. 하우동설.

이종재·박재윤(1986). 교육정책의 탐구논리와 구조에 관한 논의. 한국교육개발원.

이종재·이욱범 역(1995). 교육경제학의 전개. 교육과학사.

이준구(1995). 재정학. 다산출판사.

이차영(1994). 대학 내 통치에서의 학생위상에 관한 규범적 관점 연구. 서울대학교 박사학위논문.

이철성 외(1984). 대학예산회계법 제정을 위한 기초적 연구. 한국대학교육협의회.

이학용(1986). 미시경제이론. 다산출판사.

이현청 외(1995). 이공계 대학 재정 확충 방안. 한국대학교육협의회.

이현청 외(1998). 국립대학 재정운영 평가연구. 한국대학교육협의회.

이현청(1996). 21세기에 대비한 대학의 생존전략. 한양대학교 출판원.

이현청·나민주(1997). 대학의 개혁과 미래: 대학 장기발전계획의 비교 분석. 한국대학교육협의회.

이혜영(2003). 학습사회 실현을 위한 영국의 교육 전략과 정책. 평생교 육학연구, 9(2).

임규진(1992). 대학자율화 정책의 평가연구. 동국대학교 박사학위논문.

임연기 외(1999). 한국 교육정책의 쟁점과 과제. 한국교육개발원.

임연기(1995). 경제논리에 의한 교육개혁 주장의 한계. 교육개발. 1995 년 5월호.

임인재(1976). 교육·심리·사회를 위한 통계방법. 박영사.

장수명 외(2004). 고등교육재정지원 성과분석 및 효율화 방안 연구. 한 국교육개발원.

장오현(1998). 대학 자율화의 확대와 책무성 제고. 교육월보, 1월호.

재정경제원(1997). 1998년도 예산편성기준. 재정경제원.

재정경제원(1997). 97년도 한국의 재정. 매일경제신문사.

전상경 역(1991). 시장과 정부: 불완전한 선택대안. 교문사. Wolf, C., Jr. (1988). *Markets or Governments*: *Choosing between Imperfect Alternatives*. Mass.: MIT Press.

정갑영(1994). 교육참개혁은 경제논리로. 신동아, 제417호.

정상환(1998). 국책공대사업의 필요성과 추진성과 진단. 국책공과대학발 전협의회·한국공학기술학회 편. 21세기형 공학교육과 국가산업 발전. 국책 공과대학 발전을 위한 심포지엄자료.

정영수 외(1986). 한국 교육정책의 이념(II). 한국교육개발원.

정영수(1991). 교육정책평가의 논리와 실제적 방법론 탐색. 서울대학교 박사학위논문.

정운찬(1987). 거시경제학. 다산출판사.

정일환(2000). 교육정책론: 이론과 적용. 원미사.

정정길(1992). 정책학 원론. 대명출판사.

정충영・최이규(1998). SPSSWIN을 이용한 통계분석. 무역경영사.

조동섭(1995). 최한기의 '인정'의 구조와 인사행정논리. 서울대학교 박사
학위논문.

조석훈(1996). 학생징계의 특성 분석. 서울대학교 박사학위논문.

조석훈(1998). 영국 고등교육재정기구의 변화논리. 고등교육연구, 10(1).

주경란(2005). 21세기 영국 평생학습제도의 혁신동향과 평가. *Andragogy
Today*, 8(4).

주철안(1992). 교육재정의 공정성 개념과 측정방법론에 관한 연구. 교육
재정・경제연구, 1(2).

천세영(1995). 한국교육재정구조상의 특성변화와 관련요인에 관한 연구.
서울대학교 박사학위논문.

천세영(1996). 지식정보화사회에서의 민간의 교육투자 방향. 교육재정・경
제연구, 5(2).

천세영(1998). 신자유주의와 교육의 공공성 문제. 한국교육연구소. 여름
수련회 및 교육정책세미나 자료.

천세영(2000). 국립대학 재정 확보논리와 정책 제안. 교육재정경제연구, 9(1).

천세영(2005). 한국교육재정 현상탐구 I. 충남대출판부.

총무처 직무분석기획단(1997). 신정부혁신론: OECD국가를 중심으로. 동
명사.

최병선(1992). 정부규제론: 규제와 규제완화의 정치경제. 법문사.

최상덕(2005). 영국의 평생학습체제 구축에 대한 법・제도적 고찰−학습・고
용・생활세계의 연계체계를 중심으로. 평생교육학연구, 11(3).

최청일 외(2002). 고등교육재정 규모 및 지원방식 등에 관한 국제비교
연구. 교육인적자원부 연구보고서.

하연섭(2006). 정책아이디어와 제도변화: 우리나라에서 신자유주의 해석
과 적용을 중심으로. 행정논총, 44(4).

한국교육30년 편찬위원회 편(1980). 한국교육 30년. 문교부.

한국교육개발원(1996). 한국의 교육 지표. 한국교육개발원.

한국교육재정・경제학회(1995). 교육시장개방에 따른 한국 교육산업의

전망과 대책.

한국대학교육협의회(1990). 대학재원의 확보방안에 관한 연구.

한국대학교육협의회(1992). 대학발전 10개년 계획(1992~2001).

한국대학교육협의회(1996). 대학 교육의 개방화·세계화를 위한 개혁 방안 탐색. 1996년도 하계 대학 총장 세미나 및 임시 총회 자료.

한국대학교육협의회(1997). 대학교육 발전지표.

한국대학교육협의회(1998). 대학 종합평가 편람.

한국대학교육협의회(1999). 대학교육발전지표.

한기철(1994). 교육제도 운영원리로서의 관료주의적 합리성에 관한 연구. 서울대학교 석사학위논문.

허병기(1989). 자유주의적 평등론에 의한 한국교육정책의 공정성 평가. 서울대학교 대학원 박사학위논문.

허형(1999). 오히려 억제되는 대학자율, 제자리걸음 하는 대학개혁. 새교육, 6월호.

홍형득(2005). 영국 과학기술 연구지원시스템의 특징과 정책적 시사점: 이중 지원 시스템을 중심으로. 정책분석평가학회보, 16(4).

황원철, 김성열, 고창규 편(2004). 공교육: 이념·제도·개혁. 원미사.

金子元久(1995). "高等教育財政改革の焦點", 館昭(編). 轉換する大學政策. 日本: 玉川大學出版部. 1995.

文部省(1996). 敎育指標の國際比較. 東京: 文部省.

齊藤諦淳(1994). "高等敎育費の負擔原理", 館昭(編.). 轉換する大學政策. 日本: 玉川大學出版部. pp.190-202.

丸山高央(1992). 大學改革と私立大學. 東京: 柏書房.

Acherman, J. A. & R. Brons eds.(1989). *Changing financial relations between government & higher education*. Enschede, The Netherlands: Center for Higher Education Policy Studies.

Anderson, R. E. & J. W. Meyerson eds(1990). *Financing higher education in a global economy*. NY: Macmillan Publishing Company.

Ban, S. J.(1994). State-financed school integration in metropolitan Milwaukee: Fiscal impacts & efficiency & fiscal equity effects. unpublished dissertation. University Wisconsin-Madison.

Barr, N.(2003). Alternative funding resources for higher education. Belfield, C. R. & H. M. Levin Eds. *The Economics of higher education*. An Elgar Reference Collection.

Barrett, L. R.(1996). On students as customers: Some warnings from America. *Higher Education Review*.

Beare, H. & H. Telford(1994). School reform & restructuring. H. Torsten et al. Eds. *International encyclopedia of education. 2nd ed.* Elsevier Science.

Becher, T. & M. Kogan(1992). *Process & structure in higher education. 2nd ed.* London: Routledge.

Becher, W. E. & D. R. Lewis(1992). *The economics of American higher education*. Boston: Kluwer Academic Publishers.

Benezet, L. T(1976). *Private higher education & public funding*. ERIC / Higher education research report No.5.

Berne, R. & L. Stiefel(1984). *The measurement of equity in school finance: Conceptual. methodological & empirical dimensions*. Baltimore: The Johns Hopkins University Press.

Berne, R. & L. Stiefel(1994). Measuring equity at the school level: The finance perspective. *Educational Evaluation & Policy Analysis. 16(4)*.

Bok, D.(2003). *University in the marketplace*. Princeton University Press. 김홍덕 외 역(2005). 파우스트의 거래: 시장만능시대의 대학가치. 성균관대학교 출판부.

Boyd, W. L. & J. G. Cibulka(1988). *Private schools & public policy: International perspectives*. London: The Falmer Press.

Bray, M.(2001). Financing higher education: Patterns. trends & options. Yeager, J. L. et al. Eds. *ASHE reader on finance in higher education. 2nd ed.* Pearson Custom Publishing.

Callan, P. M. & J. E. Finney(1997). *Public & private finance of higher education: Shaping public policy for the future.* Arizona: American Council on Education. Oryx Press.

Carnegie Foundation for the Advancement of Teaching(1976). *The states & higher education: A proud past & a vital future.* SF: Jossey-Bass Publishers.

Caruthers, J. et al.(1994). Important safeguards in funding processes for public higher education. in Doyle, W. Ed. *Higher education finance: An annotated bibliography. A technical report.* Calf.: The California Higher Education Policy Center.

Caruthers, J. K. & M. Orwig(1979). *Budgeting in higher education.* ERIC / AAHE.

Cave, M., S. Hanney & M. Kogan(1991). *The use of performance indicators in higher education.* London: Jessica Kingsley Publishers.

Cazenave, P.(1992). Financing of institutions. in B. R. Clark & G. Neave Eds. *The encyclopedia of higher education.* Oxford: Pergamon Press.

Cermakova, Z. et al.(1994). Changes in funding of higher education in the Czech Repuclic. *European Journal of Education. 29(1).*

Chubb, J. E. & T. M. Moe(1988). Politics, markets & the organization of schools. *American Political Science Review. 82.*

Chubb, John E. & Terry M. Moe(1990). *Politics, markets & America's schools.* Brookings Institution Press.

Clark, R(1983). *The higher education system: Academic organization in cross-national perspective.* Calf.: University of California Press.

Clune, W. H. & J. F. Witte Eds.(1990). *Choice & control in American education. Vol. I.* NY: Falmer Press.

Corn, E & T, G, Geske(1990). *The economics of education. 3rd ed.* NY: Pergamon Press.

Cowen, R(1996). Coda: Autonomy, the market & evaluation systems & the individual. in R. Cowen Ed. T*he evaluation of higher education systems.* World Yearbook of Education. London: Kogan Page.

Crookson, P. W., Jr., A. R. Sadovnik, & S. F. Semel Eds.(1992). *International handbook of educational reform.* NY: Greenwood Press.

Crow, B. C(1986). Conservative trends in higher education: 1980 − 1984. Unpublished doctorial dissertation. Columbia University. UMI AAC8623502.

Darling, A. L. et al.(1989). Autonomy & control: A university funding formula as an instrument of public policy. in J. A. Acherman & R. Brons Eds. *Changing financial relations between government & higher education.* Enschede. The Netherlands: Center for Higher Education Policy Studies.

Dearing, R.(1997). *Higher education in the learning society.* London: National Committee of Inquiry Into Higher Education.

Department for Education & Skills(2001). *Education & skills: Delivering results a strategy to 2006.*

Department for Education & Skills(2001). *Departmental annual report.*

Department for Education & Skills(2001). *Statistics of education: Education & training statistics for the United Kingdom.*

Department for Education & Skills(2001). *The government's expenditure plans 2001 −02 to 2003 −04 & main estimates 2001 −02.*

Department for Education & Skills(2002). *Trends in education & skills.* http://www.dfes.gov.uk/trends/

DfES(2005). *Statistics of education: Education & training statistics since 1995~1996.*

DfES(2006). *Departmental report 2006.*

DfES(2006). *Statistics of education: Education & training statistics for the United Kingdom.*

DfES(2007). *Trends in education & skills.* http://www.dfes.gov.uk/trends/

Dunn, W. N(1994). *Public policy analysis: An introduction. 2nd ed.* NJ: Prentice—Hall, Inc. 나기산 외 역(1994). 정책분석론. 법문사.

Elmore, R. F. et al.(1991). *Restructuring schools.* SF: Jossey—Bass Publishers.

Erickson, D. A(1989). A libertarian perspective on schooling. in W. L. Boyd & J. G. Cibulka. *Private schools & public policy: International perspectives.* London: The Falmer Press.

Eurich, N. P(1985). *Systems of higher education in twelve countries: A comparative view.* NY: Praeger.

Eurydice(2000). United Kingdom. Eurydice. *Two decades of reform in higher education in Europe: 1980 onwards.*

Ferris, J. M.(1994). A contractual approach to higher education performance: With an application to Australia. *Higher Education.*

Folger, J. & Jones, D. P(1993). *Using fiscal policy to achieve state education goals.* State policy & college learning. ED366242.

Fowler, F. C.(2000). *Policy studies for educational leaders.* Ohio: Merril.

Fowler, F.(1995) The Neoliberal Value Shift & Its Implications for Federal Education Policy Under Clinton. *Educational Administration Quarterly. 31(1).*

Garvin, D. A(1980) *The economics of university behavior.* NY: Academic Press.

Geiger, Roger L(1986). *Private sectors in higher education: Structure. function & change in eight countries.* Ann Arbor: The University of Michigan Press.

Gerstner, L. V. et al.(1994). *Reinventing education: Entrepreneurship in America's public schools.* NY: A Dutton Book.

Gewirtz, N(1987). Testing the promise of private contracting: An evaluation & policy analysis of public & private social services for pregnant & parenting teenagers. Unpublished doctorial dissertation. The University of Connecticut. UMI AAC 8800218.

Goedegebuure, L. et al.(1993). *Higher education policy: An international comparative perspective.* Oxford: Pergamon Press.

Greenaway, D. & M. Haynes(2004). Funding higher education. Johnes, G. & J. Johnes Eds. *International handbook on the economics of education.* Edward Elgar Publishing ltd.

Guthrie, J. W. W. I. Garms & L. C. Pierce(1998). *School finance & education policy. 2nd ed.* Englewood Cliffs. NJ: Prentice‒Hall. Inc.

Guthrie, J. W.(1994). Globalization of Educational Policy & Reform. H. Torsten et al. Eds. *International encyclopedia of education. 2nd ed.* Elsevier Science.

Hallinan, H. M.(1994). Foundations of school choice. H. Torsten et al. Eds. *International encyclopedia of education. 2nd ed.* Elsevier Science.

Harrold, R(1992). "Evolution of higher education finance in Australia". *Higher Education Quarterly. 46(4).*

Harrold, R.(1992). Resource allocation. Clark. B. R. & G. Neave Eds. *The encyclopedia of higher education.* Oxford: Pergamon Press.

Hauptman, A. M(1993). *Higher education finance issues in the early 1990s.* ED355852.

Hauptman, A. M. & R. H. Koff Eds.(1991). *New ways of paying for college.* NY: Macmillan Publishing Company.

Hauptman, A. M.(2006). Higher Education Finance: Trends & Issues.

Forest. J. J. & P. G. Altbach Eds. *International handbook of higher education.* Springer.

Higher Education Funding Council for England(2000). *Model financial memorandum between the HEFCE and institutions.*

HEFCE(2002). *About HEFCE.*

HEFCE(2002). *HEFCE strategic plan 2002 ~2007.*

HEFCE(2002). *Higher education in the United Kingdom.*

HEFCE(2005). *Annual review 2004 ~2005: Changing the landscape of higher education.*

HEFCE(2005). *Funding higher education in England: How the HEFCE allocates its funds.*

HEFCE(2005). *Higher education in the United Kingdom.*

HEFCE(2006). *Annual report & accounts 2005 ~2006.*

HM Treasury(2002). Public expenditure statistical analyses 2002~2003. http://www.official-documents.co.uk/document/cm54/5401-01a.htm

Hoeksema, M. L(1989). Different types of financial arrangements between funds suppliers & institutions of higher education: The management consequences. in Acherman. J. A. & R. Brons Eds. *Changing financial relations between government and higher education.* Enschede. The Netherl&s: Center for Higher Education Policy Studies.

Holl&, B. A. & Berdahl, R. O(1990). *Green carrots: A survey of state use of fiscal incentives for academic quality.* ASHE Annual Meeting Paper. ED326131.

Hough, J. R.(1992). Finance. in B. R. Clark & G. Neave Eds. *The encyclopedia of higher education.* Oxford: Pergamon Press.

Hoxby, C. M(1994). Markets & schooling: The effects of competition from private schools, competition among public schools. and teachers' unions on elementary and secondary schooling. Unpublished doctorial dissertation. MIT. UMI abstract.

James, Estelle(1989). Public and private education in international perspective. in W. L. Boyd & J. G. Cibulka Eds. *Private schools and public policy: International perspectives.* London: The Falmer Press.

Johnston, R. J(1993). Funding research: An exploration of inter−discipline variations. *Higher Education Quaterly. 47(4).*

Johnstone, D. B.(1998). *Worldwide reforms in the financing and management of higher education.* UNESCO.

Jones, J. & J. Taylor(1990). *Performance indicators in higher education.* The Society for Research into Higher Education & Open University Press.

Jones, L. R(1985). *University budgeting for critical mass and competition.* NY: Praeger.

Kearney, C. P. & T. Kim(1990). Fiscal impacts and redistributive effects of the New Federalism on Michigan School Districts. *Educational Evaluation and Policy Analysis. 12(4).*

Kim, J(1994). Decentralization and redistributive policy in the United States. Unpublished doctorial dissertation. University of Pittsburgh.

Klees, S. J.(1994). Economics of educational planning. Torsten. H. T. & N. Postlethwaite Eds. *International encyclopedia of education. 2nd ed.* NY: Elsevier Science.

Layzell, D. T. & J. W. Lyddon(1990). *Budgeting for higher education at the state level: Enigma, paradox, and ritual.* ASHE−ERIC Higher education reports.

Learning & Skills Council(2001). *Post−16 funding arrangements for 2002 / 03.*

LSC(2002). *Funding guidance for further education in 2002 / 03.*

LSC(2005). *Funding guidance for further education in 2006 / 07.*

LSC(2006). *Further education: raising skills. Improving life changes.*

LSC(2007). *About us.* http://www.lsc.gov.uk/Whatwedo/

Leslie, L. L & P. T. Brinkman(1988). Educational finance: Higher education. N. J. Boyan Ed. *Handbook of research of educational administration.* NY: Longman.

Leslie, L. L. & P. T. Brinkman(1988). *The economic value of higher education.* NY: ACE / Macmillan.

Levin, H. M.(1994). School choice: Market mechanisms. H. Torsten et al. Eds. *International encyclopedia of education. 2nd ed.* Elsevier Science.

Levy, D. C.(1992). Private Institutions of Higher Education. B. R. Clark & G. Neave Eds. *The Encyclopedia of higher education.* Oxford: Pergamon Press.

Lieberman, M.(1994). Anti-market bias in educational administration as a discipline. J. L. Burdin Ed. *Leadership and diversity in education.* Lancaster: Technomic Publishing Co. Inc.

Lindblom, C. E(1977). *Politics and markets: The world's political economic systems.* NY: Basic Books. Inc.. Publishers.

Mace, J.(1992). Economics of higher education. B. R. Clark and G. Neave Eds. *The encyclopedia of higher education.* Oxford: Pergamon Press.

Mace, J.(1996). Contractions and contrasts: Funding in two universities. *Higher Education Review.*

McDowall, David(1993). Britain. London: Longman. 이병곤 역. 영국의 교육. http://www.ioe.ac.uk/koreansociety/work_1.htm

McKee, M. J(1985). Aspects of competitive bureaus: Lessons from public sector schooling in Ontario & British Columbia. Unpublished doctorial dissertation. Carleton University. UMI Dissertation Abstracts.

McKinney, R. L(1984). A policy analysis of higher education financing practices in the state of Kansas: 1970~1994. Unpublished doctorial dissertation. University of Kansas. UMI AAC 9504039.

McMahon, W. W. & T. G. Geske Eds.(1982). *Financing education: Overcoming inefficiency and inequality.* Urbana. Il: University of Illinois Press.

Meek, V. L.(1994). Education and the state. H. T. Torsten & N. Postlethwaite Eds. *International encyclopedia of education. 2nd ed.* Elsevier Science.

Millet, J. D(1984). *Conflict in higher education: State government coordination versus institutional independence.* SF: Jossey−Bass Publishers.

Mora, J. & others(1995). The financing of spanish public universities. *Higher Education. 30.*

Mortenson, T. G(1994). *Restructuring higher education finance: Shifting financial responsibility from government to students.* ED368303.

Murrane, R. J. & F. Levy(1996). Sizing up market−based education reforms. *The Education Digest.*

Neave, G(1988). On the cultivation of quality, efficiency and enterprise: An overview of recent trends in higher education in western Europe, 1986−1988. *European Journal of Education. 23(1 / 2).*

Niklasson, L(1996). Quasi−markets in higher education: A comparative analysis. *Journal of Higher Education Policy & Management. 18(1).*

Norusis, Marija J(1993). *SPSS for Windows.* Chicago: SPSS Inc.

OECD(1990). *Financing higher education: Current patterns.* Paris: OECD.

OECD(1992). *Public educational expenditure, costs and financing: An analysis of trends 1970−1988.* Paris: OECD.

OECD(2002). *Education indicators.* Paris: OECD.

Park, N(1993). Ways of seeing the phenomenon of higher education expansion through the private sector: The case of Korea. Unpublished doctorial dissertation. University of Pittsburgh.

Picus, L. O(1991). Incentive funding programs and school district response: California and Senate Bill 813. *Educational Evaluation and Policy Analysis. 13(3).*

Psacharopouos, G. Ed. *Economics of education*: *Research and studies.* Oxford: Pergamon Press.

RAE(2001). *A guide to the 2001 research assessment exercise.* Higher Education Funding Council for England.

Ressler, R. W(1993). The economic modeling of higher eucation. Unpublished doctorial dissertation. Auburn University. UMI AAC 9411436.

Rosario, J. R. et al.(1992). On 'Politics, markets, and American schools'. *Journal of Education Policy. 7(2).*

Rosenberg, B(1990). Not a case for market control: Response to John Chubb & Terry Moe. *Educational Leadership.48(4).*

Shattock, M.(2006). United Kingdom. Forest. J. J. & P. G. Altbach Eds. *International handbook of higher education.* Springer.

Smith, K. B(1994). Changing America's schools: Problems, politics, and choice. Unpublished doctorial dissertation. The University of Wisconsin-Milwaukee. UMI AAC 9428036.

St. John, E. P(1994). *Prices, productivity, and investment*: *Assessing financial strategies in higher education.* ASHE-ERIC Higher education report No.3.

Staropoli, A(1991). Institutional evaluation: The role of the main actors in higher education. U. Dahllöf et al. *Dimensions of evaluation*: *Report of the IMHE Study Group on Evaluation in Higher Education.* Higher Education Policy Series 13. London: Jessica Kingsley Publishers.

Stiglitz, J. E.(1994). *Whither Socialism?* MIT. 강신욱 역(2003). 시장으로 가는 길: 스티글리츠의 신고전학파 시장이론과 시장사회주의론 비판. 한울 아카데미.

Swanson, A. D(1989). Restructuring educational governance: A challenge of the 1990s. *Educational Administration Quarterly. 25.*

Tan, E. A(1994). Mechanics of allocating public funds to universities. Their implications on efficiency and equity. J. Salmi & A. M. Verspoor Eds. *Revitalizing Higher Education.* Pergamon.

Tapper, E. R. & B. G. Salter(1995). The changing idea of university autonomy. *Studies in Higher Education. 20(1).*

Toch, T(1991). Public schools of choice. *American School Board Journal. 178(7).*

Universities UK(2001). *New directions for higher education funding.*

Veld, R. in't(1991). Threats and opportunities for evaluation in higher education. U. Dahllöf et al. *Dimensions of evaluation: Report of the IMHE Study Group on Evaluation in Higher Education.* Higher education policy series 13. London: Jessica Kingsley Publishers.

Vught, F. A. van Ed.(1989). *Government strategies and innovation in higher education.* London: Jessica Kingsley Publishers.

Vught, F. A. van(1994). Autonomy and accountability in government / university relationships. J. Salmi & A. M. Verspoor Eds. *Revitalizing higher education.* London: Pergamon.

Walsh, M. H(1991). *National symposium on strategic higher education finance and management issues in the 1990s. A world of change: Applicability of business practices to higher education.* ED345645.

Weiss, J. A(1990). Control in school organizations: Theoretical perspectives. Clune, W. H. & J. F. Witte Eds.. *Choice and control in american education. vol. I.* NY: Falmer Press.

Wells, A. S.(1997). Markets, choice and equity in education. Book review. *Educational Administration Quarterly. 33(2).*

Williams, G.(1992). *Changing patterns of finance in higher education.* The Society for Research into Higher Education & Open University Press.

Wolf, C. Jr.(1988). *Markets or governments*: *Choosing between imperfect alternatives.* Mass.: MIT Press. 전상경 역(1991). 시장과 정부: 불완전한 선택대안. 교문사.

Wong, K. K.(1994). Bureaucracy and school effectiveness. H. Torsten et al. Eds. *International encyclopedia of education. 2nd ed.* Elsevier Science.

World Bank(2002). *Constructing knowledge societies*: *New challenges for tertiary education.* 한국교육개발원 고등교육연구팀 역(2004). 지식사회 만들기: 고등교육의 새로운 도전. 한국교육개발원.

Ziderman, A(1994). Enhancing the financial sustainability of higher education institutions. J. Salmi & A. M. Verspoor Eds. *Revitalizing higher education. Pergamon.*

Ziderman, A. & D. Albrecht(1995). *Financing universities in developing countries.* Washington. DC: The Falmer Press.

[찾아보기]

• 저자 •

나민주   • 약 력 •
(羅民柱)
서울대학교 교육학과에서 학사학위를 받고, 교육행정을 전공하여 석사 · 박사학
위를 받았다. 한국교육개발원, 대통령 교육정책자문회의, 한국대학교육협의회
연구원, 한국교육개발원 학교평가위원, 교육인적자원부 시 · 도교육청 평가위원
등을 역임하였고, 서울대와 한국방송대에서 교육행정학원론, 교직론 등을 강의
하였다. 현재 충북대학교 사범대학 교육학과 교수로 재직하면서 교육행정, 교
육정책, 교육재정, 교육경제, 고등교육 분야를 중심으로 강의와 연구를 담당하
고 있다.

• 주요논저 •

주요 논저로는 "DEA를 활용한 대학교육의 효율성 국제비교", "한국 학교조직
탐구", "전환기의 한국교육정책", "국민의 정부 고등교육재정정책 분석", "국
립대 재정운영의 효율성 평가", "중초교사의 교직적응에 관한 연구", "민간의
교육재정부담제도의 평가와 전망", "영국의 대학재정지원제도에 관한 연구",
"학교개혁론: 쟁점과 과제", "언론기관 대학평가의 발전과제" 등이 있다.

시장 · 정부 · 대학
대학재정지원정책의 이해

• 초판 인쇄	2008년 6월 20일
• 초판 발행	2008년 6월 20일
• 지 은 이	나민주
• 펴 낸 이	채종준
• 펴 낸 곳	한국학술정보㈜
	경기도 파주시 교하읍 문발리 513-5
	파주출판문화정보산업단지
	전화 031) 908-3181(대표) · 팩스 031) 908-3189
	홈페이지 http://www.kstudy.com
	e-mail(출판사업부) publish@kstudy.com
• 등 록	제일산-115호(2000. 6. 19)
• 가 격	35,000원

ISBN   978-89-534-9579-1 93350 (Paper Book)
       978-89-534-9580-7 98350 (e-Book)